Honolulu
DOWNTOWN
Condominium Index is located in rear of Map Book
TMK COMPUTERIZED STREET & CONDO MAPS
↑ SEE MAP DETAIL 4 ↑
↑ SEE MAP DETAIL 4 ↑
← SEE MAP 2 ↑
← SEE MAP 2 ↑
→ SEE WAIKIKI MAP →
→ SEE WAIKIKI MAP →
DOWNTOWN
TMK 1-7
96817 HONOLULU
China Town
TMK 1-5
Honolulu Harbor
KAKAAKO
TMK 2-1
96813 HONOLULU
96814 HONOLULU
PAWAA
TMK 2-2
TMK 2-3
TMK 2-4
POLICE
Queen's Medical Center
State Capitol
Iolani Palace
Neal Blaisdell Center
McKinley High
Thomas Square
Dole Plgd
Ala Moana Center
RAND McNALLY
BORDERS
Ala Moana Beach Park
Aina Moana Rec Area (Magic Island)
Kewalo Basin
The Ward Warehouse
Victoria Ward Centers
Aloha Tower Marketplace
Aloha Tower
Maritime Museum
Falls of Clyde
Waterfront Plaza Restaurant Row
FISHER HAWAII
LDSI
Aloha Direct Marketing
AIG
AIG Hawaii Insurance Company
(808) 543-0400
Aala Triangle Park
Kauluwela School
Foster Botanical Garden
Royal School
Central Middle School
Saint Andrews Priory
Washington Place
Coronation Stand
Kawaiahao Church
Honolulu Hale (City Hall)
Federal Bldg Prince Kuhio Kalanianaole
Kakaako Waterfront Park
EXIT 21A (WEST) SCHOOL ST
EXIT 21A (EAST) PALI/BISHOP
EXIT 21B (WEST) PALI HWY
EXIT 21B (EAST) PUNCHBOWL
EXIT 22 (WEST) VINEYARD
EXIT 22 (EAST) KINAU ST
TO H-1 (WEST)
TO H-1 (EAST)
H-1
LUNALILO FWY
N VINEYARD BLVD
S BERETANIA
S KING
KAPIOLANI BLVD
ALA MOANA BLVD
NIMITZ HWY
PUNCHBOWL
WARD AVE
PIIKOI
KALAKAUA AVE
Honolulu
Honolulu Int'l Airport
Main Terminal
Keehi Lagoon
Sand Island
H-1 WEST
Exit 16
To Waikiki
Municipal Parking Locations:
1. Chinatown Gateway Plaza
2. Hale Pauahi
3. Harbor Court
4. Kukui Plaza
5. Marin Tower
6. Harbor Village
7. Beretania-Smith
8. Bishop Kukui
9. Palace Square
10. Alii Place

Honolulu WAIKIKI

Condominium Index is located in rear of Map Book

#	Name	Grid	#	Name	Grid	#	Name	Grid	#	Name	Grid	#	Name	Grid
1	Ala Moana	C1	16	Chateau Waikiki	C2	31	Hawaiian King	D1	46	Ilima Hotel	C4	61	Ocean Resort Hotel Waikiki	C6
2	Ala Wai King	B3	17	Coconut Plaza	B4,C4	32	Hawaiian Monarch	B2,C2	47	Imperial Hawaii Resort	D4		Ohualani	B6
3	Alana Waikiki	C2	18	Continental Surf	C5	33	Inn on the Park	C2	48	Kai Aloha Apartment Hotel	C4	62	Outrigger Ala Wai Twr Htl	D4
4	Aloha Punawai	C3,C4	19	Coral Reef, Aston	C4	34	Hawaiian Regent	C6	49	Kaimana Villa	C6	63	Outrigger Coral Seas	C4
5	Aloha Surf	C4	20	Coral Surf	C6	35	Hawaiian Villa	C6	50	Kaulana Kai Hotel	C5	64	Outrigger East	C5
6	Ambassador Hotel	C3	21	Diamond Head Beach	E8	36	Hawaiiana Hotel	D4	51	Kuhio Banyan Hotel	C4	65	Outrigger Edgewater	C4
7	Aston Island Colony	B4,C4	22	Discovery Bay	D1	37	Hilton Hawaiian Village	D2	52	Kuhio Suites, The	C4	66	Outrigger Hobron	D2
8	Aston Pacific Monarch	C5	23	Edmunds Hotel Apts	C5	38	Holiday Isle	C4	53	Kuhio Village Waikiki	D6	67	Outrigger Islander Waikiki	C4
9	Aston Waikiki Beach Twr	C5	24	Ewa Hotel Waikiki	C5	39	Holiday Inn Waikiki	D6	54	Lealea Hale Apt Hotel	C5	68	Outrigger Maile Sky Court	C3
10	Aston Waikiki Beachside	C5	25	Foster Tower	C6	40	Holiday Surf Apt Hotel	C4	55	Liliuokalani Gardens	C5	69	Outrigger Malia Hotel	C4
11	Aston Waikiki Circle	C5	26	Hale Koa Hotel (Mil)	D3	41	Holiday Waikiki	C4	56	Marine Surf-Waikiki	C4	70	Outrigger Prince Kuhio Hotel	C4
12	Aston Waikiki Sunset	C6	27	Hale Pua Nui Hotel Apt	D4	42	Hyatt Regency Waikiki	C5	57	Miramar At Waikiki	C4	71	Outrigger Reef Lanais	D4
13	Aston Waikiki Terrace	C3	28	Hale Waikiki Apt	C5	43	Ikkai Hotel Nikko	D2	58	New Otani Kaimana Bch	E7	72	Outrigger Reef on the Beach	D4
14	Big Surf	D1	29	Halekulani	D4	44	Ikkai Marina	D1				73	Outrigger Reef Towers	D4
15	Breakers, The	C4	30	Hawaii Polo Inn	D1	45						74	Outrigger Royal Islander	D4,D3

#	Name	Grid	#	Name	Grid	#	Name	Grid
76	Outrigger Surf Hotel	C4	91	Royal Garden at Waikiki	C3	106	Waikiki Parkside	D2
77	Outrigger Village	D4	92	Royal Grove	C5	107	Waikiki Prince	C4
78	Outrigger Waikiki on the Bch	C5	93	Royal Hawaiian, Sheraton	D4	108	Waikiki Resort	C5
79	Outrigger Waikiki Surf	C4	94	Royal Kuhio	C4	109	Waikiki Royal Suites	C5
80	Outrigger Waikiki Surf East	C4	95	Sheraton Moana Surfrider	C5	110	Waikiki Sand Villa	B5,C5
81	Outrigger Waikiki Tower	D4	96	Sheraton Princess Kaiulani	C5	111	Waikiki Shore, Aston	D4
82	Outrigger West	C5	97	Sheraton Waikiki Hotel	D4	112	Waikiki Sunset	C6
83	Pacific Beach	C5	98	Tradewinds Plaza	C6	113	Waikiki Surfside	C5
84	Pacific Islander	C5	99	Waikiki Banyan	C6	114	Waikiki Terrace	C3
85	Park Plaza Waikiki	D6	100	Waikiki Beachcomber	C4	115	Waipuna	B5
86	Park Shore Hotel	D6	101	Waikiki Gateway	C4	116	White Sands Waikiki Club	C4
87	Pleasant Holiday Isle	C4	102	Waikiki Grand	C6			
88	Prince Edward	C5	103	Waikiki Joy	C4			
89	Princess Kaiulani	C5	104	Waikiki Parc	D4			
90	Queen Kapiolani	C6	105	Waikiki Park Heights	C5			

TMK O'AHU STREET & CONDO MAP BOOK, 15th Edition
(First published in 1980)

PUBLISHER'S NOTE

Aloha and welcome to the 2001 Edition of the TMK O'ahu & Condo Map Book, the best selling and only full color street & condo guide of O'ahu.

All of our maps are aesthetically enhanced on computer for high quality cartography and printing with unlimited possibilities. Our product now has a distinguished edge over all other maps on the island. We have the capability to produce specialized and personalized full color top quality graphics, add or subtract anything on our maps, as well as enlarge or reduce the size upon request. We also offer advertising for your company on our maps. These maps can be a great marketing tool for you and your company with regard to research, presentations, deliveries and sales.

While every care has been taken to insure the accuracy of information presented, the publisher cannot assume responsibility for possibly misinformed sources. However, we would be grateful if any errors, omissions, updates or improvements are brought to our attention (see correction page in back of book). Please remember this map book was developed to serve a purpose; to make it easier to find your way around this beautiful island.

ALL RIGHTS RESERVED

No map may be reproduced wholly or in part without the written permission of Hawaii TMK Service 222 S. Vineyard Street, Ste. 401, Honolulu, HI 96813, Tel: 808.536.0867 Fax: 808.533.4601

SPECIAL THANKS

It is with great pride and humility we acknowledge the people who have made this publication possible: our customers, staff, suppliers, advertisers and business associates. We sincerely thank you, one and all, both for your friendship and support. A special mahalo to Paul Klink & Aloha Direct Marketing for supplying us with the very important ZIP code boundary lines.

Mahalo
The Morris Family
Hawaii TMK Service is a family owned and operated business. (Top Row) Ross Yamasaki, Traci Spencer, Red Morris (Bottom Row) Nani Yamasaki, Malia Morris, P.T. McCarthy & Gail Morris.

Hawaii TMK Service
Royal Queen Emma
222 S. Vineyard Street, Ste. 401
Honolulu, HI 96813-2453
Tel: 808/536.0867 Fax: 808/533.4601
Email: Hawaiitmk@aol.com

Copyright © Hawaii TMK Service
Published by Hawaii TMK Service
A Division of G. A. Morris, Inc.

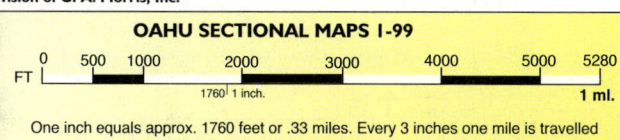

OAHU SECTIONAL MAPS 1-99
SCALE FT 0 500 1000 2000 3000 4000 5000 5280
1760 | 1 inch.   1 mi.
One inch equals approx. 1760 feet or .33 miles. Every 3 inches one mile is travelled
[(1) one mile is 5280 ft]

CONTENTS   Page/Map

Pullout Maps:	Insert
Downtown Map	
Waikiki Map	
Publisher's Message:	i
O'ahu Island Map:	ii-iii
Main Map Pages:	1-99
Map Details:	100-101
·Map 1-Detail	
·Map 4-Detail	
·Map 13-Detail	
Street Index:	S1-S34
Condominium Index:	C1-C22
·Clusters,COOPS,PUD's	
·Hotels	
·Bed & Breakfasts	
·Youth Hostels	
Misc. Index:	**M1-M26**
·Subdivisions-M2	·Post Offices-M10
·Parks & Plgds-M3	·Public Libraries-M11
·Beach Parks-M4	·Satellite C.H.-M11
·Schools-M5	·Shopping Ctrs-M11
·Military Bases-M6	·Jogging Maps-M13
·Points of Intrst -M7	·School Maps-M15
·Boat Facility-M8	·Airport Map-M19
·Colleges/Univ-M8	·Freeway Exits-M20
·Fire Station-M8	·Stadium Maps-M22
·Golf Courses-M9	·Order Form-M25
·Hospitals-M10	·Mail Reply-M26
·Police Stations-M10	

LEGEND

H-1	Interstate Highway
93	State Highway
	Major Thoroughfare
	School
	Hospitals & Clinics
	Misc. Buildings
	Churches, Museums
C	Condominiums
	Hotels
C	Hotel & Condo Combo
	Banks
P	Parking
	Governmental Bldg
	Recreational Facilities
	Park, Cemeteries
	Golf Courses
	Shopping Ctrs, Malls
	US Military Reservation
	US Naval Reservation
▲	Historic Location
▲	Point of Interest
	Boat Launch Facility
☎	Emergency Phone
F	Fire Department
L	Library
P	Police Station
S	Satellite City Hall
PO	Post Office
7.1	Bed & Breakfast #
TMK 2-8	Tax Map Key (Zone-Sec)
→	Street Direction
84-000	Street Number
A C A / S O A	Gas Stations — Arco Cheveron Aloha Shell Union-76 Tesoro
96813	ZIP Code & Boundary Line

O'ahu
HAWAI'I

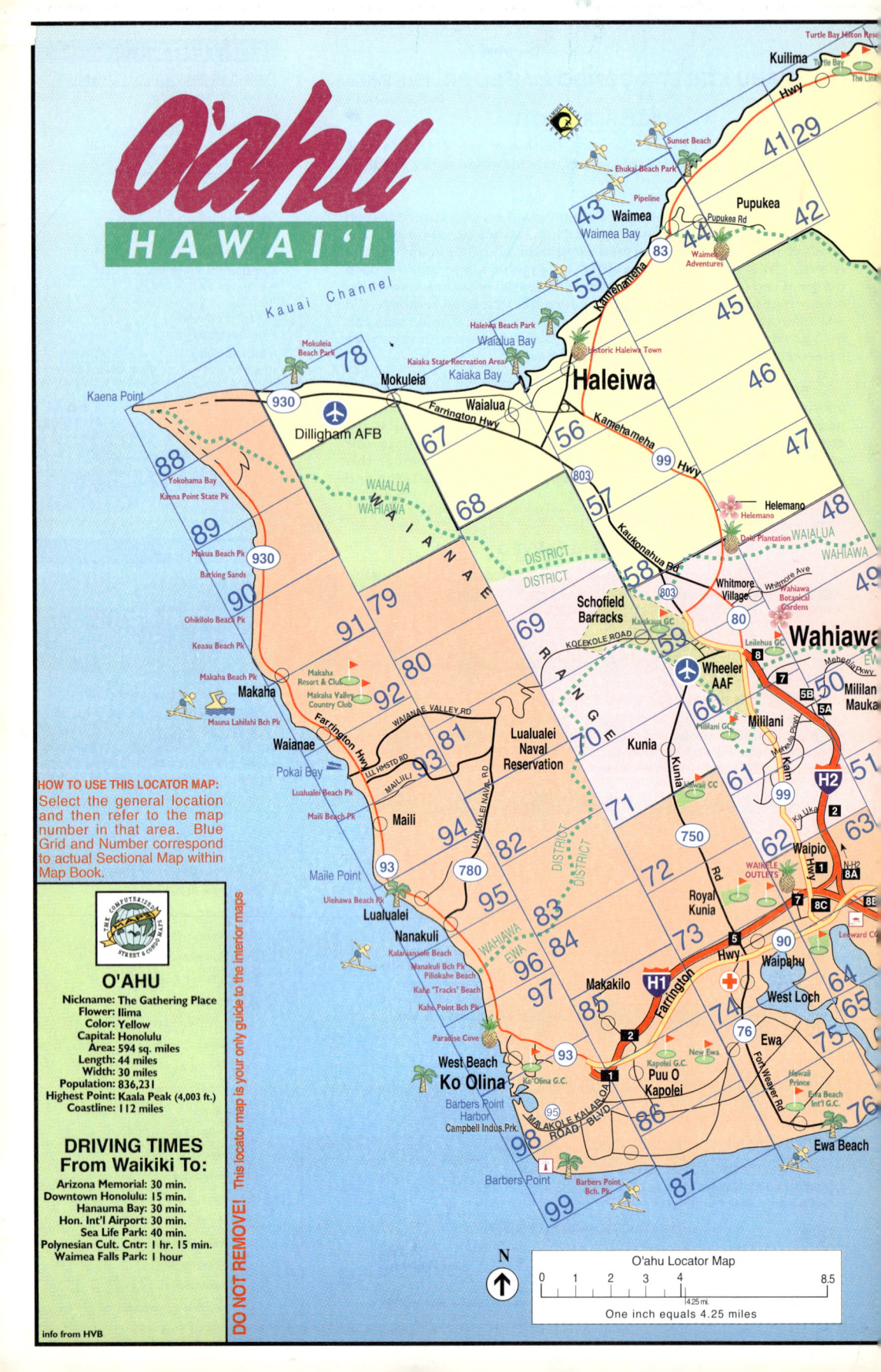

Kauai Channel

HOW TO USE THIS LOCATOR MAP:
Select the general location and then refer to the map number in that area. Blue Grid and Number correspond to actual Sectional Map within Map Book.

THE COMPUTERIZED STREET & CONDO MAPS

O'AHU
- Nickname: The Gathering Place
- Flower: Ilima
- Color: Yellow
- Capital: Honolulu
- Area: 594 sq. miles
- Length: 44 miles
- Width: 30 miles
- Population: 836,231
- Highest Point: Kaala Peak (4,003 ft.)
- Coastline: 112 miles

DRIVING TIMES
From Waikiki To:
- Arizona Memorial: 30 min.
- Downtown Honolulu: 15 min.
- Hanauma Bay: 30 min.
- Hon. Int'l Airport: 30 min.
- Sea Life Park: 40 min.
- Polynesian Cult. Cntr: 1 hr. 15 min.
- Waimea Falls Park: 1 hour

info from HVB

DO NOT REMOVE! This locator map is your only guide to the Interior maps

O'ahu Locator Map
0 1 2 3 4   8.5
4.25 mi.
One inch equals 4.25 miles

N

Turtle Bay Hilton Resort
Kuilima
Turtle Bay
The Links
Kam Hwy
41 29
Sunset Beach
Ehukai Beach Park
Pipeline
Pupukea
43 Waimea Pupukea Rd 42
Waimea Bay 44
55 Waimea Adventures
Haleiwa Beach Park 45
Waialua Bay Kaiaka State Recreation Area Historic Haleiwa Town
Mokuleia Beach Park 78
Mokuleia Kaiaka Bay Haleiwa 46
930 Waialua
Kaena Point Farrington Hwy 56 Kamehameha 47
Dilligham AFB 67 803 99 Hwy
Helemano
88 Yokohama Bay 68 57 Helemano
Kaena Point State Pk Kaukonahua Rd 48 Dole Plantation WAIALUA
89 Makua Beach Pk WAIANAE DISTRICT 58 WAHIAWA
Barking Sands WAHIAWA Whitmore Whitmore Ave 49
90 Ohikilolo Beach Pk DISTRICT Village Wahiawa Botanical Gardens
Keaau Beach Pk 91 79 Schofield Barracks 803 80
Makaha Beach Pk Makaha Resort & Club Kolekole Road Kalakaua GC Leilehua GC Wahiawa
Makaha 92 80 69 59 Mehedo Ave Ewa
Makaha Valley Country Club Wheeler AAF 8 50
Mauna Lahilahi Bch Pk WAIANAE VALLEY RD Lualualei Naval Reservation 7 Mililani 5B Mililani Mauka
Waianae 93 81 Kunia 60 Mililani GC 5A
Farrington Hwy ILL HMSTD RD 70 Mililani H2
Pokai Bay Lualualei Beach Pk MAILIILI Kaiaua CC 61 2
Maili Beach Pk LUALUALEI NAVAI RD Ka Uka 99
Maili 94 82 71 Kunia Rd 62 Waipio 63
750 WAIKELE OUTLETS N-H2
Maile Point 93 780 95 83 72 Royal Kunia Waikele Hwy 8A
Ulehawa Beach Pk WAHIAWA 84 73 5 90 Leeward CC 8C 8B
Lualualei 96 Farrington Waipahu
Nanakuli Kalanianaole Beach EWA 85 Makakilo H1 West Loch 64
Nanakuli Bch Pk 97 74 Hwy 65
Piliokahe Beach
Kahe "Tracks" Beach 2 76 Ewa New Ewa 75
Kahe Point Bch Pk
Paradise Cove 93 Ke'olina G.C. Kapolei G.C. Puu O Kapolei Fort Weaver Rd Ewa Beach Prince
West Beach 1 Hawaii Prince
Ko Olina 86 Ewa Beach Int'l G.C. 76
Barbers Point Harbor MALAKOLE KALAELOA 95
Campbell Indus.Prk. 98 ROAD BLVD 87 Ewa Beach
Barbers Point Barbers Point Bch Pk
99

The Hawaiian Islands

Ni'ihau, Kaua'i, O'ahu, Molokai, Lanai, Maui, Kahoolawe, Hawai'i

COLOR KEY:
- NORTH SHORE
- EAST SHORE
- SOUTH SHORE
- WEST SHORE
- CENTRAL OAHU

- VISITOR SPOT
- BEACH PARK
- CAMP GROUNDS
- SURF SPOT
- SWIM SPOT
- GOLF COURSE
- HOSTPITAL/CLINIC
- VISITOR GARDEN

Locations

North Shore:
- Kahuku Sugar Mill, Kahuku, Kahuku GC
- BYU Hawaii, Polynesian Cultural Cntr
- Laie Bay, Malaekahana State Recreation Area, Laie
- Hauula Trails, Hauula
- Sacred Falls State Park, Punaluu
- Kahana, Kahana Bay, Swanzy Beach Park
- Crouching Lion, Kahana Valley State Park
- Kaaawa
- Kualoa Ranch, Kualoa Park
- Waikane
- Mokolii Island (Chinaman's Hat)
- Waiahole, Waiahole Regional Park
- Kahaluu
- Senator Fongs Plantation, Ahuimanu
- Valley of the Temple, Haiku
- Heeia, Bayview
- Moku O Loe Island
- Pyramid Rock Lighthse, Mokapu Point
- Klipper, Kaneohe Marine Corps Base Hawaii
- Kaneohe, Windward CC, He'eomaluhia Park
- Castle Beach, Aikahi
- Koolau GC, Hi Pac. Univ., Castle Hospital
- Kailua, Kailua Beach, Lanikai, Mid-Pac CC
- Manuawili, Luana Hills Country Club, Olomana G.C.
- Bellows AF Station (Inactive), Bellows Bch Prk
- Waimanalo, Waimanalo Bay Beach Park
- Makapuu Beach
- Sea Life Park, Kalama Valley, Hi Kai GC
- Kuliouou, Hahaione Valley, Hawaii Kai
- Sandy's Bch. Pk., Koko Head, Hanauma Bay
- Niu Valley, Maunalua Bay
- Aina Haina, Kahala, Waialae Bch. Pk., Waialae CC
- Diamond Head, Kapiolani CC
- Waikiki, Aquarium, Ala Wai, Kapahulu
- Honolulu, Punchbowl, UH Manoa, Manoa, Makiki
- Bishop Museum, Queen Emma Summer Palace, Queen's Hosp, Nuuanu
- Oahu CC, Kalihi, Aliamanu, Tripler Hospital
- Halawa, Aiea, Aiea Heights, Pearl City
- Honolulu Int'l Airport, Keehi Lagoon, Sand Island, Honolulu Harbor, Aloha Tower
- Hickam AFB, Pearl Harbor, Ford Island, USS Arizona, Salt Lake

Ranges/Districts:
- KOOLAU RANGE
- KOOLAULOA DISTRICT
- KO'OLAUPOKO DISTRICT
- WAHIAWA DISTRICT
- EWA DISTRICT
- HONOLULU DISTRICT
- WAIALUA

Kamehameha Hwy 83, Kahekili Hwy, Likelike Hwy, Pali Hwy, Kalanianaole Hwy 72, H1, H3, Moanalua Freeway 78, Nimitz Hwy, Dillingham, Beretania, King, Ala Moana, Salt Lake Blvd

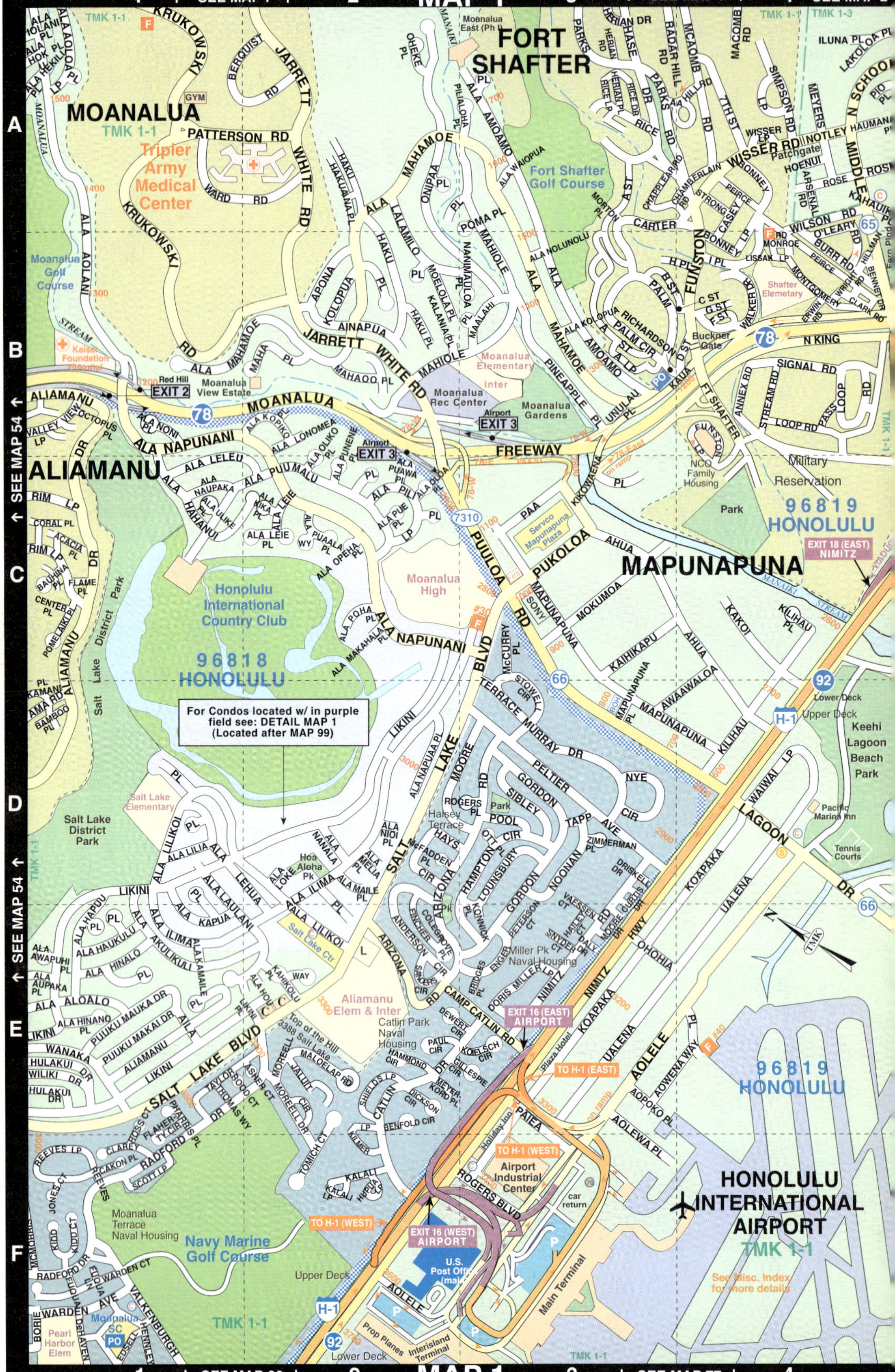

MOANALUA
TMK 1-1
Tripler Army Medical Center
FORT SHAFTER
Fort Shafter Golf Course
Moanalua Golf Course
Kaiser Foundation Hospital
Moanalua View Estate
Moanalua Elementary
Moanalua Rec Center
Moanalua Gardens
Shafter Elemetary
Buckner Gate
ALIAMANU
FREEWAY
EXIT 2
EXIT 3
Airport EXIT 3
NCO Family Housing
Military Reservation
Park
96819 HONOLULU
EXIT 18 (EAST) NIMITZ
MAPUNAPUNA
Servco Mapunapuna Plaza
Moanalua High
Honolulu International Country Club
96818 HONOLULU
For Condos located w/ in purple field see: DETAIL MAP 1 (Located after MAP 99)
Salt Lake District Park
Salt Lake Elementary
Hoa Aloha Pk
Salt Lake Ctr
Aliamanu Elem & Inter
Catlin Park Naval Housing
Miller Pk Naval Housing
Halsey Terrace
Keehi Lagoon Beach Park
Pacific Marina Inn
Tennis Courts
EXIT 16 (EAST) AIRPORT
TO H-1 (EAST)
TO H-1 (WEST)
Airport Industrial Center
EXIT 16 (WEST) AIRPORT
TO H-1 (WEST)
U.S. Post Office (main)
Main Terminal
Interisland Terminal
Prop Planes
HONOLULU INTERNATIONAL AIRPORT
TMK 1-1
See Misc. Index for more details
Moanalua Terrace Naval Housing
Navy Marine Golf Course
Upper Deck
Lower Deck
Pearl Harbor Elem
Moanalua SC
SALT LAKE BLVD
NIMITZ HWY
KAMEHAMEHA
LAGOON DR
PUULOA RD
MOANALUA

FORT SHAFTER
Fort Shafter Golf Course
KALIHI
TMK 1-3
Kam Shop Center
Kapalama School
Kamehameha Schools
Bishop Museum
Farrington HS
EXIT 4 (WEST) FT. SHAFTER AHUA ST
EXIT 19A (W) MIDDLE ST
EXIT 19B (WEST) 78 WEST
EXIT 20A (WEST)
EXIT 20A (EAST) LIKELIKE
TO H-1 (EAST)
TO H-1 (WEST)
Moanalua Gardens
MOANALUA FRWY
MAPUNAPUNA
TMK 1-1
Military Reservation
EXIT 18 (WEST) NIMITZ HWY
EXIT 18A (EAST) NIMITZ HWY
EXIT 18B (EAST) MIDDLE ST
O'ahu Community Correction Center (OCCC)
KAM HWY
DILLINGHAM BLVD
N KING ST
N SCHOOL
NIMITZ HWY
KAPALAMA
TMK 1-5
96817 HONOLULU
Interisland Barge Operation Area
Keehi Lagoon Beach Park
Keehi Lagoon
KALIHI KAI
96819 HONOLULU
TMK 1-2
US Army Kapalama Military Reservation
SAND ISLAND ACCESS RD
Keehi Boat Harbor North
Keehi Boat Harbor South
Sand Island
Sand Island State Rec Area
Matson Yards
Kalihi Channel
HONOLULU INTERNATIONAL AIRPORT
LAGOON DR
Mokauea Island
Kahakaaulana Island
Mokuoeo Island
KALIHI
SEE MAP 3 →
A
B
C
D
E
F
Condominiums:
1. Kaumualii Pk...4C
2. Holiday Gardens...4C
3. Holiday Apts...4C
4. Pacific Gardens...4C
5. Kapalama Uka...4C
6. Pauahi Gardens...4C
7. Kapalama Makai...4C
8. Bishop Gardens...4C
9. K. Kaya Apts...3C
10. Kalihi Gardens...3C
11. Puuhale Gardens...3C
Made Fresh in Hawaii
Spadaro's
Sausage Company, Inc.
European Style Sausages
Made Fresh in Hawaii
No Preservatives • No MSG
TEL: 841-LINK (5465)

↑ SEE MAP 8 ↑
↑ SEE MAP 9 ↑
← SEE MAP 2 ←
SEE MAP 4 →

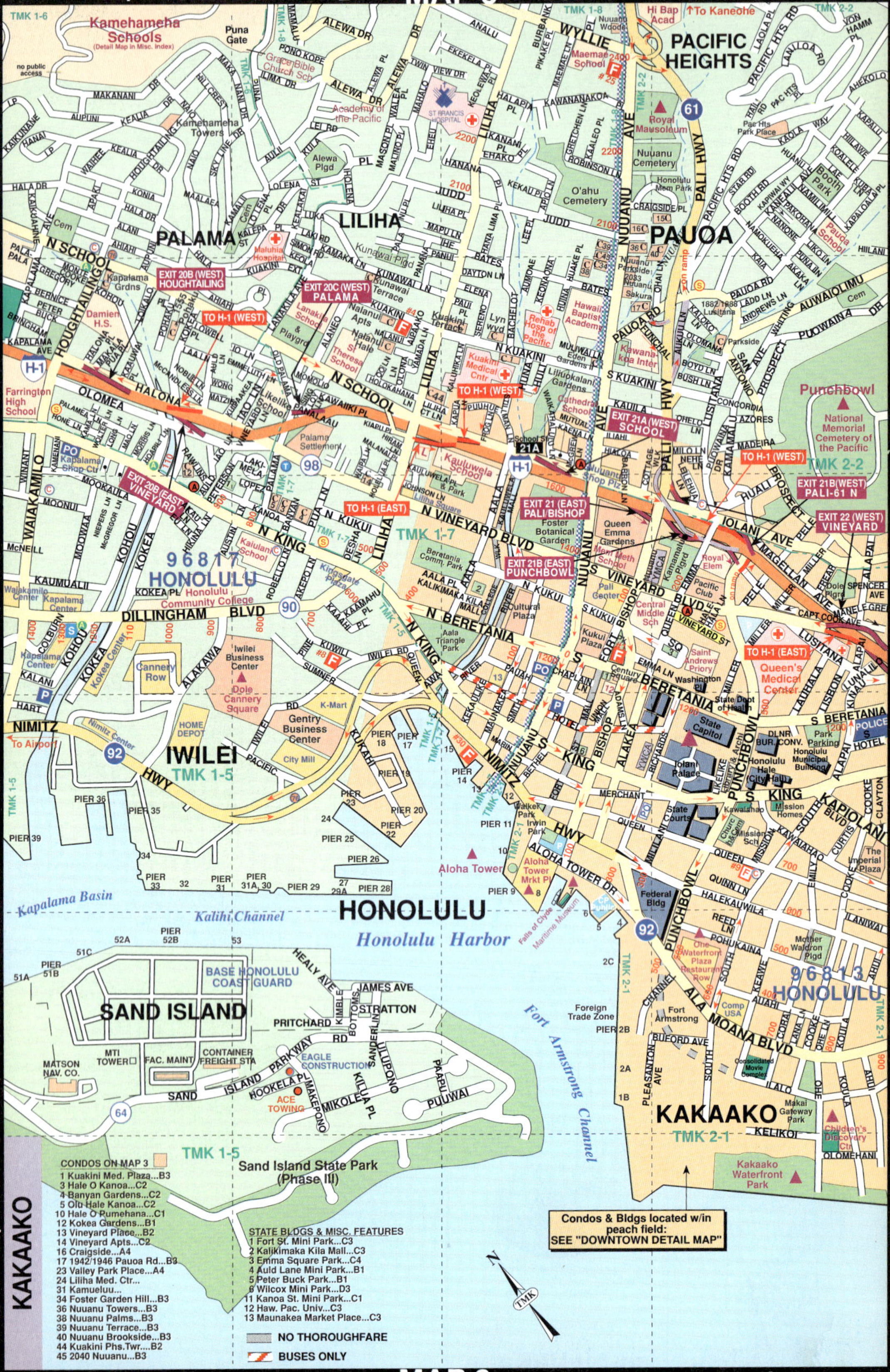

MAP 4

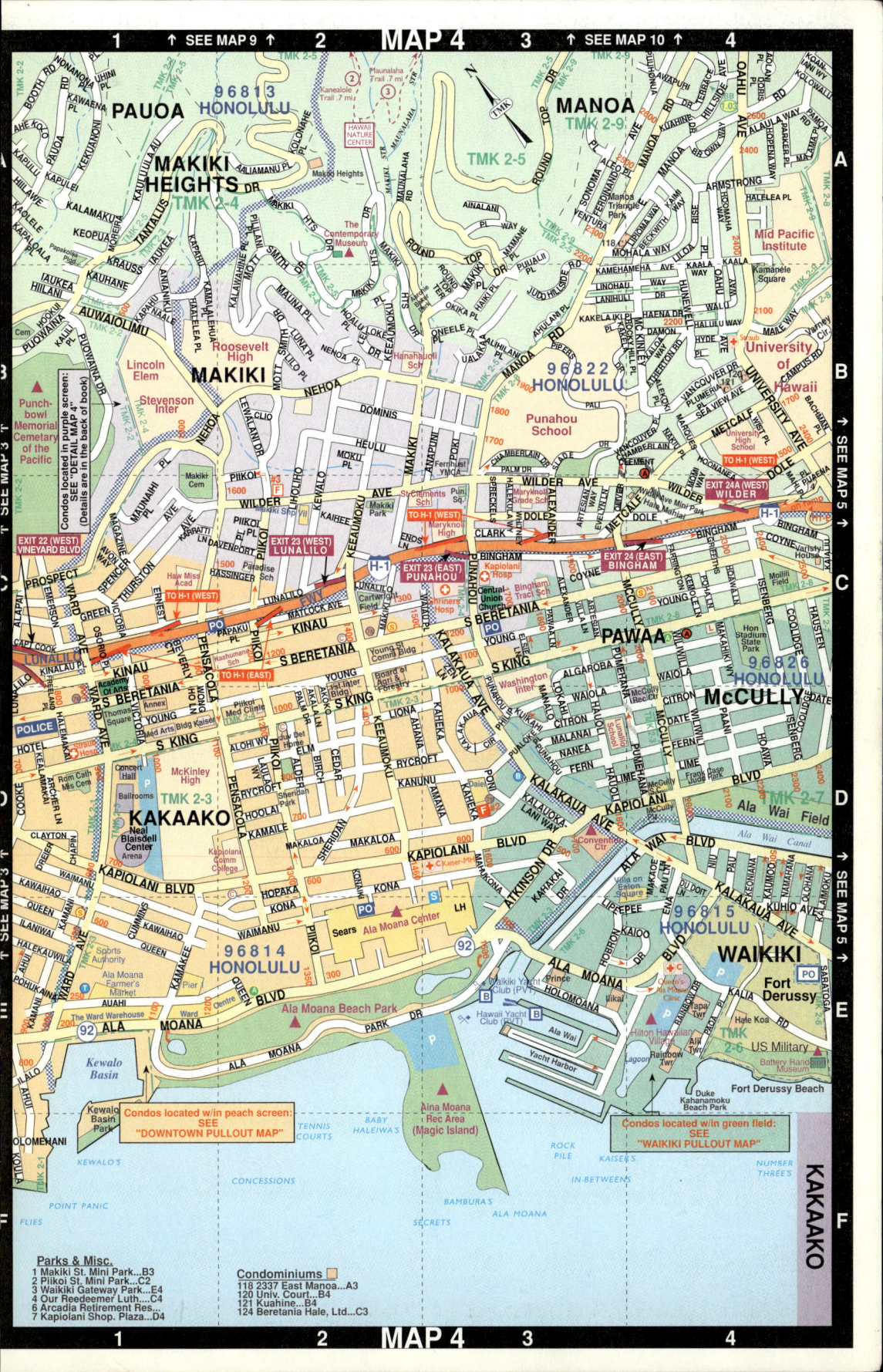

Parks & Misc.
1 Makiki St. Mini Park....B3
2 Piikoi St. Mini Park....C2
3 Waikiki Gateway Park....E4
4 Our Reedeemer Luth....C4
6 Arcadia Retirement Res....C3
7 Kapiolani Shop. Plaza....D4

Condominiums
118 2337 East Manoa....A3
120 Univ. Court....B4
121 Kuahine....B4
124 Beretania Hale, Ltd....C3

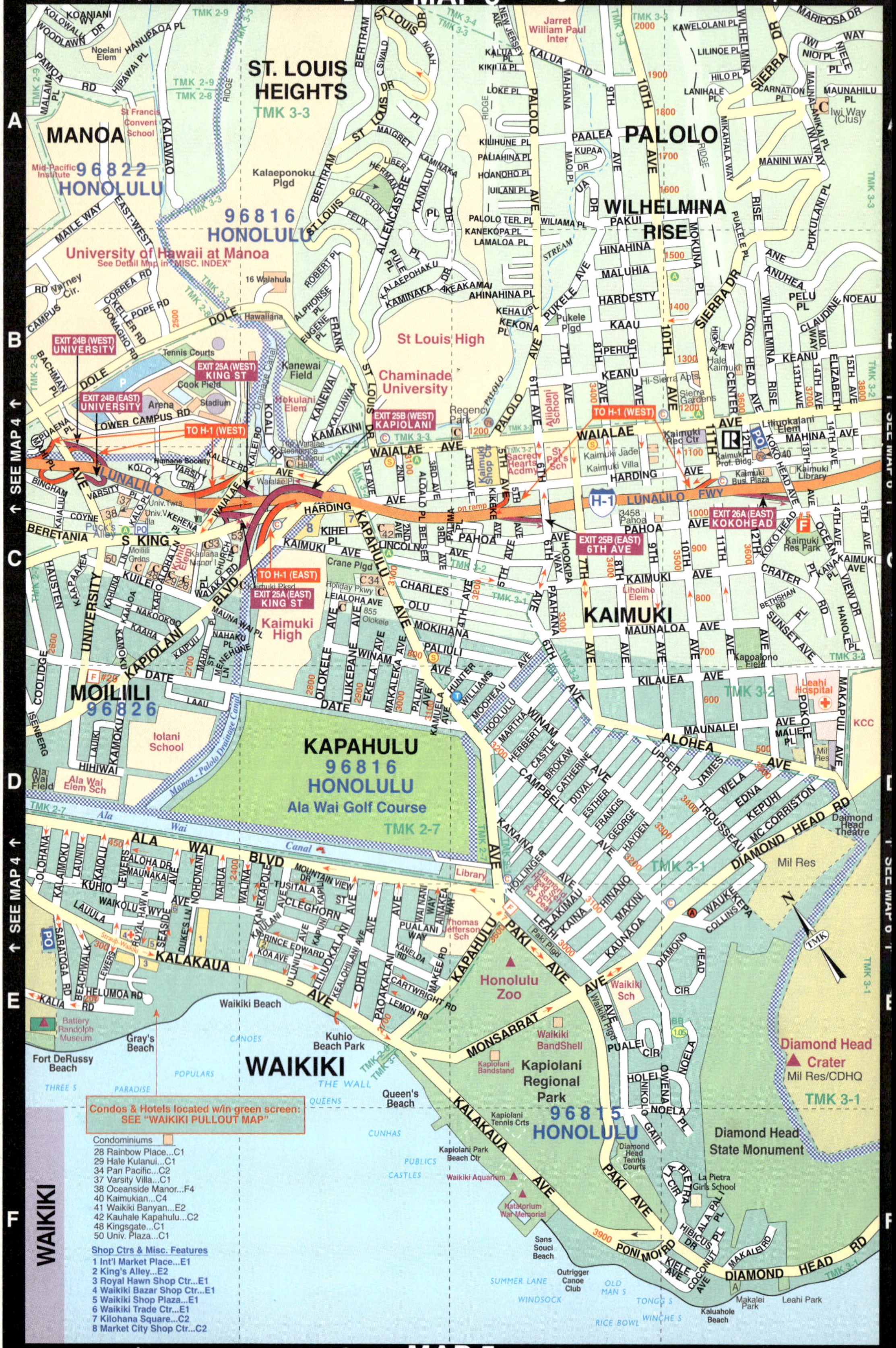
ST. LOUIS HEIGHTS
TMK 3-3
MANOA
96822
HONOLULU
96816
HONOLULU
University of Hawaii at Manoa
See Detail Map in "MISC. INDEX"
PALOLO
WILHELMINA RISE
St Louis High
Chaminade University
Kaimuki High
KAIMUKI
MOILIILI
96826
KAPAHULU
96816
HONOLULU
Ala Wai Golf Course
TMK 2-7
Iolani School
Ala Wai Elem Sch
Honolulu Zoo
Kapiolani Regional Park
96815
HONOLULU
WAIKIKI
Waikiki Beach
Kuhio Beach Park
Queen's Beach
Diamond Head Crater
Mil Res/CDHQ
TMK 3-1
Diamond Head State Monument
La Pietra Girls School
Leahi Hospital
KCC
Fort DeRussy Beach
Gray's Beach
Battery Randolph Museum
Waikiki Aquarium
Natatorium War Memorial
Sans Souci Beach
Outrigger Canoe Club
Kaluahole Beach
Makalei Park
Leahi Park
Waikiki BandShell
Kapiolani Bandstand
Kapiolani Tennis Crts
Diamond Head Tennis Courts
Thomas Jefferson Sch
Waikiki Sch
Diamond Head Theatre
Mil Res
LUNALILO FWY
EXIT 24B (WEST) UNIVERSITY
EXIT 24B (EAST) UNIVERSITY
EXIT 25A (WEST) KING ST
EXIT 25A (EAST) KING ST
EXIT 25B (WEST) KAPIOLANI
EXIT 25B (EAST) 6TH AVE
EXIT 26A (EAST) KOKOHEAD
TO H-1 (WEST)
TO H-1 (EAST)
Condos & Hotels located w/in green screen: SEE "WAIKIKI PULLOUT MAP"
WAIKIKI
Condominiums
28 Rainbow Place...C1
29 Hale Kulanui...C1
34 Pan Pacific...C2
37 Varsity Villa...C1
38 Oceanside Manor...F4
40 Kaimukian...C4
41 Waikiki Banyan...E2
42 Kauhale Kapahulu...C2
48 Kingsgate...C1
50 Univ. Plaza...C1
Shop Ctrs & Misc. Features
1 Int'l Market Place...E1
2 King's Alley...E2
3 Royal Hawn Shop Ctr...E1
4 Waikiki Bazar Shop Ctr...E1
5 Waikiki Shop Plaza...E1
6 Waikiki Trade Ctr...E1
7 Kilohana Square...C2
8 Market City Shop Ctr...C2
SEE MAP 4

AINAKOA
96821
HONOLULU
WAIALAE IKI
Kalani High
72
Waialae Iki Plgrd
Aina Koa Plgrd
EXIT 27 (WEST) KAHALA
KALANIANAOLE HWY
Private Course 18 Hole / Par 72
Kahala Mandarin Oriental Hawaii Hotel
5000 Kahala Ave
739-8888
Kahala Beach
Waialae Country Club
Waialae Country Club Club House-
Waialae Beach Park
TMK 3-3
KOKO DR
EXIT 26(WEST) WAIALAE
TO H-1 (WEST)
TO H-1 (EAST)
Wilson John H Elem
Wilson Plgrd
Star of the Sea
Waialae Gardens
Tropicana Village Makai
Tropic Gardens
Ocean View Cem
Waldorf School
Kahala Towers
Kahala Courtyard
LUNALILO FREEWAY
KILAUEA
KEALAOLU
Kahala Mall
Kahala Garden Apts, Inc.
The Regency at Kahala
PO
Kahala Elem
Kahala Field
EXIT 26B (EAST) KAHALA
H-1
WAIALAE AVE
HARDING AVE
Petrie Plgrd
Waialae Elem
PUEO
KAIMUKI PL
TMK 3-5
TMK 3-2
KAIMUKI
96816
HONOLULU
KAHALA
Salvation Army Family Treatment Srvcs
ULUMAIKA Park (PVT)
KILAUEA AVE
Kaimuki Inter
Kilauea Field
Kapiolani Community College
Hospital
Diamond Head Mem Park Cem
DIAMOND HEAD RD
Mil Res
U.S. Government Reservation
Kahala Beach
TMK 3-1
Tunnel
gate open: 6am-6pm
Diamond Head Crater Park
Fort Ruger Park
PARKING
DIAMOND HEAD
Diamond Head Trail (bring a flashlight, water)
Kupikipikio (Black Point)
BLACK POINT
Isles at Diamond Head Beach
Kaalawai Beach
Ainamalu
BLACK'S
BROWN'S
Pacific Ocean
Diamond Head State Monument
Cliffs
Kuilei
Beach Park
Diamond Head Coast Guard Res.
Diamond Head Beach Park
LIGHT HOUSE
DIAMOND HEAD
SEE MAP 5
KAHALA

MAP 7

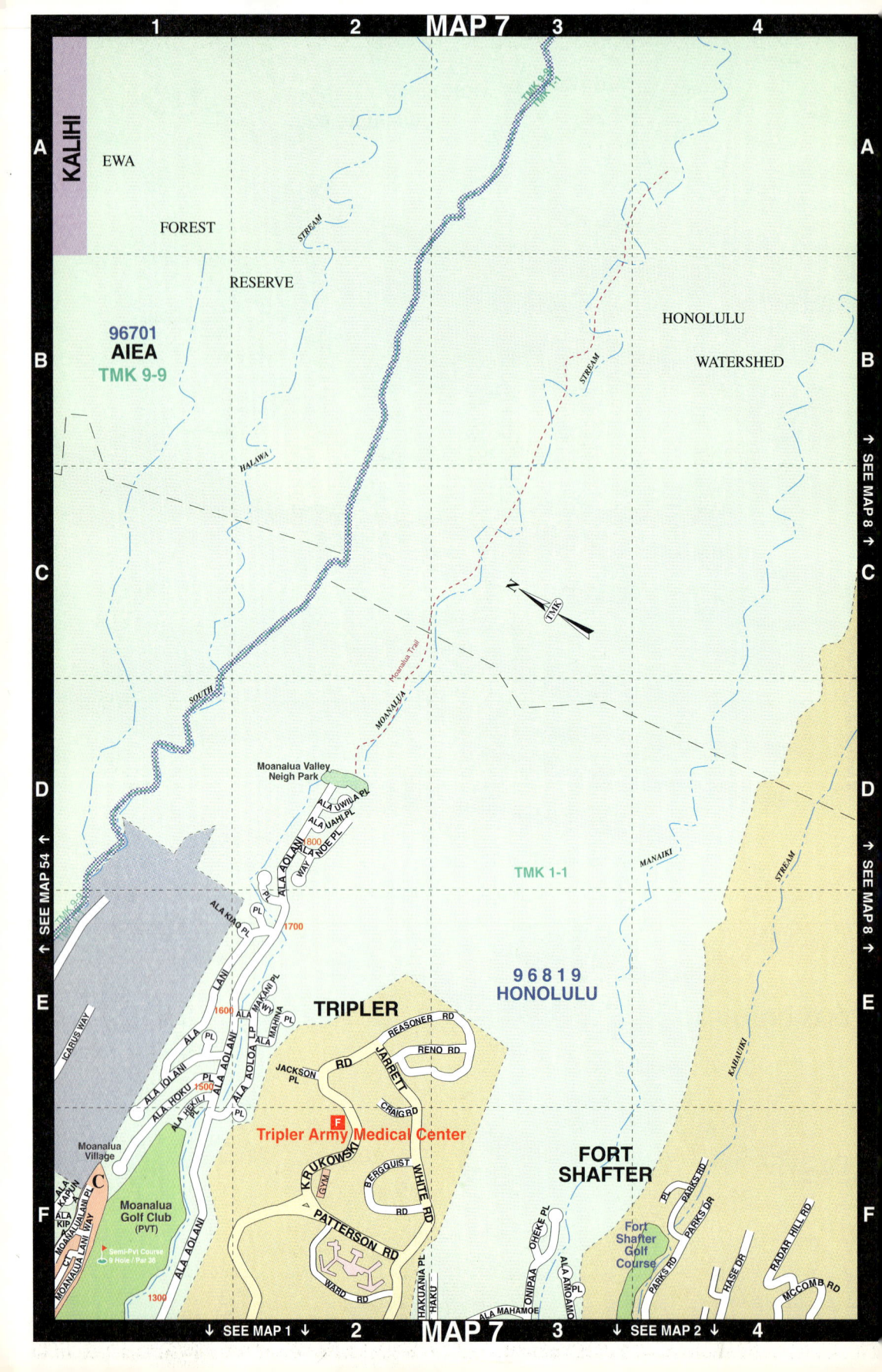

KALIHI

EWA
FOREST
RESERVE

96701
AIEA
TMK 9-9

HONOLULU
WATERSHED

Moanalua Trail

Moanalua Valley Neigh Park

ALA UWILA PL
ALA UAHI PL
NOE PL
ALA AOLANI
WAY
ALA KIAO PL

TMK 1-1

MANAIKI

LANI
ALA AOLANI
MAKANI PL
MAKIVA
ALA AOLOA PL
ALA IOLANI
ALA HOKU
ALA HEKILI
ALA AOLANI

TRIPLER

REASONER RD
JACKSON PL
JARRETT RD
RENO RD
CRAIG RD

96819
HONOLULU

Moanalua Village

ALA KIPU
ALA KIP
Moanalua Lani Way

Moanalua Golf Club (PVT)
Semi-Pvt Course
9 Hole / Par 36

ALA AOLANI

F Tripler Army Medical Center

KRUKOWSKI
GYM
BERGQUIST RD
WHITE RD
PATTERSON RD
WARD RD
HAKUANA PL
HAKU
ALA MAHAMOE
ONIPAA
OTEKE PL
ALA AMOAMO

FORT SHAFTER

Fort Shafter Golf Course

PARKS RD
PARKS DR
HASE DR
RADAR HILL RD
MCCOMB RD

← SEE MAP 54
← SEE MAP 1
SEE MAP 2 →
SEE MAP 8 →

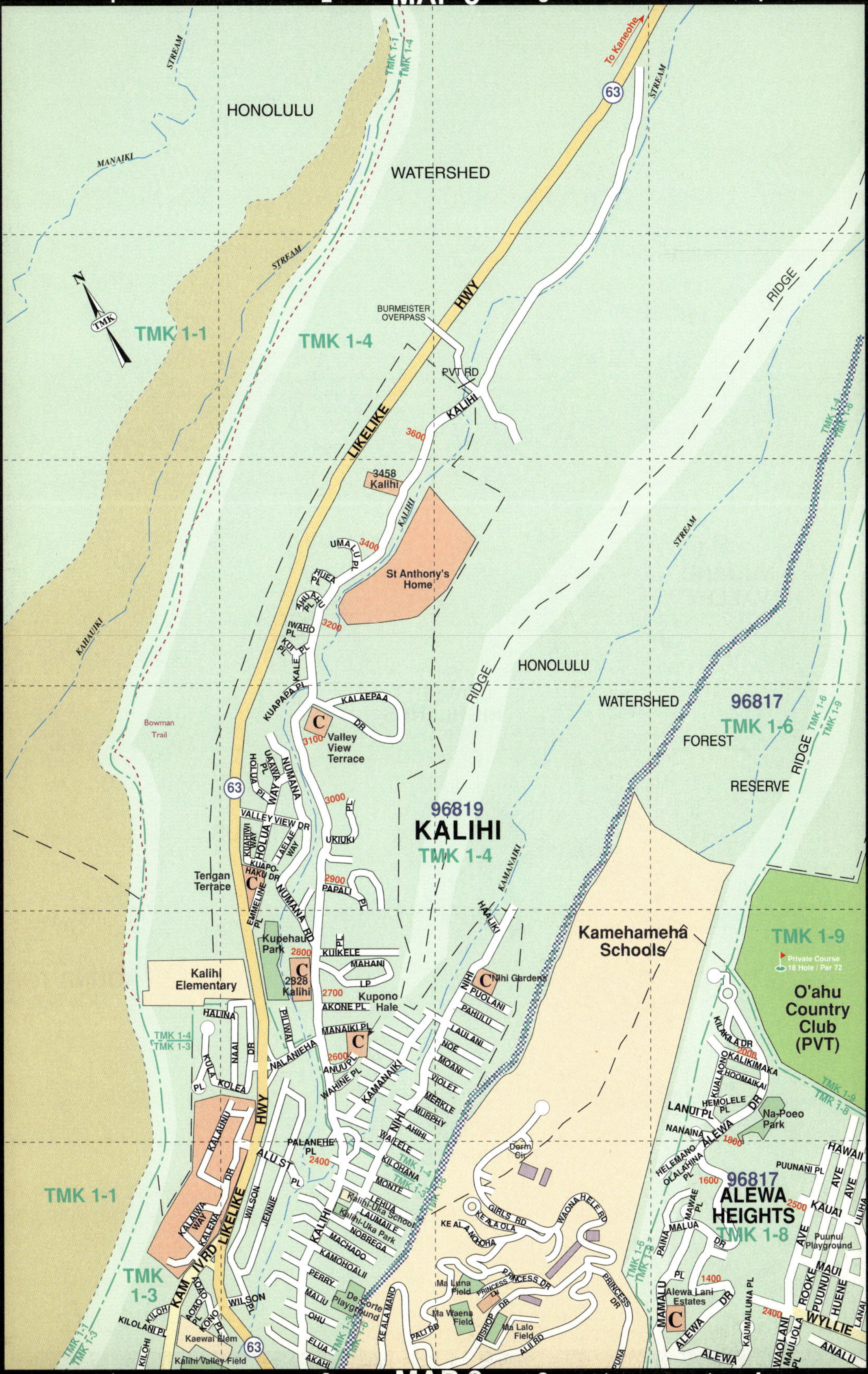

A
B
C
D
E
F
← SEE MAP 7 →
→ SEE MAP 9 →
HONOLULU
WATERSHED
MANAIKI
STREAM
To Kaneohe
63
TMK 1-1
TMK 1-4
BURMEISTER OVERPASS
PVT RD
LIKELIKE HWY
KALIHI
3600
3458 Kalihi
3400
UMA LU PL
St Anthony's Home
HUEA
AHUALII PL
IWAHO PL
3200
KAHAUIKI
RIDGE
HONOLULU
WATERSHED
96817
TMK 1-6
FOREST
RESERVE
Bowman Trail
KUAPAPA PL
KALE
KALAEPAA DR
Valley View Terrace
3100
3000
96819
KALIHI
TMK 1-4
VALLEY VIEW DR
UKIUKI
2900
PAPALI
Tengan Terrace
EMMELINE PL
NUMANA RD
KAMANAIKI
HAALIKI
Kamehameha Schools
TMK 1-9
Private Course 18 Hole / Par 72
O'ahu Country Club (PVT)
Kupehau Park
Kalihi Elementary
2800
2828 Kalihi
KUIKELE
MAHANI
LP
2700
Kupono Hale
AKONE PL
Nihi Gardens
NIHI
PUOLANI
PAHULU
LAULANI
NOE
MOANI
VIOLET
MERKLE
MURPHY
HALINA
MANAIKI PL
2600
ANUU PL
WAHINE PL
NALANIEHA
KOLEA
KULA
TMK 1-4
TMK 1-3
KILIKILA DR
2000
OKALIKIMAKA
HOOMAIKAI
HEMOLELE PL
LANUI PL
ALEWA DR
Na-Poeo Park
NANAINA
1800
TMK 1-9
TMK 1-8
PALANEHE PL
2400
ALU ST
AHIHI
WAILELE
KILOHANA
MONTE
LEHUA
LAUMAILE
Kalihi-Uka School
Kalihi-Uka Park
NOBREGA
MACHADO
KAMOHOALII
PERRY
MALIU
OHU
ELUA
AKAHI
Dorm Cir
GIRLS RD
KE ALA OLA
WAOHAHELE RD
KE ALA MOHALA
PRINCESS DR
Ma Luna Field
Ma Waena Field
Ma Lalo Field
BISHOP DR
PALI DR
KE ALA MANO
De Corte Playground
HAWAII
PUUNANI PL
96817
ALEWA HEIGHTS
TMK 1-8
1600
2500
KAUAI
Puunui Playground
MAUI
ROOKE
PUUNUI
HUENE
WYLLIE
ANALU
LILIHA
HELEMANO
OLALAHINA
MAWAE
MALUA
PAINA
1400
Alewa Lani Estates
MAMALU
ALEWA
KAUMAILUNA PL
2400
WAOLANI
MAULIOLA
TMK 1-1
TMK 1-3
KALAIWA WAY
KALENA
WILSON
JENNIE
KAM IV RD
LIKELIKE
KILOLANI PL
KILOHI
Kaewai Elem
Kalihi Valley Field
63

MAP 9

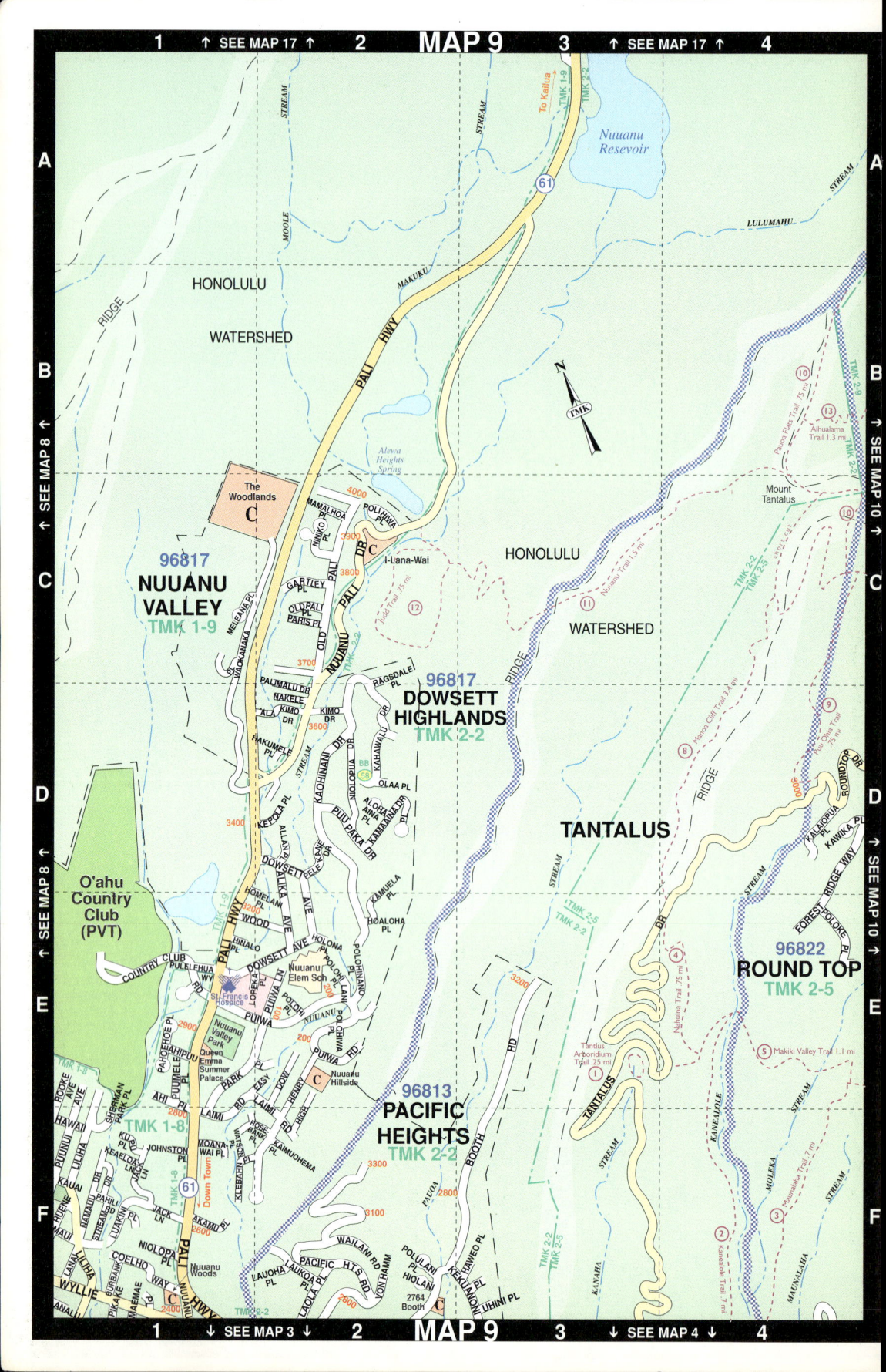

Nuuanu Valley
96817 — TMK 1-9

Dowsett Highlands
96817 — TMK 2-2

Pacific Heights
96813 — TMK 2-2

Tantalus / Round Top
96822 — TMK 2-5

Features and labels:
- Nuuanu Reservoir
- Honolulu Watershed
- Pali Hwy (61)
- To Kailua
- Lulumahu Stream
- Moole Stream
- Makuku Stream
- Alewa Heights Spring
- The Woodlands
- Mount Tantalus
- O'ahu Country Club (PVT)
- Nuuanu Valley Park
- Queen Emma Summer Palace
- St. Francis Hospice
- Nuuanu Elem Sch
- Nuuanu Hillside
- Tantalus Arboretum Trail .25 mi
- Nahuina Trail .75 mi
- Makiki Valley Trail 1.1 mi
- Maunalaha Trail .7 mi
- Kanealole Trail .7 mi
- Nuuanu Trail 1.5 mi
- Judd Trail .75 mi
- Manoa Cliff Trail 3.4 mi
- Pauoa Flats Trail .75 mi
- Aihualama Trail 1.3 mi
- Puu Ohia Trail .75 mi
- 2764 Booth

Streets (partial):
Pali Hwy, Old Pali Dr, Nuuanu Pali Dr, Mamalhoa, Poliwa, Minno Pl, I-Lana-Wai, Gartley, Paris Pl, Melenan Pl, Shackmakai, Nakele, Palimalu Dr, Kimo Dr, Rakumele Pl, Ala, Ragsdale Pl, Kahahana Dr, Kaohinani Dr, Niolopa Pl, Olaa Pl, Aloha Aina Dr, Kamanu Dr, Kepola Pl, Allani Pl, Puu Paka Dr, Dowsett Ave, Pele, Kamuela Pl, Hoaloha Pl, Homelani, Wood, Hinalo, Country Club Way, Puleleehua, Loreka Ln, Polohiwa, Polihano, Poloi Ln, Puiwa Rd, Park Rd, Easy, Dow, Henry, Laimi Rd, Rose, Bates, Kaimuohena, Ahi, Puunele Pl, Parohohoe Pl, Sherman Park Pl, Rooke Ave, Hawaii, Puunui, Iliha, Keaelola, Kauai Dr, Pahili, Luauni, Ku'u, Johnston, Moana Pl, Wai Pl, Jack Ln, Akamu, Niolopa Pl, Wailan Rd, Lauhoa Pl, Laukoa Pl, Laoia Pl, Pacific Hts Rd, Pauma, Polulani, Hiolani, Kekuanoni, Uhini Pl, Kanaha, Jimoleka, Maunalaha, Booth Rd, Tantalus Dr, Round Top Dr, Forest Ridge Way, Poloke Pl, Kalaiopua Pl, Kawika Pl, Kaneaole, Wyllie, Analii, Pikake, Maemae, Burbank, Coelho Way, Nuuanu Woods, Niolopa Pl

Adjacent map references:
- SEE MAP 17 (top)
- SEE MAP 8 (left)
- SEE MAP 10 (right)
- SEE MAP 3 (bottom left)
- SEE MAP 4 (bottom right)

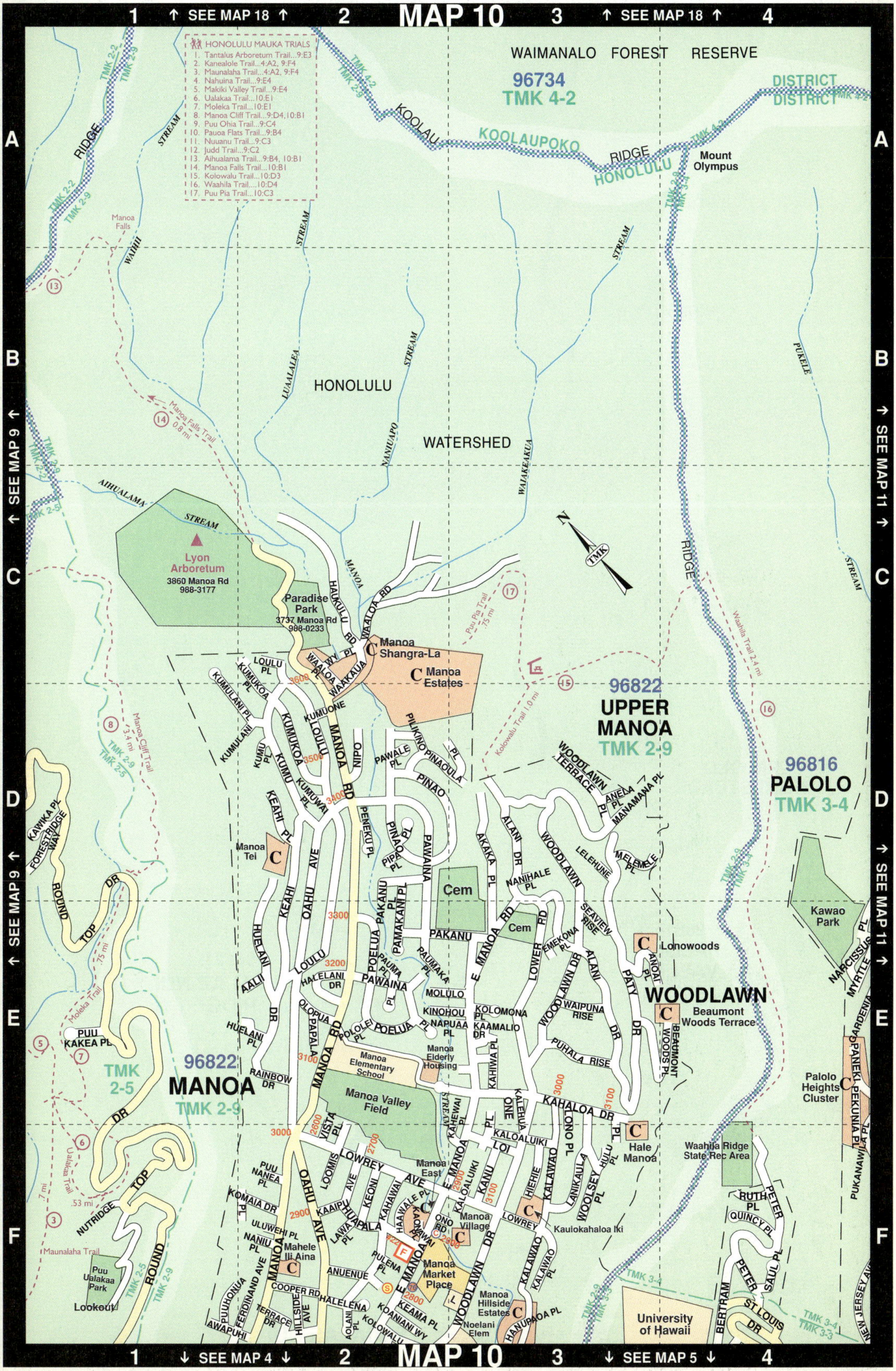
1
↑ SEE MAP 18 ↑
2
3
↑ SEE MAP 18 ↑
4
HONOLULU MAUKA TRIALS
1. Tantalus Arboretum Trail...9:E3
2. Kanealole Trail...4:A2, 9:F4
3. Maunalaha Trail...4:A2, 9:F4
4. Nahuina Trail...9:E4
5. Makiki Valley Trail...9:E4
6. Ualakaa Trail...10:E1
7. Moleka Trail...10:E1
8. Manoa Cliff Trail...9:D4, 10:B1
9. Puu Ohia Trail...9:C4
10. Pauoa Flats Trail...9:B4
11. Nuuanu Trail...9:C3
12. Judd Trail...9:C2
13. Aihualama Trail...9:B4, 10:B1
14. Manoa Falls Trail...10:B1
15. Kolowalu Trail...10:D3
16. Waahila Trail...10:D4
17. Puu Pia Trail...10:C3
WAIMANALO FOREST RESERVE
96734
TMK 4-2
KOOLAU
KOOLAUPOKO
RIDGE
HONOLULU
DISTRICT
DISTRICT
Mount Olympus
RIDGE
Manoa Falls
HONOLULU
WATERSHED
Lyon Arboretum
3860 Manoa Rd
988-3177
Paradise Park
3737 Manoa Rd
988-0233
Manoa Shangra-La
Manoa Estates
96822
UPPER MANOA
TMK 2-9
96816
PALOLO
TMK 3-4
Manoa Tei
Cem
Cem
Lonowoods
WOODLAWN
Beaumont Woods Terrace
Kawao Park
Manoa Elementary School
Manoa Elderly Housing
Manoa Valley Field
96822
MANOA
TMK 2-9
TMK 2-5
Palolo Heights Cluster
Hale Manoa
Waahila Ridge State Rec Area
Manoa East
Manoa Village
Kauiokahaloa Iki
Mahele Ili Aina
Manoa Market Place
Manoa Hillside Estates
Noelani Elem
Puu Ualakaa Park
Lookout
University of Hawaii
A
B
C
D
E
F
SEE MAP 9
SEE MAP 11

MAP 11

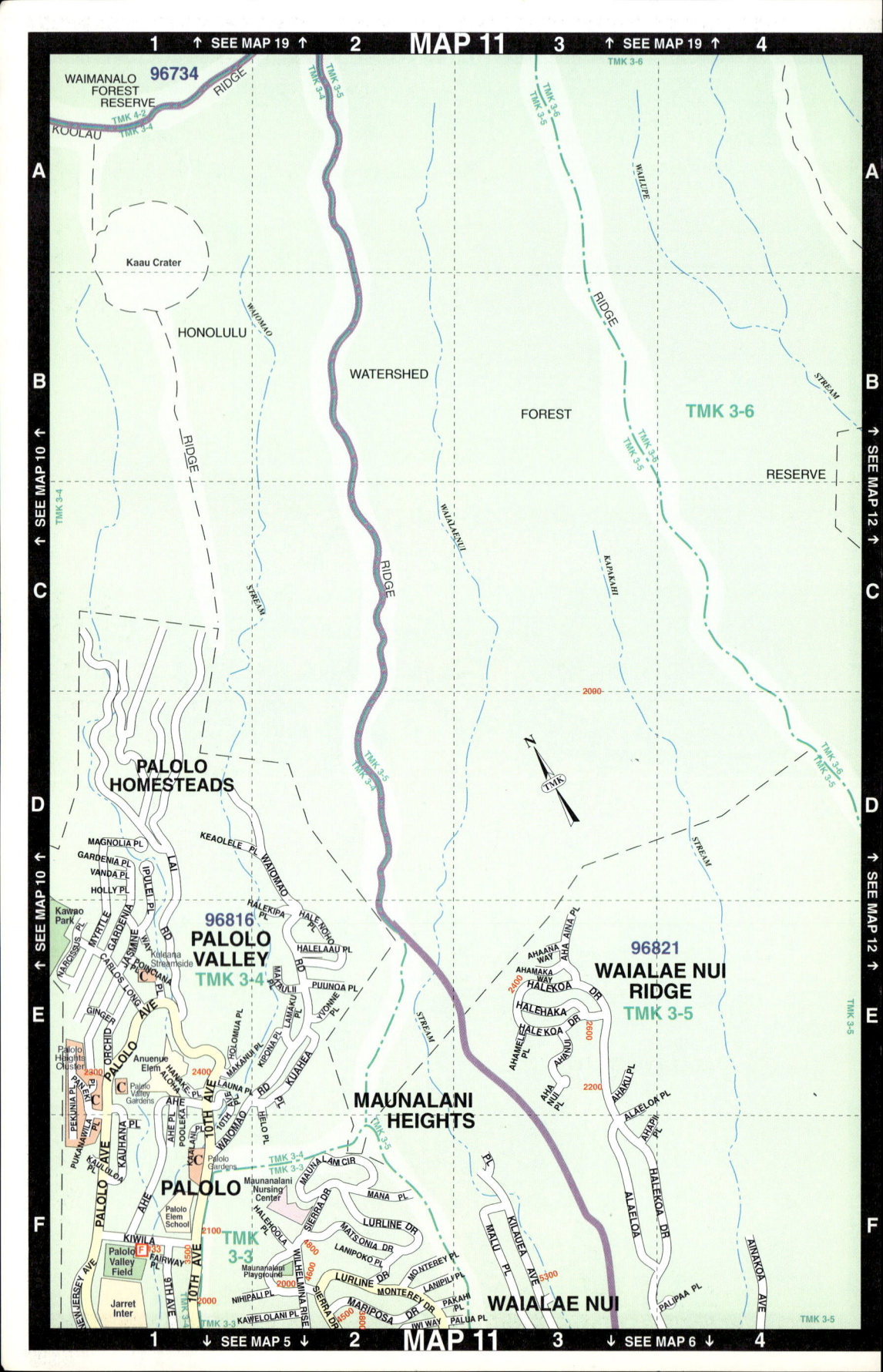

← SEE MAP 19 → SEE MAP 19 →

96734
WAIMANALO FOREST RESERVE
TMK 4-2
KOOLAU RIDGE
TMK 3-4
TMK 3-5
TMK 3-6
WAILUPE

Kaau Crater

HONOLULU WATERSHED FOREST RESERVE
TMK 3-6

WAIOMAO RIDGE
WAIALAE NUI
KAPAKAHI
STREAM

← SEE MAP 10
SEE MAP 12 →

2000

PALOLO HOMESTEADS

MAGNOLIA PL
GARDENIA PL
VANDA PL
HOLLY PL
KEAOLELE PL
WAIOMAO
HALEKIPA PL
HALE NOHO
HALELAAU PL

96816 PALOLO VALLEY
TMK 3-4

Kawao Park
MYRTLE
NARCISSUS
GARDENIA
JASMINE
POINCIANA
CARLOS LONG AVE
GINGER
ORCHID
PEKUNIA PL
PALOLO AVE
KAUHANA
PUKANIWA PL
KAULULOA
AHE
Kalihana Streamside
MOLOMUA PL
LANIHAKU PL
KIKIPUA RD
HALEKOOLA
MAUPIII PL
PUUNOA PL
YVONNE PL
LAUNA PL
KUAHEA

96821 WAIALAE NUI RIDGE
TMK 3-5

AHAANA WAY
AHA AINA PL
AHAMAKA PL
HALEKOA DR
HALEHAKA
HALE KOA DR
AHAMELA PL
AHA NUI PL
AHINUI PL
ALAELOA PL
AHAPU PL
AHAKU PL

Palolo Heights Cluster
2300
Palolo Valley Gardens
2400
10TH AVE
9TH AVE
POOLEKA
KAALEA
WAIOMAO
HIELO PL
MAUNA LANI CIR

MAUNALANI HEIGHTS

Palolo Gardens
Maunalani Nursing Center
Palolo Elem School
Palolo Valley Field
Jarret Inter
NEW JERSEY AVE
KIWILA
FAIRWAY PL
HALEHOLA
SIERRA DR
WILHELMINA RISE
MANA PL
LURLINE DR
LANIPOKO PL
MATSONIA DR
MONTEREY DR
LANIPI PL
PAKAHI
MARIPOSA DR
NIHIPALI PL
KAWELOLANI PL
IWI WAY
PALUA PL
KILAUEA AVE
MALU PL
2600
2200
ALAELOA DR
HALEKOA DR
AINAKOA AVE
PALIPAA PL

PALOLO
TMK 3-3

WAIALAE NUI

TMK 3-5

← SEE MAP 5   ← SEE MAP 6 →

MAP 12

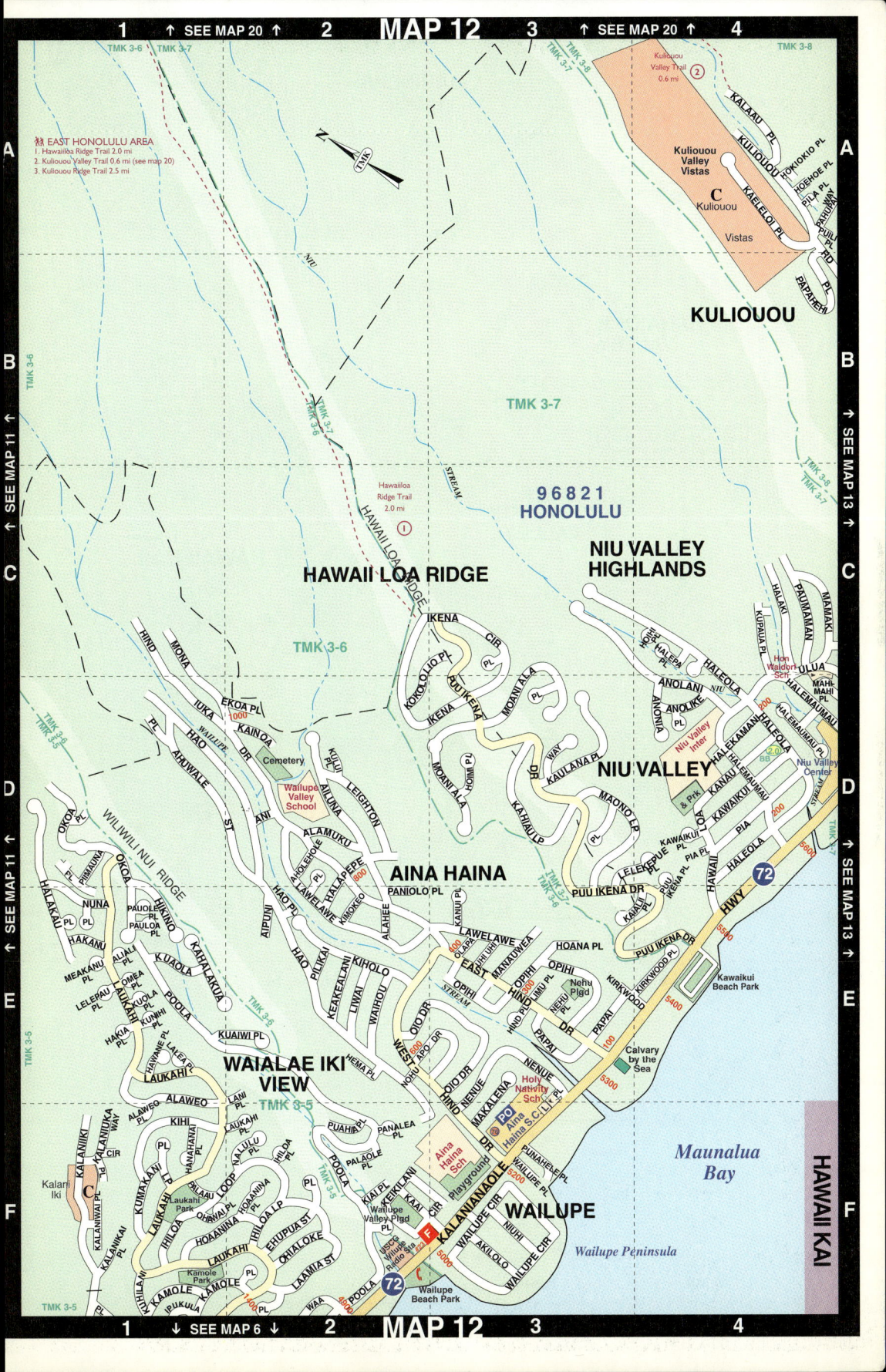

↑ SEE MAP 20 ↑

EAST HONOLULU AREA
1. Hawaiiloa Ridge Trail 2.0 mi
2. Kuliouou Valley Trail 0.6 mi (see map 20)
3. Kuliouou Ridge Trail 2.5 mi

Kuliouou Valley Trail 0.6 mi ②

Kuliouou Valley Vistas
C Kuliouou Vistas

KULIOUOU

TMK 3-6 | TMK 3-7 | TMK 3-8

← SEE MAP 11 ← | SEE MAP 13 →

96821 HONOLULU

Hawaiiloa Ridge Trail 2.0 mi ①

HAWAII LOA RIDGE

NIU VALLEY HIGHLANDS

TMK 3-6

NIU VALLEY

Niu Valley Inter
Niu Valley Center
Hon Waldorf Sch

Wailupe Valley School

AINA HAINA

Kawaikui Beach Park

HWY 72

Holy Nativity Sch
Calvary by the Sea

WAIALAE IKI VIEW

TMK 3-5

Aina Haina Sch
Aina Haina S. Ctr
Aina Haina Playground

WAILUPE

KALANIANAOLE

Kalani Iki C
Laukahi Park
Kamole Park

Wailupe Valley Plgd
USPO Wailupe Rural Sta F

Maunalua Bay

Wailupe Peninsula

Wailupe Beach Park

HAWAII KAI

↓ SEE MAP 6 ↓

MAP 12

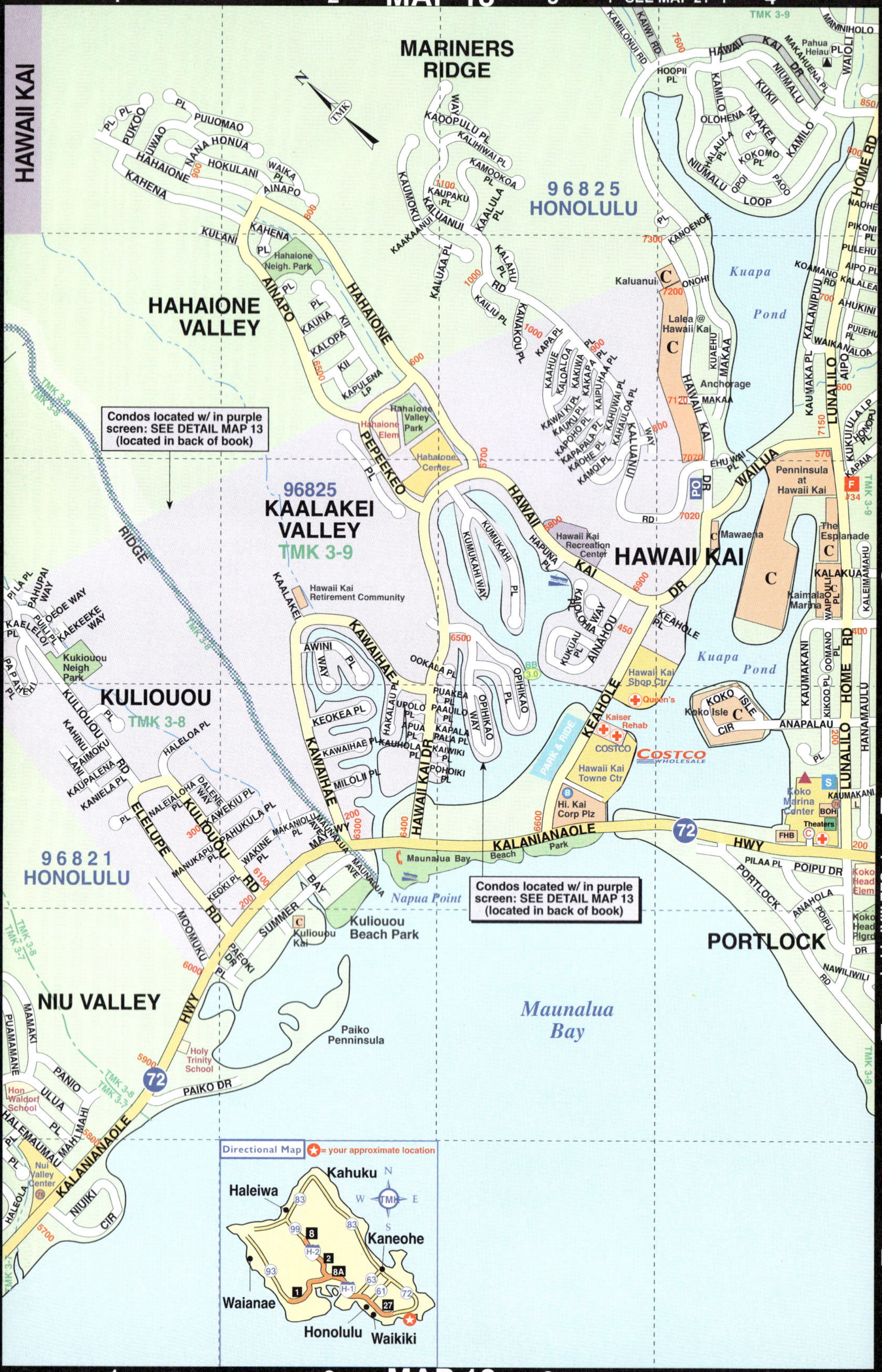

← SEE MAP 12 ←
→ SEE MAP 14 →
→ SEE MAP 14 →

EAGLE CONSTRUCTION CO., LTD
LIC. #BC-11621

117 Makepono St
Sand Island Industrial Park
Honolulu, Hawaii 96819

Tel: 808/255.2211
Fax: 808/942.5395

SEE MAP 3:E2

↑ SEE MAP 40 ↑
↑ SEE MAP 40 ↑
↑ SEE MAP 23 ↑
↑ SEE MAP 16 ↑

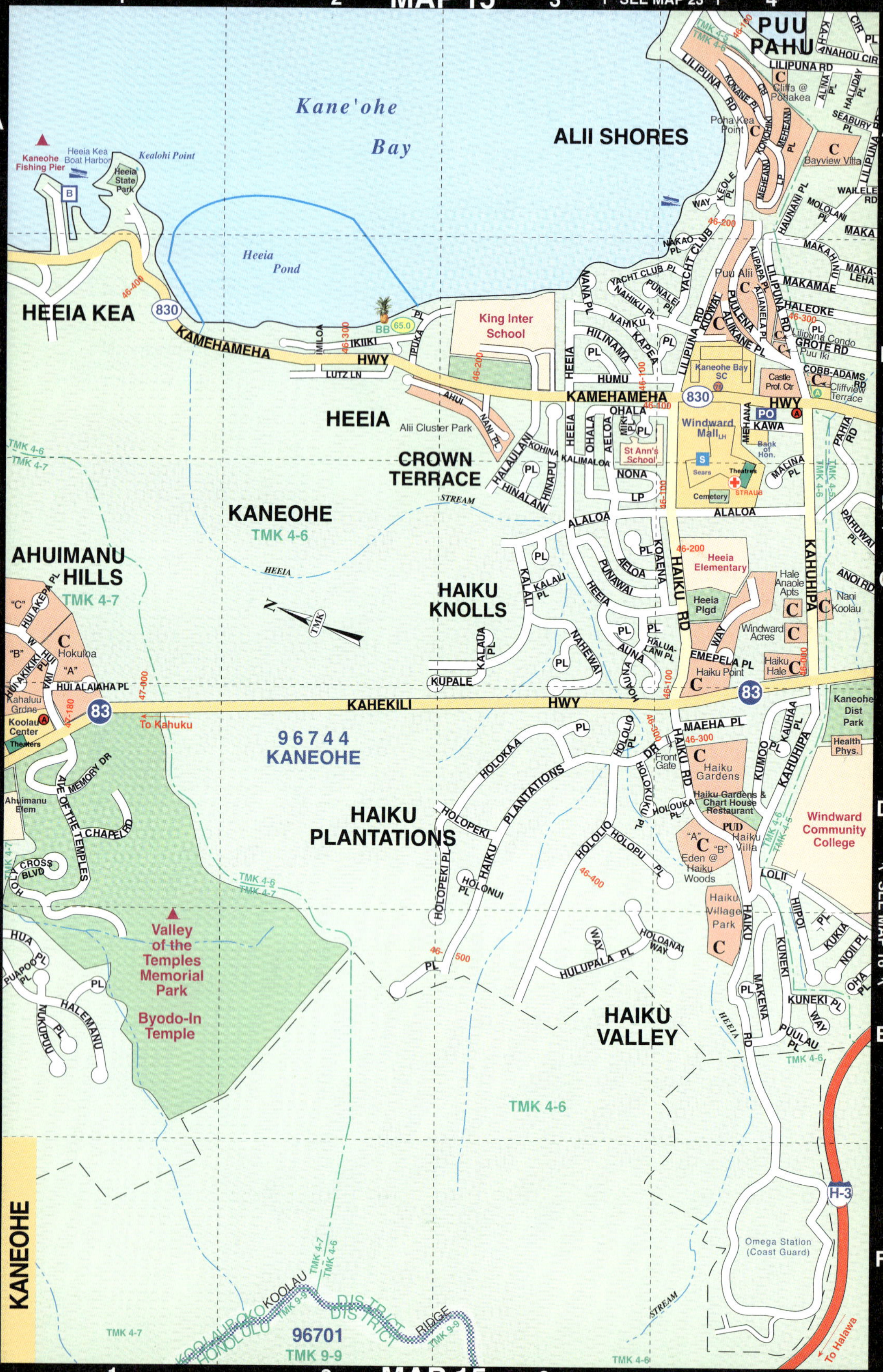

← SEE MAP 15 ←

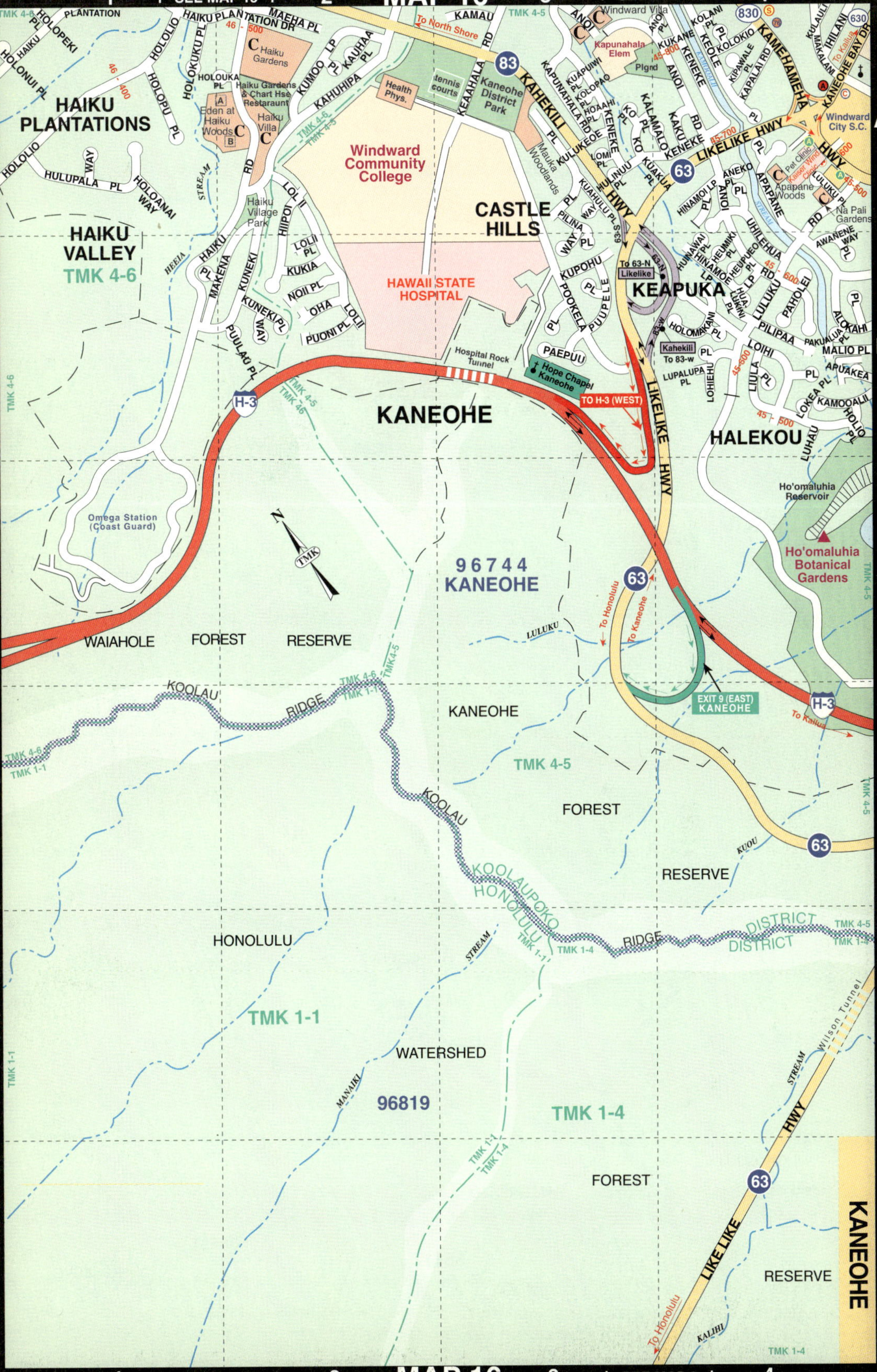

→ SEE MAP 17 →
→ SEE MAP 17 →

← SEE MAP 16 ← ← SEE MAP 16 ←
→ SEE MAP 18 → → SEE MAP 18 →

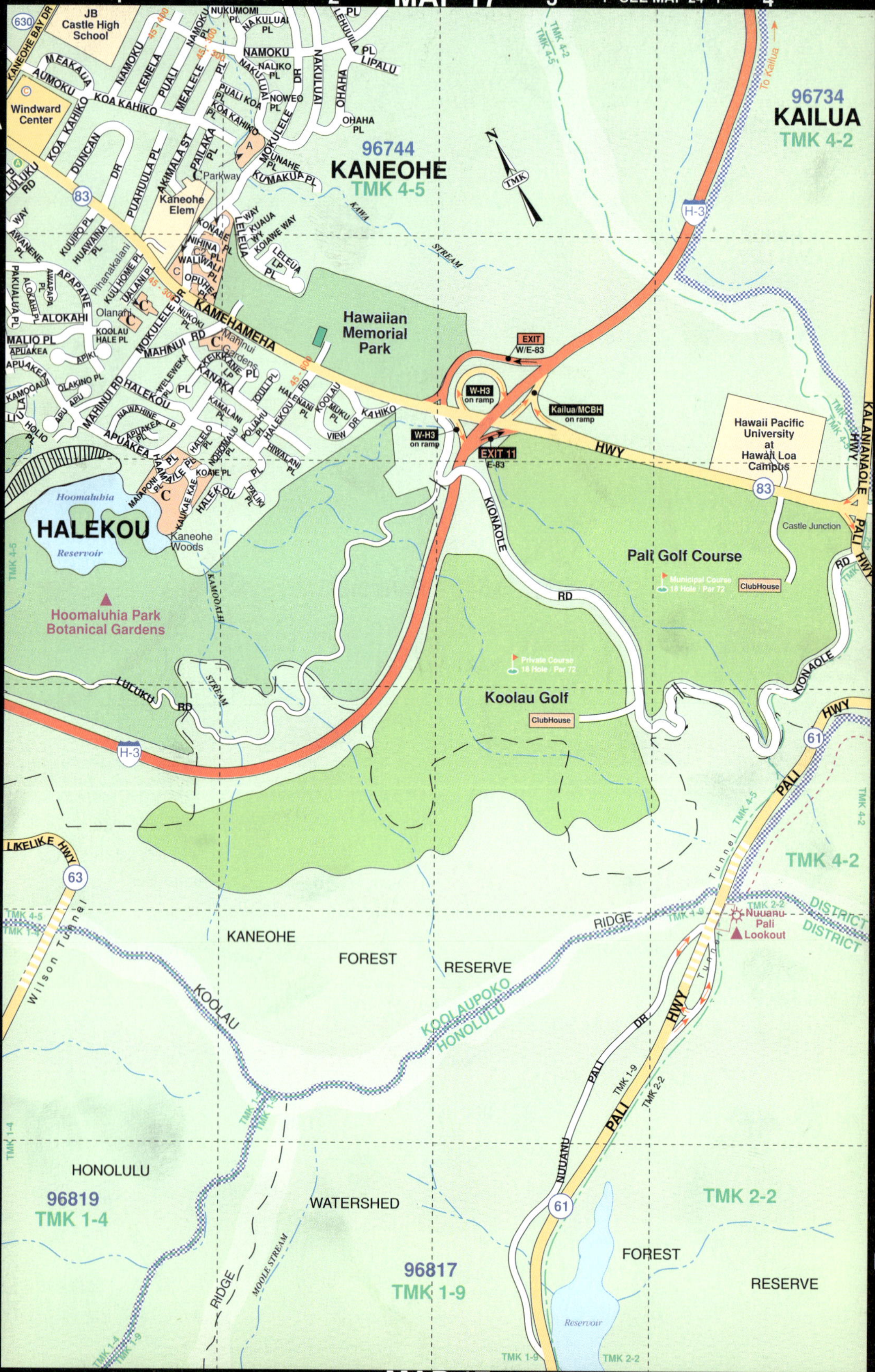

MAP 18

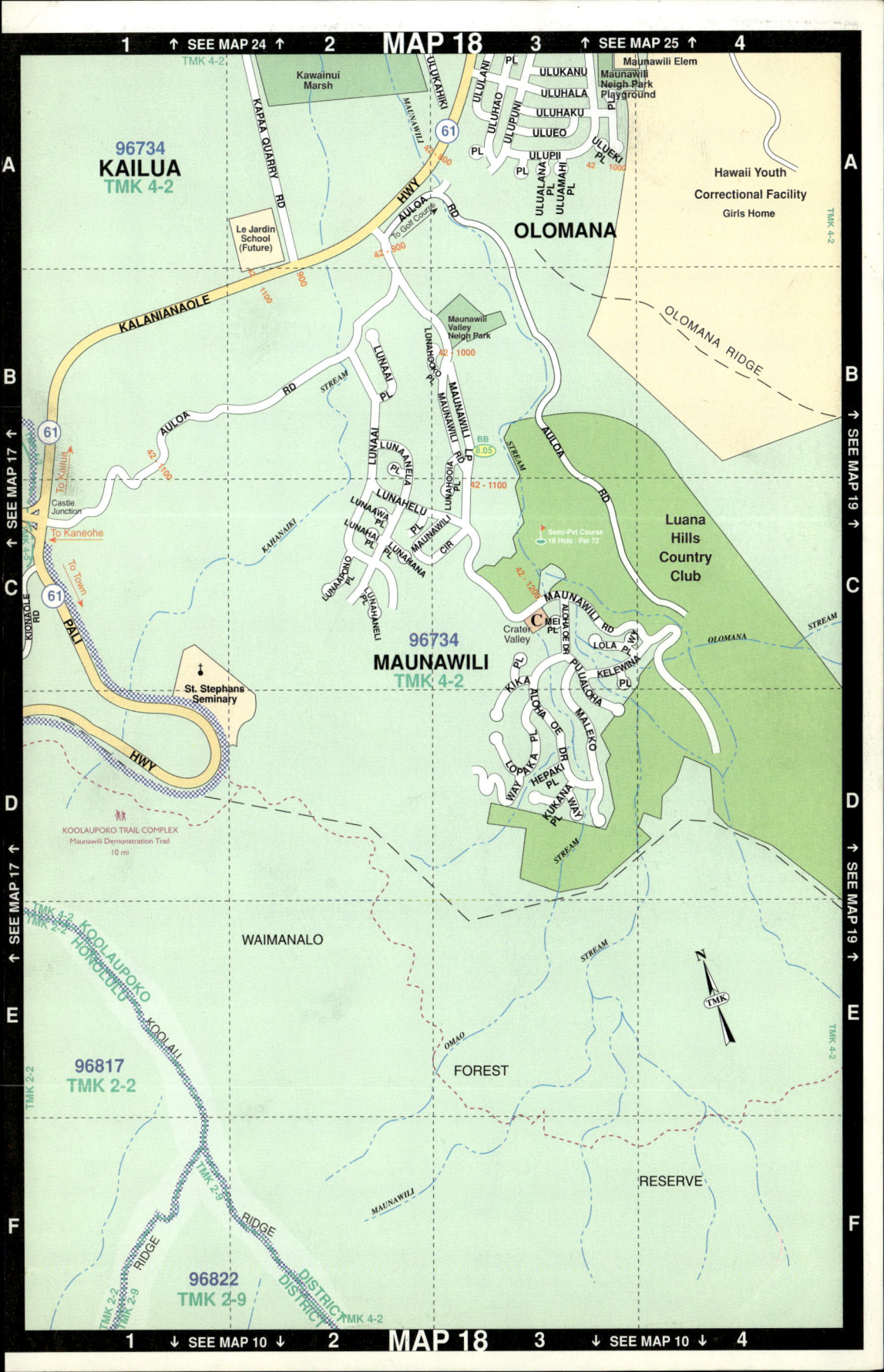

KAILUA
96734
TMK 4-2

OLOMANA

Kawainui Marsh
Kapa Quarry Rd
Le Jardin School (Future)
Hwy 61
Auloa Rd
To Golf Course
Kalanianaole Hwy
Maunawili Valley Neigh Park
Ulukahiki
Ululani Pl
Uluhao Pl
Ulupuni Pl
Ulukanu Pl
Uluhala Pl
Uluhaku Pl
Ulueo Pl
Ulualana Pl
Uluamahi Pl
Ulupii Pl
Uluekí Pl
Maunawili Elem
Maunawili Neigh Park Playground

Hawaii Youth Correctional Facility
Girls Home

OLOMANA RIDGE

MAUNAWILI
96734
TMK 4-2

Auloa Rd
Lunaai Pl
Lunapoko
Lunaanela Pl
Lunahoola Pl
Lunahelu Pl
Lunaawa Pl
Lunaha Pl
Maunawili Cir
Lunaapono Pl
Lunanana
Lunaaneli Pl
Kahanaiki Stream
Maunawili Lp
Maunawili Rd
Crater Valley
Kika Pl
Aloha Oe Dr
Lopaka Way
Hepaki Pl
Puualoha
Maleko
Kukana Way
Aloha Oe Dr
Kelewina Pl
Lola Pl
Mei Pl

Semi-Pvt Course 18 Hole / Par 72

Luana Hills Country Club

OLOMANA STREAM

Castle Junction
To Kaneohe
To Kailua
To Town
Hwy 61
Kionaole Rd
Pali Hwy
St. Stephans Seminary

KOOLAUPOKO TRAIL COMPLEX
Maunawili Demonstration Trail 10 mi

WAIMANALO FOREST RESERVE

96817
TMK 2-2

KOOLAUPOKO HONOLULU KOOLAU

96822
TMK 2-9

DISTRICT

MAP 19

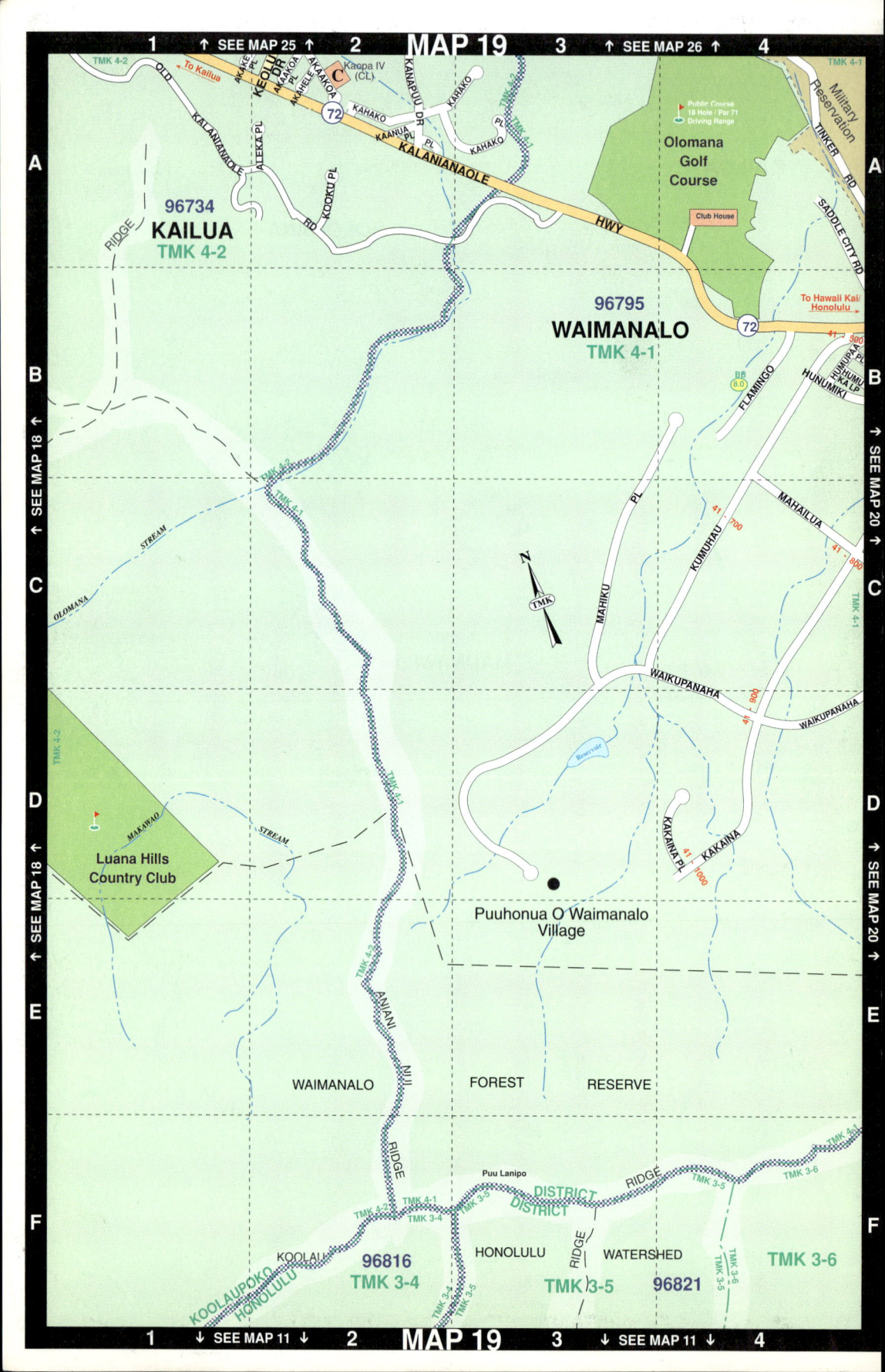

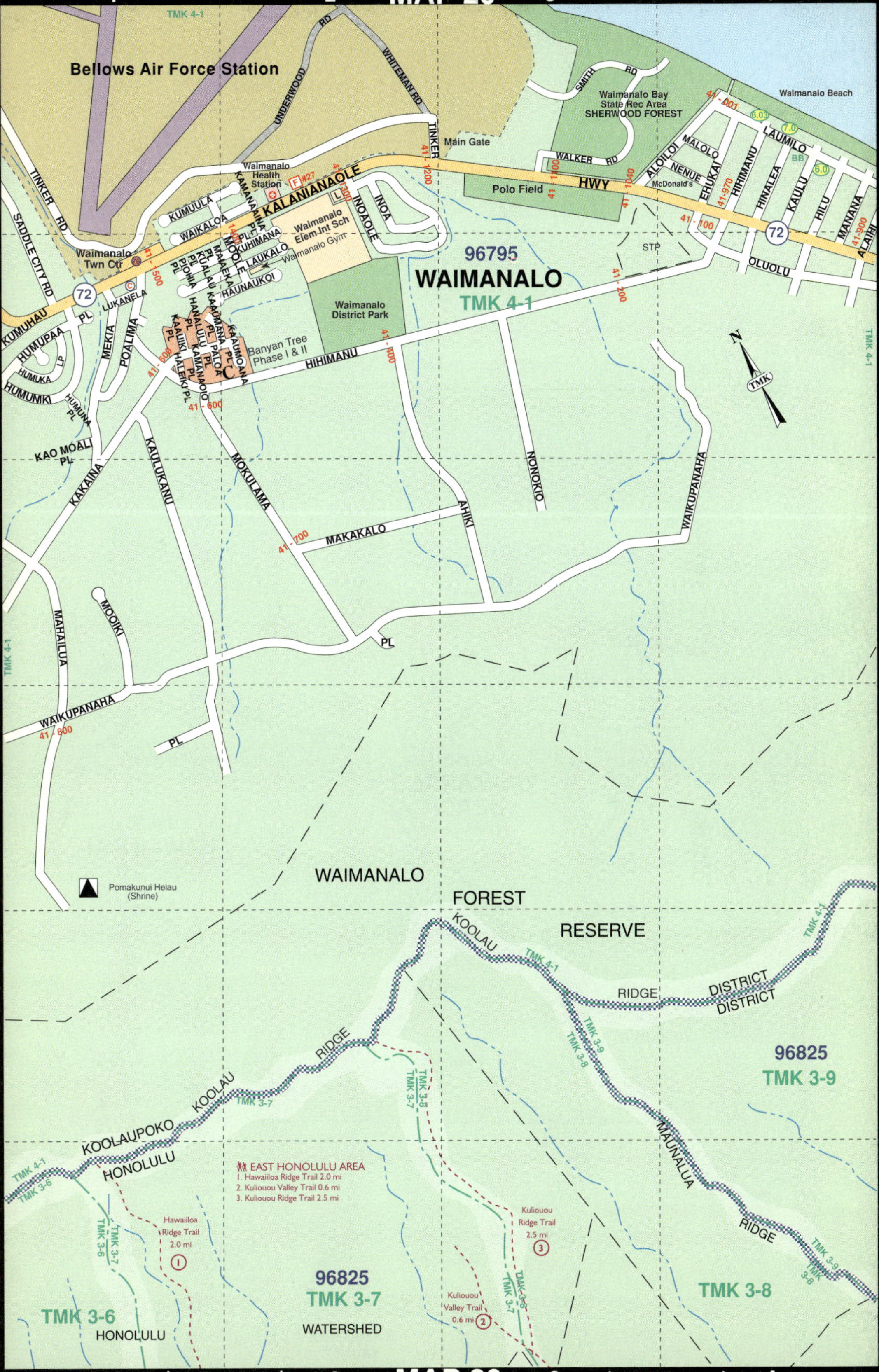

Bellows Air Force Station
TMK 4-1
Waimanalo Bay State Rec Area SHERWOOD FOREST
Waimanalo Beach
Main Gate
Polo Field
McDonald's
KALANIANAOLE HWY
72
Waimanalo Health Station
Waimanalo Elem.Int Sch
Waimanalo Gym
Waimanalo Twn Ctr
Waimanalo District Park
Banyan Tree Phase I & II
96795
WAIMANALO
TMK 4-1
STP
HIHIMANU
MOKULAMA
KAULUKANU
MAKAKALO
AHIKI
NONOKIO
WAIKUPANAHA
MAHAILUA
MOOIKI
KAKAINA
KAO MOALI PL
TINKER RD
SADDLE CITY RD
UNDERWOOD
WHITEMAN RD
SMITH RD
WALKER RD
OLUOLU
LAUMILO
INOA
INOAOLE
KUMUHAU
HUMUPAA
HUMUKA
HUMUNIKI
HUMUNA
MEKIA
POALIMA
LUKANELA
Pomakunui Heiau (Shrine)
WAIMANALO FOREST RESERVE
KOOLAU RIDGE DISTRICT
KOOLAUPOKO
HONOLULU
KOOLAU RIDGE
MAUNALUA RIDGE
96825
TMK 3-9
TMK 3-8
TMK 3-7
TMK 3-6
WATERSHED
EAST HONOLULU AREA
1. Hawaiiloa Ridge Trail 2.0 mi
2. Kuliouou Valley Trail 0.6 mi
3. Kuliouou Ridge Trail 2.5 mi
Hawaiiloa Ridge Trail 2.0 mi
Kuliouou Ridge Trail 2.5 mi
Kuliouou Valley Trail 0.6 mi
SEE MAP 19
SEE MAP 21
SEE MAP 13

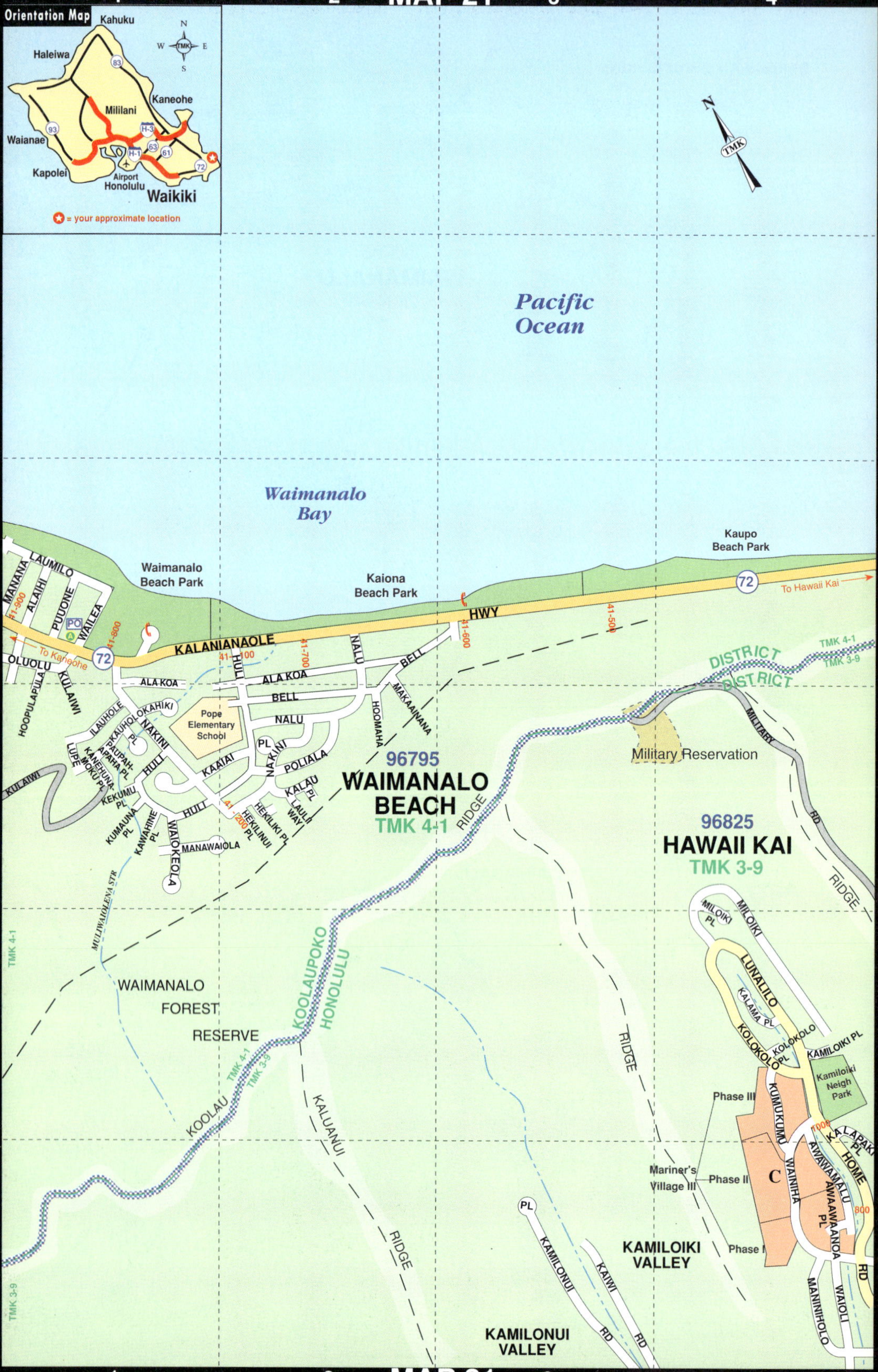

← SEE MAP 20 ←
→ SEE MAP 22 →
↓ SEE MAP 13 ↓

MAP 22

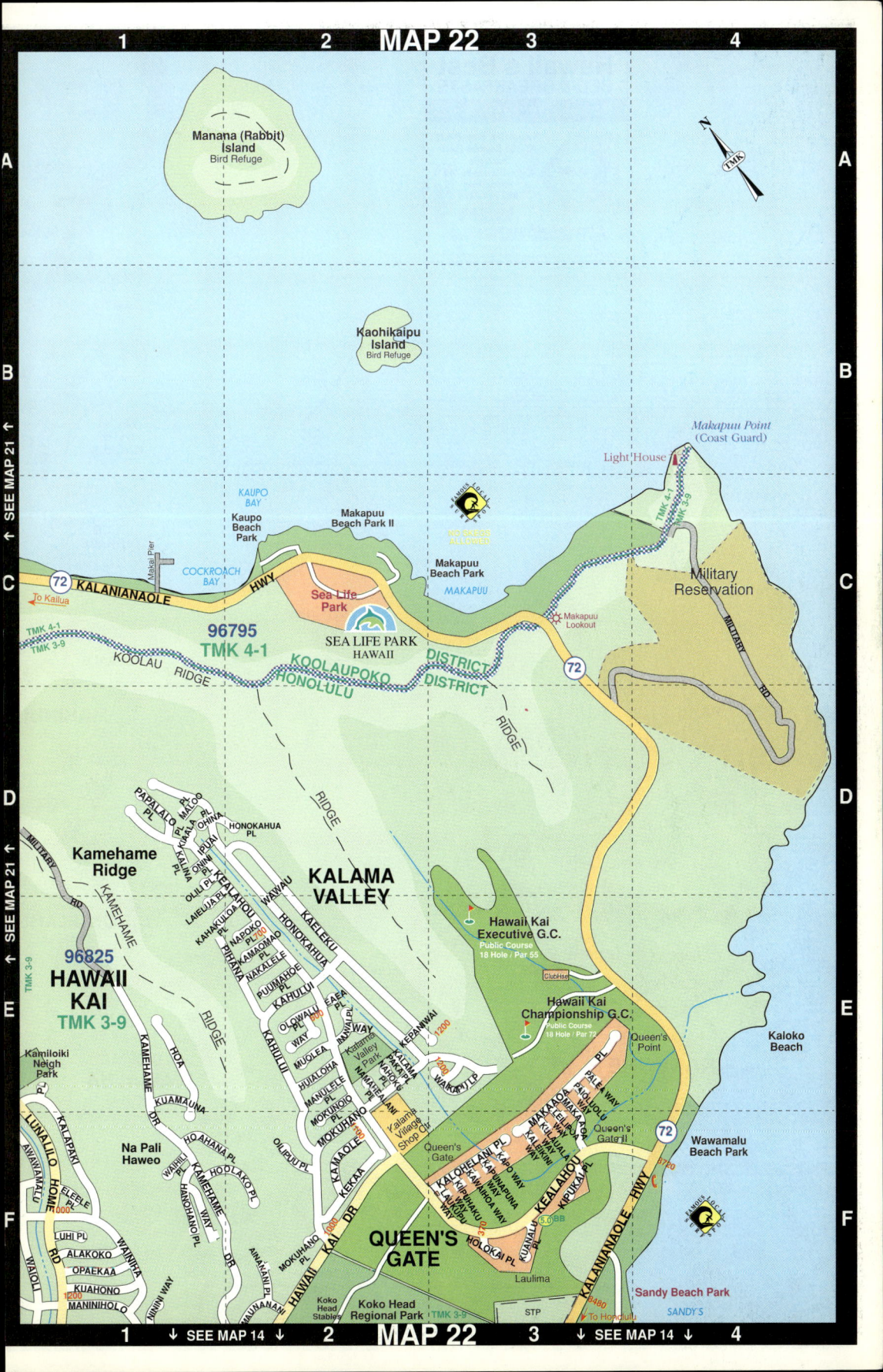

Islands & Water Features
- Manana (Rabbit) Island — Bird Refuge
- Kaohikaipu Island — Bird Refuge
- Kaupo Bay
- Cockroach Bay
- Makapuu Point (Coast Guard) — Light House

Parks & Landmarks
- Kaupo Beach Park
- Makapuu Beach Park II
- Makapuu Beach Park
- Makapuu Lookout
- Sea Life Park Hawaii
- Makai Pier
- Military Reservation
- Hawaii Kai Executive G.C. — Public Course, 18 Hole / Par 55
- Hawaii Kai Championship G.C. — Public Course, 18 Hole / Par 72
- Queen's Point
- Kaloko Beach
- Wawamalu Beach Park
- Sandy Beach Park
- Koko Head Regional Park
- Koko Head Stables
- Kamiloiki Neigh Park
- Katama Village Shop Ctr
- ClubHse

Areas / Districts
- KALANIANAOLE HWY (72)
- KOOLAU RIDGE
- KOOLAUPOKO DISTRICT / HONOLULU DISTRICT
- MAKAPUU
- 96795 TMK 4-1
- 96825 HAWAII KAI TMK 3-9
- Kamehame Ridge
- KALAMA VALLEY
- Na Pali Haweo
- QUEEN'S GATE
- Queen's Gate
- Queen's Gate II
- MILITARY RD

Streets
PAPALALO PL, KAALA PL, MALOO, HONOKAHUA PL, IPUKI, KALINA PL, ONINI PL, OULU PL, LAIEULA PL, KAHAKULOA PL, KEALAHOU, NAPOKO PL, KAMAOMAO PL, HONOKAHUA, NAKALELE PL, PUUMAHOE PL, KAHULUI, OLOWALU WAY, EAEA PL, KEPANIWAI, KAHULUI, MUOLEA PL, HUALOHA, MANULELE PL, MOKUNOIO PL, KUAMAUNA DR, HO AHANA PL, HOOLAKO PL, KAMEHAME DR, WAIHILI, HANOHANO PL, AINAMANA PL, NINU WAY, MAUNANANI, MOKUHANO, OILIPULI PL, KAMAOLE, KEKAA, MOKUHANO, HAWAII KAI DR, KALAMA, NAPUKA, HAMAKUA, MAKAPULI PL, MAKAAOA PL, PAOAOLI PL, MAKAI TOP, KUUALII WAY, KALANIPUU, KAIALEIA WAY, PALEA WAY, KALOHELANI PL, KAIKO WAY, KIPAHAKU, KAWAINUI WAY, KUAMOLO PL, KEALAHOU, KIPUKAI PL, HOLOKAI PL, KALAPAKI, AWANALA, LUNALILO HOME RD, ELEELE, LUHI PL, ALAKOKO, OPAEKAA, KUAHONO, MANINIHOLO, WAIOLI RD, KOKO HEAD, Laulima

Highway Markers
- 72 (Kalanianaole Hwy)
- To Kailua
- To Honolulu
- SANDY'S
- STP

Map Navigation
- SEE MAP 21 ← (west)
- SEE MAP 14 ↓ (south)

MAP 23

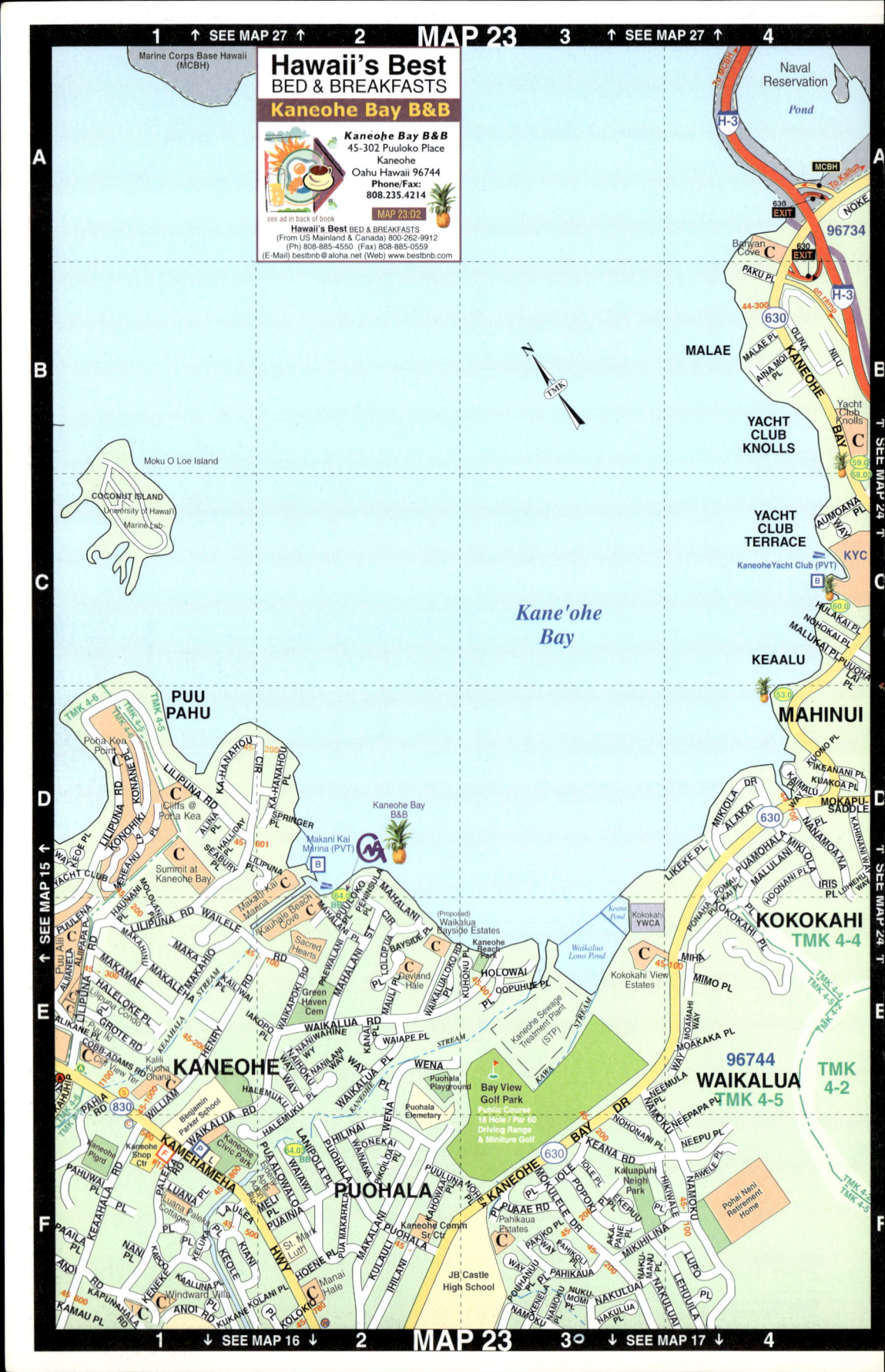

Hawaii's Best BED & BREAKFASTS
Kaneohe Bay B&B

Kaneohe Bay B&B
45-302 Puuloko Place
Kaneohe
Oahu Hawaii 96744
Phone/Fax:
808.235.4214

see ad in back of book

MAP 23-02

Hawaii's Best BED & BREAKFASTS
(From US Mainland & Canada) 800-262-9912
(Ph) 808-885-4550 (Fax) 808-885-0559
(E-Mail) bestbnb@aloha.net (Web) www.bestbnb.com

Kane'ohe Bay

Moku O Loe Island
COCONUT ISLAND
University of Hawai'i Marine Lab

Marine Corps Base Hawaii (MCBH)

Naval Reservation Pond

MCBH
96734

MALAE
KANEOHE BAY
YACHT CLUB KNOLLS
YACHT CLUB TERRACE
Kaneohe Yacht Club (PVT)
KYC

KEAALU
MAHINUI

PUU PAHU
Poha Kea Point
Cliffs @ Poha Kea
Summit at Kaneohe Bay
Makani Kai Marina (PVT)
Kaneohe Bay B&B
Kauhale Beach Cove
Sacred Hearts
Devland Hale
Green Haven Cem
(Proposed) Waikalua Bayside Estates
Kaneohe Sewage Treatment Plant (STP)
Waikalua Loko Pond
Kokokahi View Estates
Kokokahi YWCA

KOKOKAHI
TMK 4-4

KANEOHE
Kaneohe Civic Park
Kaneohe Shop Ctr
Benjamin Parker School
Puohala Playground
Puohala Elementary
Bay View Golf Park Public Course 18 Hole / Par 60 Driving Range & Miniature Golf

PUOHALA
Kaneohe Comm Sr Ctr
Pahikaua Estates
JB Castle High School
Kaluapuhi Neigh Park
Pohai Nani Retirement Home

96744
WAIKALUA
TMK 4-5
TMK 4-2

↑ SEE MAP 28 ↑

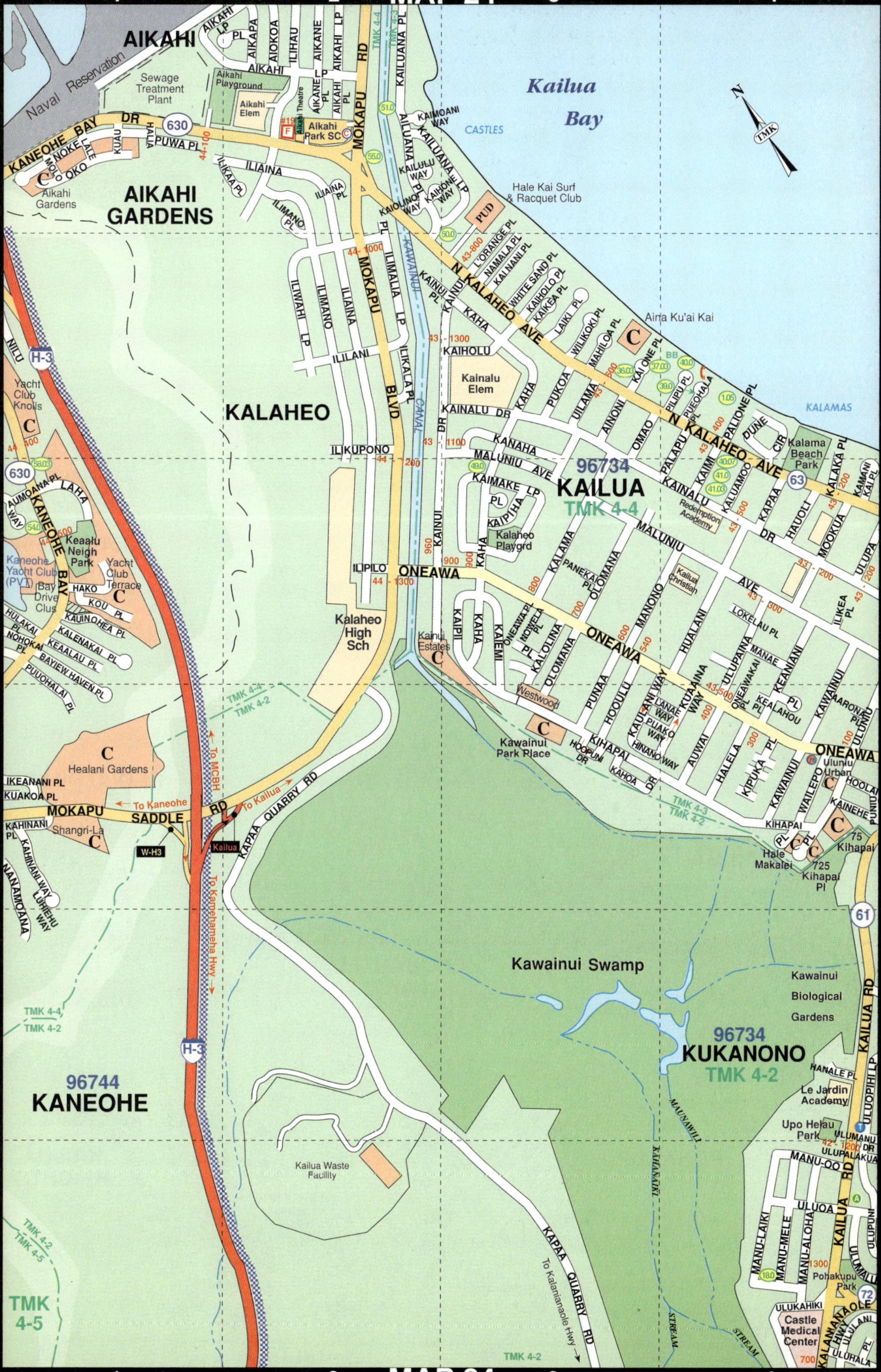

SEE MAP 23
SEE MAP 25

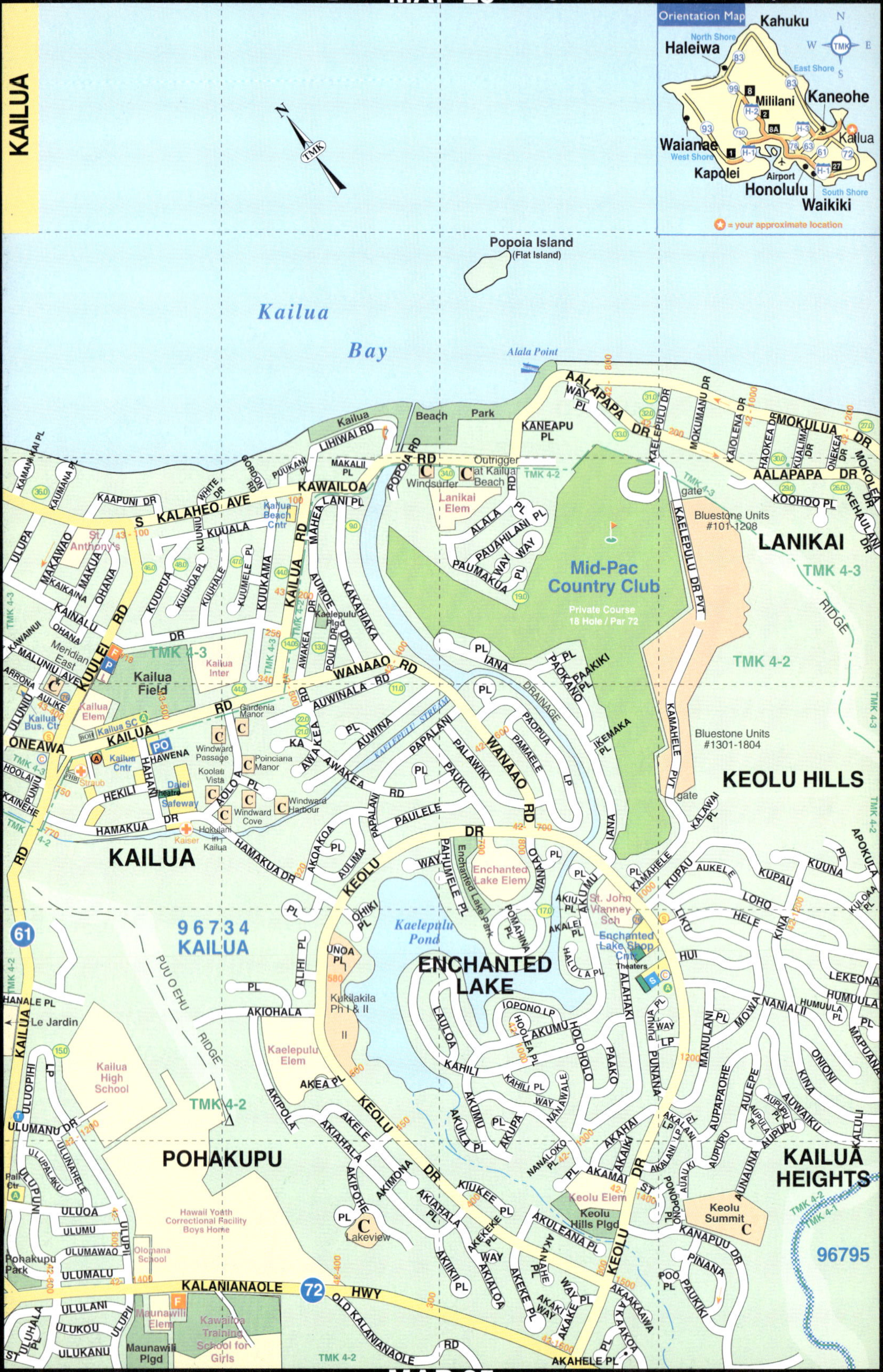

SEE MAP 24
SEE MAP 26
SEE MAP 18
SEE MAP 19

MAP 26

Moku Nui (open/restricted)
Mokulua Islands
Moku Iki (no landing)

Wailea Point

LANIKAI
96734
TMK 4-3

ALA DR
POKOLE WAY
MOKULUA DR
AALAPAPA DR
MOKOLEA DR
KAINPO PL
KEHAULANI DR
LAMA PL
LALA PL
LAIPO PL
UIKA PL
KOOHOO PL

FIRE RD
PACIFIC DR
TINKER RD
WAVECREST LN
#4
#3
PINETREE LN
TRADE WIND LN

KEOLU HILLS

Bellows Field

Golf Driving Range
Rec Center
Tennis Courts
BEACHWALK
JEFFY PL

KUUNA PL
KUPOA PL
APOKULA PL
KUPA PL
KUPAU
MAPUANA
LEKEONA
HELE PL
HUMUULA PL
MAPUANA
ONIONI
KINA
NONINUI
ONAONA
AUWAIKU
KALULI

BELLOWS FIELD AIR FORCE BASE (BAFB)

WAIMANALO STREAM

Waimanalo Bay

Bellows Field Beach Park

TINKER RD

WAIMANALO
96795
TMK 4-1

Olomana Golf Links
TMK 4-1
UNDERWOOD RD
TINKER RD

Waimanalo Bay State Rec Area SHERWOOD FOREST

↓ SEE MAP 19 ↓   ↓ SEE MAP 20 ↓

MAP 27

Pacific Ocean

Pyramid Point · Pyramid Rock

Heleloa Beach

Klipper Golf Course (MCBH)
Military Course
18 Hole / Par 72
Driving Range

TMK 4-4

96734 KAILUA

Pali Kilo Beach

Kaneohe MARINE CORPS BASE HAWAII
TMK 4-4

Hale Koa Beach

KAILUA

Sag Harbor

Kaneohe Bay

Halekou Pond

H-3 GATE

Mokapu Elementary

Risley Field

Athletic Field

Pollock Field

Dewey Square

Streets/Features
- Bancroft Dr, Bauer Dr, Blair Dr
- Harris Ave, Lawrence Rd
- Parks Ave, McLennan Dr
- Cushman, Maclay, Pascua Ct, Cananayan, Mid Pacific, Middaugh Ave
- Marmande Dr
- Manning Cir, Lawrence
- Halligan Rd, Nimitz Rd
- Yarnell, Reed Rd, Reeves Rd
- Foster Dr, Buchanan Dr, Tomas Dr, Suafaia Dr, Parot Dr, Inieiu, Bingham Way, Moffett, Pancoast
- Gier Way, Kaawa, O'Neal, Mokapu Rd, Craig Ave
- Radar Rd, Castaneda, Padilla Dr
- Crescent Dr
- Mokapu Rd, Palikilo Rd, Sumner Rd, Perimeter Rd
- Sixth, Fifth, Fourth, Third, Second, First
- A St, B St, C St, D St, E St, F St, G St
- Lowry Way
- Selden

SEE MAP 23
SEE MAP 28
H-3
63

MAP 28

Moku Manu Islands
Bird Refuge

Mokapu Point
Pukaulua Point
Kii Point

Ulapau Crater
MIDDAUGH

Mokapu Peninsula

MAGAZINE RD
DALY PL / DALY DR
PONO PL / DIAS PL
BANCROFT / CONNOR PL
BAUER DR / BORDELON PL
BLAIN DR / JOHNSON
LAWRENCE RD / WATAM
BROWN DR
CAMPION / ELROD DR
LAWRENCE / HANSON CIR
MAHANANI AVE / PENNSYLVANIA AVE
PARIS / FLEMING
PALE / WHITCOMB CIR / HAWKINS
MACLACHLAN / CARNEY CIR
CUSHMAN AVE / MIDDAUGH / PHILLIPS
IRWIN / MOSES
COCHRAN
ENGLISH AVE
JUDSON

Fort Hase Cove
Fort Hase Beach

Kailua Bay

MOKAPU RD
HARRIS AVE
CRAIG AVE
SELDEN

96734
TMK 4-4
(63)

Exchange

KANEOHE MARINE CORPS BASE HAWAII
Naval Reservation

Kaluapuhi Pond

KAIMALINO

MOKAPU RD
NUNU / OLD MOKAPU RD
MILOKAI / KAIMALINO / ILIKAI / LAINA / ALOHA PL
62.0
66.0
57.0
55.0
65.2

TMK 4-4
TMK 4-3

Kapoho Point

Halekou Pond
Nuupia Pond

MOKAPU GATE

AIKAHI
Naval Reservation

AIKAHI / AIMIKANA / AIKANE LP / AIOKOA / AIKAPA PL / KAILUANA PL

↑ SEE MAP 27
↓ SEE MAP 24 ↓

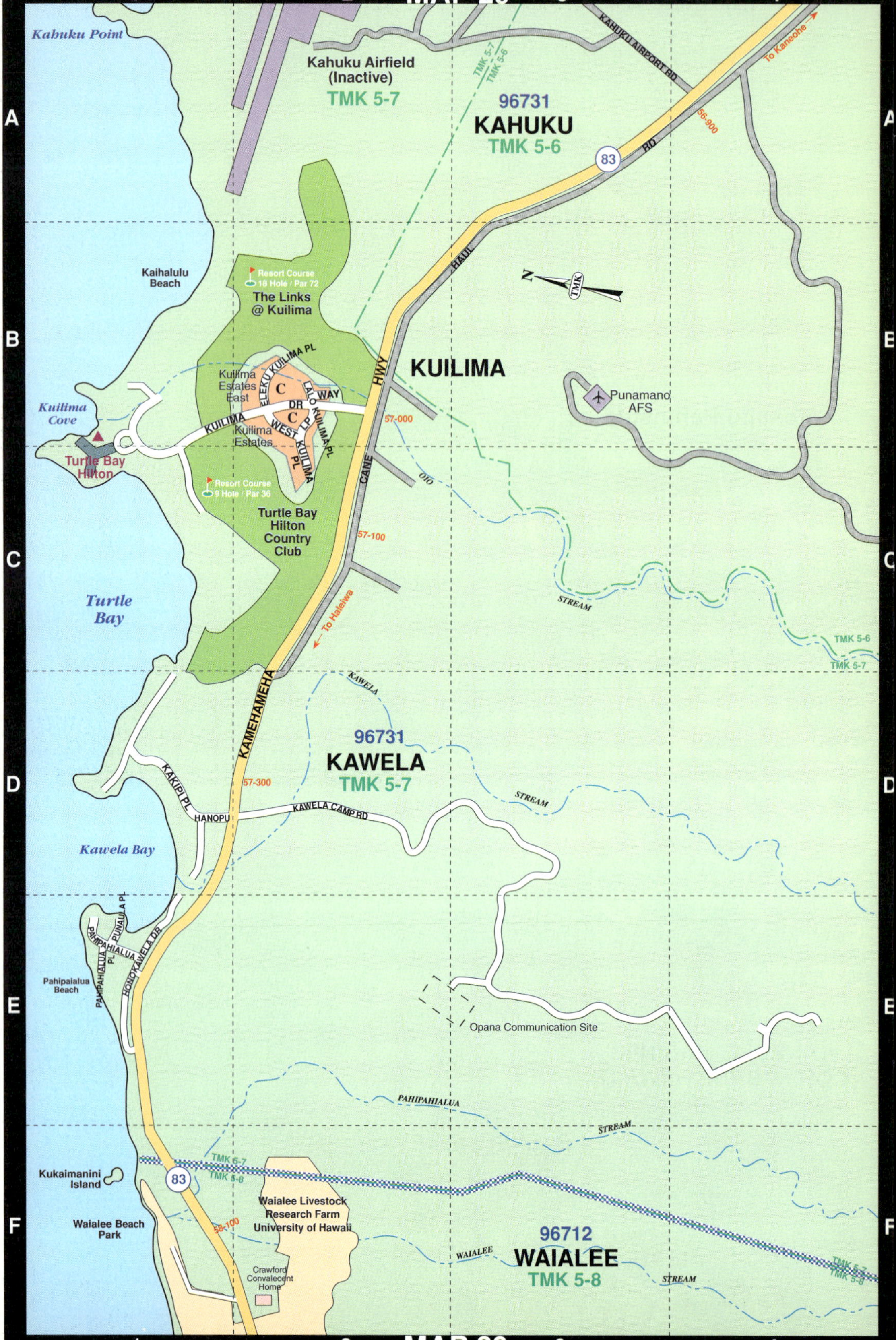
Kahuku Point
Kahuku Airfield
(Inactive)
TMK 5-7
96731
KAHUKU
TMK 5-6
KAHUKU AIRPORT RD
To Kaneohe
56-900
83
RD
HAUL
Kaihalulu
Beach
Resort Course
18 Hole / Par 72
The Links
@ Kuilima
KUILIMA
Kuilima
Estates
East
ELEKU KUILIMA PL
LALO KUILIMA PL
WAY
DR
C
KUILIMA
WEST
LP
KUILIMA
PL
Kuilima
Estates
Kuilima
Cove
Turtle Bay
Hilton
Resort Course
9 Hole / Par 36
Turtle Bay
Hilton
Country
Club
HWY
CANE
57-000
OIO
57-100
Punamano
AFS
STREAM
TMK 5-6
TMK 5-7
Turtle
Bay
To Haleiwa
KAMEHAMEHA
KAWELA
96731
KAWELA
TMK 5-7
STREAM
KAKIPI PL
57-300
HANOPU
KAWELA CAMP RD
Kawela Bay
PUNAULA PL
PAHIPAHIALUA
PAHIPAHIALUA PL
HONOKAWELA DR
Pahipaialua
Beach
Opana Communication Site
PAHIPAHIALUA
STREAM
TMK 5-7
TMK 5-8
Kukaimanini
Island
83
Waialee Livestock
Research Farm
University of Hawaii
Waialee Beach
Park
58-100
Crawford
Convalecent
Home
WAIALEE
96712
WAIALEE
TMK 5-8
STREAM
TMK 5-7
TMK 5-8
A
B
C
D
E
F

MAP 30

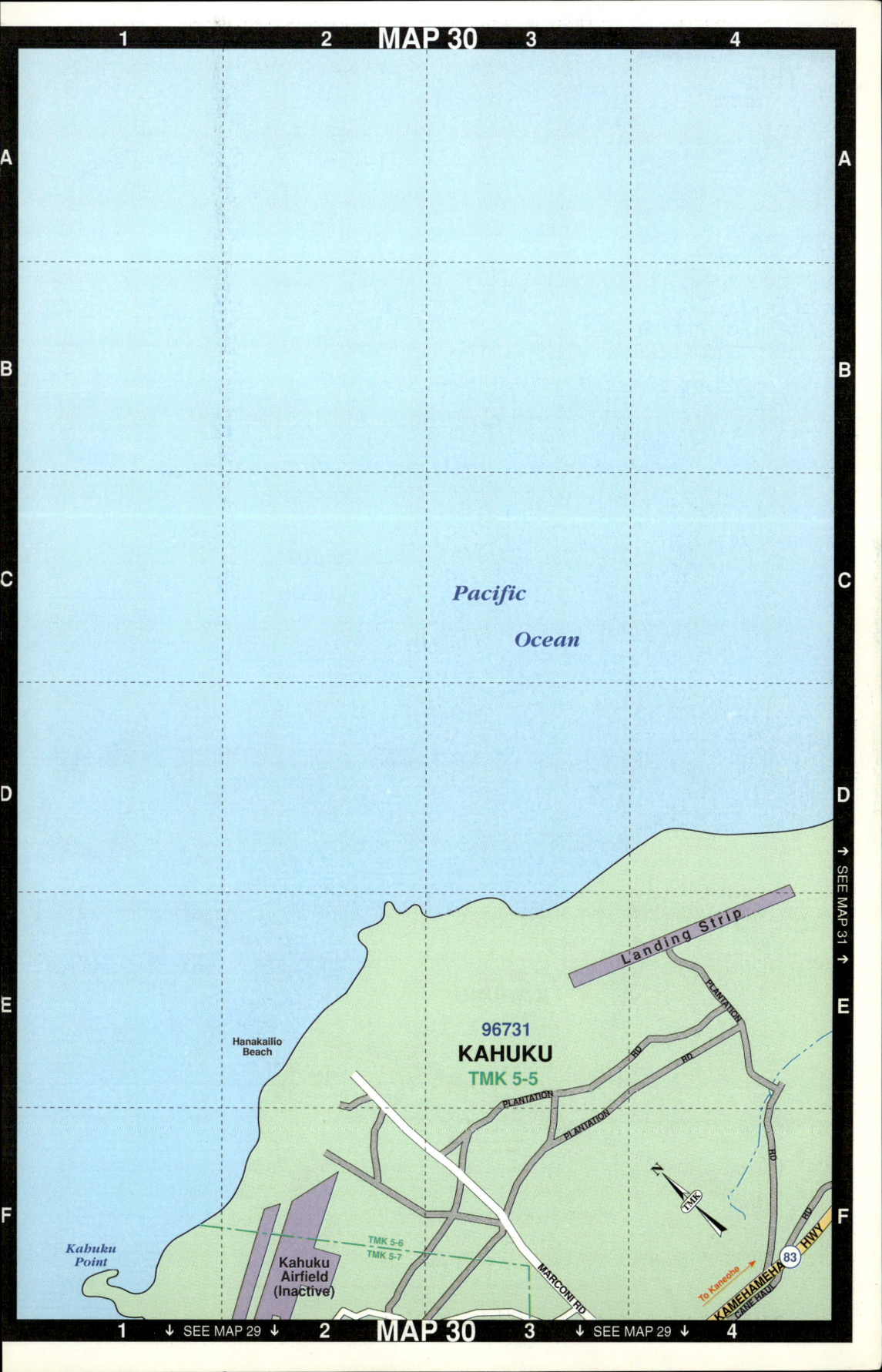

Pacific Ocean

Hanakailio Beach

96731
KAHUKU
TMK 5-5

Landing Strip

PLANTATION RD
PLANTATION RD

Kahuku Point

Kahuku Airfield (Inactive)

TMK 5-6
TMK 5-7

MARCONI RD

To Kaneohe →
CANE HAUL
KAMEHAMEHA HWY
83

→ SEE MAP 31 →
↓ SEE MAP 29 ↓

MAP 31

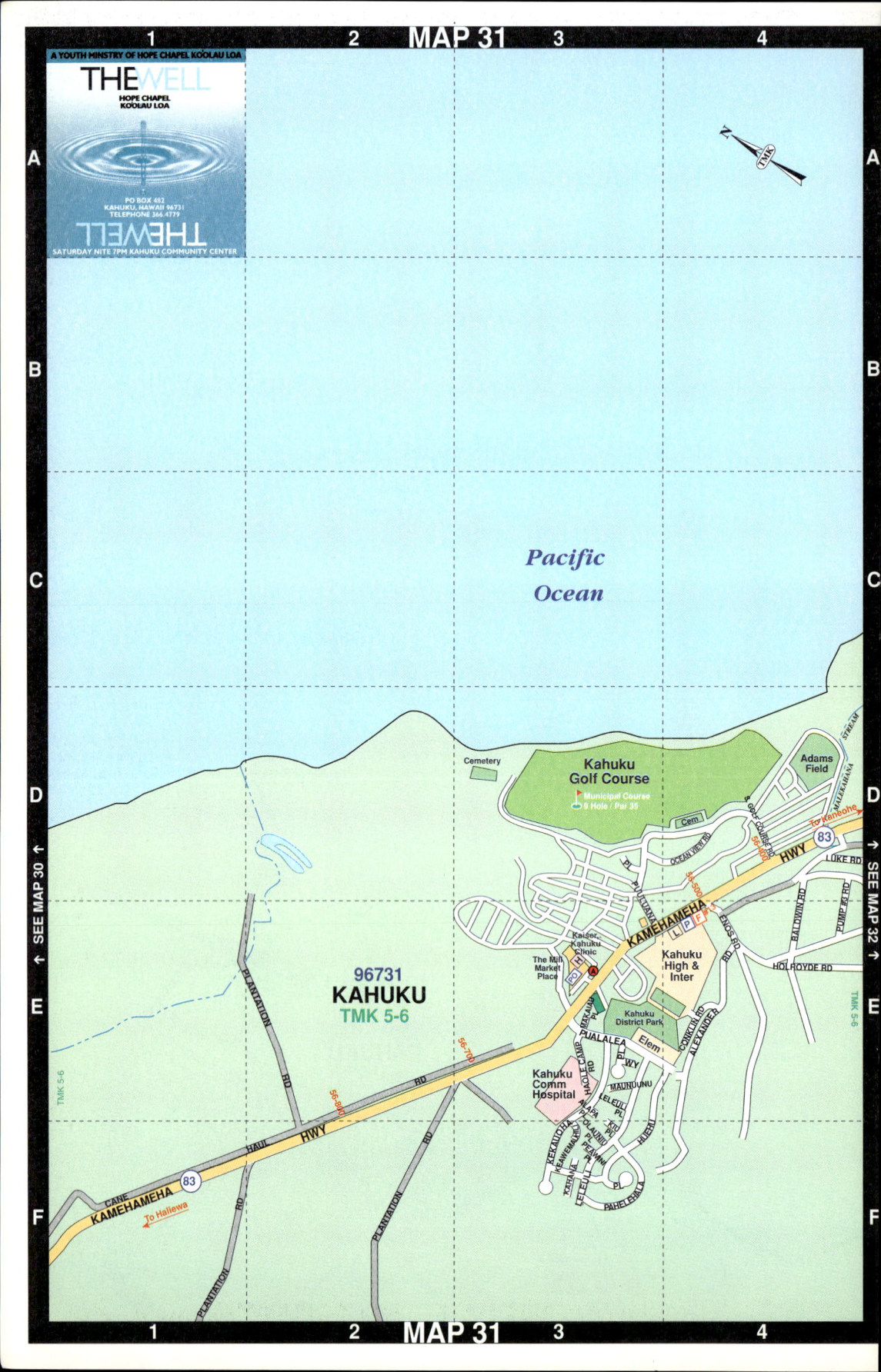

A YOUTH MINISTRY OF HOPE CHAPEL KOOLAU LOA

THE WELL
HOPE CHAPEL
KOOLAU LOA

PO BOX 492
KAHUKU, HAWAII 96731
TELEPHONE 366-4779

THE WELL
SATURDAY NITE 7PM KAHUKU COMMUNITY CENTER

Pacific Ocean

Cemetery

Kahuku Golf Course
Municipal Course
9 Hole / Par 35

Adams Field

Kaiser Kahuku Clinic

The Mill Market Place

Kahuku High & Inter

Kahuku District Park

Kahuku Comm Hospital

96731 KAHUKU TMK 5-6

← SEE MAP 30

SEE MAP 32 →

To Kaneohe →

KAMEHAMEHA HWY

HWY 83

LUKE RD
HOLROYDE RD
BALDWIN RD
PUMP RD
ENOS RD
CONKLIN RD
ALEXANDER
OCEAN VIEW RD
PUALALEA
KEAWEAWA PL
KEKUILOHA PL
KOTHA PL
PAHELEALA PL
LELEULI PL
ALAPA PL
OLAINI PL
HAMEHI
MAUNUUNU
GOLF COURSE RD
PLANTATION RD
HAUI HWY
CANE
KAMEHAMEHA
56-700
56-800

To Haleiwa ←

MAP 32

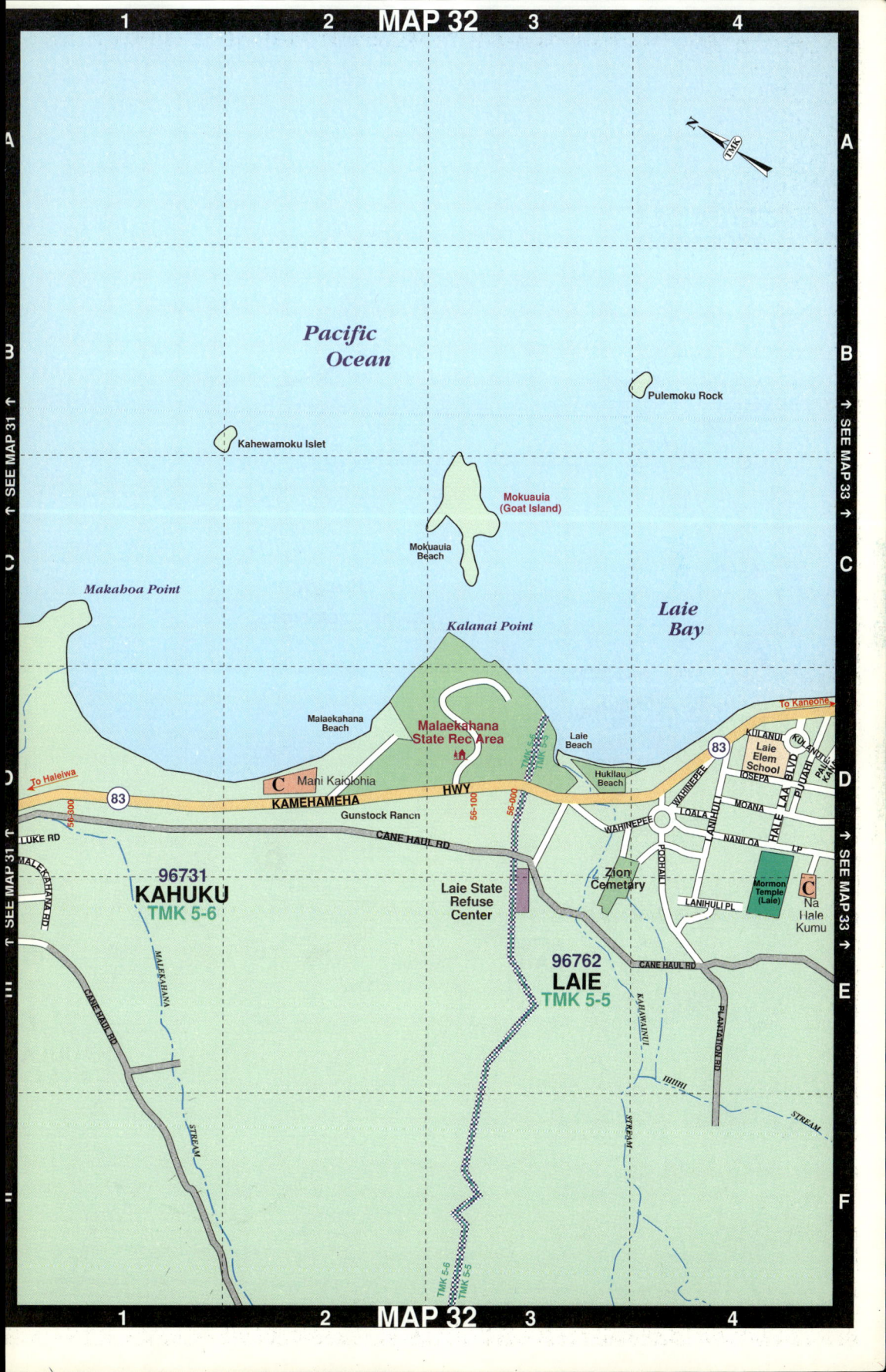

Pacific Ocean

Kahewamoku Islet

Pulemoku Rock

Mokuauia (Goat Island)

Mokuauia Beach

Makahoa Point

Kalanai Point

Laie Bay

Malaekahana Beach

Malaekahana State Rec Area

Laie Beach

Hukilau Beach

To Kaneohe

Kulanui
Laie Elem School
PAA
KAM
Mani Kaiolohia
KAMEHAMEHA HWY
83
WAHINEPEE
IOSEPA
HALE LAA BLVD
PUAHI
KULANUI
To Haleiwa
56-300
56-100
56-000
WAHINEPEE
LOALA
MOANA
NANILOA
LP

LUKE RD

**96731
KAHUKU
TMK 5-6**

MALEKAHANA RD

CANE HAUL RD

Gunstock Ranch

Laie State Refuse Center

Zion Cemetary

POOHAILI
LANIHULI PL

Mormon Temple (Lae)

Na Hale Kumu

**96762
LAIE
TMK 5-5**

CANE HAUL RD

KAHAWAINUI

PLANTATION RD

STREAM

STREAM

← SEE MAP 31

SEE MAP 33 →

MAP 33

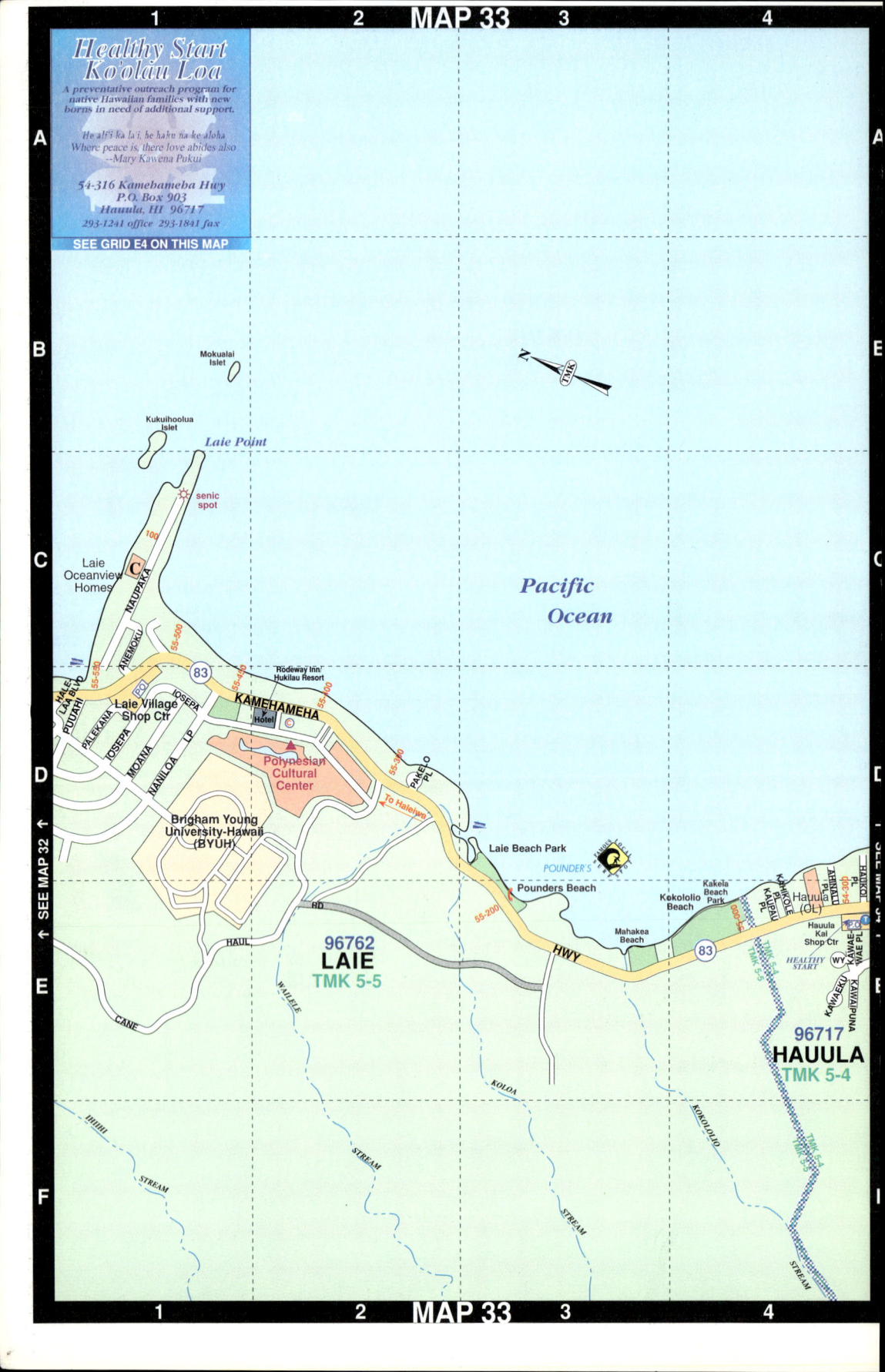

Healthy Start Ko'olau Loa

A preventative outreach program for native Hawaiian families with new borns in need of additional support.

He ali'i ka la'i, he haku na ke aloha
Where peace is, there love abides also
--Mary Kawena Pukui

54-316 Kamehameha Hwy
P.O. Box 903
Hauula, HI 96717
293-1241 office 293-1841 fax

SEE GRID E4 ON THIS MAP

- Mokualai Islet
- Kukuihoolua Islet
- Laie Point
- senic spot
- Laie Oceanview Homes
- Rodeway Inn / Hukilau Resort
- Laie Village Shop Ctr
- Polynesian Cultural Center
- Brigham Young University-Hawaii (BYUH)
- Laie Beach Park
- Pounders Beach
- Mahakea Beach
- Kekololio Beach
- Kakela Beach Park
- Hauula (Ol)
- Hauula Kai Shop Ctr

Pacific Ocean

96762 **LAIE** TMK 5-5

96717 **HAUULA** TMK 5-4

SEE MAP 32

MAP 34

Orientation Map
- Haleiwa (North Shore)
- Kahuku
- Mililani
- Kaneohe (East Shore)
- Waianae (West Shore)
- Kailua
- Kapolei
- Honolulu
- Waikiki (South Shore)
- Airport

★ = your approximate location

Pacific Ocean

- Kaipapau Point
- Kalaipaloa Point
- Makao Beach
- Ancient Hawaiian Church
- Sacred Falls State Park
- To Kaneohe
- Sacred Falls Trail: 5-6 HR/RT BEAUTIFUL SWIMMING HOLE & WATERFALL, BUT LONG HIKE, BRING WATER & SNACKS
- 54-269 Kam Hwy
- Hauula Beach Park
- Aukai Beach Park
- Ching Grocery
- Haauula Beach Homesteads 53-833C KAM HWY
- To Haleiwa
- Hauula Elem Sch
- Hauula Pfgd
- Rainbow Castle
- Lanakila Church
- Hauula Cem
- Hauula Kai Shop Ctr
- HEALTHY START
- Maakua Plantation
- 96717 HAUULA TMK 5-4
- TMK 5-3
- Maakua Ridge Trail or Papali Trail
- KAIPAPAU FOREST RESERVE
- Hauula Loop Trail
- Maakua Falls Gulch Trail
- KAIPAPAU STREAM
- MAAKUA STREAM

Streets/Roads: KAWEWAE, HAUKOIPE, PIILANI, KAWAIPAPA, IMUA PL, KAWAIHEMO PL, KAWAEKU WY, KAWAIKINI, KEALA RD, WAIKULAMA, HANAMOA, HONOMU, HAUULA HOMESTEAD, ANOILEI PL, MAKAO RD, HAUULA HMSTD, KAMEHAMEHA HWY, MAKAO RD, HALAI, HALAI PL, KALUANUI, PLANTATION RD, KEALA-LANI PL, HAUULA PARK PL

HAUULA TRAIL SYSTEM
1. Hauula Loop Trail...2.5 mi, Beautiful & not too difficult, 2-3 HR/RT
2. Maakua Gluch Trail...3.0 mi, Difficult all day hike
3. Maakua Ridge Trail/Papali Trail...2.5 mi, Beautiful & not too difficult, 2-3 HR/RT

MAP 35

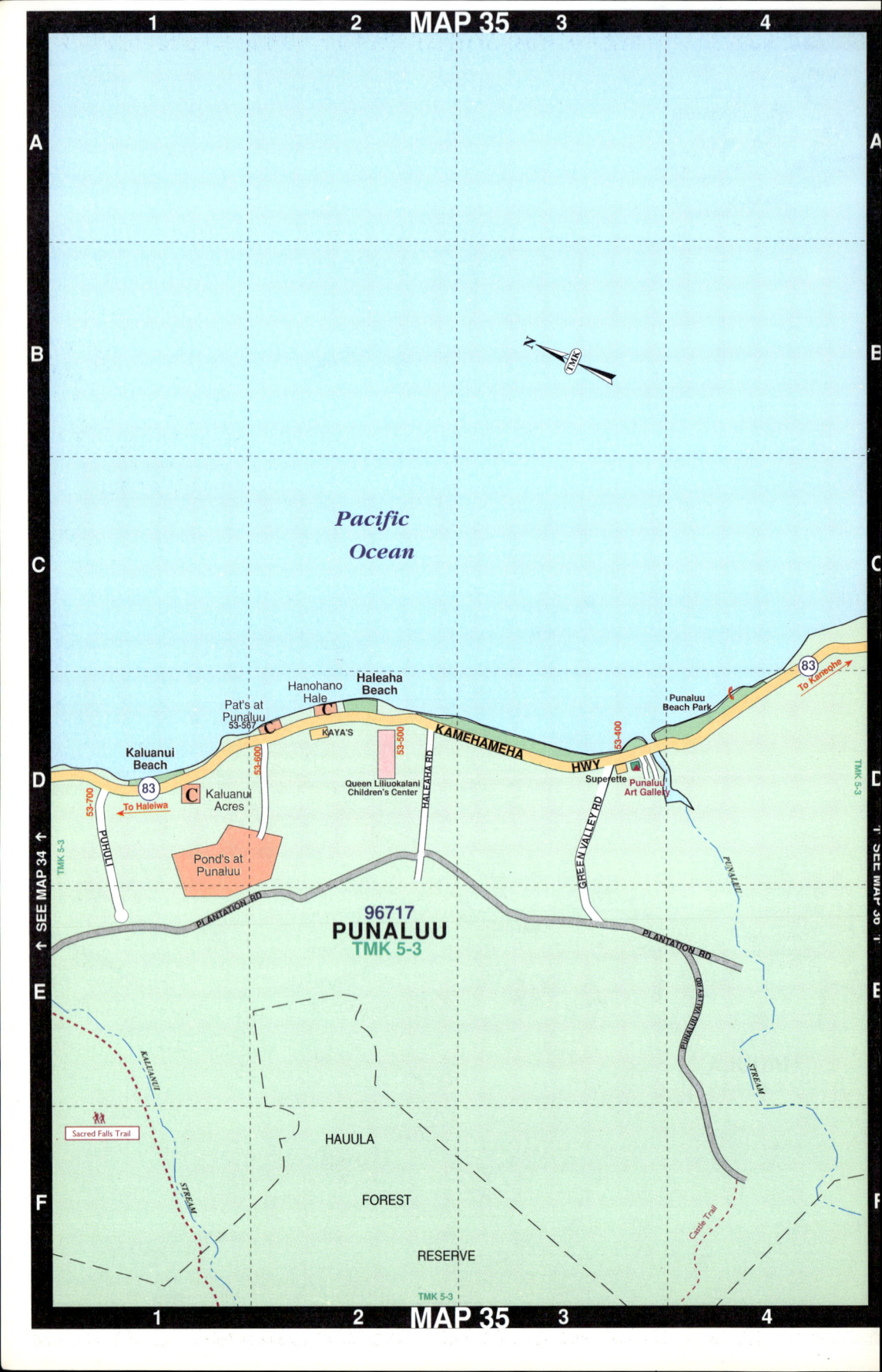

Pacific Ocean

Kaluanui Beach
Pat's at Punaluu 53-567
Hanohano Hale
Haleaha Beach
KAYA'S
53-500
53-600
KAMEHAMEHA HWY
53-400
Punaluu Beach Park
To Kaneohe
83
Superette
Punaluu Art Gallery
To Haleiwa
83
53-700
Kaluanui Acres
Queen Liliuokalani Children's Center
HALEAHA RD
PUHUHI
Pond's at Punaluu
PLANTATION RD
GREEN VALLEY RD
PUNALUU VALLEY RD
PLANTATION RD
PUNALUU STREAM

96717 PUNALUU
TMK 5-3

SEE MAP 34
SEE MAP 30
TMK 5-3

Sacred Falls Trail
KALUANUI STREAM

HAUULA FOREST RESERVE

Castle Trail

TMK 5-3

MAP 36

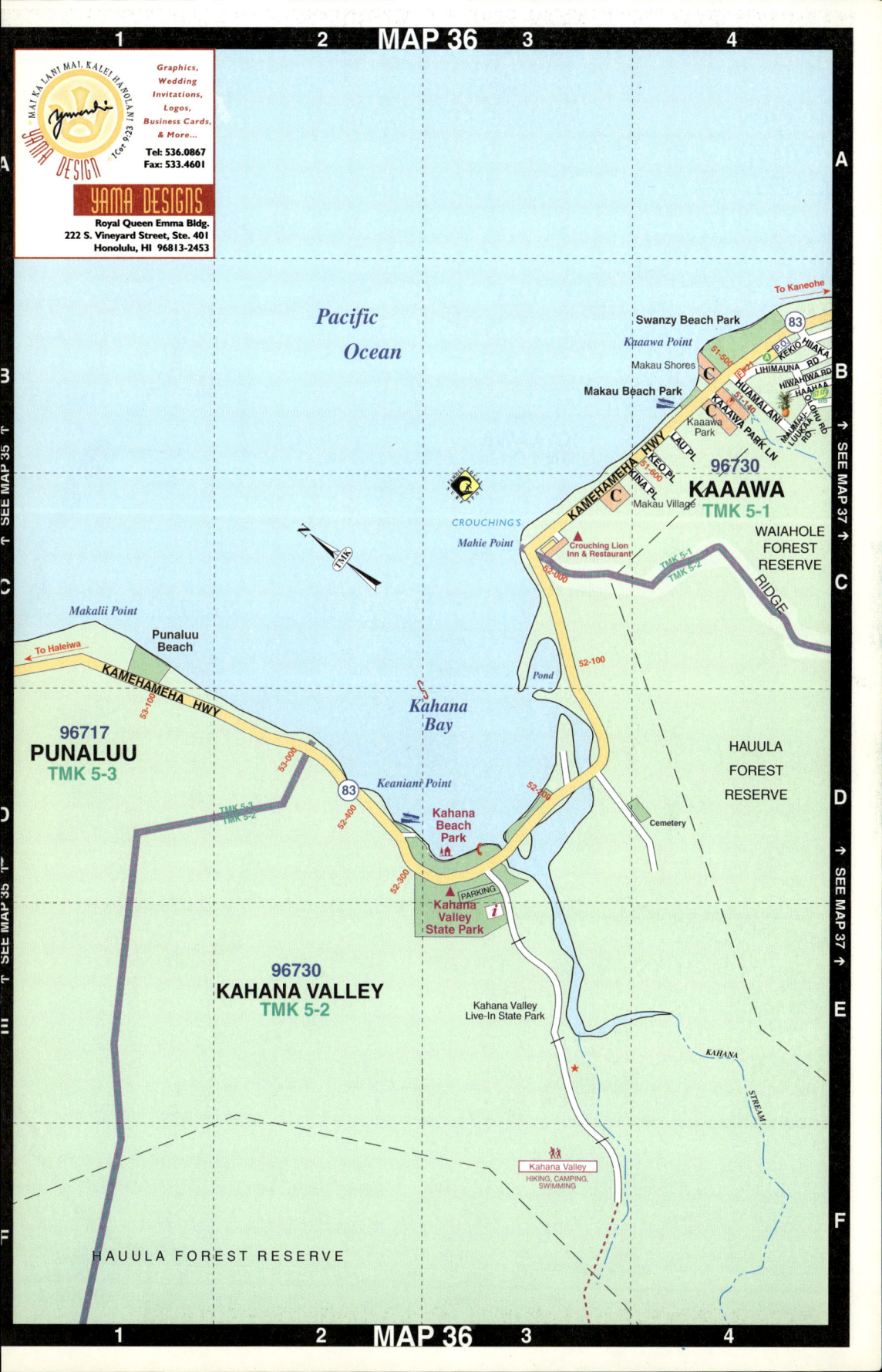

YAMA DESIGNS
MAI KA LANI MAI, KALEI HAOLANI EO 'OI
Graphics, Wedding Invitations, Logos, Business Cards, & More...
Tel: 536.0867
Fax: 533.4601
Royal Queen Emma Bldg.
222 S. Vineyard Street, Ste. 401
Honolulu, HI 96813-2453

Pacific Ocean

To Kaneohe

Swanzy Beach Park
Kaaawa Point
Makau Shores
Makau Beach Park
Kaaawa Park
Makau Village
Crouching Lion Inn & Restaurant
Mahie Point
CROUCHINGS

96730
KAAAWA
TMK 5-1

WAIAHOLE FOREST RESERVE

KAMEHAMEHA HWY
LAU PL
KEO PL
KINA PL
LIHIMAUNA RD
HIWAIWA RD
KEKIO HIIAKA
HUAMALANI
KAAAWA PARK LN
MALIKOI LUUKAU RD
OHUI RD

Makalii Point
Punaluu Beach
To Haleiwa
KAMEHAMEHA HWY

96717
PUNALUU
TMK 5-3

Kahana Bay
Pond
Keaniani Point
Kahana Beach Park
PARKING
Kahana Valley State Park
Kahana Valley Live-In State Park

HAUULA FOREST RESERVE

Cemetery

KAHANA STREAM

96730
KAHANA VALLEY
TMK 5-2

Kahana Valley
HIKING, CAMPING, SWIMMING

HAUULA FOREST RESERVE

← SEE MAP 35
SEE MAP 37 →

MAP 37

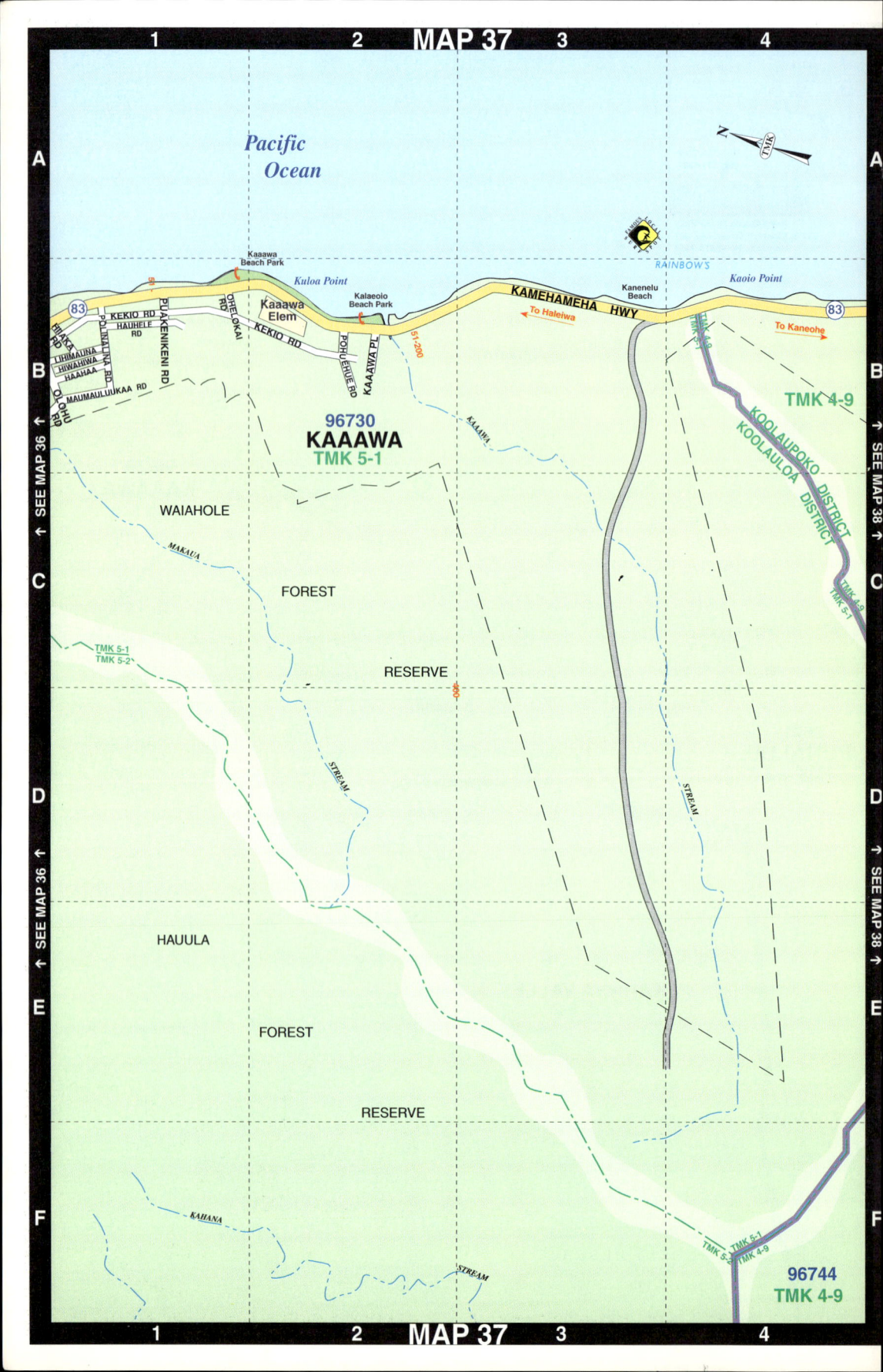

Pacific Ocean

- Kaaawa Beach Park
- Kuloa Point
- Kaaawa Elem
- Kalaeoio Beach Park
- Kanenelu Beach
- Kaoio Point
- RAINBOWS
- KAMEHAMEHA HWY
- ← To Haleiwa
- To Kaneohe →
- 51-200
- (83)

Streets: KEKIO RD, PUAKENIKENI RD, HAUHELE RD, LIHIMAUNA, HIWAHIWA, HAAHAA, MAUMAULUUKAA RD, OHELOKAI, POHUEHUE RD, KAAAWA PL

96730 KAAAWA TMK 5-1

TMK 4-9
KOOLAUPOKO DISTRICT / KOOLAULOA DISTRICT

WAIAHOLE FOREST RESERVE

MAKAUA STREAM
KAAAWA STREAM

TMK 5-1
TMK 5-2

HAUULA FOREST RESERVE

KAHANA STREAM

← SEE MAP 36
SEE MAP 38 →

96744 TMK 4-9

MAP 38

Pacific Ocean

Kaneohe Bay

- Old Kualoa Sugar Mill Ruin
- Kualoa Ranch
- Kualoa Regional Park
- Kualoa Point
- Mokolii Island / Chinaman's Hat
- camping
- refuge
- Molii Pond

KAMEHAMEHA HWY (83)
To Haleiwa ←
→ To Kaneohe

JOHNSON RD
KAMAKA PL
HAUPOA
Cemetery
Cemetery
KANOE PL
WAIKANE VALLEY RD
WAIKANE STREAM

96744 KUALOA TMK 4-9
96744 WAIKANE TMK 4-8

KOOLAULOA / KOOLAUPOKO DISTRICT

WAIAHOLE FOREST RESERVES

← SEE MAP 37
SEE MAP 39 →

MAP 39

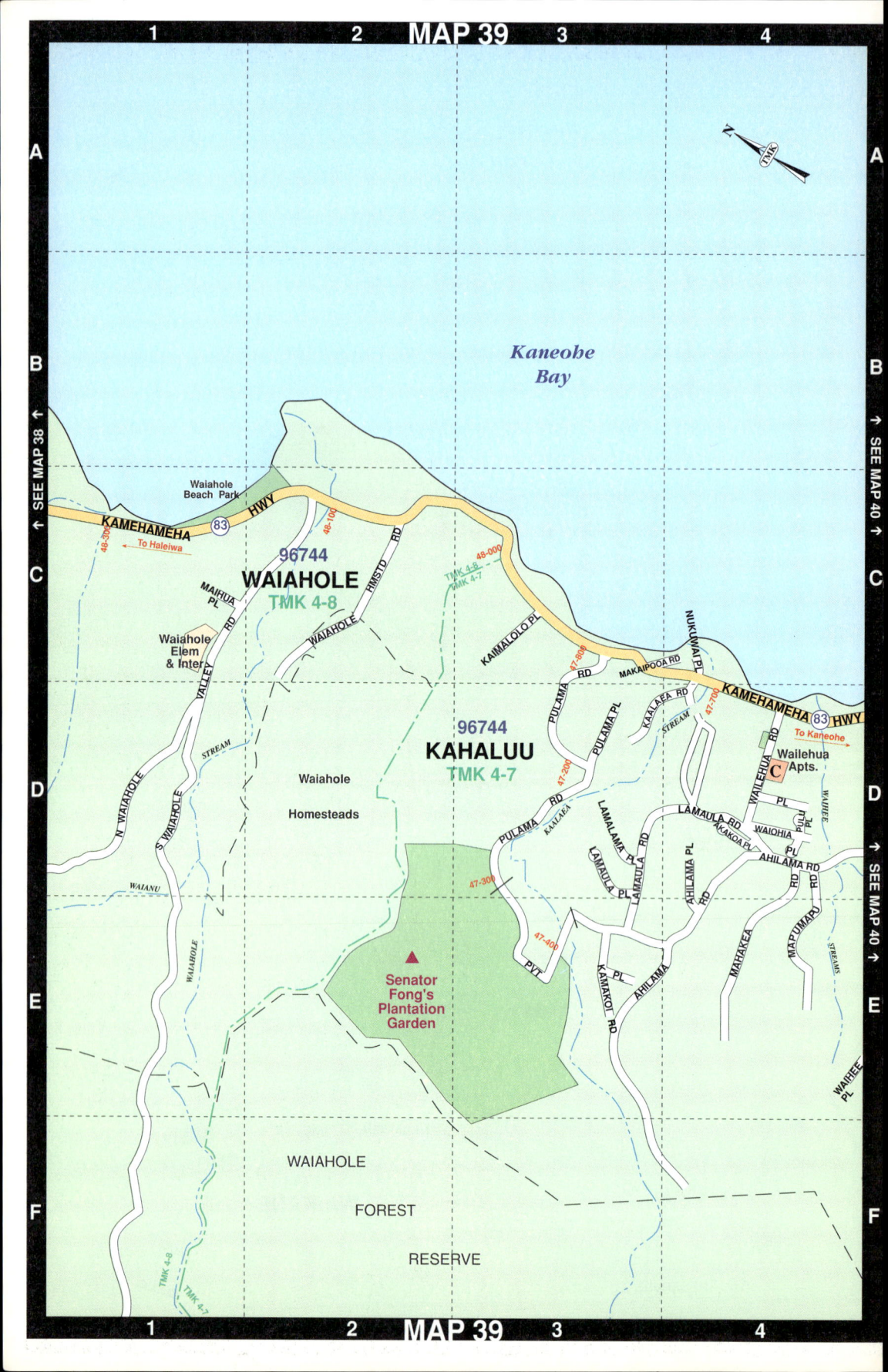

Kaneohe Bay

Waiahole Beach Park

KAMEHAMEHA HWY (83)
← To Haleiwa
48-300
48-100
48-000

96744
WAIAHOLE
TMK 4-8

TMK 4-7

MAIHUA PL
WAIAHOLE VALLEY RD
HMSTD RD
KAMALOLO PL
47-800
NUKUWAI PL
MAKAIPOOA RD
KAMEHAMEHA HWY (83)
To Kaneohe →
47-100

Waiahole Elem & Inter

N WAIAHOLE STREAM
S WAIAHOLE STREAM
WAIANU

Waiahole Homesteads

96744
KAHALUU
TMK 4-7

PULAMA RD
47-200
KAALAEA STREAM
PULAMA PL
KAALAEA RD
LAMAULA RD
WAIOHIA
WAILEHUA RD
PULU PL
Wailehua Apts. C

PULAMA
KAALAEA
LAMALAMA RD
LAMAULA PL
AKAKOA PL
AHILAMA RD
47-300
47-400 PVT
KAMAKOI RD
AHILAMA PL
AHILAMA
MAHAKEA
MAPUMAPU PL
STREAMS
WAIHEE PL

▲ Senator Fong's Plantation Garden

WAIAHOLE FOREST RESERVE

TMK 4-8
TMK 4-7

← SEE MAP 38
SEE MAP 40 →

← SEE MAP 39 ←
→ SEE MAP 15 →

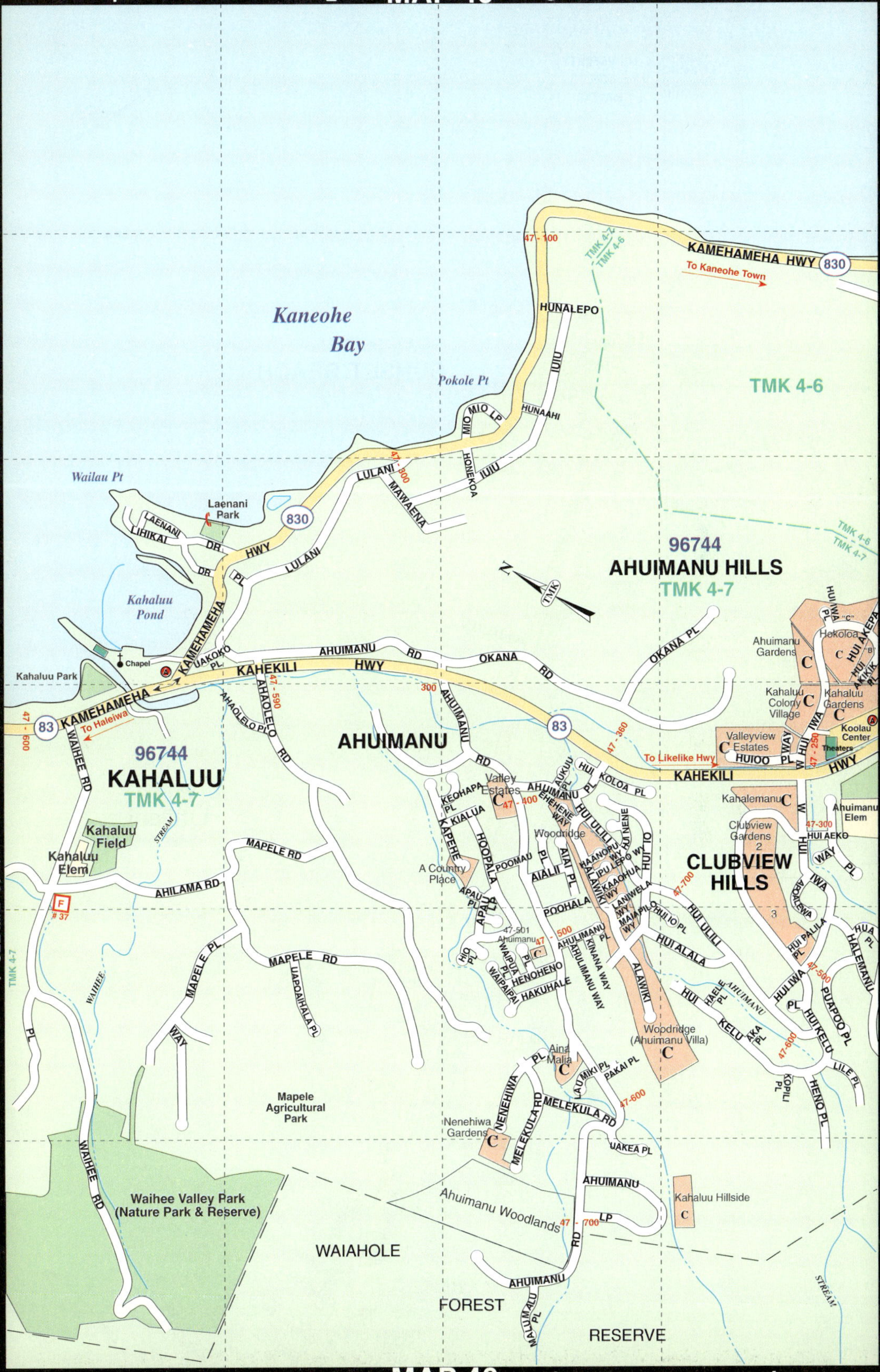

MAP 41

↑ SEE MAP 29 ↑

Waialee Livestock Research Farm
UNIVERSITY OF HAWAII

SHALLOW REEF

VELZYLAND

BACKYARDS

Kaunala Beach

Sunset Point
Sunset Palumalu Est
Sunset Beach Vista

Pacific Ocean

Sunset Beach Park

SUNSET

KAMMIE LAND
ROCKY POINT

GAS CHAMBERS
PUPUKEA

EHUKAI
Ehukai Beach Park

PIPELINE
BACK DOORS
OFF THE WALLS
Banzai Beach
ROCK PILES
LOG CABINS

CLOUD BREAK

Pupukea Beach

83

KAUNALA PL
IWIA PL
MAMAO PL
MAKANALE WAY
MAIKA PL
KAPUAI PL
COMSAT
WEHIWA PL
OOPUOLA
HOLAWA
HUELO
KAHAUOLA
KAMEHAMEHA

Kahuku Motor Cross

The Sunset

D'Amico's Restaurant

96712
SUNSET BEACH
TMK 5-8

TMK 5-8
TMK 5-9

PAUMALU PL

PAUMALU

KE NUI RD

Sunset Beach Elementary
Sunset Beach Neigh Park

PUKEA RD
PUKEOPAE RD
KE WAENA RD
KEIKI RD
HAKUOLA RD

KAHAE RD
Kahawai Park
Sunset Bch Christian Sch
KALUNAWAIKAALA

96712
Lihilani
TMK 5-9

PAKULENA

MAKANA RD
WAKA RD
WILINAU RD
ALAPIO RD

STREAM
KAUNALA STREAM
STREAM
STREAM
STREAM

↓ SEE MAP 43 ↓

→ SEE MAP 42 →

MAP 42

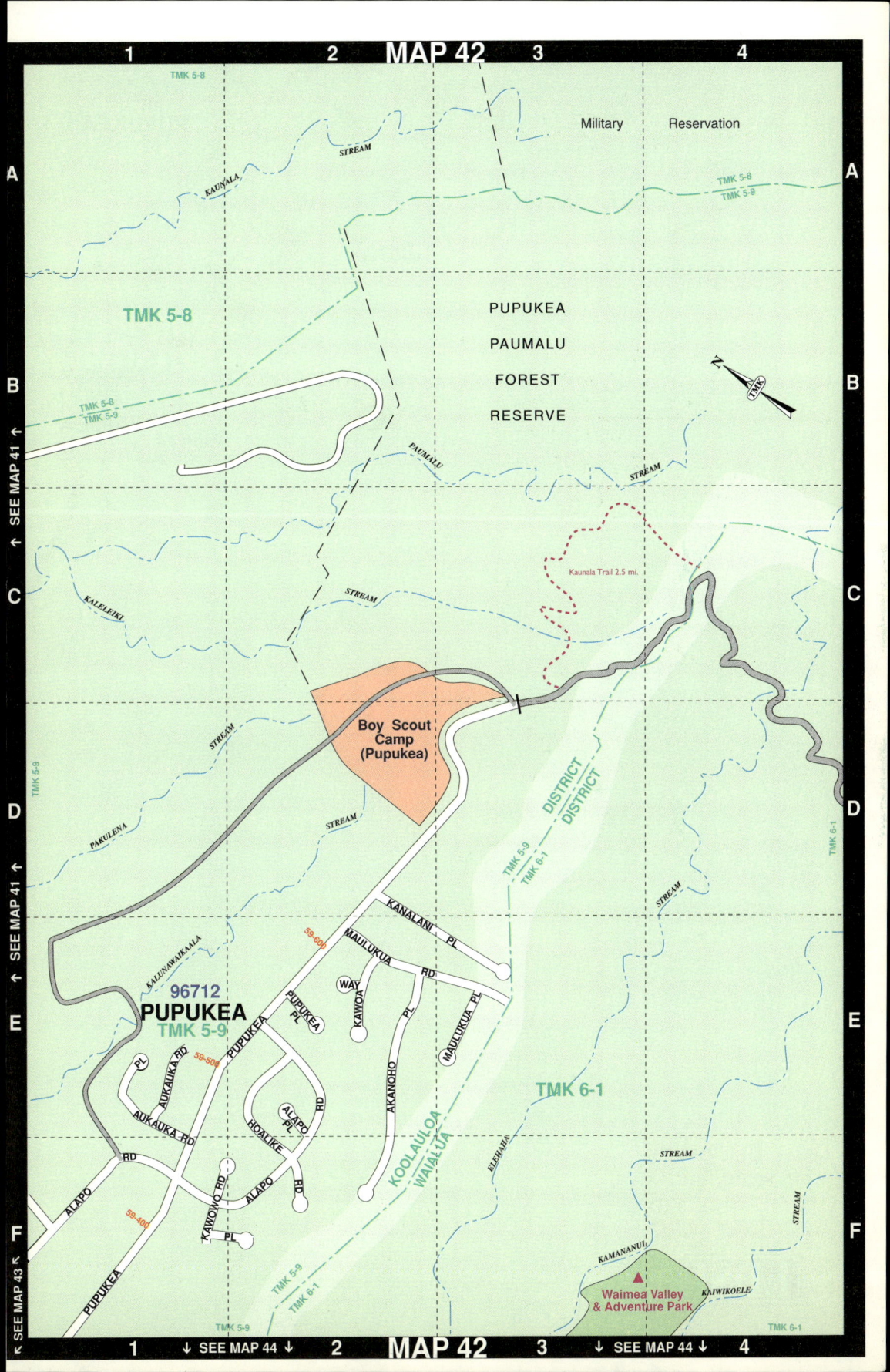

Military Reservation

PUPUKEA PAUMALU FOREST RESERVE

TMK 5-8

KAUNALA STREAM

PAUMALU STREAM

Kaunala Trail 2.5 mi.

KALELEIKI

PAKULENA

Boy Scout Camp (Pupukea)

DISTRICT / DISTRICT

TMK 5-9 / TMK 6-1

96712
PUPUKEA
TMK 5-9

KALUNAWAIAALA

KANALANI PL
MAULUKUA RD
PUPUKEA PL
KAWOA WAY
AKANOHO PL
MAULUKUA PL
AUKAUKA RD
59-500
HOALIKE RD
ALAPO PL
ALAPO RD
KAWOWO RD
59-400
ALAPO RD
PUPUKEA RD

KOOLAULOA / WAIALUA

ELEHANA

TMK 6-1

KAMANANUI

Waimea Valley & Adventure Park

KAIWIKOELE

STREAM

← SEE MAP 41
← SEE MAP 43
↓ SEE MAP 44 ↓

MAP 43

PUPUKEA 96712
TMK 5-9

WAIMEA
TMK 6-1

- Pupukea Beach Park
- Kulalua Pt
- Shark's Cove
- Pupukea Beach Park
- Three Tables
- Waimea Pt
- Waimea Bay
- Waimea Bay Beach Park
- Wananapaoa Islands
- Pu'u O Mahuka Heiau

Roads: Ke Iki Rd, Kumupali Rd, Hakuola, Makana Rd, Wilnau, Alapio Rd, Puula Rd, Pahoe Rd, Pupukea Rd, Kamehameha Hwy (83), Kupaoa Pl, Kamaumau, Kapuhi Pl, Waimea Valley Rd, Iliohu Way/Pl (83 / 61-160)

Ko'olau District / Waialua District

Pacific Ocean

↑ SEE MAP 41 ↑
→ SEE MAP 42
→ SEE MAP 44

Lease Disclosure Services, Inc.

At LDSI we help sellers of residential leasehold property on all islands fullfill the requirements under the Hawaii Leasehold Disclosure law. Call us today for your Lease Summary tomorrow.

LDSI
222 S. Vineyard St., #401, Honolulu, HI 96813
Ph: 538-1152 Fax: 599-4340

MAP 44

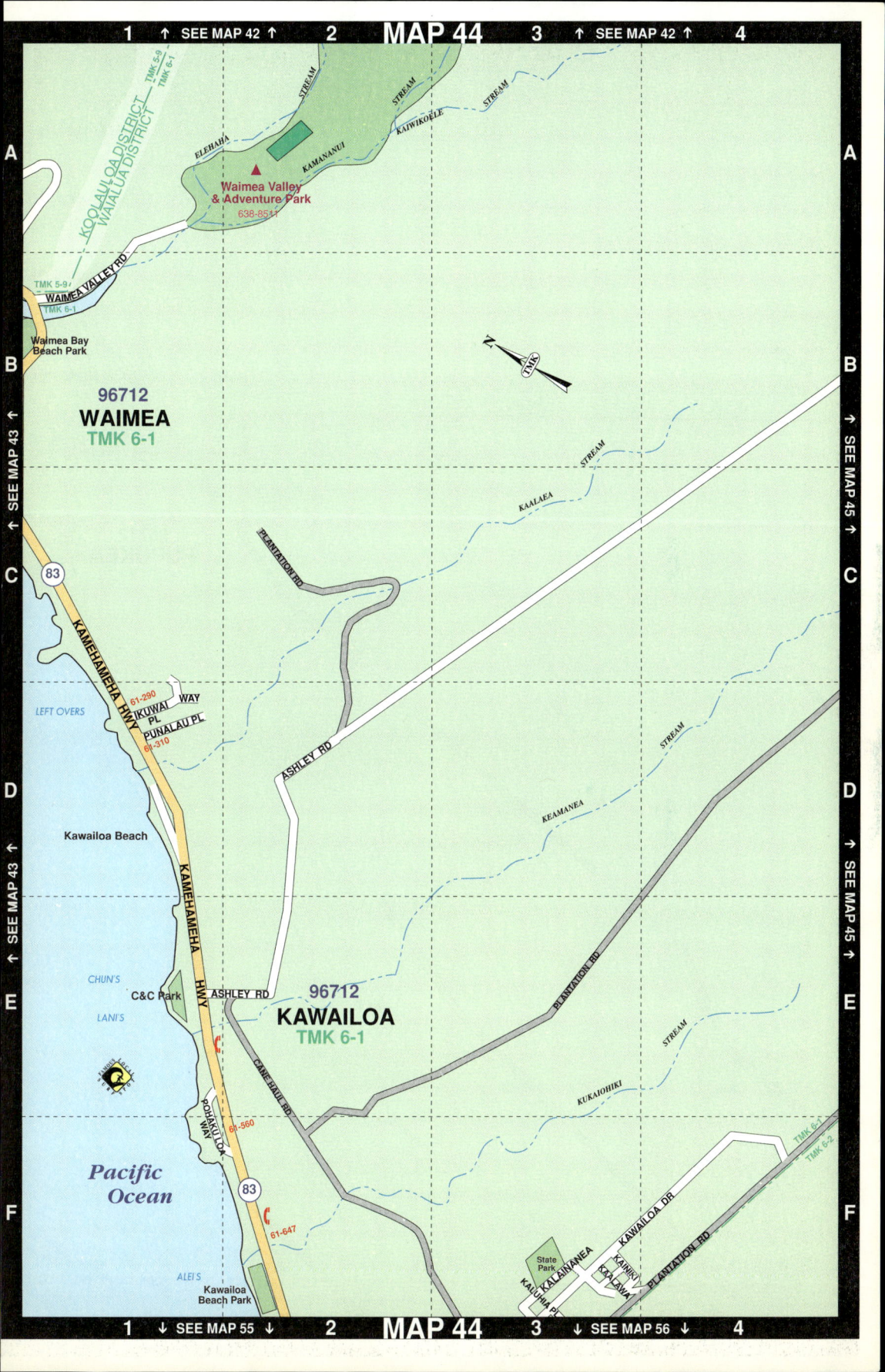

96712 WAIMEA
TMK 6-1

96712 KAWAILOA
TMK 6-1

Waimea Valley & Adventure Park
638-8511

Waimea Bay Beach Park

Kawailoa Beach

Chun's
Lani's
C&C Park

Pacific Ocean

Alei's
Kawailoa Beach Park

State Park

Streams and features
- ELEHAHA STREAM
- KAMANANUI STREAM
- KAIWIKOELE STREAM
- KAALAEA STREAM
- KEAMANEA STREAM
- KUKAIOHIKI

Roads
- WAIMEA VALLEY RD (TMK 5-9 / TMK 6-1)
- KAMEHAMEHA HWY (83)
- PLANTATION RD
- ASHLEY RD
- IKUWAI PL (61-290)
- PUNALAU PL (61-310)
- CANE HAUL RD
- POHAKULOA WAY (61-560)
- KAWAILOA DR
- KANIKU
- KAALAWA
- KALAINANEA
- KALUHIA PL
- PLANTATION RD (TMK 6-2)

KOOLAULOA DISTRICT / WAIALUA DISTRICT

61-647

← SEE MAP 43   ↑ SEE MAP 42   SEE MAP 45 →   ↓ SEE MAP 55   ↓ SEE MAP 56

MAP 45

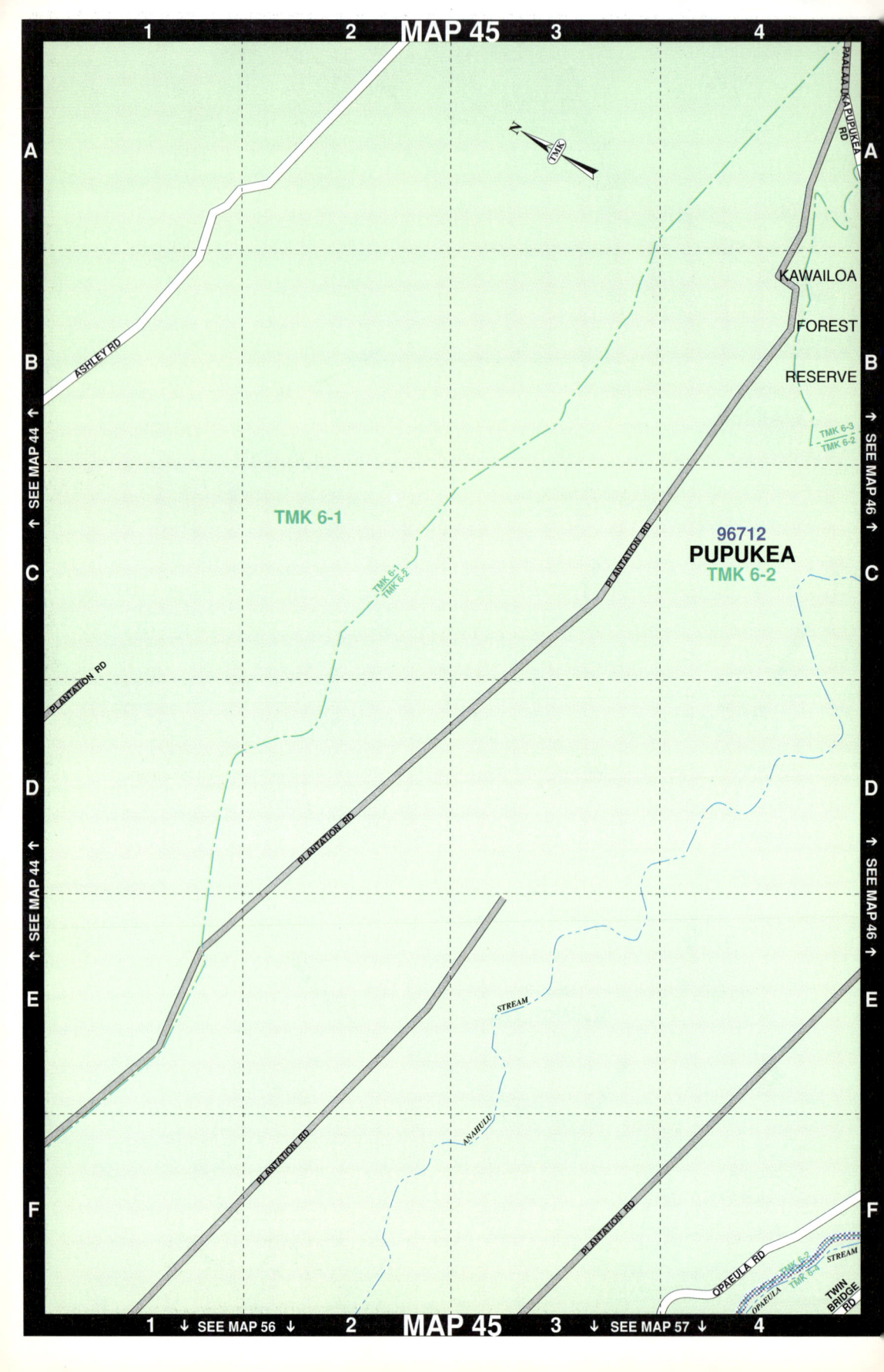

KAWAILOA
FOREST
RESERVE

PAALAA UKA PUPUKEA RD

ASHLEY RD

← SEE MAP 44

TMK 6-1

TMK 6-1
TMK 6-2

TMK 6-3
TMK 6-2

PLANTATION RD

96712
PUPUKEA
TMK 6-2

SEE MAP 46 →

PLANTATION RD

ANAHULU STREAM

OPAEULA RD

OPAEULA
TMK 6-2
TMK 6-3 STREAM

TWIN BRIDGE RD

↓ SEE MAP 56 ↓   ↓ SEE MAP 57 ↓

MAP 46

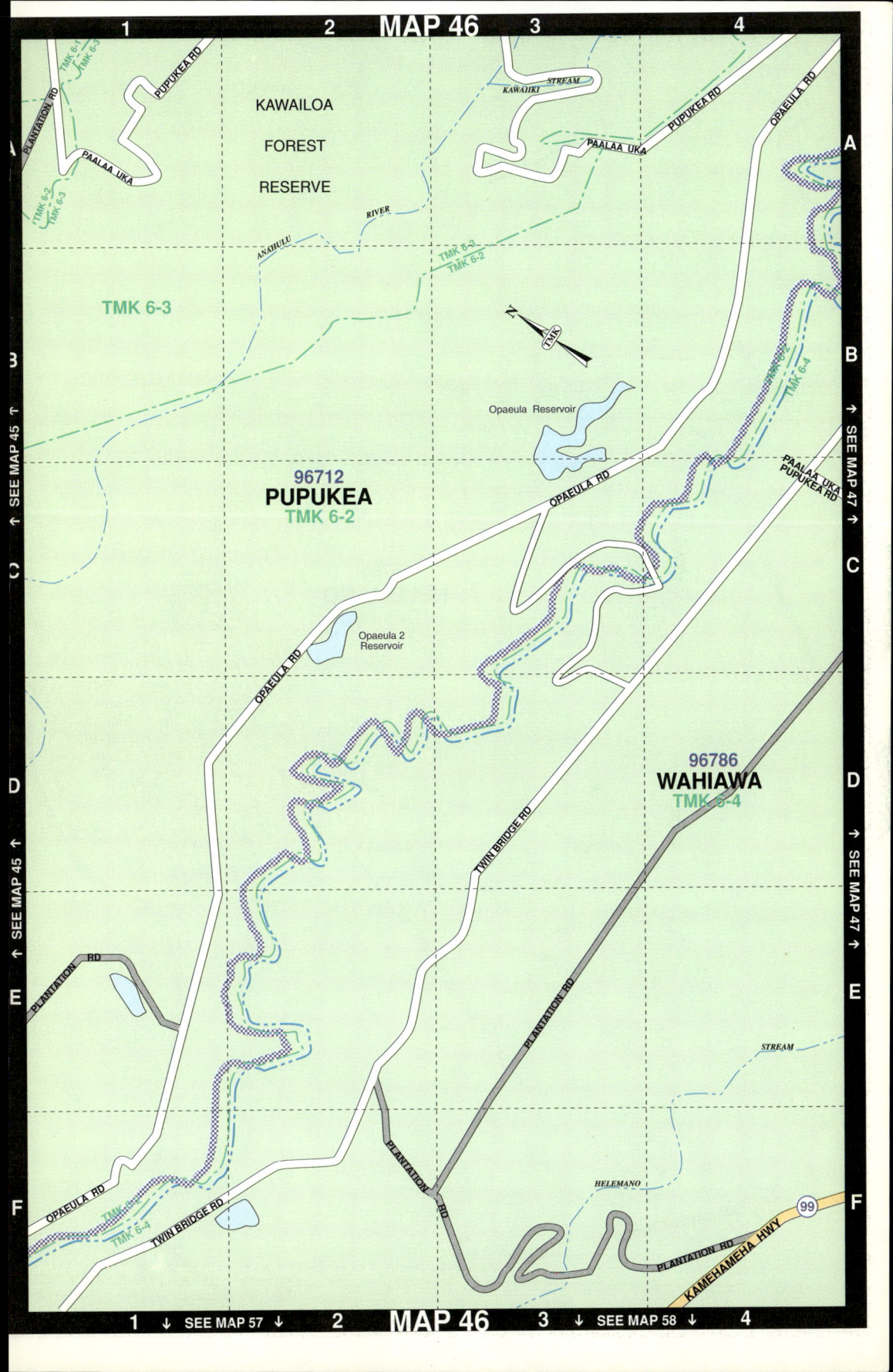

- KAWAILOA FOREST RESERVE
- PUPUKEA RD
- PAALAA UKA
- OPAEULA RD
- KAWAIIKI STREAM
- ANAHULU RIVER
- TMK 6-3
- TMK 6-2
- TMK 6-1
- TMK 6-4
- Opaeula Reservoir
- Opaeula 2 Reservoir
- 96712 PUPUKEA TMK 6-2
- 96786 WAHIAWA TMK 6-4
- OPAEULA RD
- PAALAA UKA / PUPUKEA RD
- TWIN BRIDGE RD
- PLANTATION RD
- HELEMANO STREAM
- KAMEHAMEHA HWY 99
- ← SEE MAP 45
- SEE MAP 47 →
- ↓ SEE MAP 57
- ↓ SEE MAP 58

MAP 47

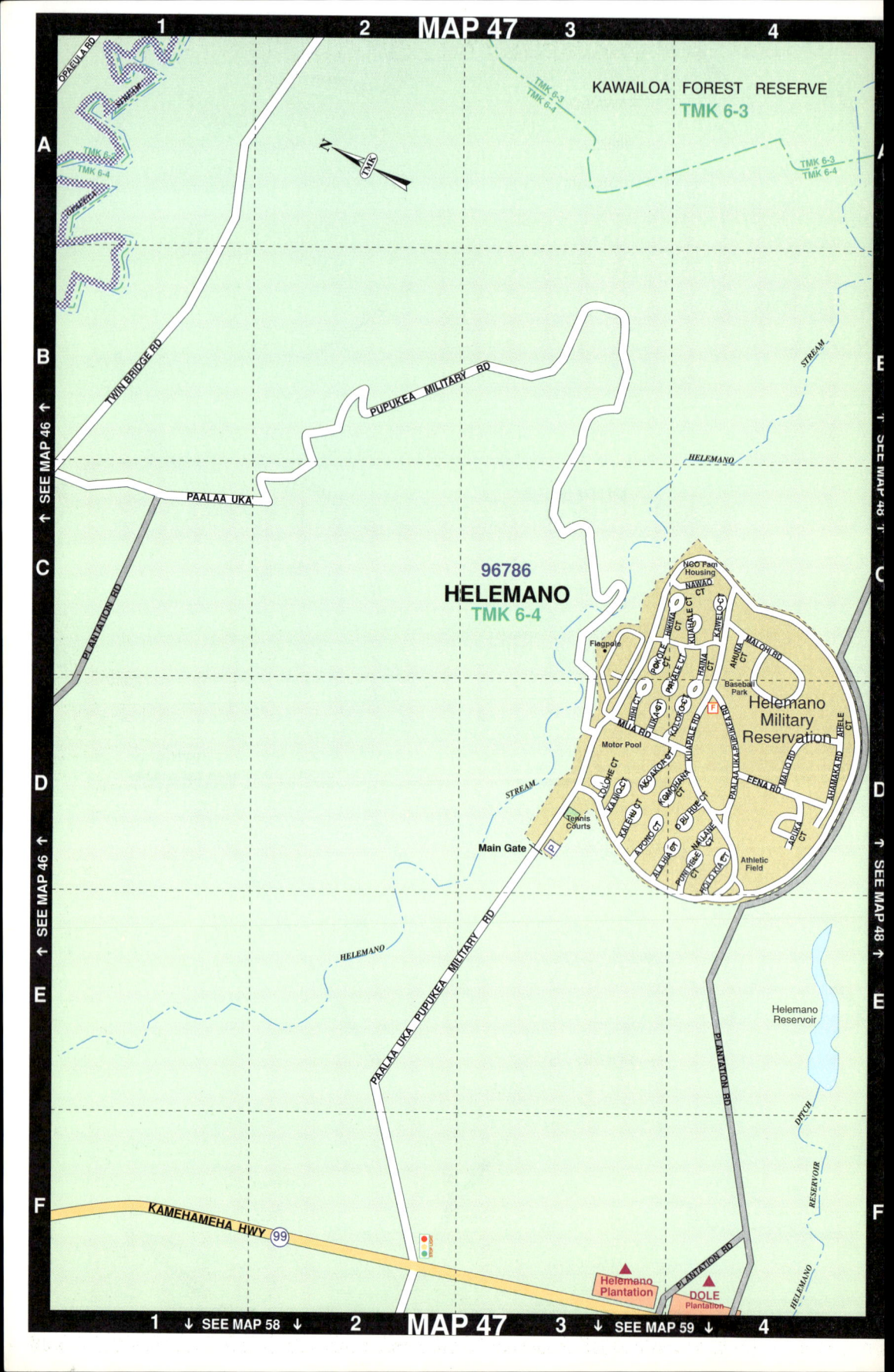

KAWAILOA FOREST RESERVE
TMK 6-3

96786 HELEMANO
TMK 6-4

Helemano Military Reservation

- NCO Fam Housing
- NAWAQ CT
- Flagpole
- Baseball Park
- Motor Pool
- Tennis Courts
- Main Gate
- Athletic Field
- Helemano Reservoir

Roads/features:
- OPAEULA RD
- TWIN BRIDGE RD
- PAALAA UKA
- PUPUKEA MILITARY RD
- PLANTATION RD
- HELEMANO STREAM
- PAALAA UKA – PUPUKEA MILITARY RD
- KAMEHAMEHA HWY 99
- Helemano Plantation
- DOLE Plantation
- HELEMANO DITCH / RESERVOIR

← SEE MAP 46   SEE MAP 48 →
↓ SEE MAP 58   SEE MAP 59 ↓

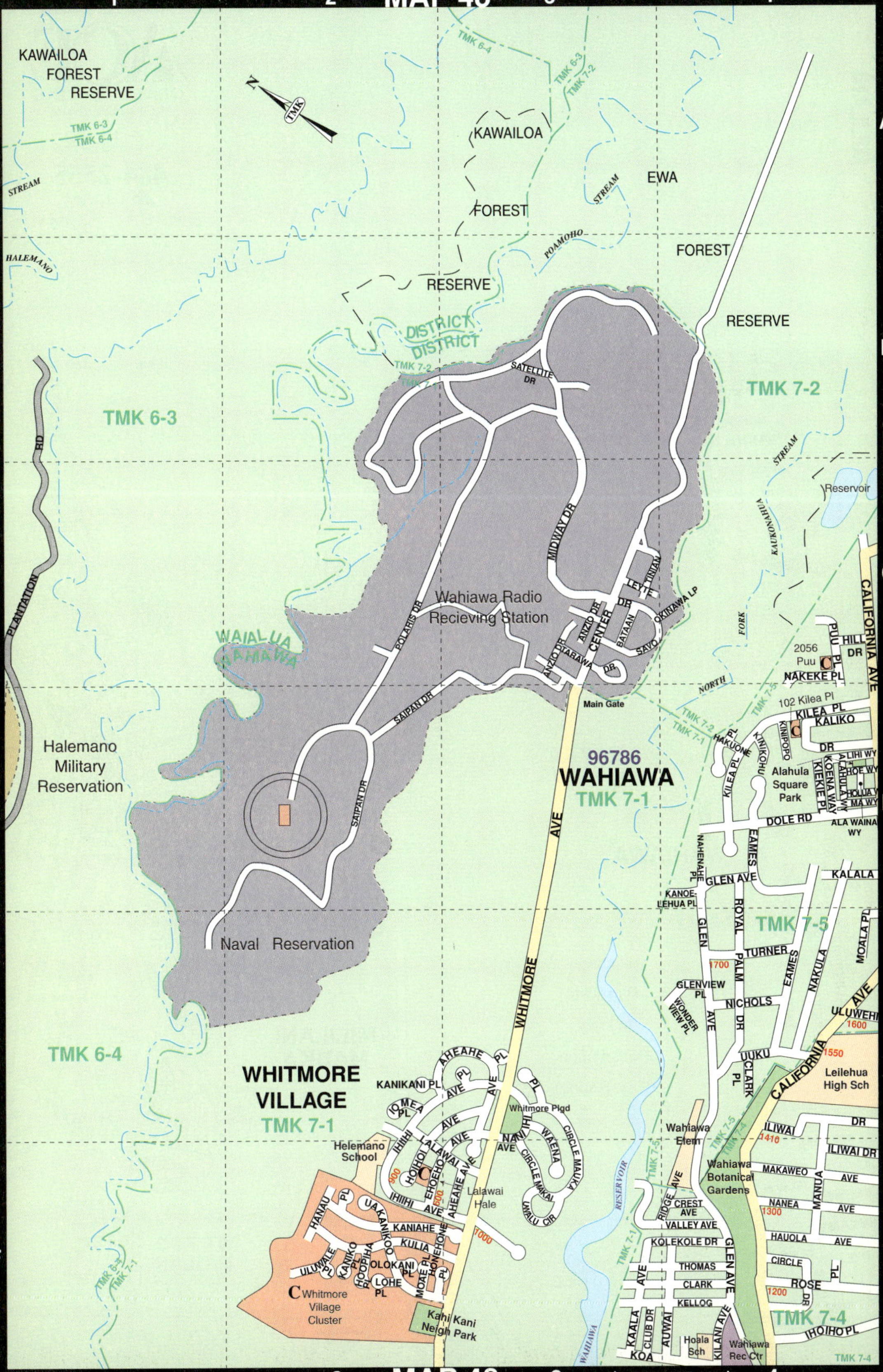

SEE MAP 47
SEE MAP 47
SEE MAP 49
SEE MAP 49

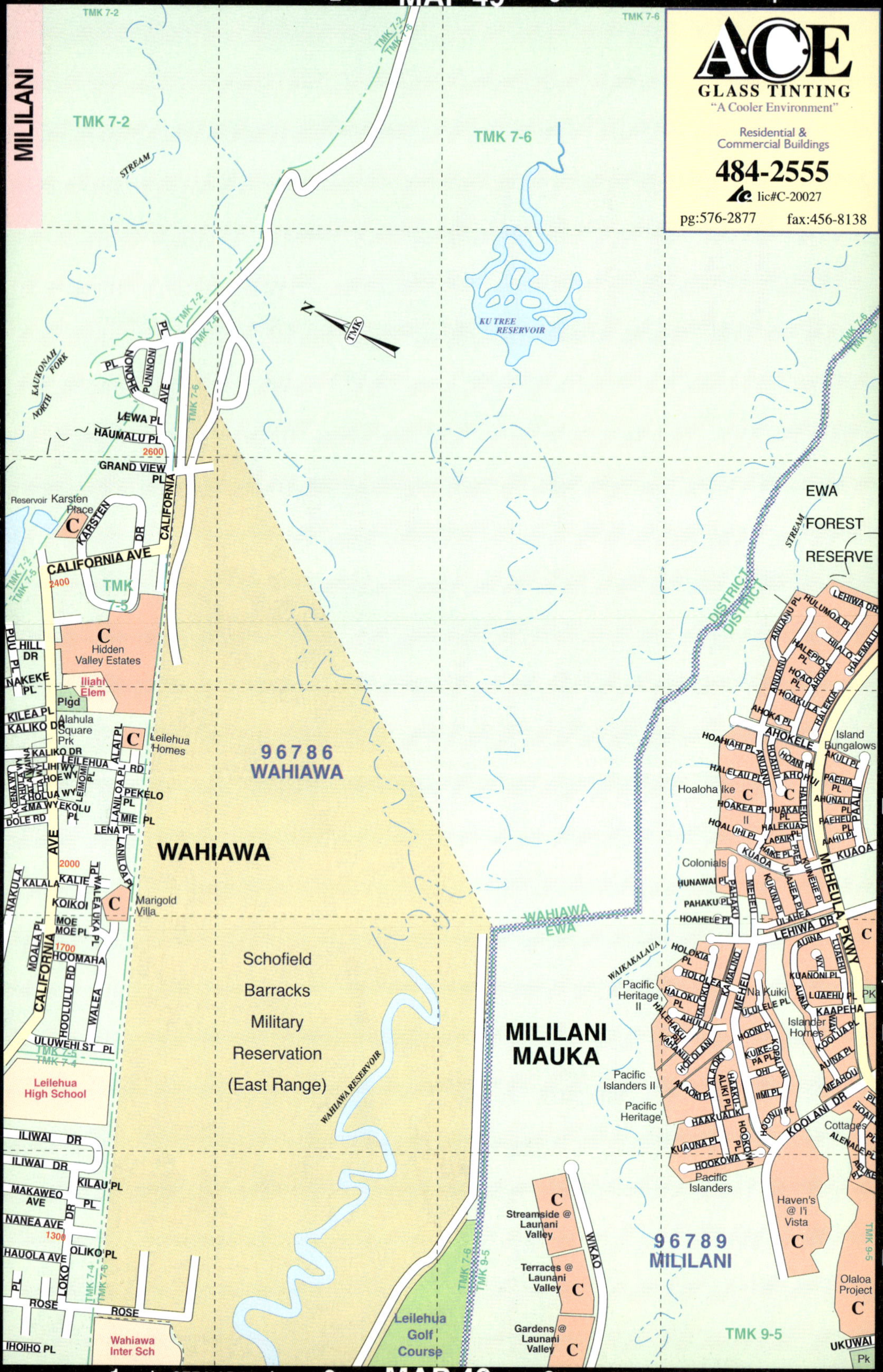

SEE MAP 48
SEE MAP 48
SEE MAP 50
SEE MAP 50

MAP 50

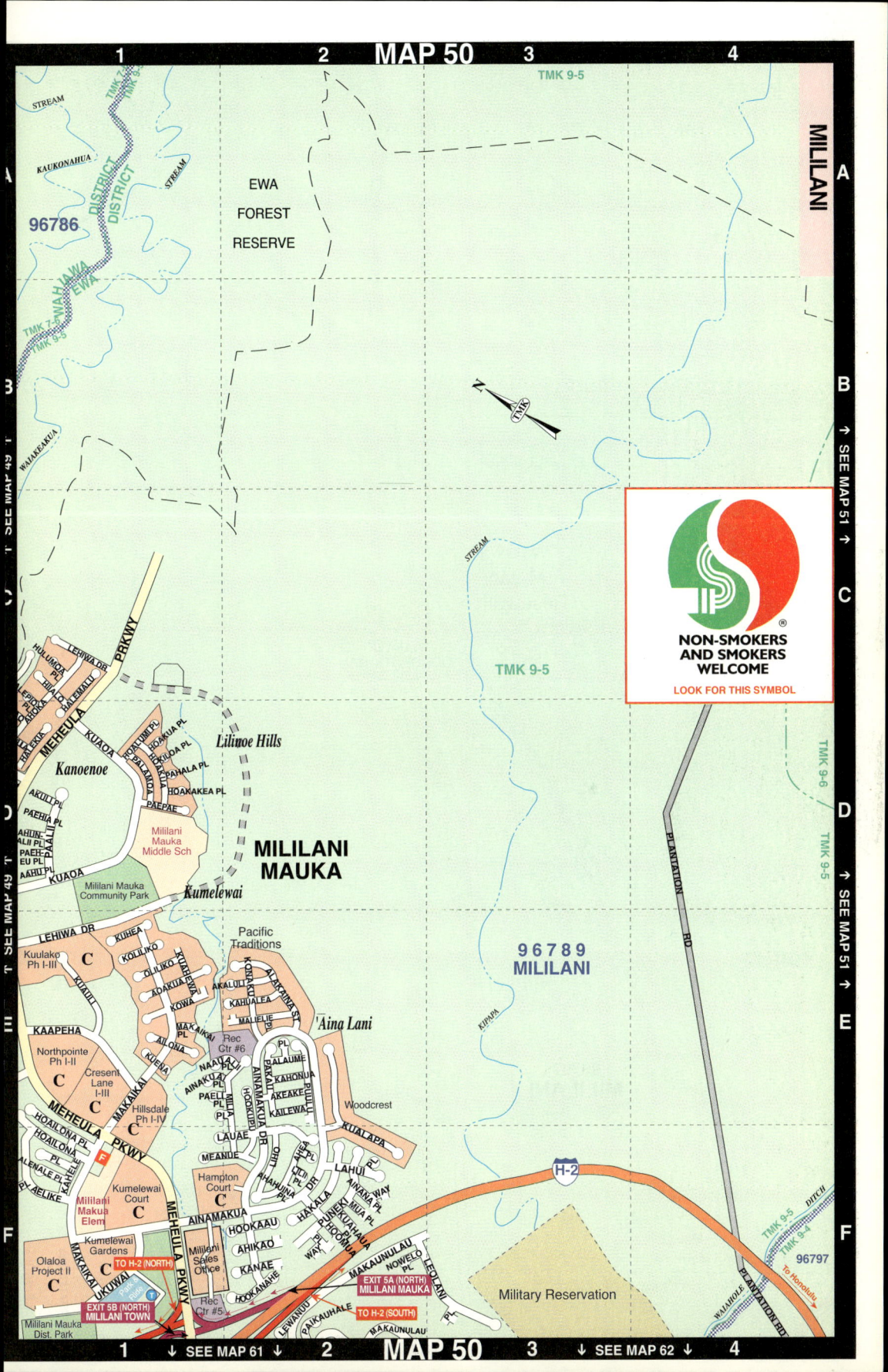

MILILANI

96786

EWA FOREST RESERVE

WAHIAWA DISTRICT / EWA DISTRICT

KAUKONAHUA STREAM

TMK 7-2 / TMK 9-5
TMK 9-5
TMK 9-6

NON-SMOKERS AND SMOKERS WELCOME
LOOK FOR THIS SYMBOL

Lilinoe Hills

MILILANI MAUKA

96789 MILILANI

Kanoenoe
Mililani Mauka Middle Sch
Mililani Mauka Community Park
Kumelewai
Pacific Traditions
Kuulako Ph I-III
'Aina Lani
Northpointe Ph I-II
Cresent Lane I-III
Hillsdale Ph I-IV
Woodcrest
Rec Ctr #6
Mililani Makua Elem
Kumelewai Court
Olaloa Project II
Kumelewai Gardens
Mililani Sales Office
Hampton Court
Rec Ctr #5
Mililani Mauka Dist. Park

MEHEULA PKWY
LEHIWA DR
KUAOA
PLANTATION RD

Military Reservation

H-2
96797
To Honolulu

EXIT 5A (NORTH) MILILANI MAUKA
EXIT 5B (NORTH) MILILANI TOWN
TO H-2 (NORTH)
TO H-2 (SOUTH)

← SEE MAP 61   SEE MAP 62 →
← SEE MAP 49   SEE MAP 51 →

MAP 51

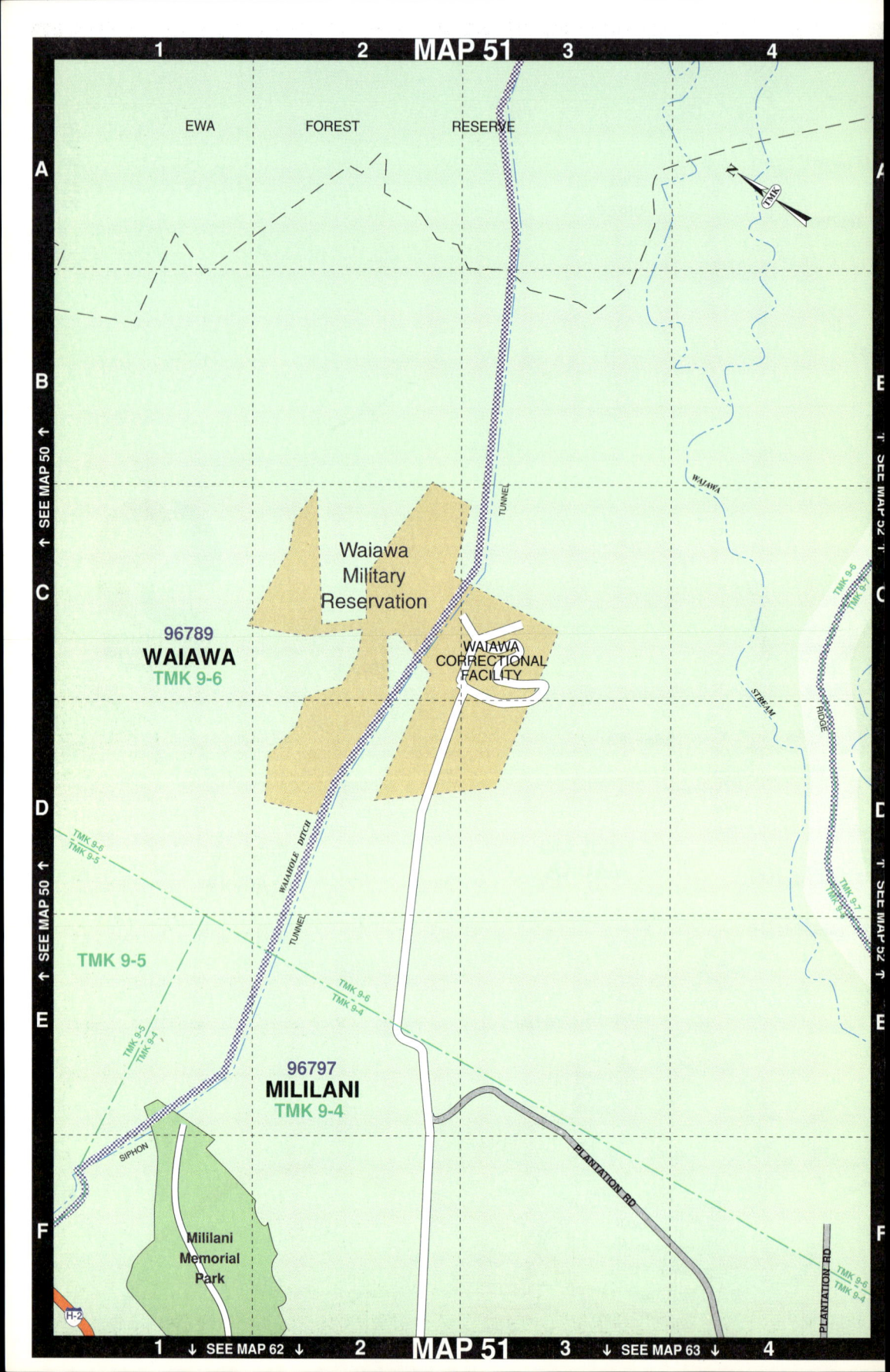

EWA FOREST RESERVE

96789
WAIAWA
TMK 9-6

Waiawa Military Reservation

Waiawa Correctional Facility

TMK 9-5

96797
MILILANI
TMK 9-4

Mililani Memorial Park

← SEE MAP 50
SEE MAP 52 →
↓ SEE MAP 62 ↓
↓ SEE MAP 63 ↓

MAP 52

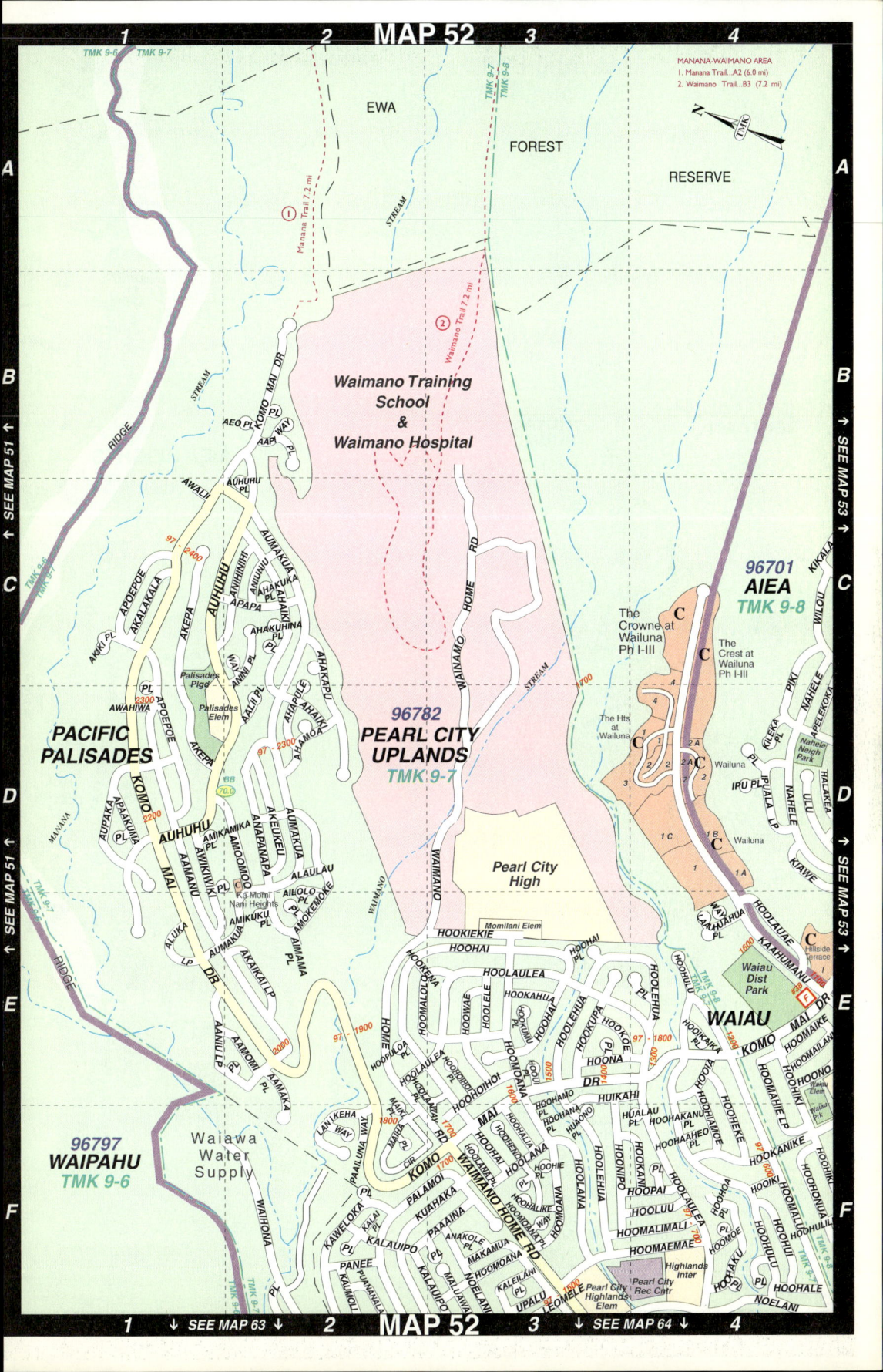

EWA FOREST RESERVE

MANANA-WAIMANO AREA
1. Manana Trail...A2 (6.0 mi)
2. Waimano Trail...B3 (7.2 mi)

Waimano Training School & Waimano Hospital

96701 AIEA TMK 9-8

The Crowne at Wailuna Ph I-III
The Crest at Wailuna Ph I-III
The Hts at Wailuna
Wailuna
Naheleh Neigh Park
Hillside Terrace

96782 PEARL CITY UPLANDS TMK 9-7

PACIFIC PALISADES

Palisades Pgd
Palisades Elem
Ka Momi Nani Heights

Pearl City High
Momilani Elem

WAIAU
Waiau Dist Park
Waiau Elem

96797 WAIPAHU TMK 9-6

Waiawa Water Supply

Pearl City Highlands Elem
Pearl City Rec Cntr
Highlands Inter

← SEE MAP 51
SEE MAP 53 →
↓ SEE MAP 63
↓ SEE MAP 64

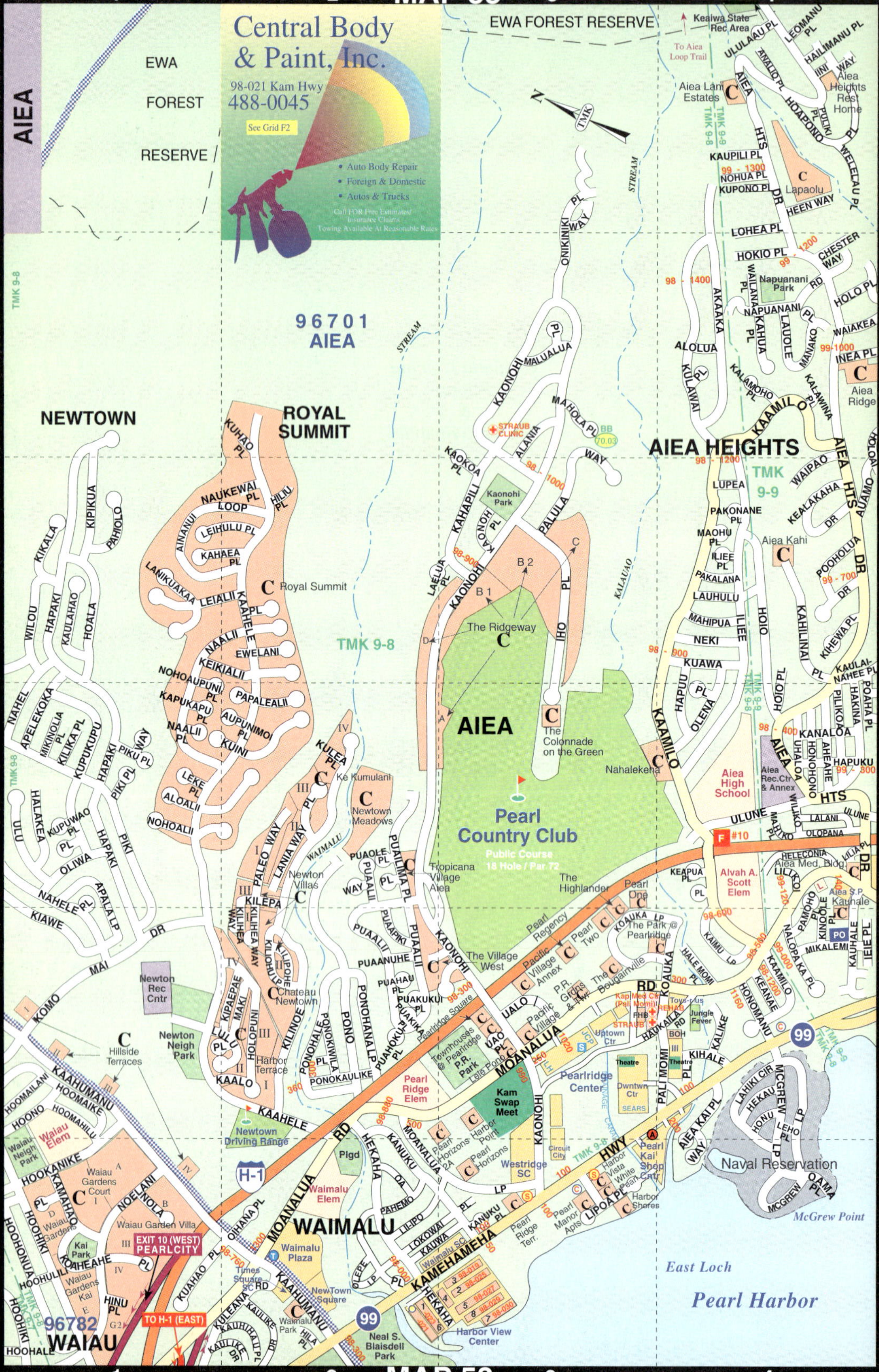

← SEE MAP 52 ←
SEE MAP 54 →

EWA
FOREST
RESERVE
Camp H. M. Smith
Camp Smith
96701
AIEA
AIEA HEIGHTS
HALAWA HEIGHTS
TMK 9-9
MOANALUA
TMK 1-1
96819
HONOLULU
Naval Reservation
Moanalua Village
Moanalua Golf Course
Halawa High & Med Sec. Fac.
HAWAII STATIONARY
EWA DISTRICT
HONOLULU DISTRICT
Red Hill Elem
RED HILL
Animal Quarinte Station
Red Hill Naval Hsing
TO 78-WEST
78-EXIT 1E (WEST) HALAWA/ STADIUM
78-EXIT 1D (WEST) H-3 EAST
78-EXIT 2 (EAST) ALIAMANU
Halawa Indust Ptz
Central Halawa Indust. Bldg.
EXIT 1C (WEST) HALAWA
EXIT 1B (WEST) 78-E/HONOLULU
Halawa Park
Coast Guard Housing
ALIAMANU
Aliamanu Mil. Housing
Webling Elem
Aiea Inter
Aiea Ridge
TO H-1 (WEST)
TO H-3 (EAST)
78-EXIT 1C (EAST) H-3 EAST
MOANALUA
FREEWAY
KAHUAPAANI
Halawa Hsing
AIEA
EXIT 13A (EAST) 78 & H-3 EAST
TO H-1 (WEST)
EXIT 1A (WEST) H-1 WEST
78-EXIT 3 (EAST) HALAWA
EXIT 13A (WEST) 78 WEST/AIEA
Cross Pointe
Aiea Elem
Aiea Shop Cntr
78-EXIT 1A (EAST) TO H-1 EAST
TO H-1 (EAST)
EXIT 13B (EAST) STADIUM-HALAWA
Aloha Stadium
See Misc. Index for more details
TO H-1 (EAST)
EXIT 13B (WEST) 78 & H-3 EAST
Parking
Alii Plantation
Stadium Mall
FOSTER VILLAGE
Salt Lake Dist Park
TMK 1-1
Aiea Bay
Pearl Harbor Yacht Club
Rainbow Bay Marina (Military)
K-Mart Stadium Market Place
Makalapa Park
SALT LAKE BLVD
HALAWA
Makalapa Elem
Radford High
Allamanu Plgd
Foster Heights Villas
East Loch
MAKALAPA
Golf Course
Hale Keiki Sch
Costco Square
COSTCO
Navy Public Works Ctr
Bowfin Park Pacific Submarine Museum
Ford Island Ferry Landing
USS Arizona Memorial Museum
96818
HONOLULU
KAMEHAMEHA HWY
RADFORD DR
Bank of Hawaii
Navy Exchange
Pearl Harbor
PEARL HARBOR
Pearl Harbor Sch
SEE MAP 53
SEE MAP 1

MAP 55

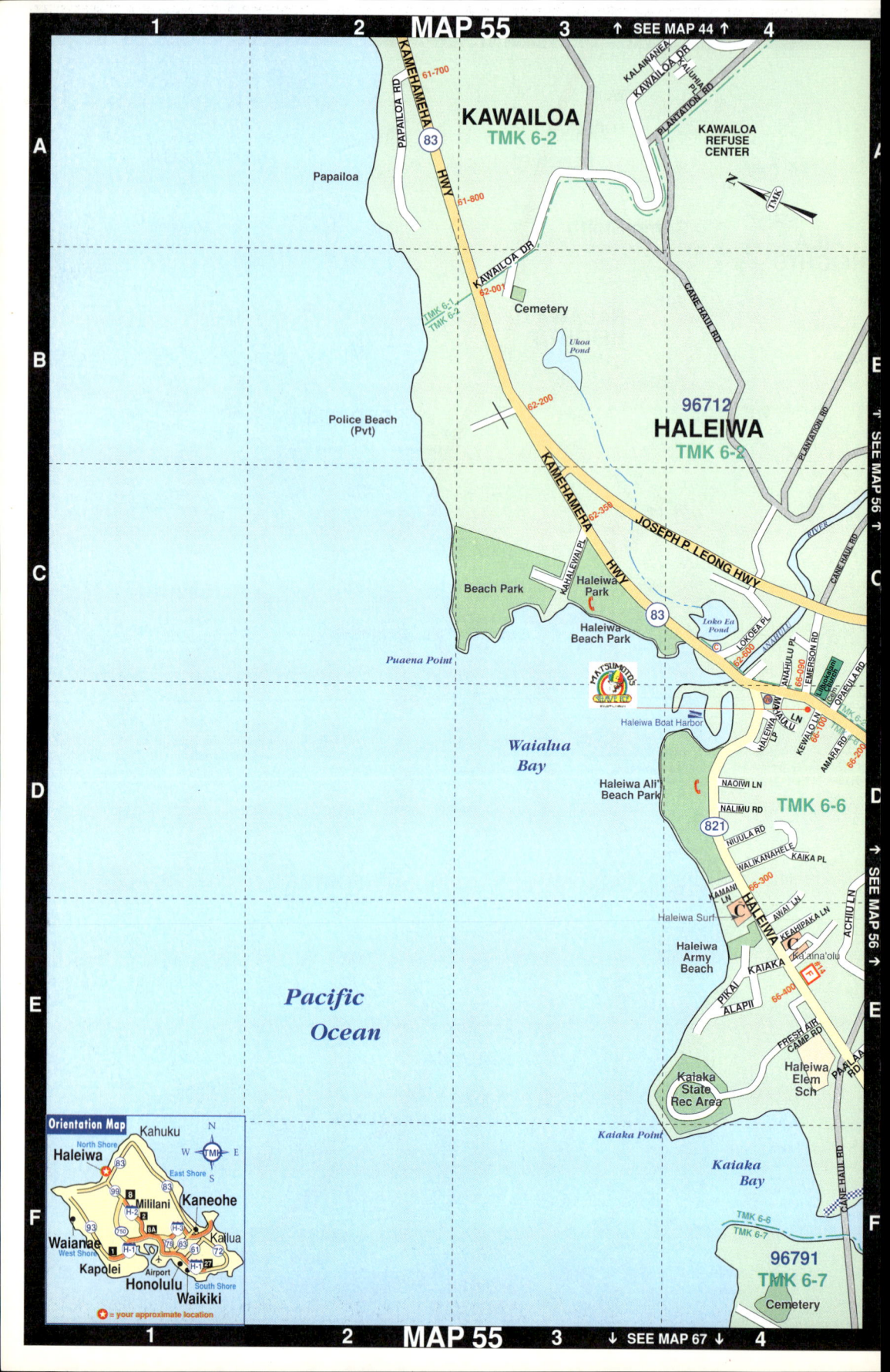

SEE MAP 44

KAWAILOA
TMK 6-2

KAWAILOA REFUSE CENTER

Papailoa

KAMEHAMEHA HWY
PAPAILOA RD
61-700
61-800

KALAIHANEA
KAWAILOA PLANTATION RD

KAWAILOA DR
TMK 6-1 / TMK 6-2
62-001
Cemetery

Ukoa Pond

CANE HAUL RD

96712
HALEIWA
TMK 6-2

Police Beach (Pvt)

62-200

62-350

JOSEPH P. LEONG HWY

Beach Park
Haleiwa Park
Haleiwa Beach Park

KAHALEIWA PL

Loko Ea Pond

LOKOEA PL
ANAHULU PL
EMERSON RD
62-000
66-090
OPAEULA RD

Puaena Point

MATSUMOTOS SHAVE ICE

Haleiwa Boat Harbor

HALEIWA LN
KEWALO LN
66-100
AMARA RD
66-200

Waialua Bay

Haleiwa Ali'i Beach Park

NAOIWI LN
NALIMU RD
NIUULA RD
WALIKANAHELE
KAIKA PL
TMK 6-6
821

KAMANI LN
AWAI LN
KEAHIPAKA LN
ACHIU LN

Haleiwa Surf
ke aina'olu
66-300

Pacific Ocean

Haleiwa Army Beach

PIKAI
ALAPII
KAIAKA
FRESH AIR CAMP RD
66-400

Haleiwa Elem Sch
PAALAA RD

Kaiaka State Rec Area

Kaiaka Point

Kaiaka Bay

TMK 6-6
TMK 6-7

96791
TMK 6-7
Cemetery

CANE HAUL RD

SEE MAP 56

SEE MAP 67

Orientation Map
Kahuku
North Shore
Haleiwa
East Shore
Mililani
Kaneohe
Kailua
Waianae
West Shore
Kapolei
Airport
Honolulu
South Shore
Waikiki

★ = your approximate location

MAP 56

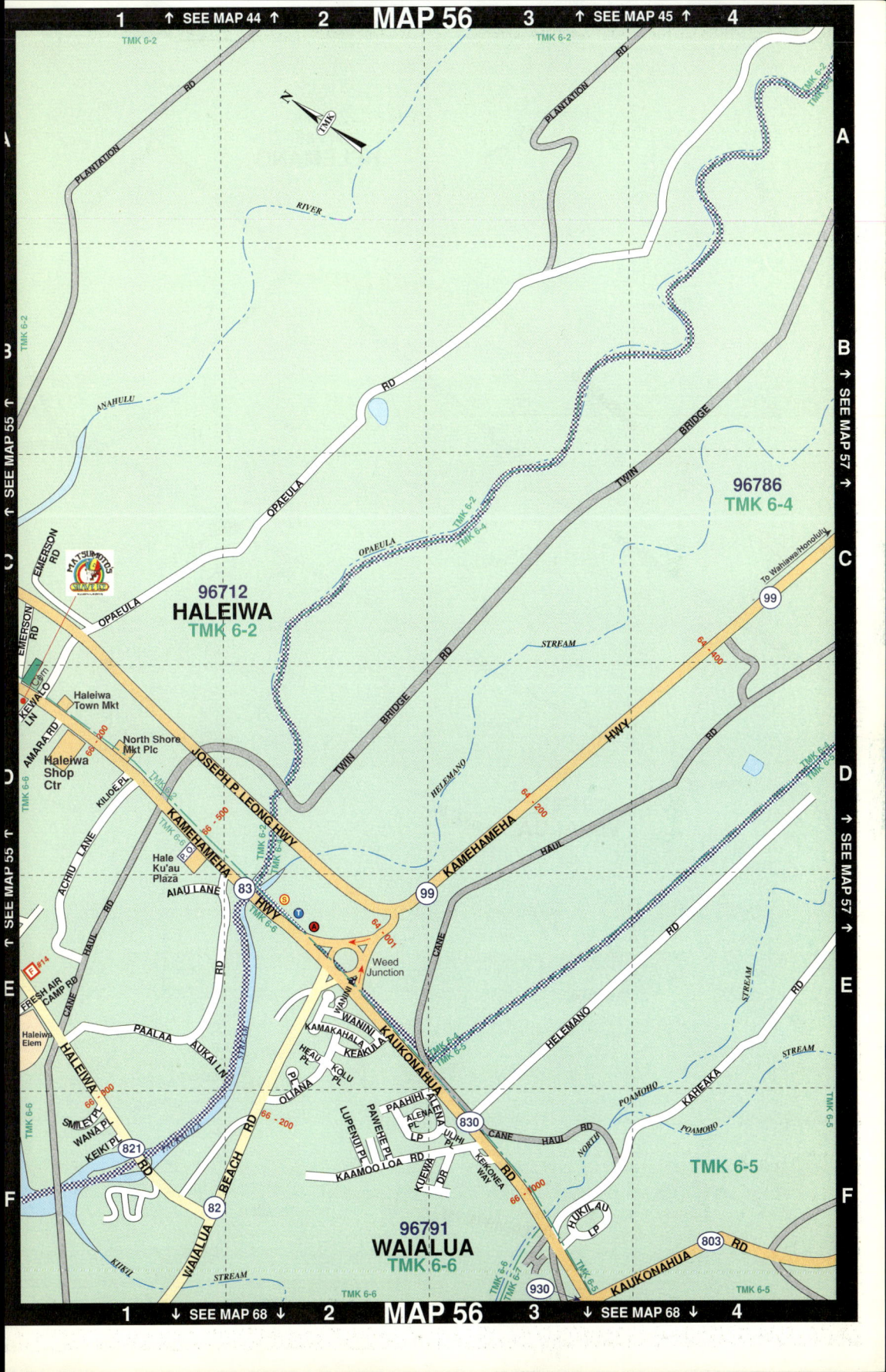

96786
TMK 6-4

96712
HALEIWA
TMK 6-2

96791
WAIALUA
TMK 6-6

TMK 6-5

Matsumoto's Shave Ice

Haleiwa Town Mkt
North Shore Mkt Plc
Haleiwa Shop Ctr
Hale Ku'au Plaza
Fresh Air Camp Rd
Haleiwa Elem

Weed Junction

To Wahiawa/Honolulu

Roads/Streets:
- PLANTATION RD
- EMERSON RD
- OPAEULA RD
- ANAHULU
- TWIN BRIDGE RD
- KAMEHAMEHA HWY
- JOSEPH P. LEONG HWY
- KEWALO LN
- AMARA RD
- KILIOE PL
- ACHIU LANE
- AIAU LANE
- PAALAA
- AUKAI LN
- HALEIWA RD
- SMILEY PL
- WANA PL
- KEIKI PL
- WAIALUA BEACH RD
- WANINI
- KAMAKAHALA
- KEAKULA
- HEAU PL
- KOLU PL
- OLIANA
- PAAHIHI PL
- ALENA LP
- LUPENUI PL
- PAWEHE PL
- KAAMOO LOA RD
- KUEWA DR
- ULIHI
- LEMONA WAY
- KAUKONAHUA RD
- CANE HAUL RD
- HELEMANO
- POAMOHO
- KAHEAKA STREAM
- HUKILAU LP
- NORTH CANE HAUL RD

Routes: 83, 99, 82, 830, 803, 821, 930

MAP 57

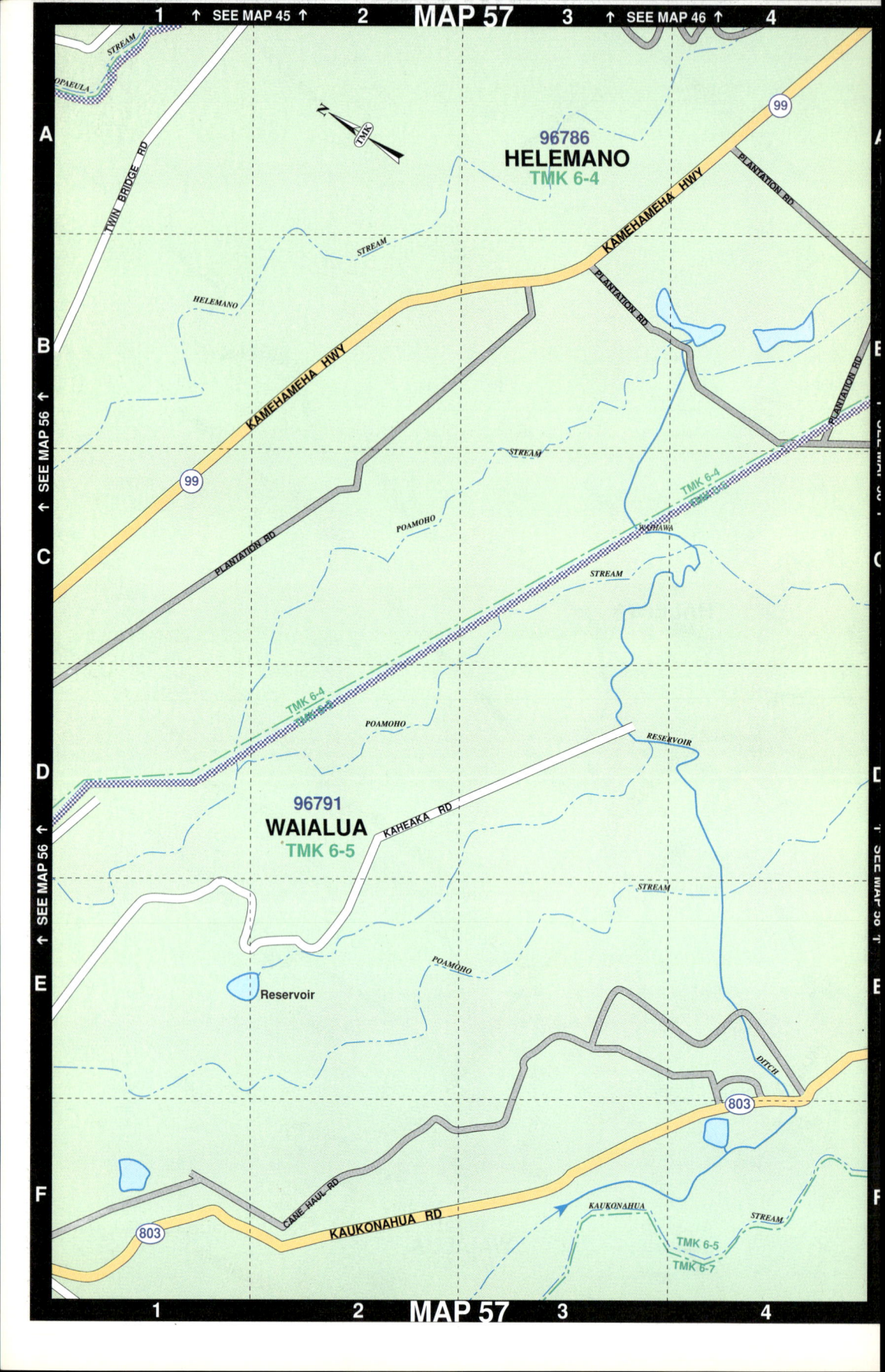

96786 HELEMANO TMK 6-4

96791 WAIALUA TMK 6-5

MAP 58

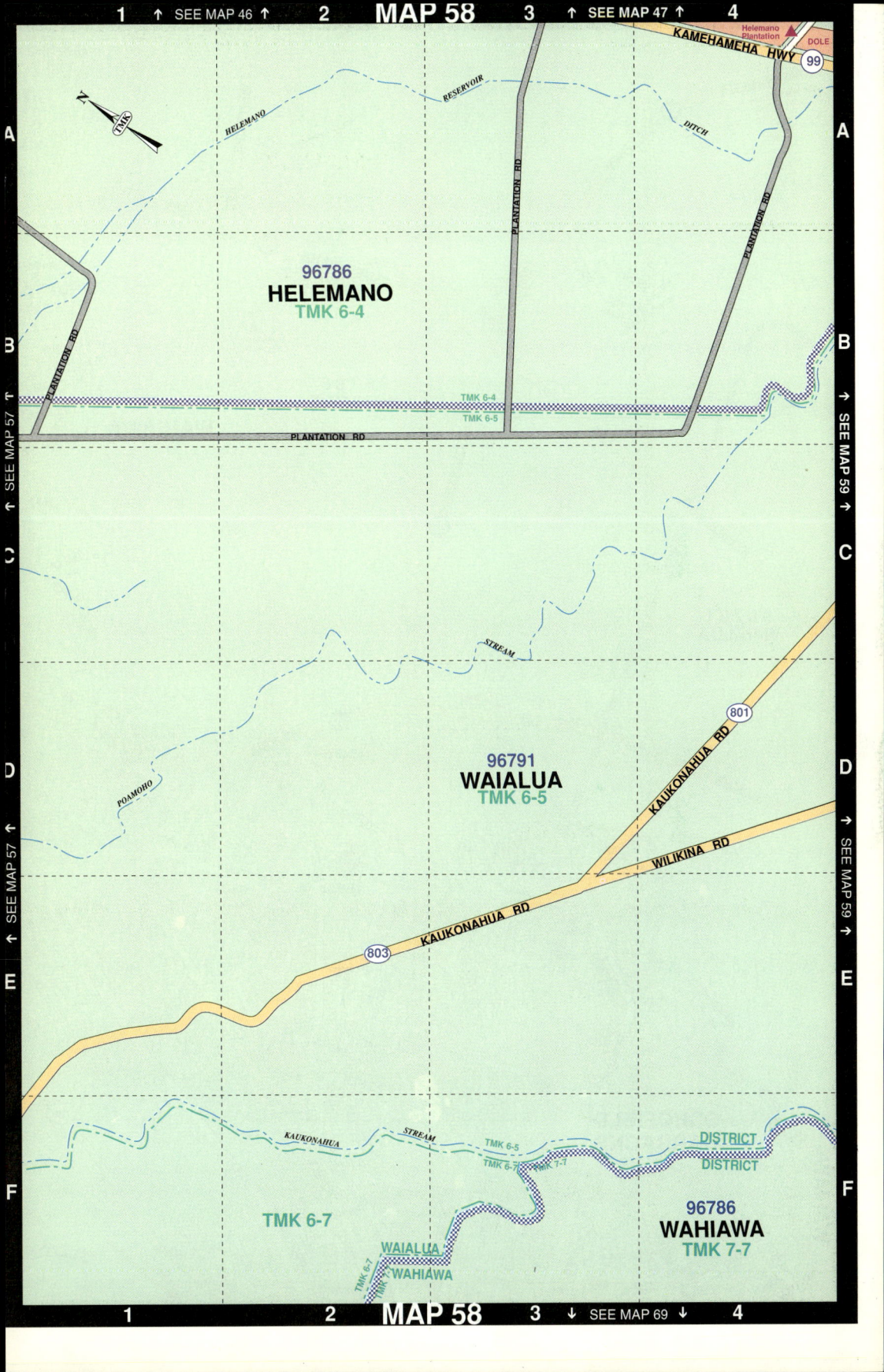

96786
HELEMANO
TMK 6-4

96791
WAIALUA
TMK 6-5

TMK 6-7

96786
WAHIAWA
TMK 7-7

← SEE MAP 58
SEE MAP 60 →

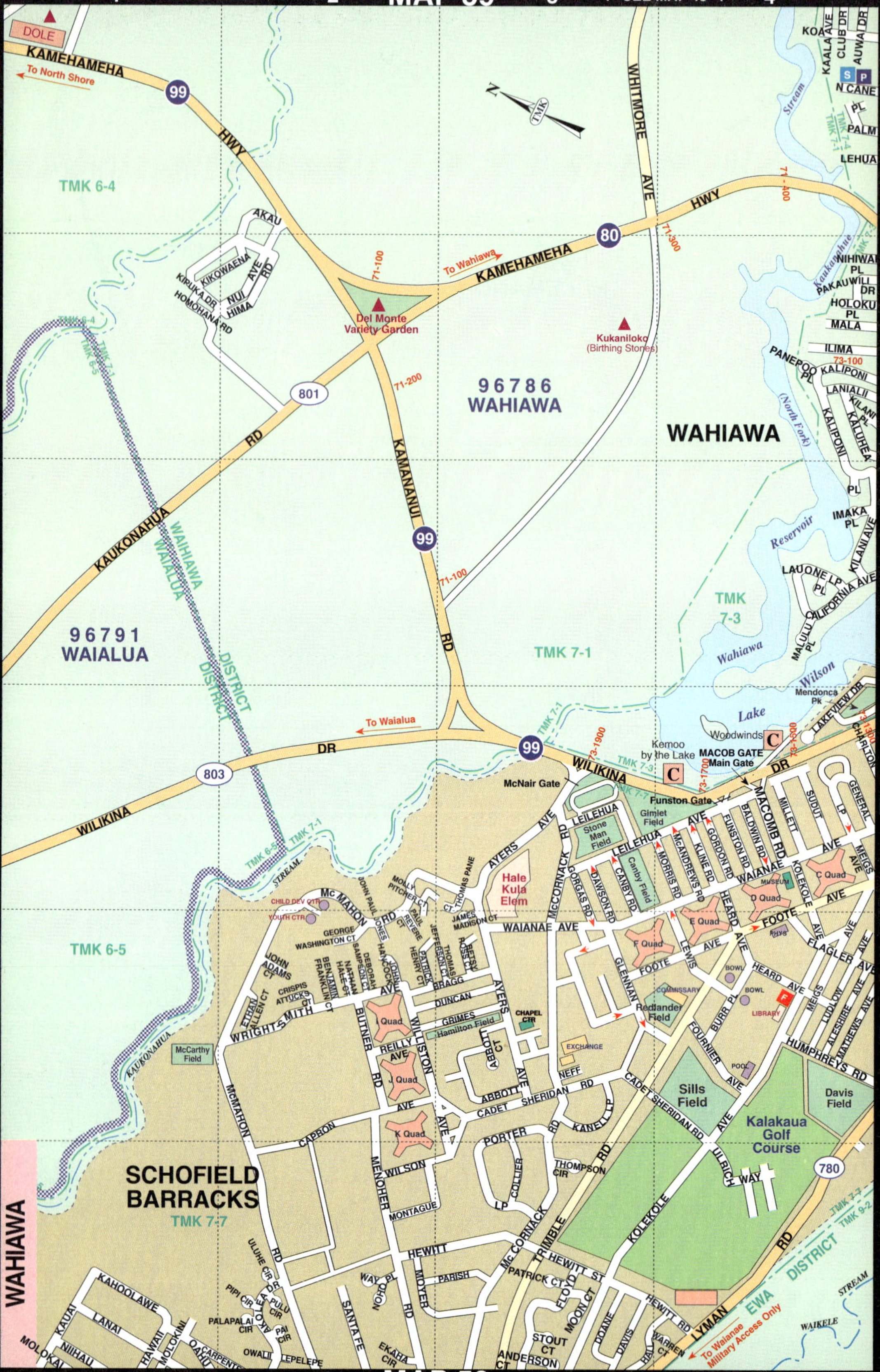

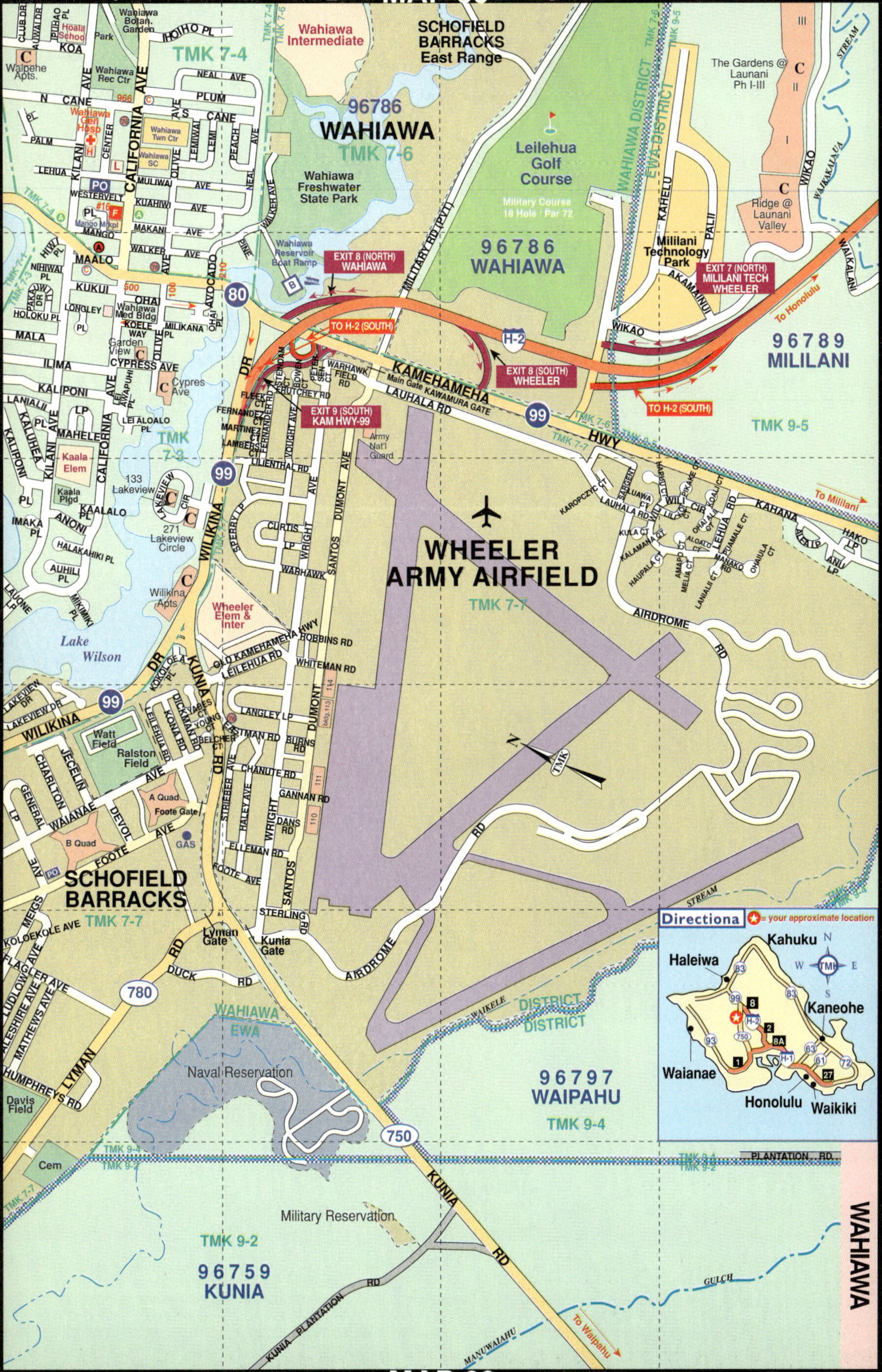
SCHOFIELD BARRACKS East Range
Wahiawa Intermediate
96786
WAHIAWA
TMK 7-6
TMK 7-4
Wahiawa Freshwater State Park
Leilehua Golf Course
Military Course 18 Hole / Par 72
96786 WAHIAWA
WAHIAWA DISTRICT
EWA DISTRICT
The Gardens @ Launani Ph I-III
Ridge @ Launani Valley
Mililani Technology Park
EXIT 7 (NORTH) MILILANI TECH WHEELER
To Honolulu
96789 MILILANI
EXIT 8 (NORTH) WAHIAWA
TO H-2 (SOUTH)
EXIT 8 (SOUTH) WHEELER
EXIT 9 (SOUTH) KAM HWY-99
KAMEHAMEHA HWY
Main Gate KAWAMURA GATE
LAUHALA RD
MILITARY RD (PVT)
Wahiawa Reservoir Boat Ramp
Wahiawa Gen Hosp
Wahiawa Twn Ctr
Wahiawa SC
Wahiawa Rec Ctr
Wahiawa Botan. Garden
Hoala School
Walpehe Apts.
Wahiawa Med Bldg
Garden View
Cypress Ave
Kaala Elem
Kaala Plgd
133 Lakeview
271 Lakeview Circle
Wilikina Apts
Wheeler Elem & Inter
Army Nat'l Guard
TMK 9-5
To Mililani
WHEELER ARMY AIRFIELD
TMK 7-7
AIRDROME RD
KAHANA
Lake Wilson
WILIKINA DR
KUNIA RD
Watt Field
Ralston Field
A Quad
Foote Gate
B Quad
GAS
SCHOFIELD BARRACKS
TMK 7-7
Lyman Gate
Kunia Gate
DUCK RD
LYMAN RD
Davis Field
Cem
WAHIAWA EWA
Naval Reservation
DISTRICT DISTRICT
96797 WAIPAHU
TMK 9-4
PLANTATION RD
Military Reservation
TMK 9-2
96759 KUNIA
KUNIA PLANTATION RD
To Waipahu
GULCH
WAHIAWA
Directiona ★= your approximate location
Kahuku
Haleiwa
Kaneohe
Waianae
Honolulu
Waikiki
SEE MAP 61
SEE MAP 59

MAP 61

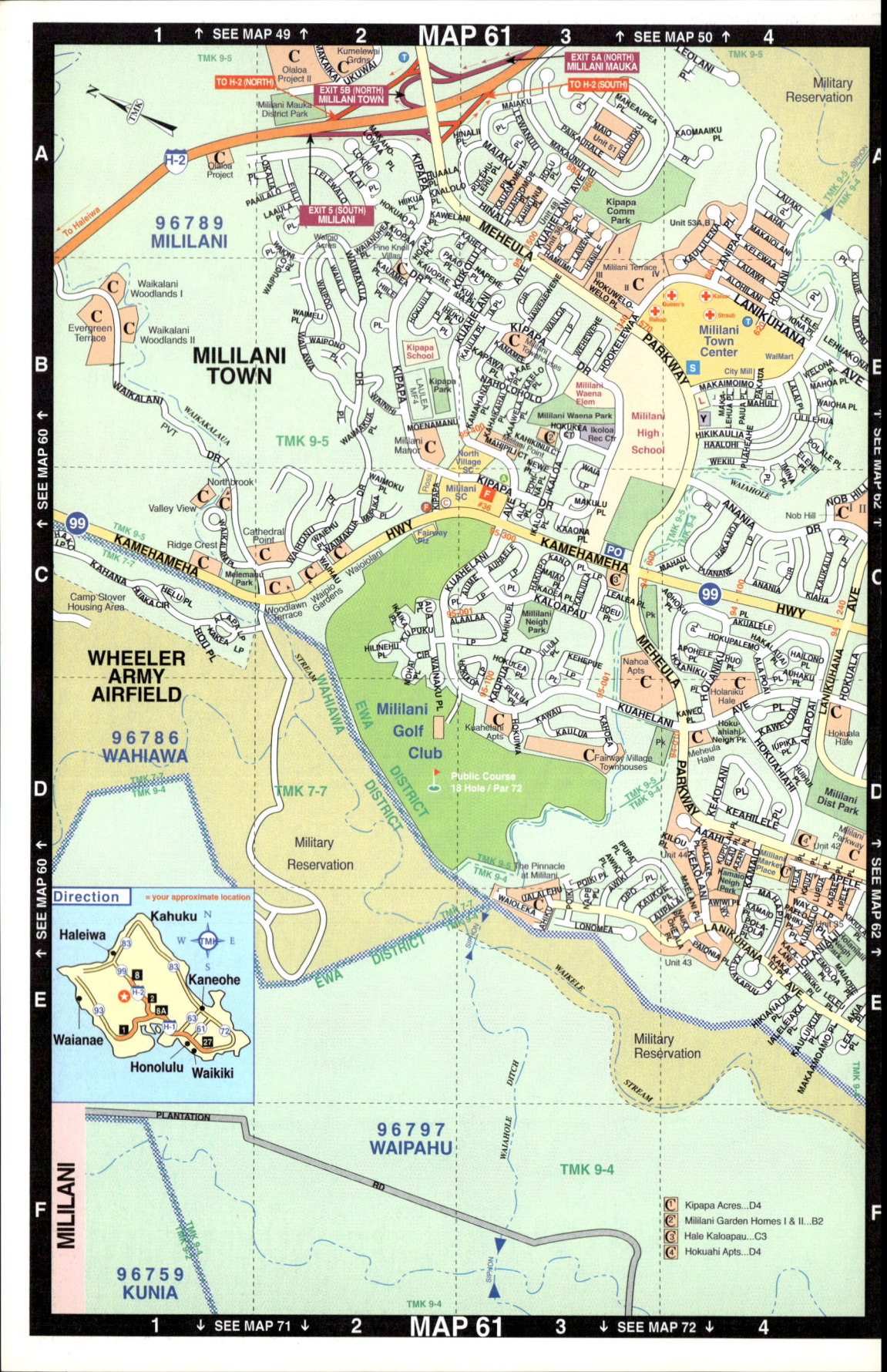

96789 MILILANI

MILILANI TOWN

WHEELER ARMY AIRFIELD

96786 WAHIAWA

Mililani Golf Club
Public Course 18 Hole / Par 72

Direction — = your approximate location
Kahuku
Haleiwa
Kaneohe
Waianae
Honolulu Waikiki

96797 WAIPAHU

96759 KUNIA

- C Kipapa Acres...D4
- C Mililani Garden Homes I & II...B2
- 3 Hale Kaloapau...C3
- C Hokuahi Apts...D4

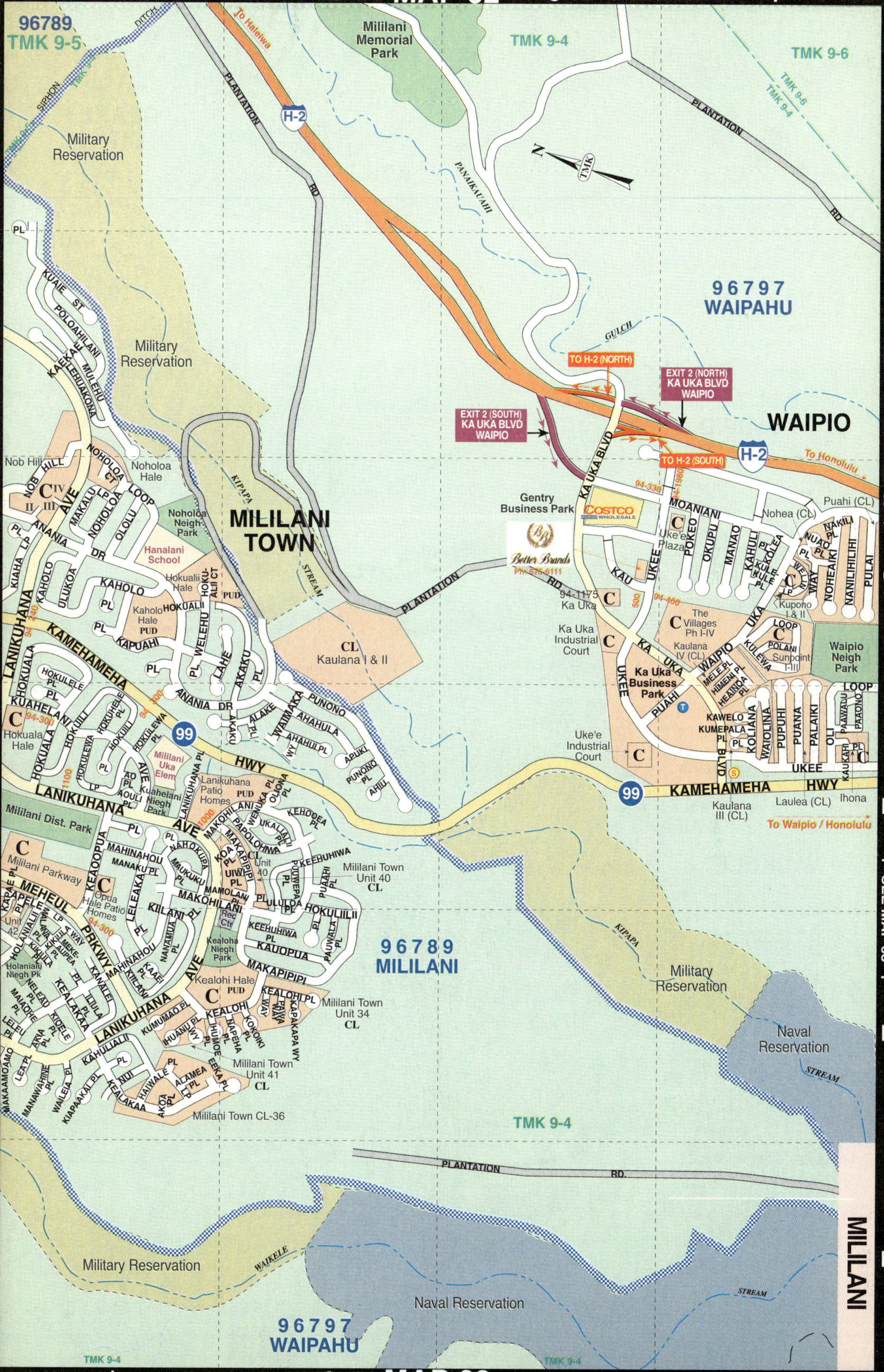
96789
TMK 9-5
Mililani Memorial Park
TMK 9-4
TMK 9-6
To Haleiwa
H-2
PLANTATION RD
PANAKAUAHI
DITCH
SIPHON
Military Reservation
96797
WAIPAHU
GULCH
TO H-2 (NORTH)
EXIT 2 (NORTH) KA UKA BLVD WAIPIO
EXIT 2 (SOUTH) KA UKA BLVD WAIPIO
TO H-2 (SOUTH)
WAIPIO
To Honolulu
KA UKA BLVD
Gentry Business Park
COSTCO WHOLESALE
Better Brands
Nohea (CL)
Puahi (CL)
MOANIANI
Uke'e Plaza
POKEO
OKUPU
MANAO
KAHULI
KOLEA
NAKILI
NOHEAIKI
NANILIHILIHI
PULAI
Kupono I & II
94-1175 Ka Uka
Ka Uka Industrial Court
The Villages Ph I-IV
Kaulana IV (CL)
LOOP
POLANI
Sunpoint I-III
Waipio Neigh Park
Ka Uka Business Park
UKEE
PUAHI
KAWELO
KUMEPALA
KOLIANA
PUPUHI
PUANA
PALAIKI
OLI
Uke'e Industrial Court
KAMEHAMEHA HWY
99
Kaulana III (CL)
Laulea (CL)
Ihona
To Waipio / Honolulu
MILILANI TOWN
KIPAPA STREAM
Nob Hill
Noholoa Hale
Noholoa Neigh Park
Hanalani School
Hokuali'i Hale
Kaholo Hale PUD
CL Kaulana I & II
KUAIE ST
POLOAHILANI
KAEKAE
LEHUIAKONA
MILEHU
NOHOLOA CT
NOB HILL
ANANIA
MAKALU
OLOLU
KAHOLO
ULUKOA
LANIKUHANA
KAMEHAMEHA
KAPUAHI
HOKUALI'I
WELEHU
LAHE
AKAKU
PUNONO
AHAHULA
HOKUALA
KUAHELANI
Hokuala Hale
Mililani Uka Elem
Kuahelani Neigh Park
Lanikuhana Patio Homes PUD
APUKI
AHIU
Mililani Dist. Park
Mililani Parkway
MEHEULA PRKWY
Opua Hale Patio Homes
MAHINAHOU
MANAKU
KILANI
MAKOHILANI
Rec Ctr
Kealoha Neigh Park
HOKUILIILI
Mililani Town Unit 40 CL
96789
MILILANI
KAUOPUA
MAKAPIPIPI
Kealohi Hale PUD
KEALOHI
Mililani Town Unit 34 CL
Mililani Town Unit 41 CL
Mililani Town CL-36
Holaniau Neigh Pk
KIPAPA
Military Reservation
Naval Reservation
STREAM
TMK 9-4
PLANTATION RD.
WAIKELE
Military Reservation
Naval Reservation
96797
WAIPAHU
MILILANI
SEE MAP 63

← SEE MAP 62 ←

← SEE MAP 62 ←

A B C D E F

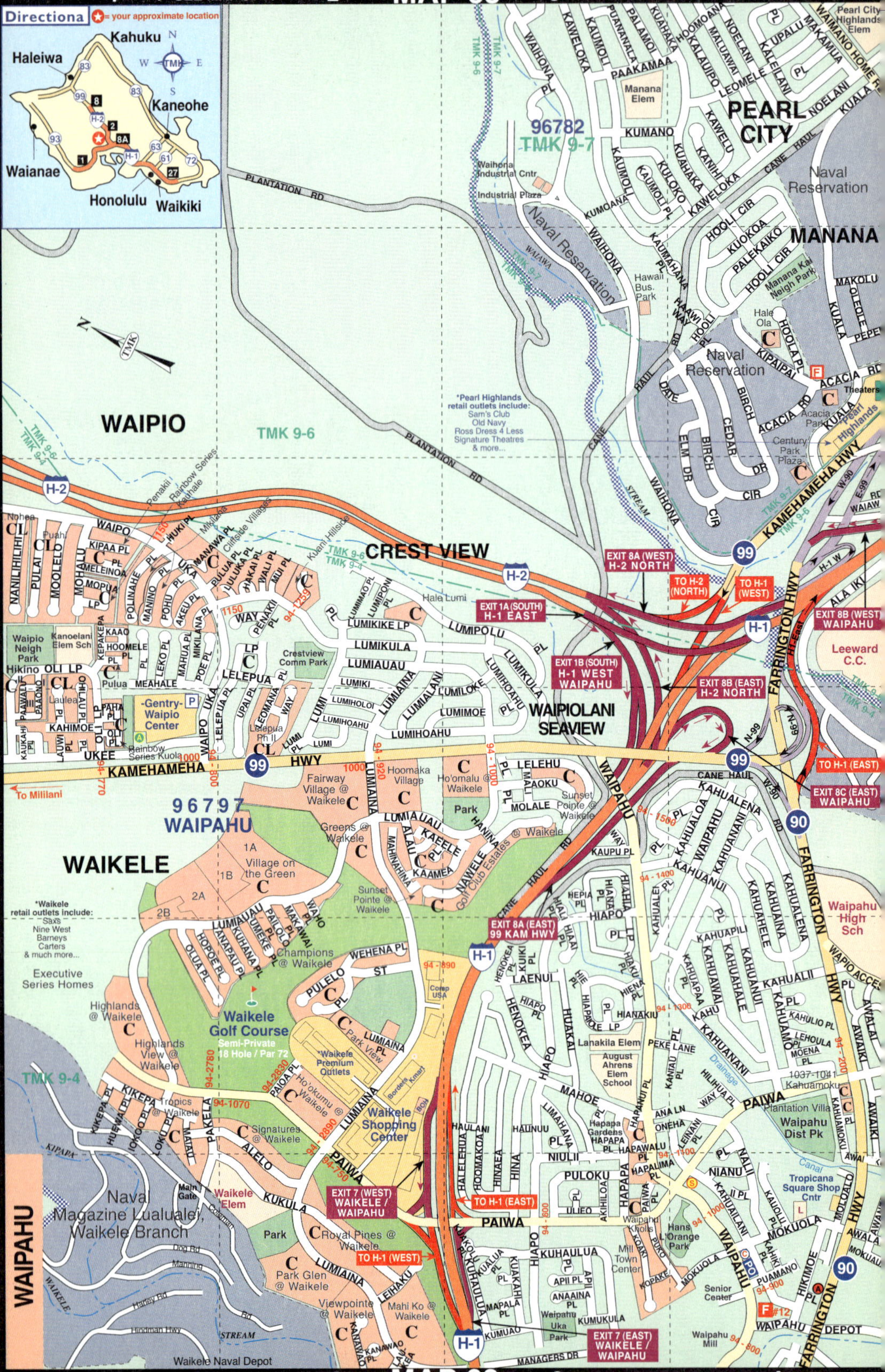

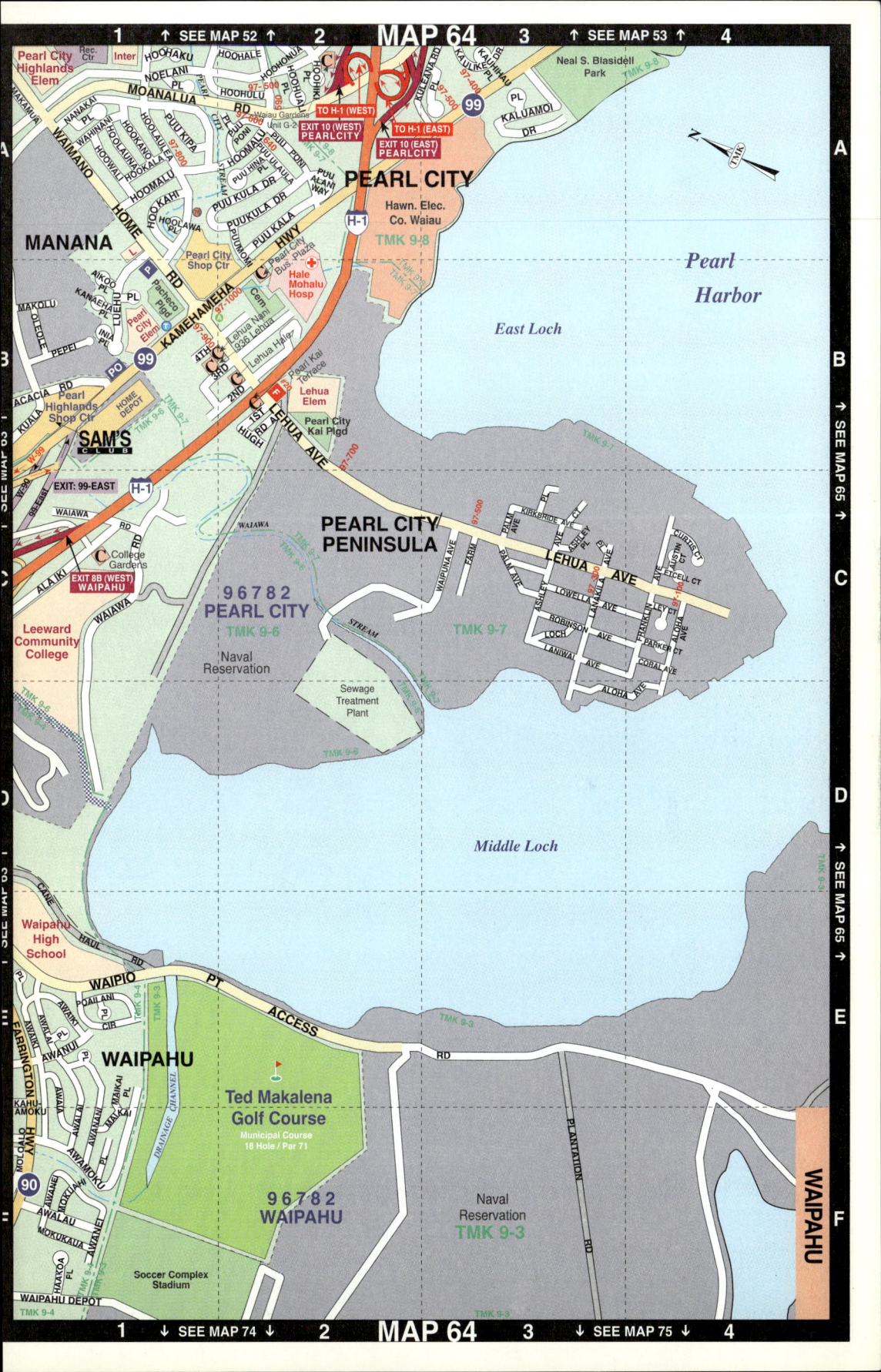

Map 64 — Pearl City / Pearl City Peninsula / Waipahu / Pearl Harbor

MAP 65

Pearl Harbor / Ford Island

East Loch

Ford Island — 96818 TMK 9-9
- USS Arizona Memorial
- Ford Island Pitch & Putt Golf Course
- USS Utah Memorial
- Ford Island Bridge
- Naval Reservation

Streets on Ford Island: Saratoga Blvd, Princeton Pl, Teal Pl, Lexington Blvd, Cowpens, Long Island, Curtis, Yorktown Blvd, Hancock Ave, Independence, Hammondsport, Kittyhawk, Hornet Ave, Intrepid Ave, Enterprise, Franklin Ave, Yoko Moke, Essex, Wright Ave, Lexington Ave, St Lo Ave, Lisconb Bay, Gannet, Swan, Princeton Blvd, Gambier Bay, Bataan, Wasp, King Fisher, Avocet, San Jacinto

PEARL HARBOR Naval Shipyard — 96818 TMK 9-9

Areas: Naval Reservation, Hale Alii Housing, Public Works Center, Hickam Elem. School

Streets (east side): Kamehameha Hwy, North Rd, Makalapa Rd, Makin, Midway Pl, Downes, Neches, San Juan Ave, Neosho Ave, Gilmore, Hunter, North Rd, Shane, Abele, Bolt, Edge, Pierce, Nimitz, Cromwell, Oakley Rd, Moore, Clark, Morton, Paul, Astoribu Ave, Quincy Ave, Gaffney Ave, Simms, Northhampton, Kuahua Ave, Hull Ave, Atlanta, Jarvis, Laffey, Fourteenth Ave, Willamette Ave, Pearl Harbor Blvd, Haleailii, Club Rd, Safeguard, Hopper Ave, Port Royal, Paul Hamilton Ave, Cimarron, Lake Erie, Russell Ave, Ninth Ave, Neville Way, South Porter, 16th, 15th, 14th, 13th, Owens Blvd, Mills Blvd, Signer Ave, Beard Ave, 12th, 11th, 10th, 9th, 8th, 7th, 6th, 5th, 4th, 3rd, Manzelman Cir, Julian Way, Moore Ave, Boquet, Montnan Ave, Long Way, Russel Way, Fletcher Ave, Fuller Way, Seventh, Central, Ingersoll Ave, Reuben James, Leftwich, Seabee Wy, Cushing, Ford Island Way, Hospital Wy, Kean, Croombin

Magazine Loch, **Quarry Loch**, **Merry Loch**, **Southeast Loch**

Pearl Harbor
- Hospital Point
- Waipio Point
- Iroquios Point

96797 TMK 9-3 — Naval Reservation, Plantation Rd

TMK 9-1 — Naval Reservation
Streets: 8th Ave, F Ave, 10th, 11th, 15th, Bravo Rd, 16th, 17th, G Ave

Navigation:
- ↑ SEE MAP 53 / SEE MAP 54
- ← SEE MAP 64 / SEE MAP 66 →
- ↓ SEE MAP 75 / SEE MAP 76

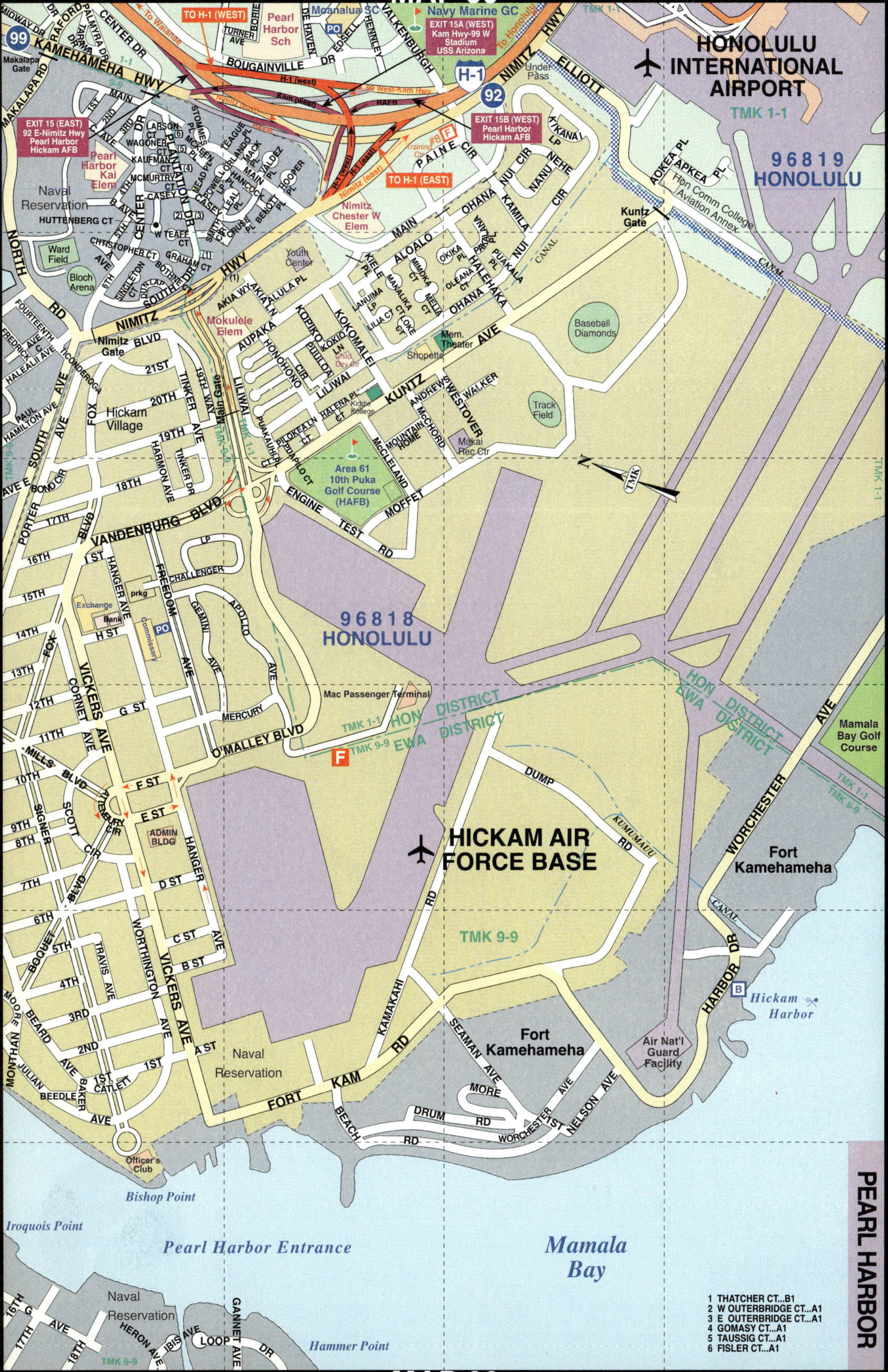

MAP 67

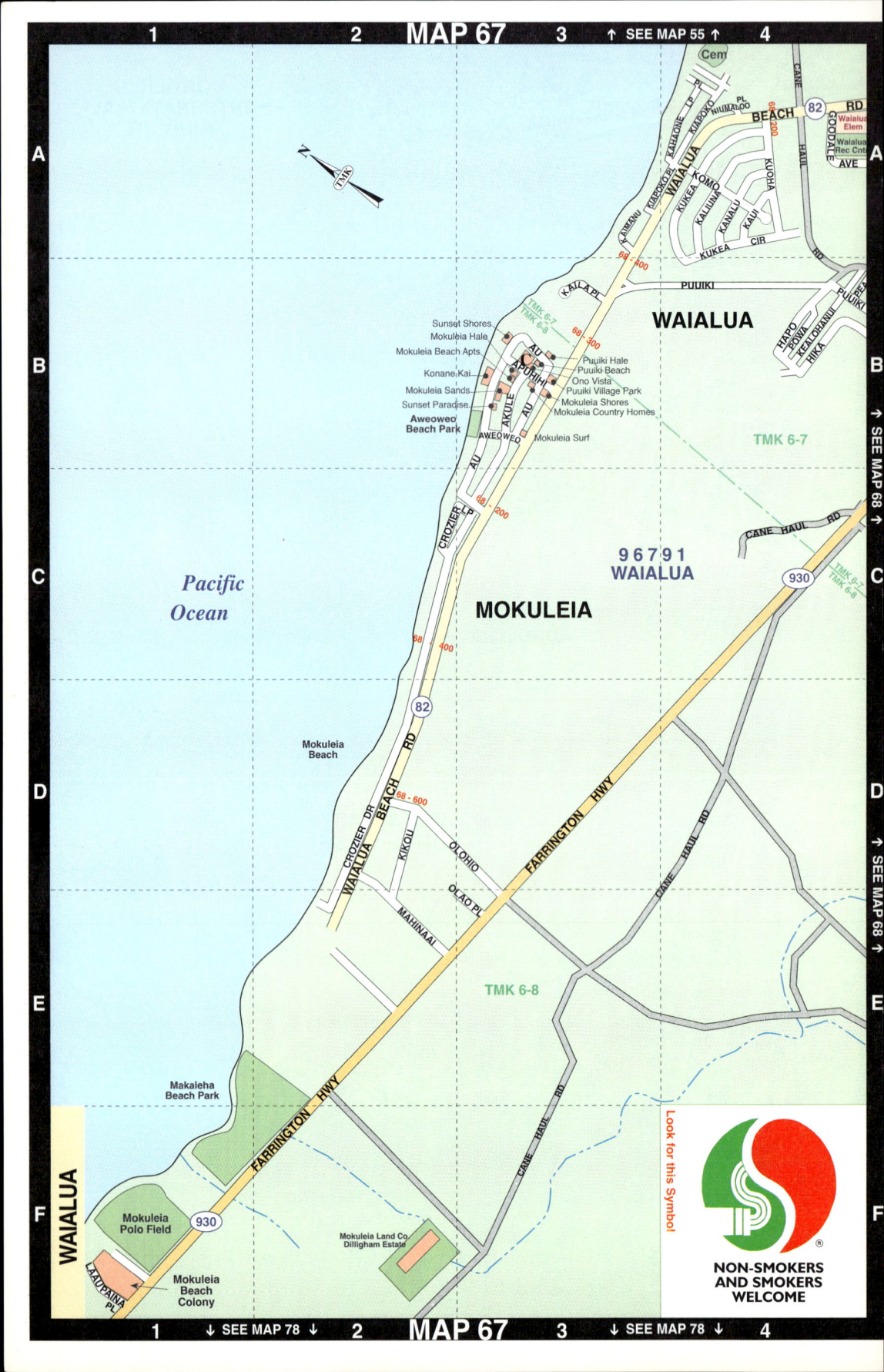

↑ SEE MAP 55 ↑

WAIALUA

- Cem
- BEACH RD
- 82
- Waialua Elem
- Waialua Rec Cntr
- GOODALE AVE
- NIUMALO PL
- MIBOKO PL
- KAHAONE LP
- KAMANU
- NAPOKA
- WAIALUA
- KUKEA
- KOMO
- KALUNA
- KAUI
- KUHA
- KUKEA CIR
- PUUIKI
- HAPO
- PONA
- KEALOHANUI
- HIKA
- PUUIKI RD
- KAILA PL
- 68-400
- 68-300
- TMK 6-7 / TMK 6-8
- Sunset Shores
- Mokuleia Hale
- Mokuleia Beach Apts.
- Konane Kai
- Mokuleia Sands
- Sunset Paradise
- Aweoweo Beach Park
- AU
- APUHIHI
- AKULE
- AU
- AWEOWEO AU
- Puuiki Hale
- Puuiki Beach
- Ono Vista
- Puuiki Village Park
- Mokuleia Shores
- Mokuleia Country Homes
- Mokuleia Surf
- TMK 6-7
- CROZIER LP
- 68-200
- CANE HAUL RD
- → SEE MAP 68 →

Pacific Ocean

MOKULEIA

96791 WAIALUA
TMK 6-7 / TMK 6-8
930
68-400
82
CROZIER DR
WAIALUA BEACH RD
Mokuleia Beach
68-600
KIKOU
OLOHIO
OLAO PL
MAHINAAI
FARRINGTON HWY
CANE HAUL RD
TMK 6-8
→ SEE MAP 68 →

Makaleha Beach Park

WAIALUA

Mokuleia Polo Field
930
FARRINGTON HWY
LAAUPAINA PL
Mokuleia Beach Colony
Mokuleia Land Co
Dilligham Estate

Look for this Symbol

NON-SMOKERS AND SMOKERS WELCOME

↓ SEE MAP 78 ↓ MAP 67 ↓ SEE MAP 78 ↓

MAP 68

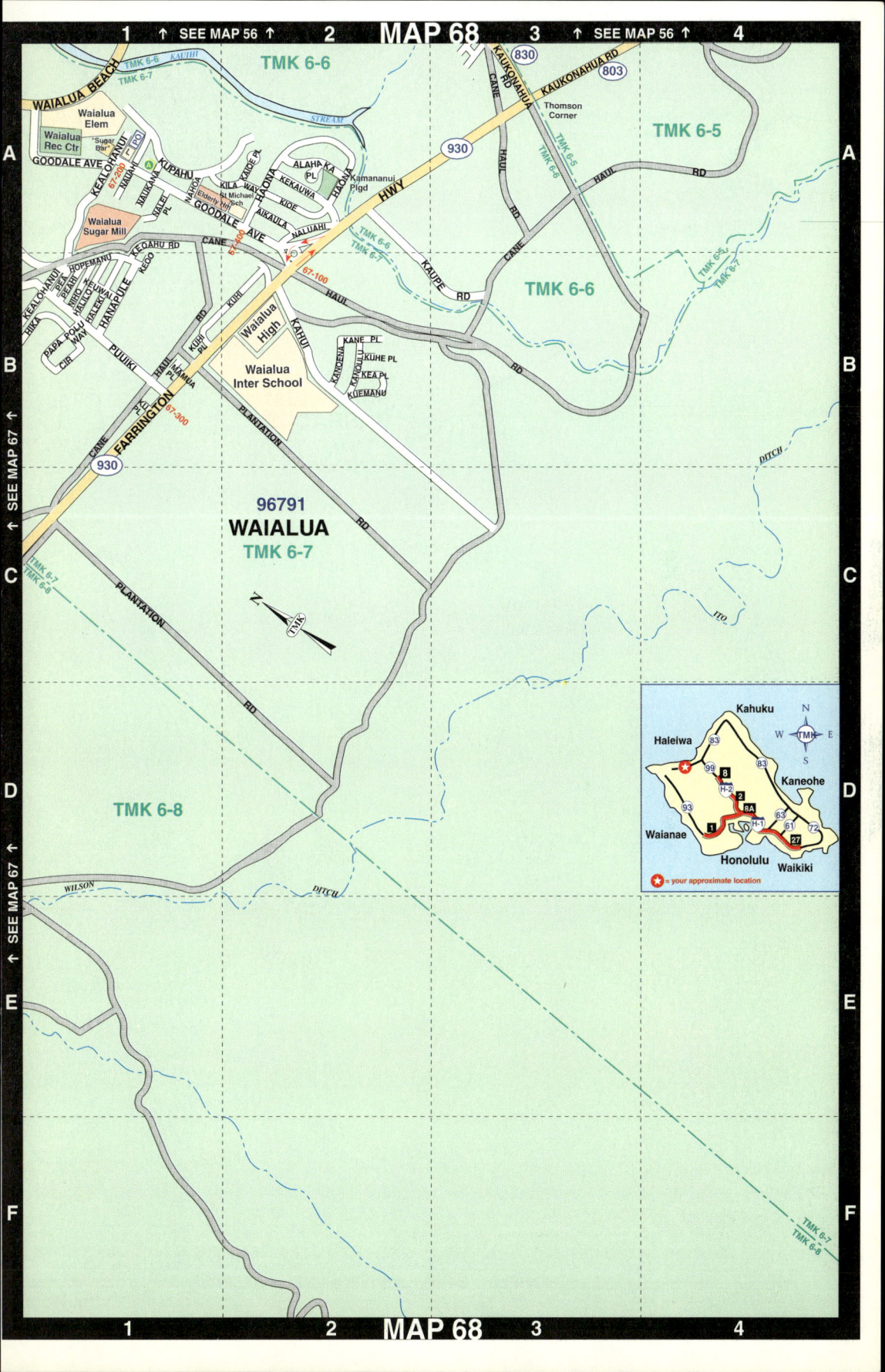

96791
WAIALUA
TMK 6-7

MAP 69

96786
SCHOFIELD BARRACKS
TMK 7-7

Military Reservation

SCHOFIELD BARRACKS FOREST RESERVE

MAP 70

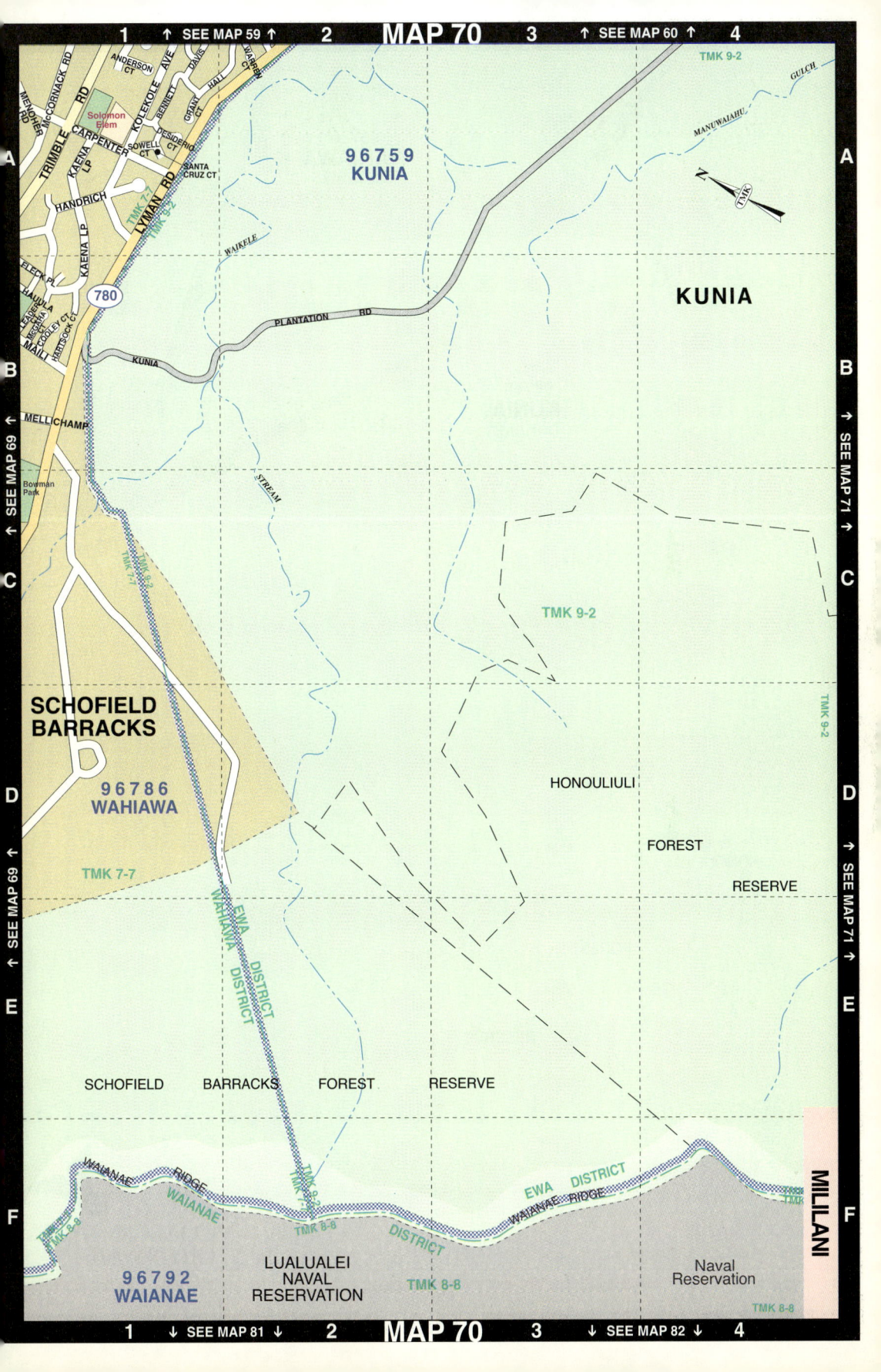

↑ SEE MAP 59 ↑   ↑ SEE MAP 60 ↑

96759 KUNIA

KUNIA

← SEE MAP 69   SEE MAP 71 →

SCHOFIELD BARRACKS

96786 WAHIAWA

HONOULIULI FOREST RESERVE

SCHOFIELD BARRACKS FOREST RESERVE

EWA DISTRICT / WAHIAWA DISTRICT

WAIANAE RIDGE

96792 WAIANAE

LUALUALEI NAVAL RESERVATION

Naval Reservation

MILILANI

↓ SEE MAP 81 ↓   ↓ SEE MAP 82 ↓

MAP 71

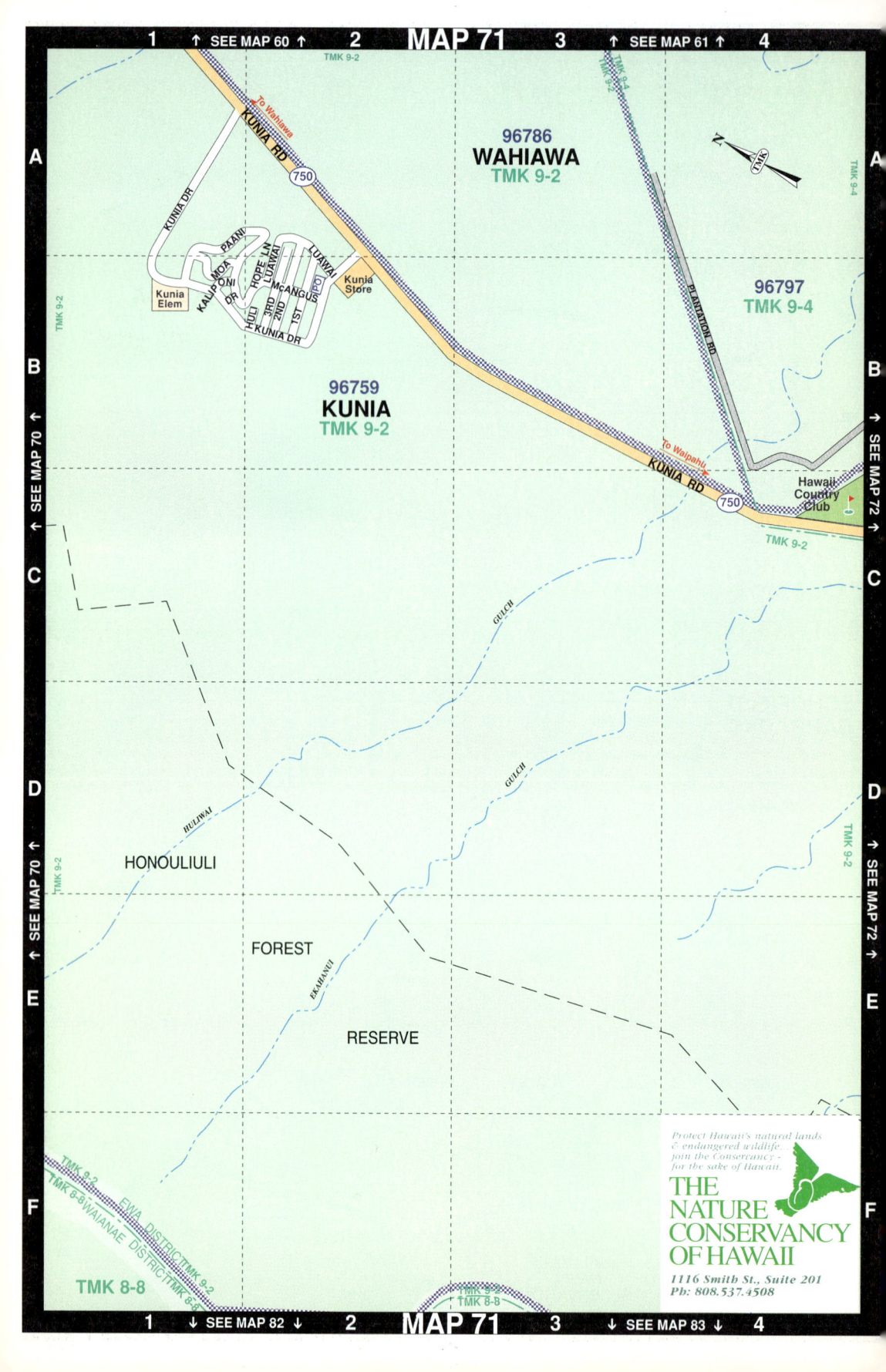

96786 WAHIAWA TMK 9-2

96759 KUNIA TMK 9-2

96797 TMK 9-4

Kunia Rd (750), Kunia Dr, Paanu, Hope Ln, Luawai, Luawai, Kalipoi Dr, Moa, Poni, Huli, 3rd, 2nd, 1st, McAngus, Kunia Dr, Kunia Elem, Kunia Store, To Wahiawa, To Waipahu, Plantation Rd, Hawaii Country Club

HONOULIULI FOREST RESERVE

Huliwai, Ekahanui, Gulch, Gulch

TMK 8-8, TMK 9-2, EWA DISTRICT/TMK 9-2, TMK 8-8/WAIANAE DISTRICT

THE NATURE CONSERVANCY OF HAWAII

Protect Hawaii's natural lands & endangered wildlife. Join the Conservancy - for the sake of Hawaii.

1116 Smith St., Suite 201
Ph: 808.537.4508

MAP 72

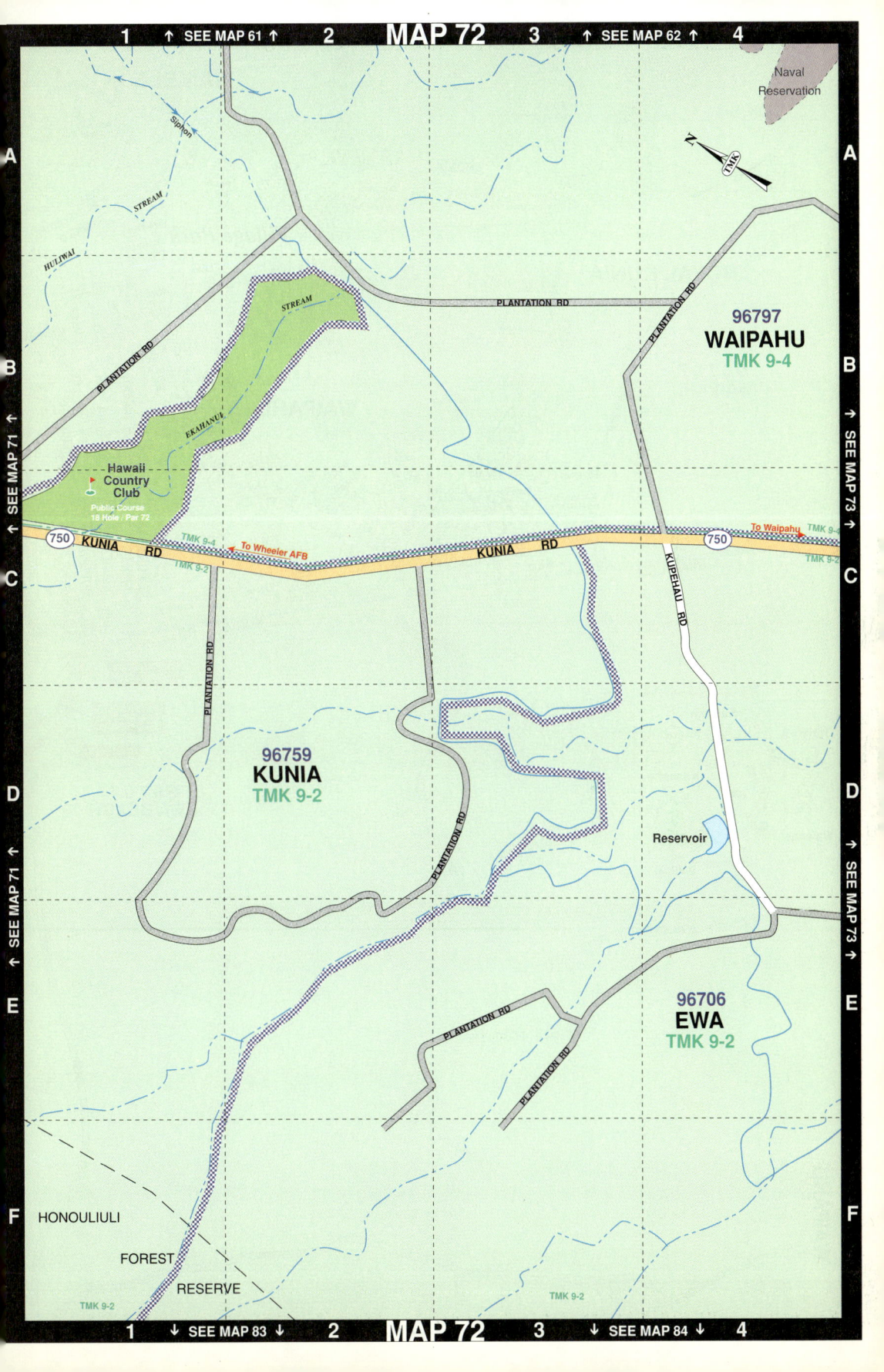

- Naval Reservation
- HULIWAI STREAM
- Siphon
- PLANTATION RD
- EKAHANUI STREAM
- Hawaii Country Club — Public Course, 18 Hole / Par 72
- 750 KUNIA RD — To Wheeler AFB — TMK 9-2 — TMK 9-4
- KUPEHAU RD
- To Waipahu

96797 WAIPAHU TMK 9-4

96759 KUNIA TMK 9-2

- Reservoir
- PLANTATION RD

96706 EWA TMK 9-2

- HONOULIULI FOREST RESERVE
- TMK 9-2

← SEE MAP 71
↑ SEE MAP 61 ↑ SEE MAP 62
→ SEE MAP 73
↓ SEE MAP 83 ↓ SEE MAP 84

← SEE MAP 72 ←
→ SEE MAP 74 →

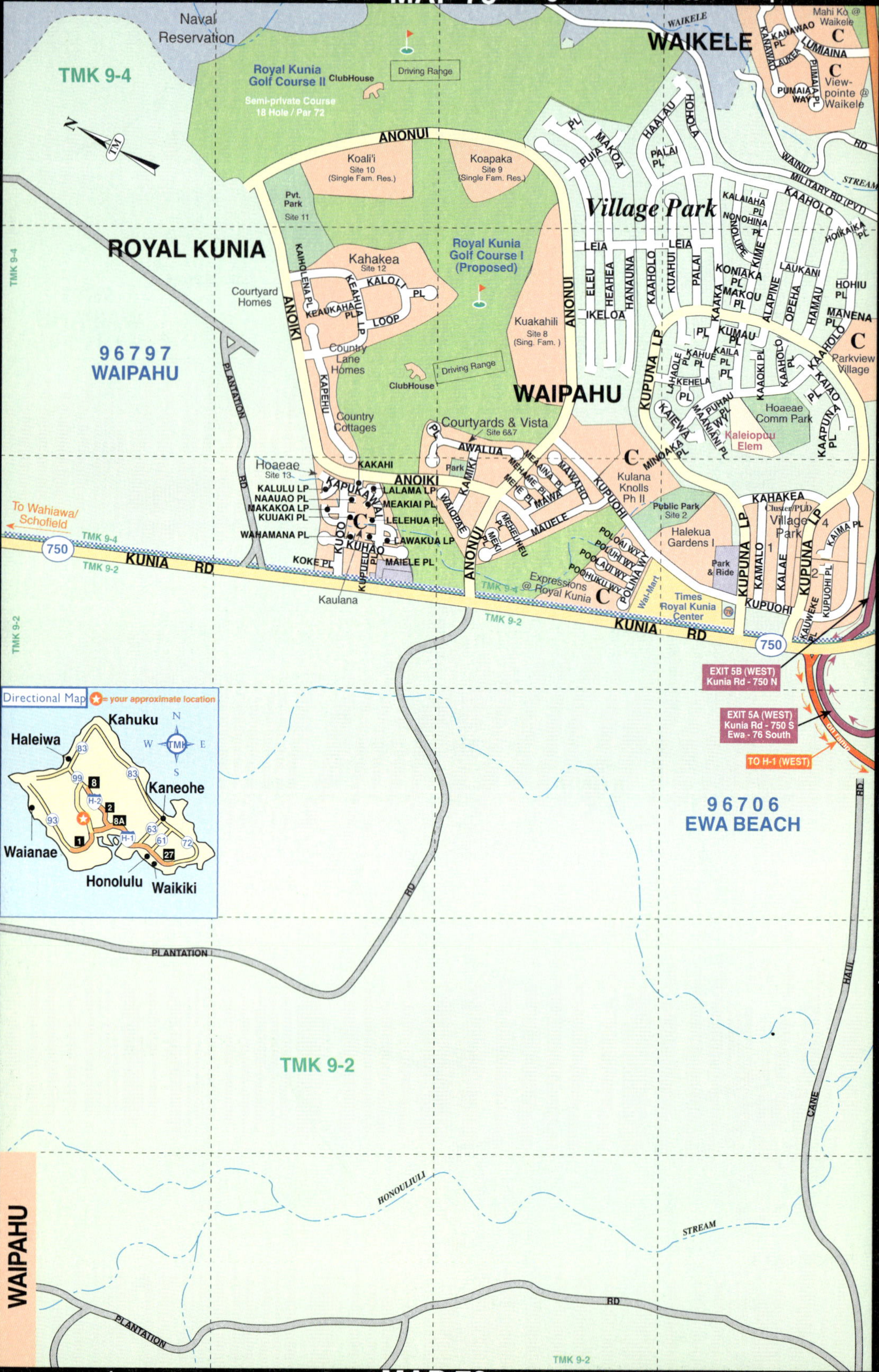

A B C D E F
← SEE MAP 73 ←
← SEE MAP 73 ←
→ SEE MAP 75 →
→ SEE MAP 75 →

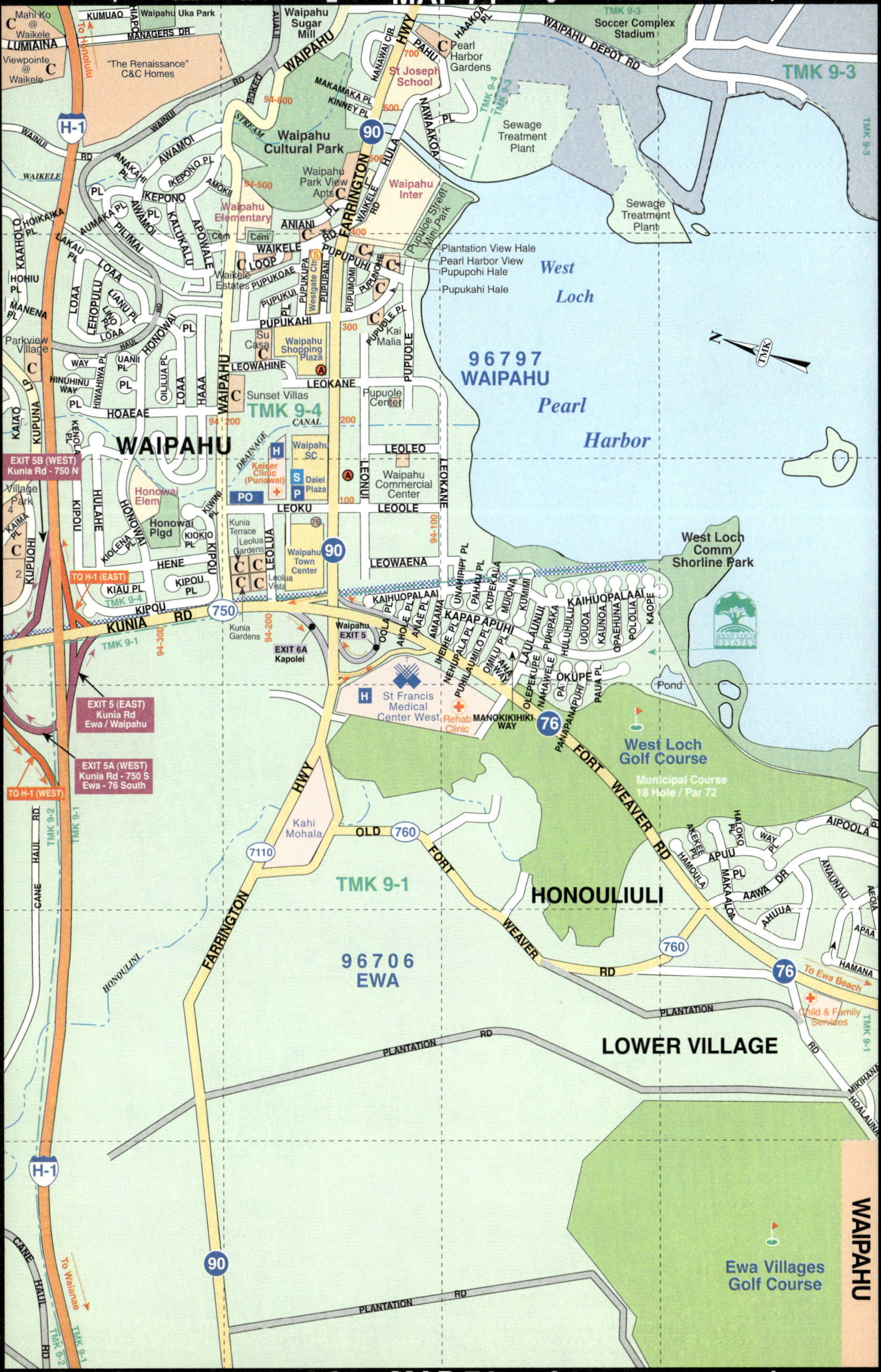

Naval Reservation
TMK 9-3
WAIPAHU DEPOT RD
PLANTATION RD
West Loch
WEST LOCH NAVAL MAGAZINE
G AVE
F AVE
E AVE
D AVE
C AVE
B AVE
A AVE
ALGARROBA LP
7TH PL
8TH
7TH
6TH
5TH
4TH PL
4TH
3RD
2ND E
2ND W
2ND PL
1ST PL
1ST
9TH
ARIZONA RD
ARIZONA LP
B LP
WEST LOCH DR
Directional Map
= your approximate location
Kahuku
Haleiwa
Kaneohe
Waianae
Honolulu
Waikiki
Pearl Harbor
Naval Reservation
PLANTATION RD
TMK 9-1
96706 EWA
EWA
IROQUOIS PT RD
DETAIL OF GRID E2-E3
E3
E2
NAINA
KAUKOLU WY
LAUPAI PL
LAUPAI
Holomua Elem
NOHOALOHA PL
HULIHANA PL
KEAUNUI DR
NOHOLIKE
MAKAIKE
NIOLO
KOLOWAKA
PUWALU
FORT WEAVER RD
KEONEKAPU PL
KUHIAWAHO PL
WAIMA-HUI PL
POLOHUKU
HOOPILI
KUINA
West Loch Shoreline Comm Park
West Loch Golf Course
West Loch Fairway
AIPOOLA
HAIEA
HAMANA
HAILIMOA
AEAE
AUHOLA
APAA
Park & Ride
West Loch Villages
Suncrest
Seabreeze
Lombard Way
Terrazza
Ewa East
Holomua Elem
Park
The Lofts
Alii Cove Ph 1-4
Trovare
Summerhill
FORT WEAVER RD
76
Cem
FERNANDEZ VILLAGE
RENTON RD
PUAMAEOLE
Soda Creek
Palm Villas
The Arbors
KOKA
LAAULU
Coronado
KANEANA
Ewa Town Center
Sun Rise
GEIGER RD
Hawaii Prince Golf Club
To Ewa Beach
PUULOA RD
Ewa Villages
Ewa Elementary
D.E. Thompson Villages
Ewa Villages Golf Course
EWA
Ewa Mahiko Park
Palm Villas II
Palm Court
Kula Lei
KAPOLEI PARKWAY
Sun Terra on the Park
Geiger Park
Sun Terra South
Sun Terra
Huelani
Del Verde
PIPELINE
LAUNAHELE
ALA LOA
HOOPIO

← SEE MAP 75 →

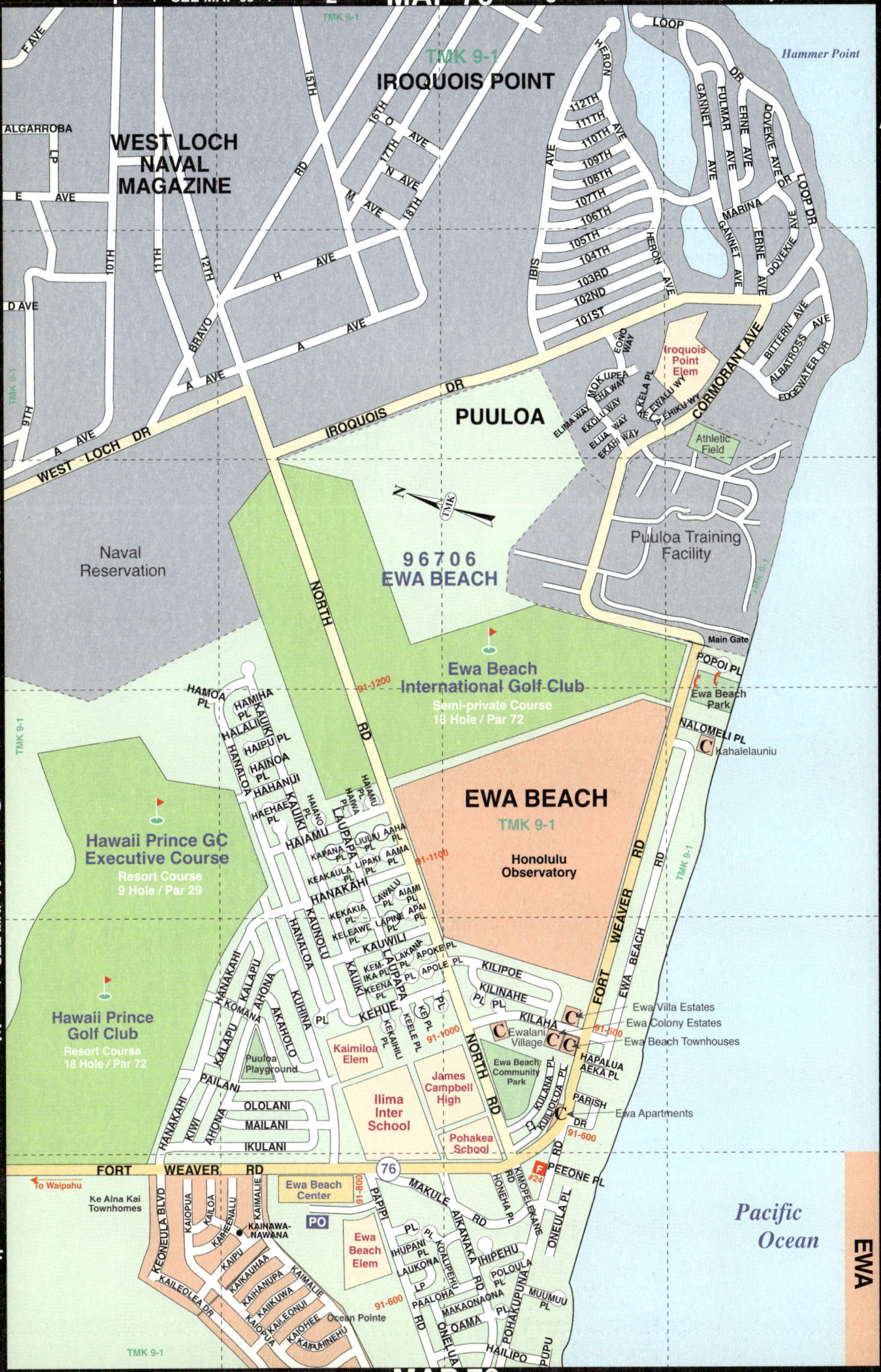

← SEE MAP 75 →

MAP 77

← SEE MAP 1 →

96819
HONOLULU INTERNATIONAL AIRPORT
TMK 1-1

MOKUEA PL
KEEHI PL
POHAKULANA PL
LAUHOE Z PL
IAKO PL
PALEKONA ST
LAGOON DR

← SEE MAP 66

MANAIWAI CANAL

96818
HICKAM AIR FORCE BASE
TMK 1-1

WORCHESTER AVE

Mamala Bay Golf Course
Military Course
18 Hole / Par 72

Kunumau Point

Reef Runway

Mamala Bay

Orientation Map

OAHU HAWAII

Kahuku
North Shore
Haleiwa
Mililani
Kaneohe
East Shore
Waianae — West Shore
Kapolei
Honolulu
Kailua
Waikiki — South Shore
Airport

★ = your approximate location

MAP 78

Orientation Map

OAHU HAWAII

- North Shore: Haleiwa, Kahuku
- East Shore: Kaneohe, Kailua, Mililani
- West Shore: Waianae, Kapolei
- South Shore: Honolulu, Waikiki, Airport

✪ = your approximate location

SEE MAP 67 ↑

96791 MOKULEIA
TMK 6-8

- Camp Mokuleia
- C&C Expansion Beach Park
- Mokuleia Beach Park
- Pacific Ocean
- Kealia Beach
- Dillingham Airfield
- Dillingham Military Reservation
- Farrington Hwy
- Hoomania Pl
- To Waialua, Honolulu
- Cane Haul Rd
- 930
- Glider Rides
- Tower
- TMK 6-8 / TMK 6-9
- Mokuleia Army Beach
- KUAOKALA-MOKULEIA AREA — Kealia Trail 2.3 mi (4)
- Quarry
- TMK 6-9
- Camp Erdman (YMCA)
- FARRINGTON HWY (UNSAFE DANGEROUS ROAD)
- 930

↓ SEE MAP 88 ↓   ↓ SEE MAP 89 ↓

MAP 79

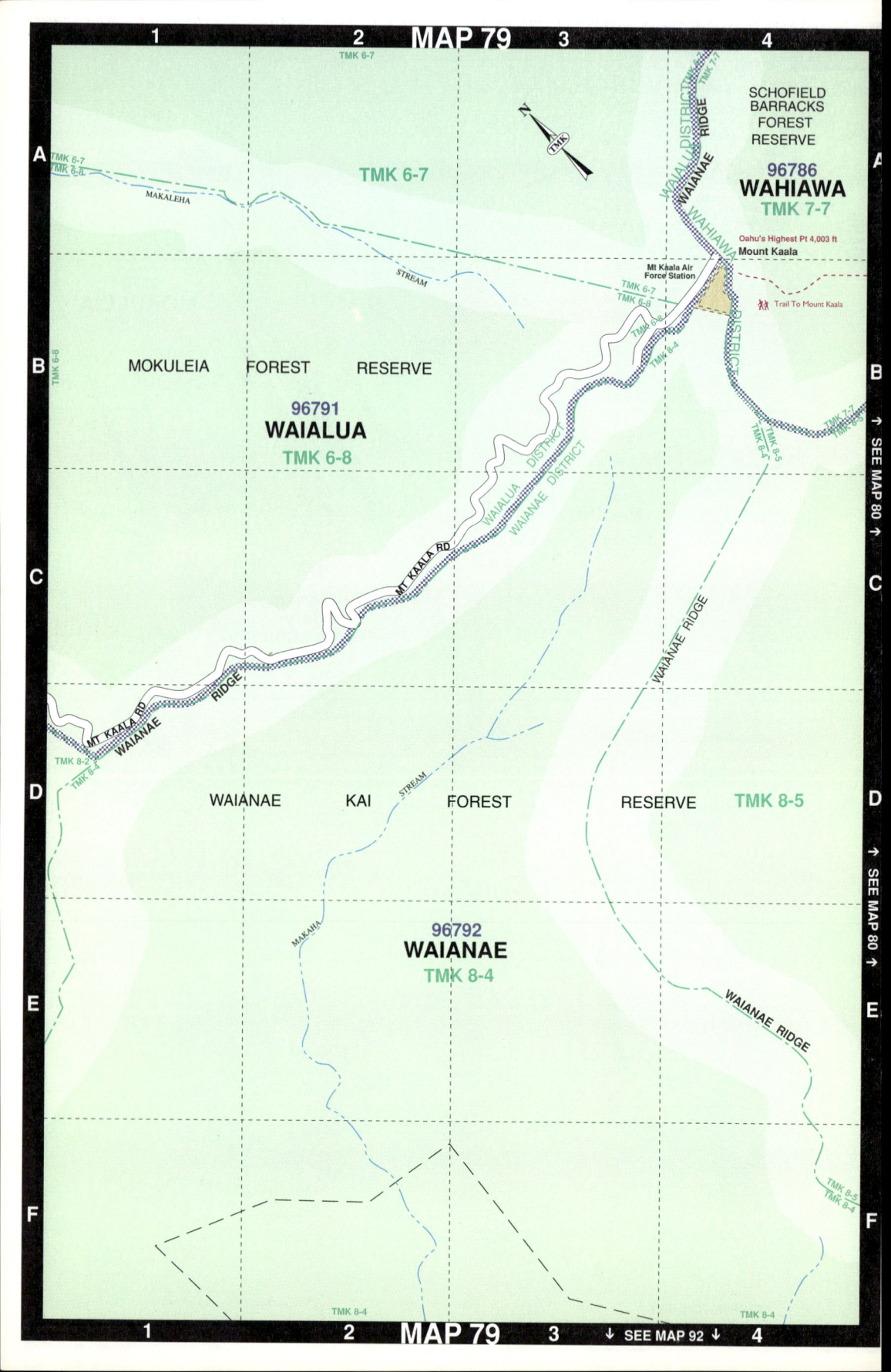

TMK 6-7

MAKALEHA
STREAM

SCHOFIELD BARRACKS FOREST RESERVE

96786
WAHIAWA
TMK 7-7

Oahu's Highest Pt 4,003 ft
Mount Kaala

Mt Kaala Air Force Station

Trail To Mount Kaala

MOKULEIA FOREST RESERVE

96791
WAIALUA
TMK 6-8

WAIALUA DISTRICT
WAIANAE DISTRICT

MT KAALA RD
WAIANAE RIDGE

WAIANAE KAI FOREST RESERVE
MAKAHA STREAM

TMK 8-5

96792
WAIANAE
TMK 8-4

WAIANAE RIDGE

→ SEE MAP 80 →

↓ SEE MAP 92 ↓

MAP 80

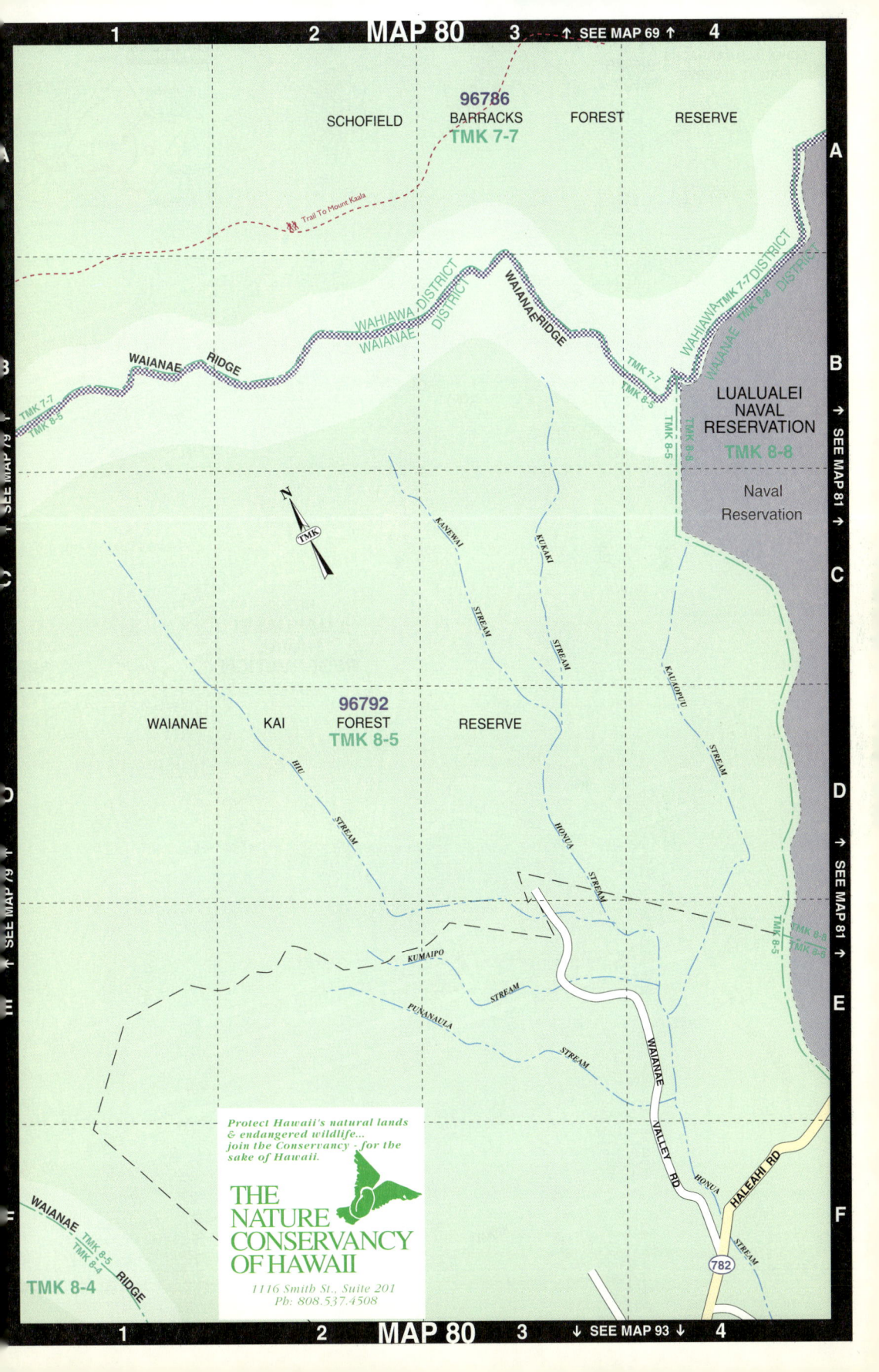

96786
SCHOFIELD BARRACKS FOREST RESERVE
TMK 7-7

Trail To Mount Kaala

WAIANAE RIDGE
WAHIAWA DISTRICT / WAIANAE DISTRICT
WAIANAE RIDGE
TMK 7-7
TMK 8-5
WAHIAWA TMK 7-7 DISTRICT
WAIANAE TMK 8-8 DISTRICT

LUALUALEI NAVAL RESERVATION
TMK 8-8

Naval Reservation

TMK 8-8
TMK 8-5

KANEWAI STREAM
KUKANI STREAM
KALOKOPUU STREAM

96792
WAIANAE KAI FOREST RESERVE
TMK 8-5

HIU STREAM
HONUA STREAM
KUMAIPO STREAM
PUNANAULA STREAM

WAIANAE VALLEY RD
HONUA
HALEAHI RD

TMK 8-8
TMK 8-5

782

WAIANAE RIDGE
TMK 8-5
TMK 8-4

TMK 8-4

↑ SEE MAP 69 ↑
→ SEE MAP 81 →
← SEE MAP 79 ←
↓ SEE MAP 93 ↓

Protect Hawaii's natural lands & endangered wildlife... join the Conservancy - for the sake of Hawaii.

THE NATURE CONSERVANCY OF HAWAII
1116 Smith St., Suite 201
Ph: 808.537.4508

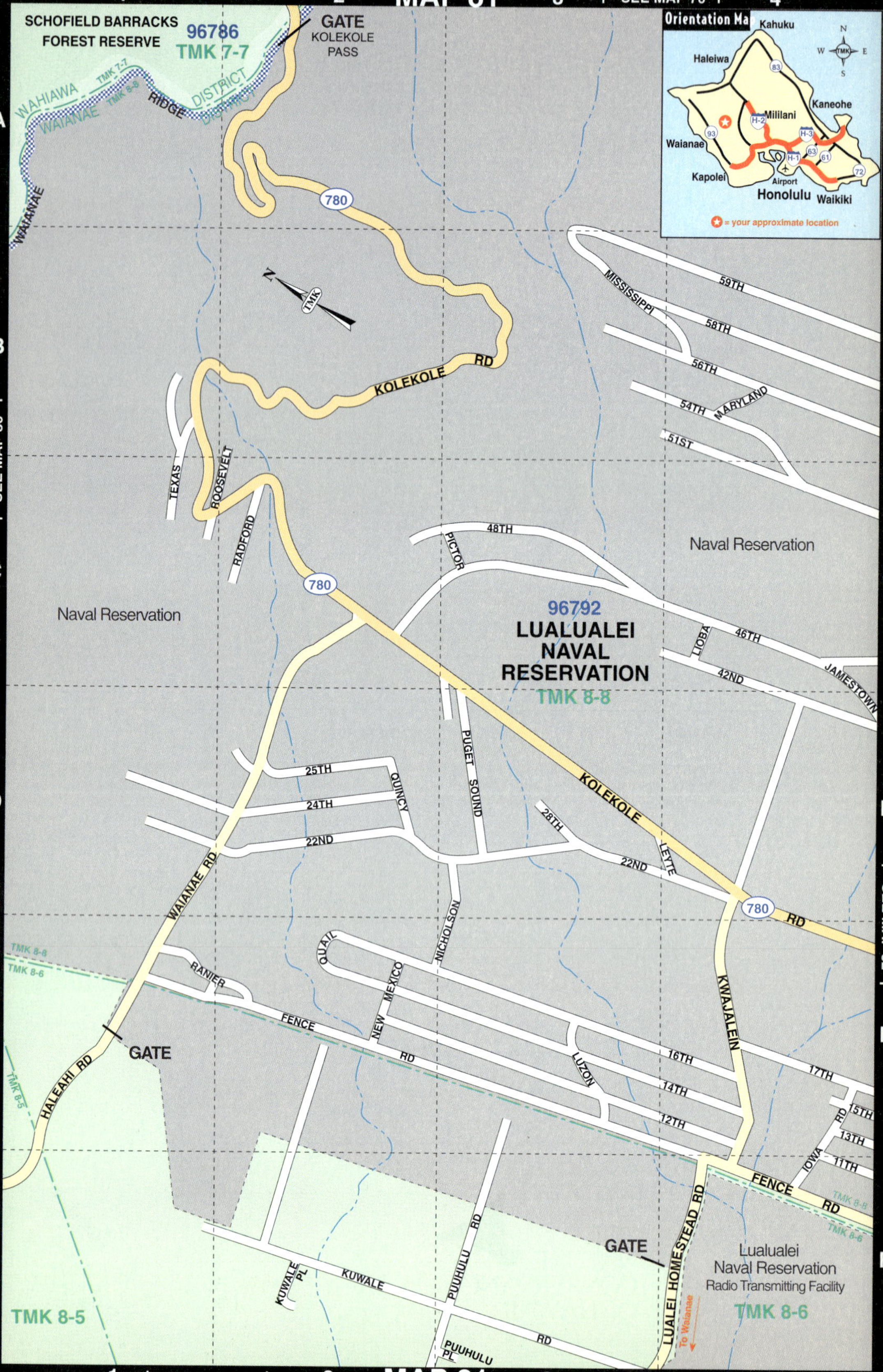

← SEE MAP 80 →
← SEE MAP 80 →
SEE MAP 82
SEE MAP 82

MAP 82

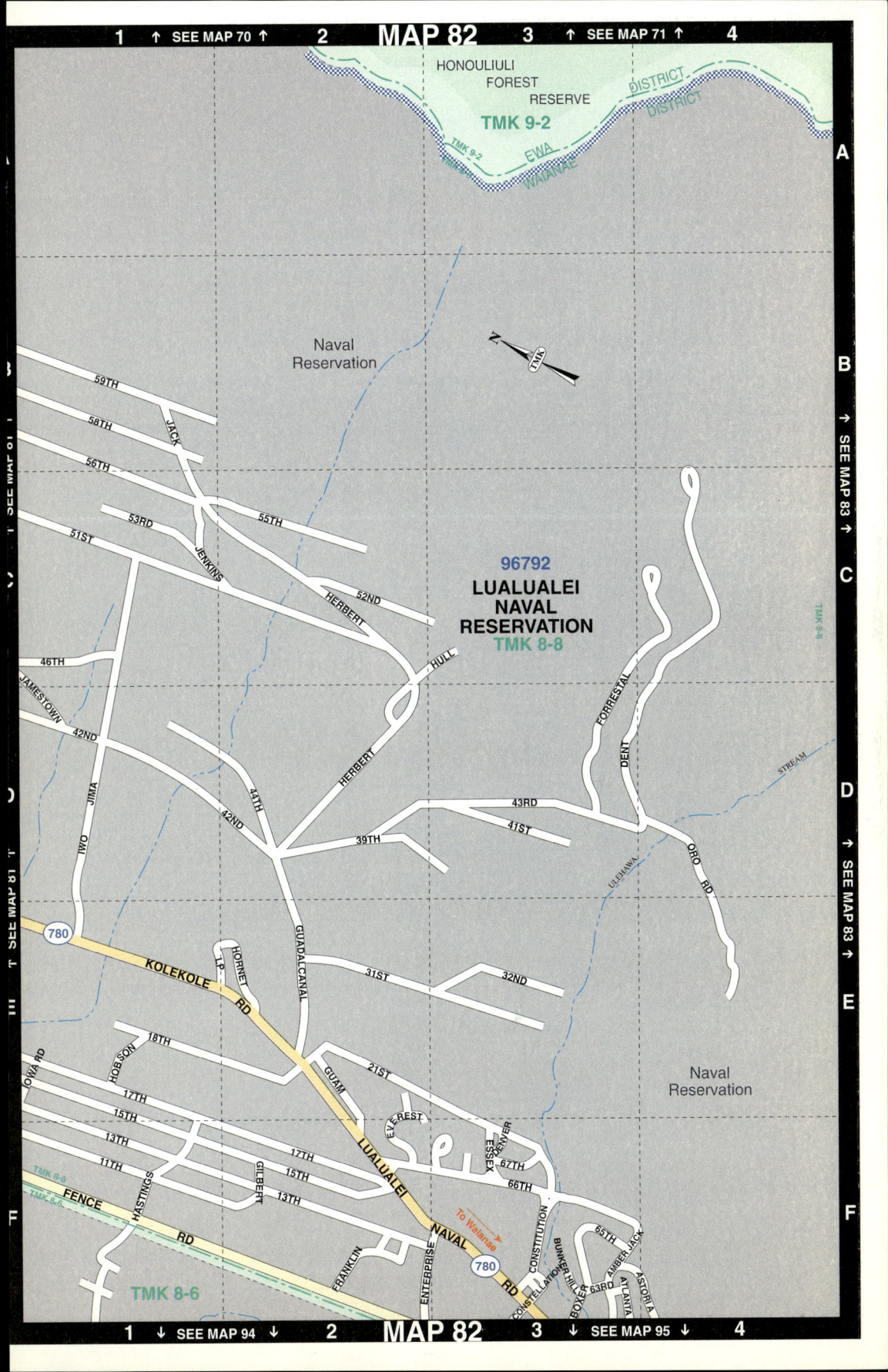

HONOULIULI FOREST RESERVE
TMK 9-2

Naval Reservation

96792
LUALUALEI NAVAL RESERVATION
TMK 8-8

Naval Reservation

Streets and features visible:
- 59TH, 58TH, 56TH, 55TH, 53RD, 52ND, 51ST, 46TH, 42ND, 44TH, 43RD, 41ST, 39TH, 31ST, 32ND
- JACK, JENKINS, HERBERT, HULL, FORRESTAL, DENT, ORO RD
- JAMESTOWN, IWO JIMA
- ULEHAWA STREAM
- 780 KOLEKOLE RD, HORNET RD, GUADALCANAL, GUAM, LUALUALEI NAVAL RD
- 18TH, 17TH, 15TH, 13TH, 11TH, HOBSON, HASTINGS, GILBERT, 21ST, EVEREST, ESSEX, DENVER, 67TH, 66TH, 65TH, 63RD, BUNKER HILL, BOXER, CONSTELLATION, CONSTITUTION, ENTERPRISE, FRANKLIN, ATLANTA, AMBERJACK, ASTORIA
- IOWA RD, FENCE RD
- TMK 8-6, TMK 9-8
- To Waianae

MAP 83

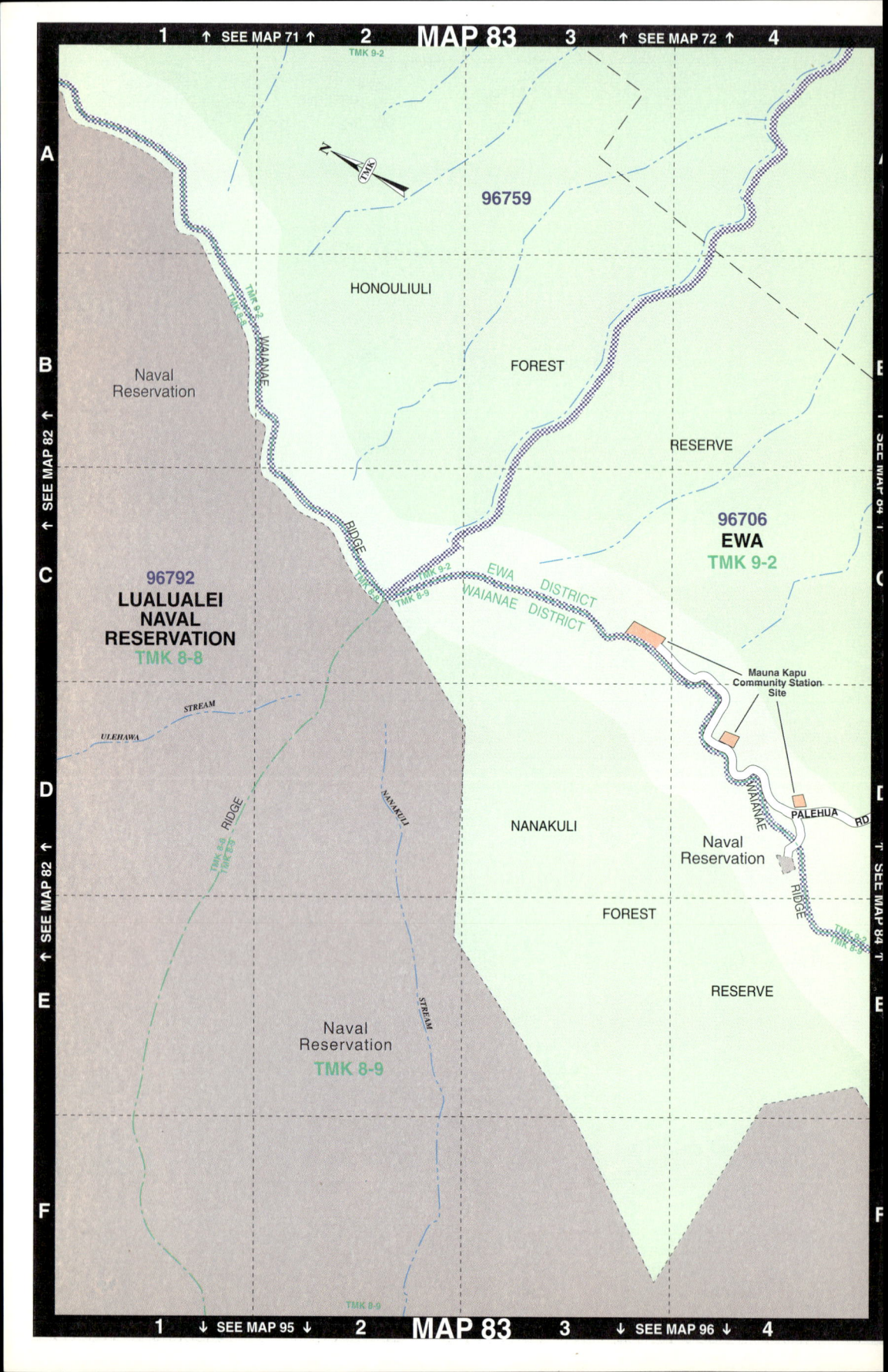

- 96759
- HONOULIULI FOREST RESERVE
- Naval Reservation
- 96792 **LUALUALEI NAVAL RESERVATION** TMK 8-8
- 96706 **EWA** TMK 9-2
- Mauna Kapu Community Station Site
- PALEHUA RD
- Naval Reservation
- NANAKULI FOREST RESERVE
- Naval Reservation TMK 8-9
- ULEHAWA STREAM
- NANAKULI STREAM
- WAIANAE RIDGE
- EWA DISTRICT / WAIANAE DISTRICT

MAP 84

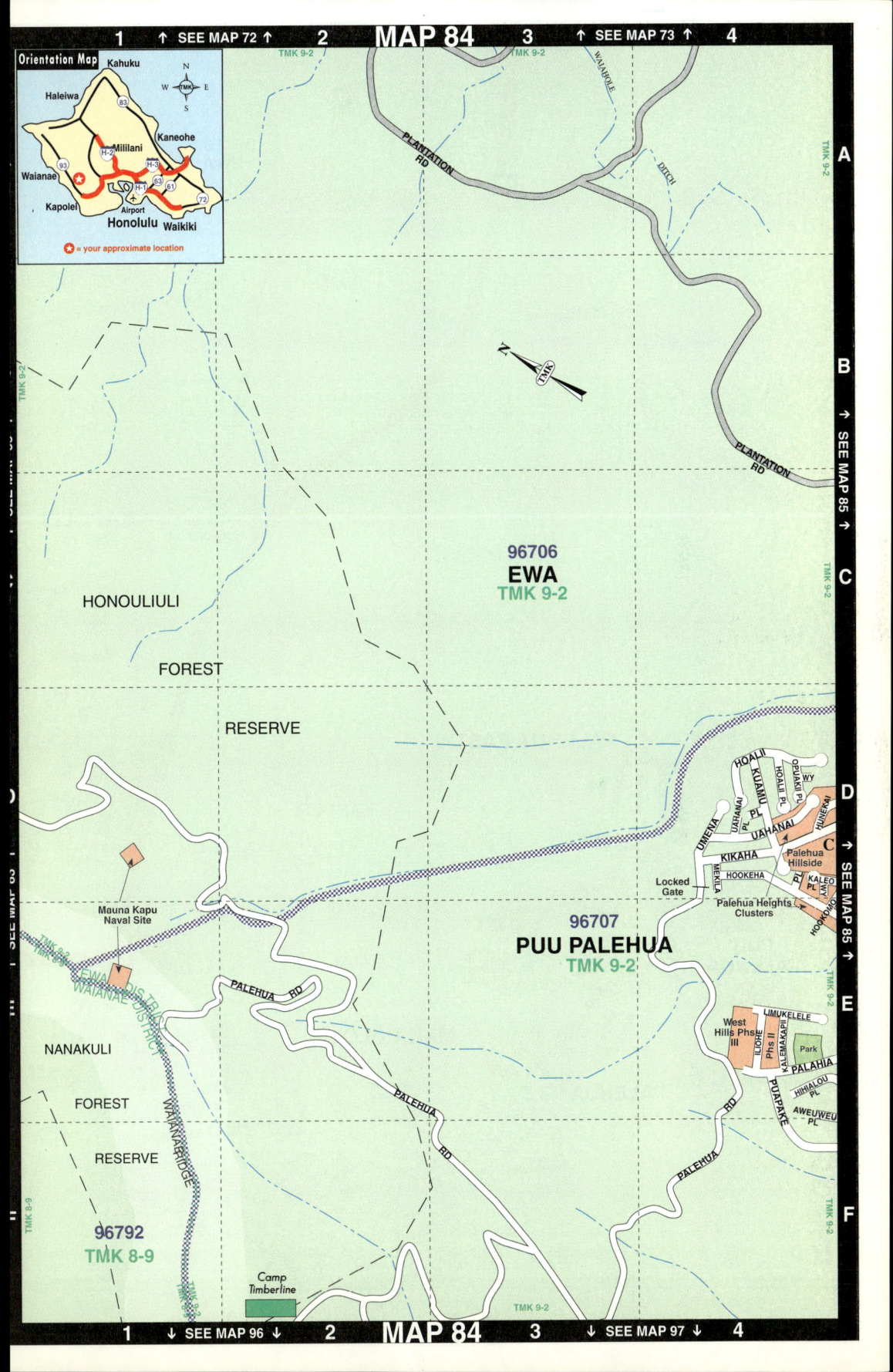

Orientation Map
★ = your approximate location

96706
EWA
TMK 9-2

96707
PUU PALEHUA
TMK 9-2

96792
TMK 8-9

HONOULIULI FOREST RESERVE

NANAKULI FOREST RESERVE

Mauna Kapu Naval Site

PLANTATION RD

PALEHUA RD

WAIANAE RIDGE

EWA DIS / WAIANAE DISTRICT

Locked Gate

Palehua Hillside

Palehua Heights Clusters

West Hills Phse II

Park

Camp Timberline

Streets (right side cluster): HOALII, KUAMU, OPUAKI PL, HOALII PL, HUNEKAI, UMENA, UAHANAI PL, UAHANAI, KIKAHA, MEKILA, HOOKEHA, KALEO WY, PL, HOOPONO, LIMUKELELE, ILIOHE, KALEMAKAPU, PALAHIA, HIHIALOU PL, PUAPAKE, AWEUWEU PL

← SEE MAP 72 | SEE MAP 73 →
← SEE MAP 96 | SEE MAP 97 →
SEE MAP 85 →

↑ SEE MAP 84 ↑

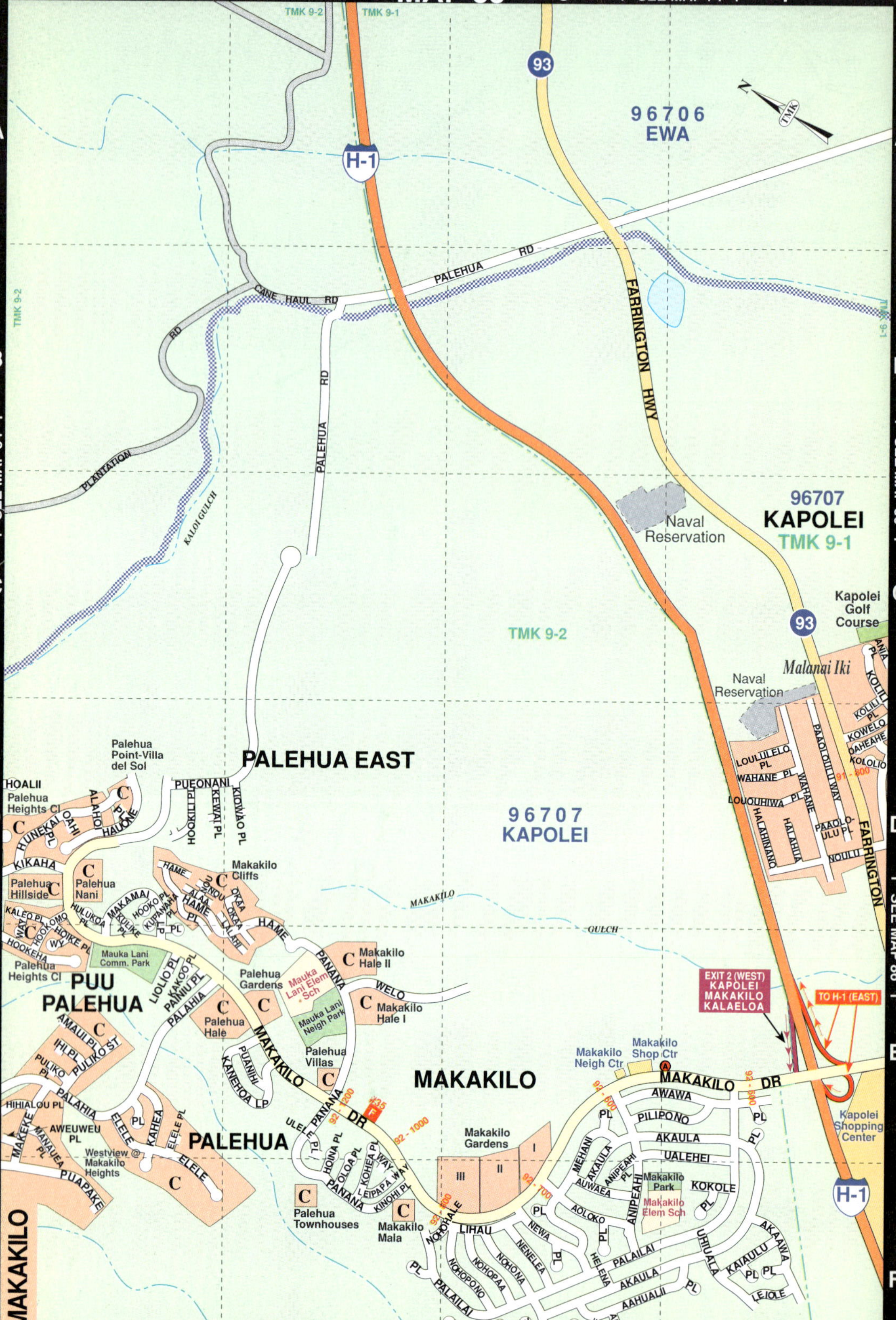

↑ SEE MAP 84 ↑

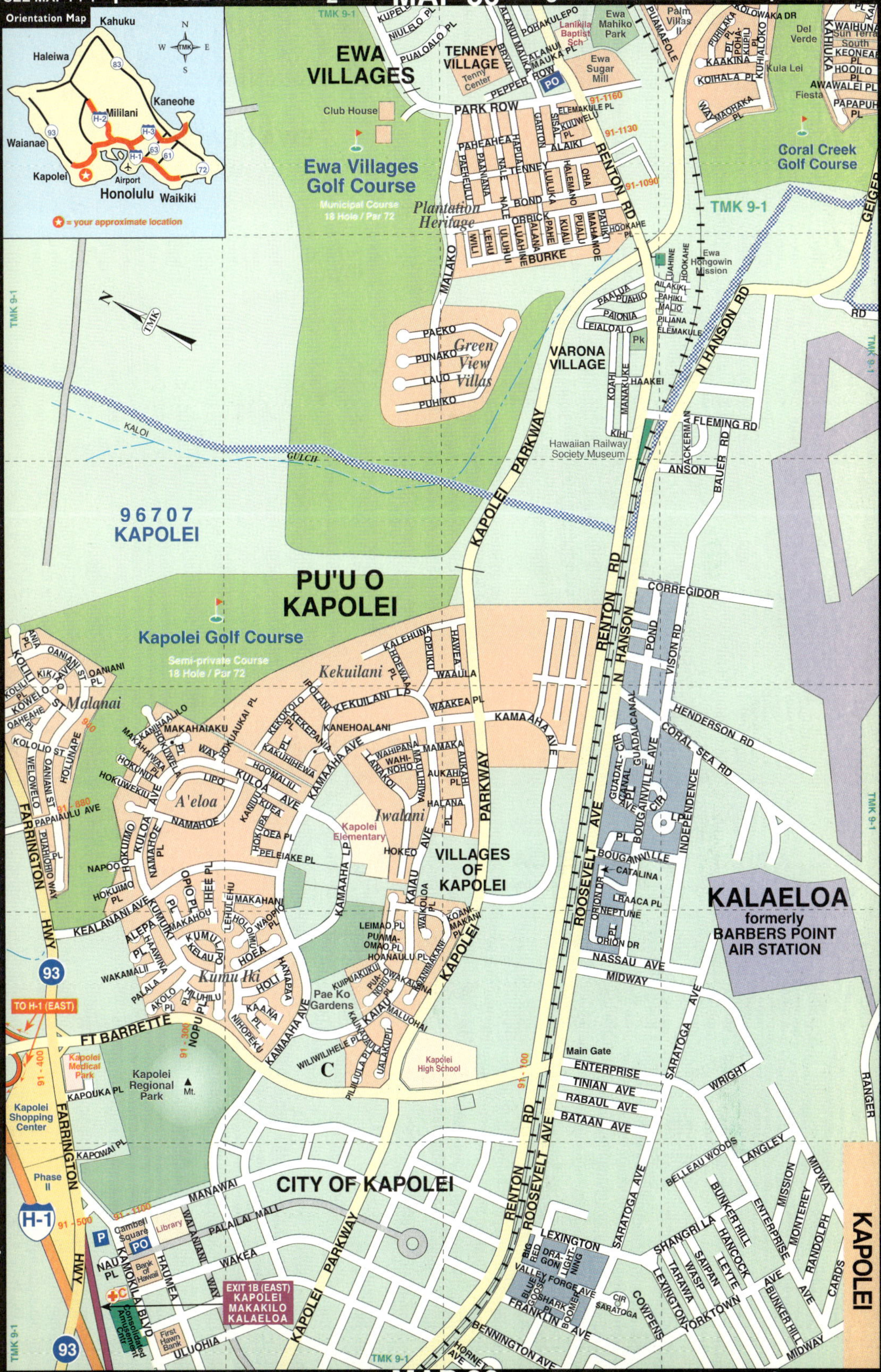

↑ SEE MAP 85 ↑
↑ SEE MAP 85 ↑
→ SEE MAP 87 →
→ SEE MAP 87 →

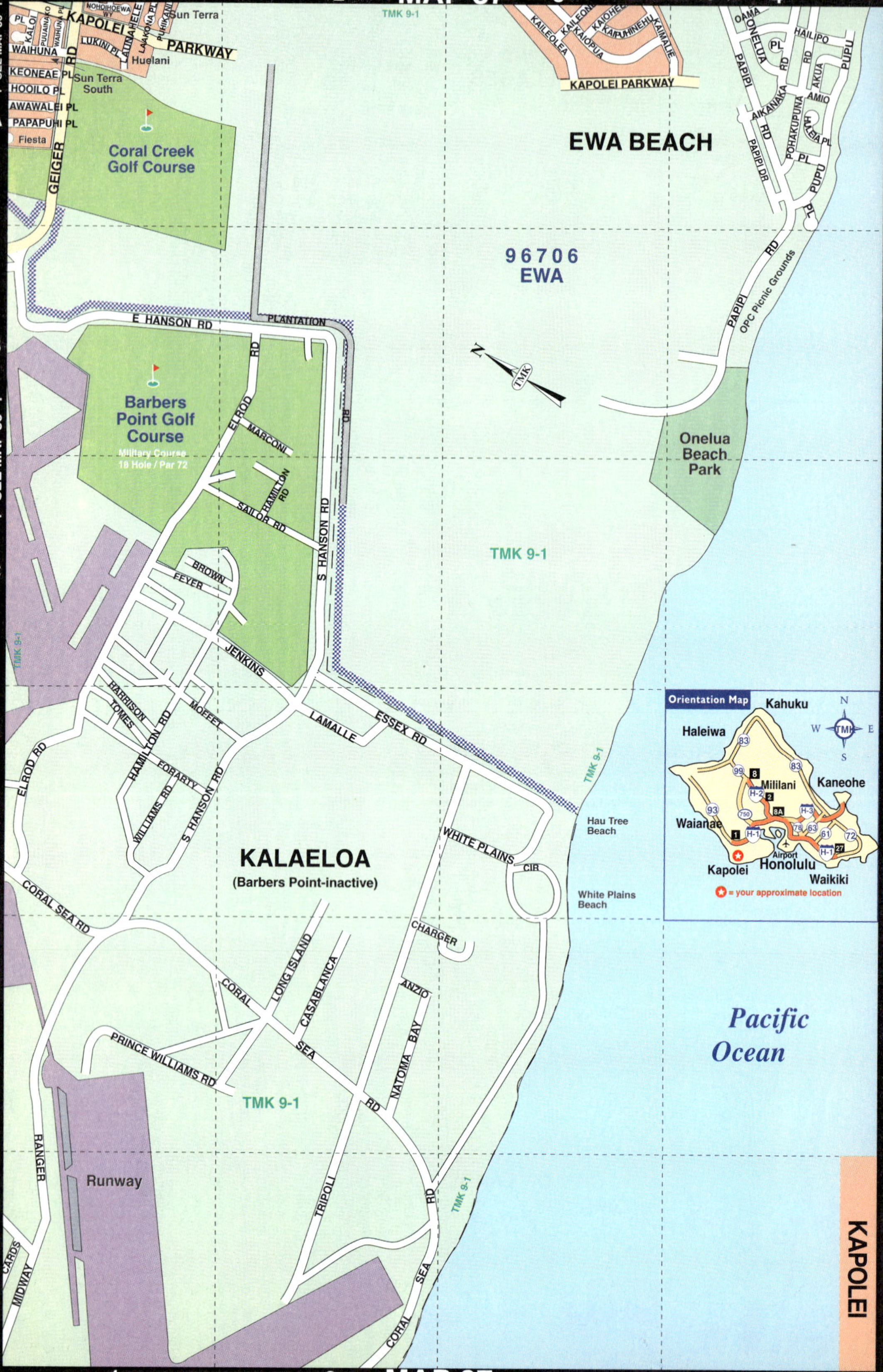

← SEE MAP 86 ←
← SEE MAP 86 ←
← SEE MAP 86 ←

MAP 88

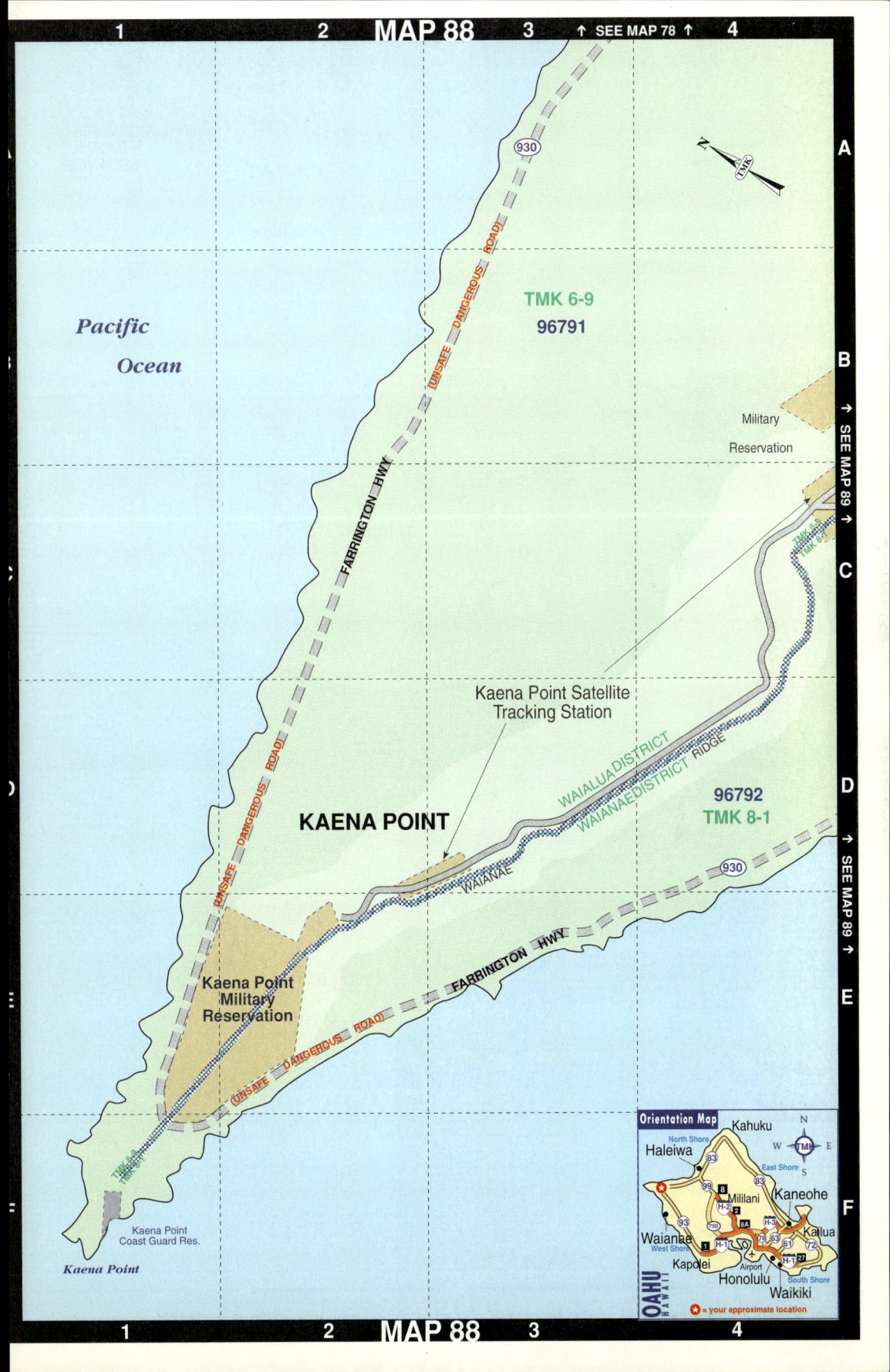

SEE MAP 78

Pacific Ocean

FARRINGTON HWY
(UNSAFE DANGEROUS ROAD)
930

TMK 6-9
96791

Military Reservation

SEE MAP 89

Kaena Point Satellite Tracking Station

WAIALUA DISTRICT
WAIANAE DISTRICT RIDGE

KAENA POINT

WAIANAE

96792
TMK 8-1

930

Kaena Point Military Reservation

FARRINGTON HWY
(UNSAFE DANGEROUS ROAD)

Kaena Point Coast Guard Res.

Kaena Point

Orientation Map

Kahuku
North Shore
Haleiwa
East Shore
Mililani
Kaneohe
Waianae — West Shore
Kailua
Kapolei
Airport
Honolulu
South Shore
Waikiki

OAHU HAWAII

★ = your approximate location

MAP 89

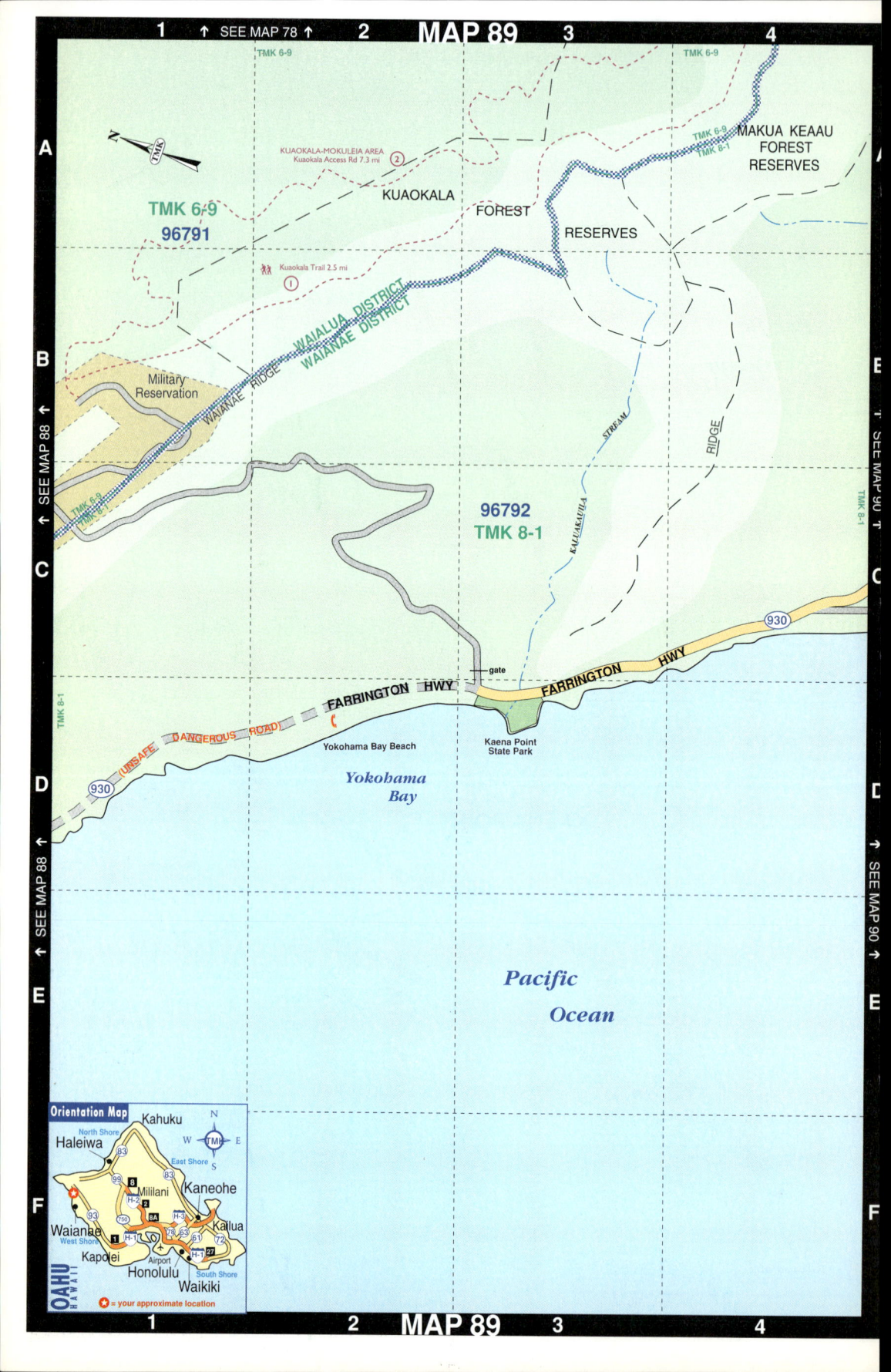

TMK 6-9
96791

KUAOKALA-MOKULEIA AREA
Kuaokala Access Rd 7.5 mi

KUAOKALA FOREST RESERVES

MAKUA KEAAU FOREST RESERVES

Kuaokala Trail 2.5 mi

WAIANAE RIDGE
WAIALUA DISTRICT
WAIANAE DISTRICT

Military Reservation

KAUAKULUA STREAM

RIDGE

96792
TMK 8-1

← SEE MAP 88
SEE MAP 90 →

gate

UNSAFE DANGEROUS ROAD

FARRINGTON HWY

Yokohama Bay Beach

Kaena Point State Park

930

Yokohama Bay

Pacific Ocean

Orientation Map

OAHU HAWAII

Haleiwa, Kahuku, North Shore, East Shore, Mililani, Kaneohe, Kailua, Waianae, West Shore, Kapolei, Airport, Honolulu, South Shore, Waikiki

★ = your approximate location

MAP 90

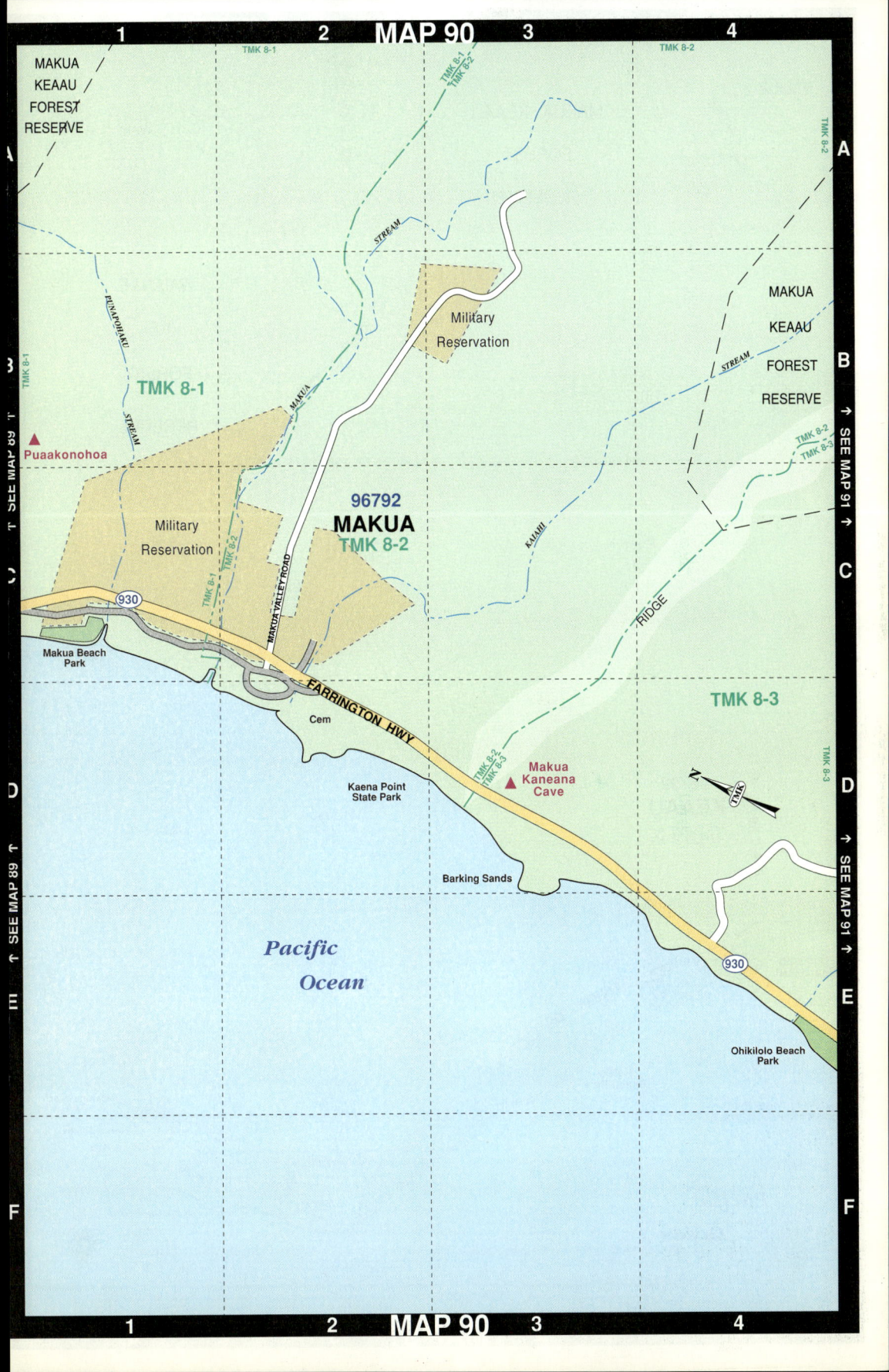

MAKUA KEAAU FOREST RESERVE

TMK 8-1

Puaakonohoa

Military Reservation

Military Reservation

96792
MAKUA
TMK 8-2

MAKUA KEAAU FOREST RESERVE

TMK 8-3

Makua Beach Park

930

MAKUA VALLEY ROAD

FARRINGTON HWY

Cem

Kaena Point State Park

Makua Kaneana Cave

Barking Sands

Ohikilolo Beach Park

930

Pacific Ocean

SEE MAP 89
SEE MAP 91

MAP 91

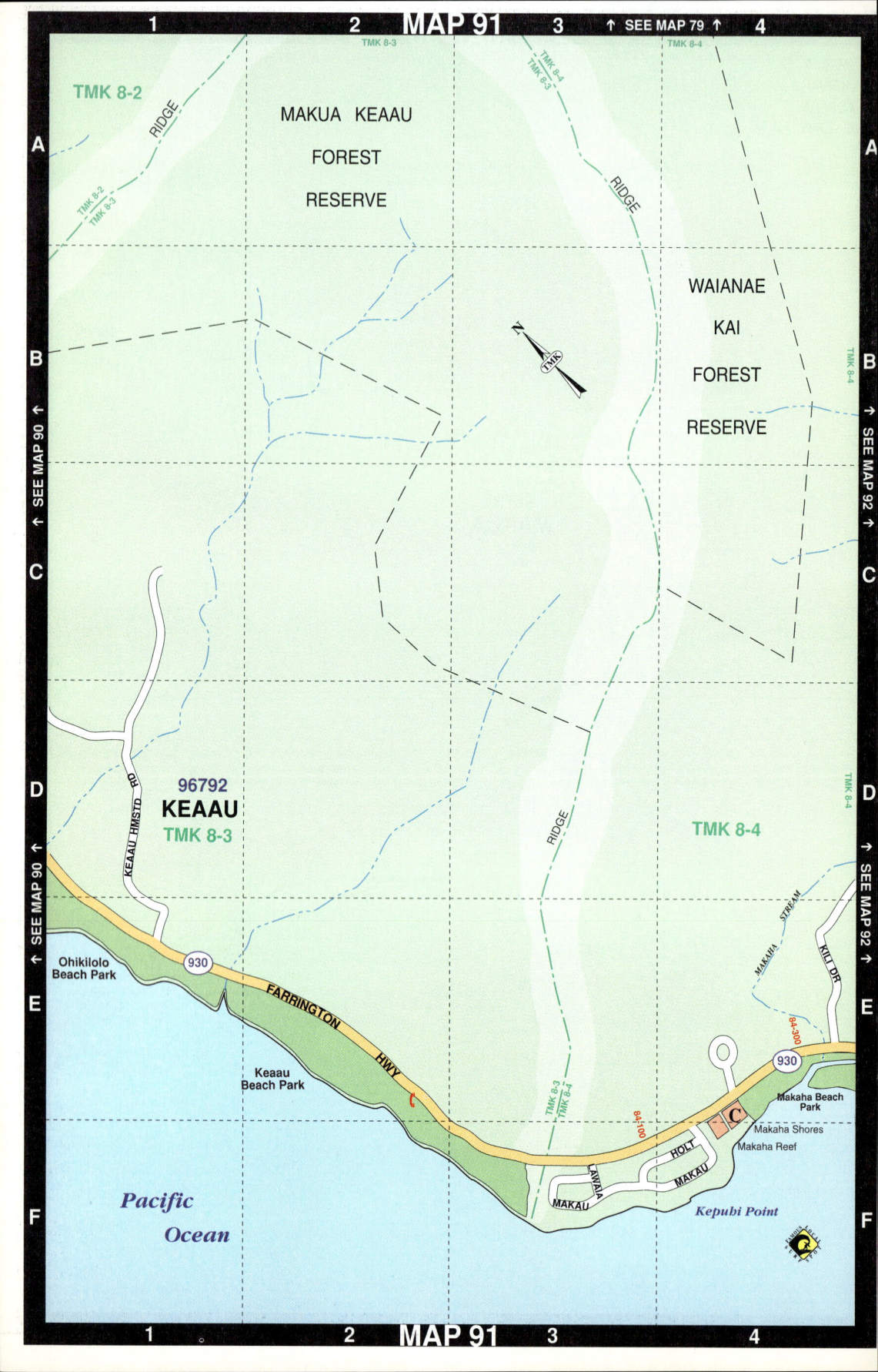

← SEE MAP 79 ↑

TMK 8-2

MAKUA KEAAU FOREST RESERVE

TMK 8-3

WAIANAE KAI FOREST RESERVE

TMK 8-4

← SEE MAP 90

SEE MAP 92 →

96792
KEAAU
TMK 8-3

KEAAU HMSTD RD

Ohikilolo Beach Park

Keaau Beach Park

930 FARRINGTON HWY

84-100

MAKAHA STREAM

KILI DR

84-300

930

Makaha Beach Park

Makaha Shores
Makaha Reef

LAWAIA
MAKAU
HOLT
MAKAU

Pacific Ocean

Kepuhi Point

MAKAHA
WAIANAE
96792 WAIANAE
Makaha Valley Country Club
Public Course 18 Hole / Par 71
(Sheraton) Makaha Resort West Golf Club
Resort Course 18 Hole / Par 72
Makaha Valley Towers
Makaha Valley Plantation
Makaha Village
Makaha Beach Park
Makaha Elem
Plgd
Makaha Marketplace
Mauna Lahilahi Beach Park
Makaha Surfside
Waianae High School
Hwn Princess @ Makaha Bch
Makaha Bch Cabanas
Lahilahi Point
Pacific Ocean
WAIANAE
KAMAILEUNA RIDGE
TMK 8-4
TMK 8-5
MAUNAOLU ST
ALAHELE
MAUNAOLU
MAIOLA ST
MAIOLA PL
MOAELEHUA
HUIPU DR
ALA HOLO LP
KIANA PL
ALA MAHIKU
POKII PL
KILI DR
SOUTH MAKAHA STREAM
NORTH MAKAHA STREAM
MAKAHA VALLEY RD
NOHOLIO RD
KAULAWAHA RD
KAULAILI RD
IKUONE PL
JADE
MAIUU RD
MAHINAAU
ALAWA PL
ALA AKAU
MANUKU
KEPUE
KEPUE PL
NUKEA
PL
KAPAKAI PL
WATER
KIAPA PL
ALA NAAUAO PL
LAHAINA
HANALEI
HANA
ORANGE
LAHILAHI
FARRINGTON HWY
WIDEMANN
UPENA
FRICKE
MOUA
93
84-400
84-300
84-200
84-100
85-200
84-1100
84-1000
84-800
84-600
A
B
C
D
E
F
← SEE MAP 91 ←
→ SEE MAP 93 →

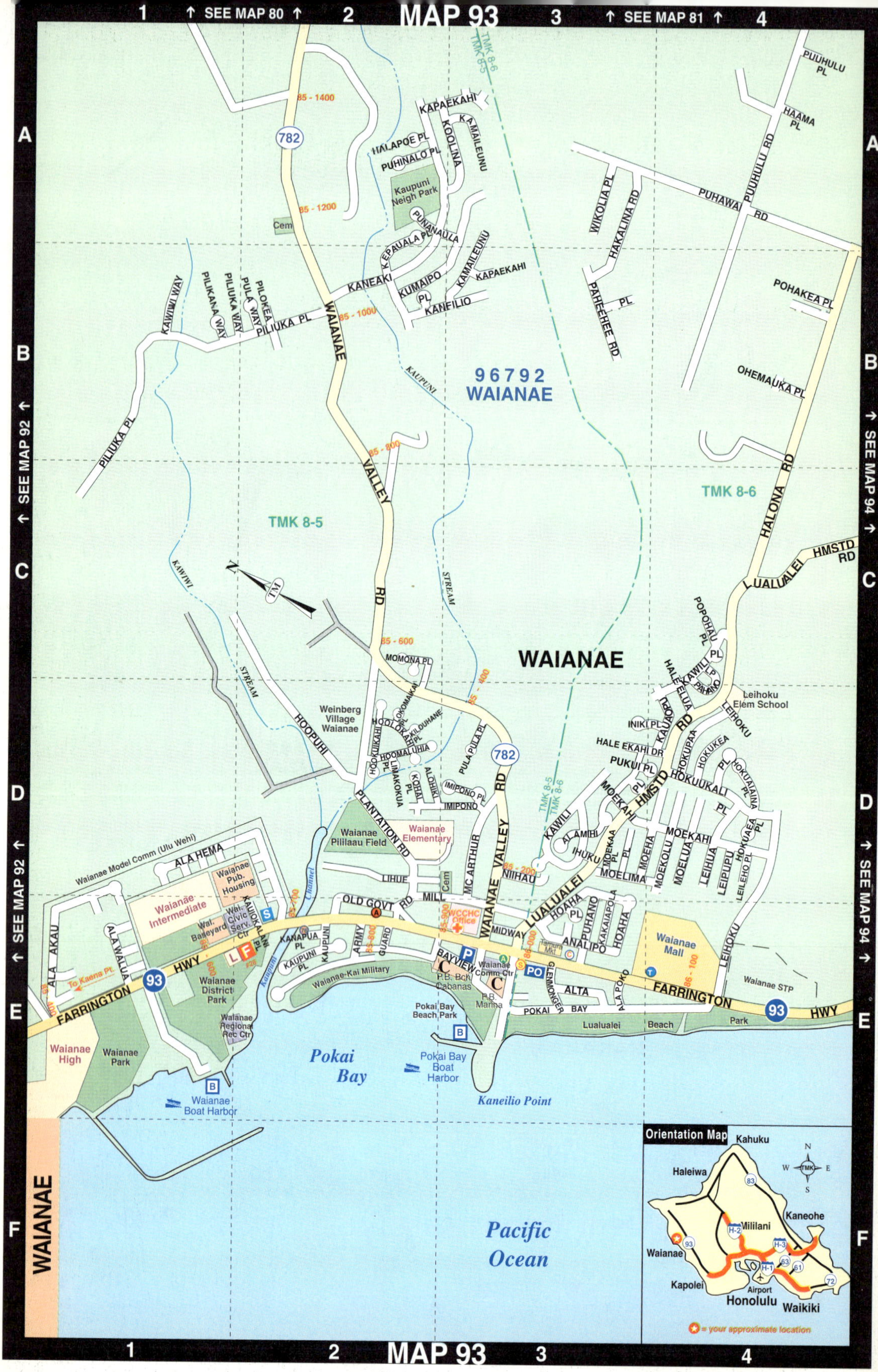
SEE MAP 80
SEE MAP 81
SEE MAP 92
SEE MAP 94
96792
WAIANAE
TMK 8-5
TMK 8-6
WAIANAE
782
93
WAIANAE VALLEY RD
FARRINGTON HWY
LUALUALEI HMSTD RD
HALONA RD
PUHAWAI RD
PUUHULU RD
PUUHULU PL
HAAMA PL
WIKOLIA PL
HAKALINA RD
PAHEEHEE RD
POHAKEA PL
OHEMAUKA PL
KANEAKI
PILIUKA PL
PILIKANA WAY
PILIUKA WAY
PULA WAY
PILOKEA
KAWIWI WAY
KAPAEKAHI
KAMAILEUNU
KOOLINA
HALAPOE PL
PUHINALO PL
Kaupuni Neigh Park
PUNANAULA
KEPAUALA PL
KUMAIPO
KANFILIO
Cem
KAUPUNI
STREAM
KAWIWI
HOOPUHI
MOMONA PL
Weinberg Village Waianae
PLANTATION RD
Waianae Pililaau Field
Waianae Elementary
LIHUE
MILL
OLD GOVT RD
MC ARTHUR
NIIHAU
IMIPONO
PULAPULA PL
WAIANAE
Leihoku Elem School
LEIHOKU
INIKI PL
HALE EKAHI DR
PUKUI PL
HOKUUKALI
HOKUKEA
MOEKAHI
MOELIMA
KAWILI
IHUKU
HOAHA
PUHANO
ANALIPO
ALTA
POKAI BAY
GLENMONGER
ALA POKO
Waianae Mall
Waianae STP
Lualualei Beach Park
Waianae Model Comm (Ulu Wehi)
ALA HEMA
Waianae Pub. Housing
Waianae Intermediate
Wai. Civic Serv. Ctr
Wai. Baseyard
KAUIOKALANI
ALA AKAU
ALA WALUA
To Kaena Pt.
Waianae District Park
Waianae Regional Rec Ctr
Waianae High
Waianae Park
Waianae Boat Harbor
Channel
KANAPUA PL
KAUPUNI PL
ARMY
GUARD
Waianae-Kai Military
BAYVIEW
P.B. Bch Cabanas
P.B. Marina
Waianae Comm Ctr
WCCHC Office
MIDWAY
Pokai Bay Beach Park
Pokai Bay
Pokai Bay Boat Harbor
Kaneilio Point
Pacific Ocean
Orientation Map
Kahuku
Haleiwa
Mililani
Kaneohe
Waianae
Kapolei
Honolulu
Waikiki
Airport
= your approximate location

MAP 94

↑ SEE MAP 81 ↑   ↑ SEE MAP 82 ↑

KUWALE RD
HALONA RD
PUHAWAI RD
POHAKEA PL
LUALUALEI HMSTD RD
LUALUALEI RESERVOIR
LUALUALEI HMSTD
MAILIILI
STREAM
MARCONI
HASTINGS
Comm. Station Honolulu (Transmitting)
MIUU RESERVOIR
FENCE RD
ENTERPRISE
TMK 8-8
61ST
TMK 8-7
TMK 8-6

Lualualei Naval Reservation Radio Transmitting Facility
TMK 8-6

MARCONI
EDISON
MORSE
TOWER LP
HERTZ LP
Naycams Eastpac Radio Transmitting Facility LLL

MORSE
PAAKEA
APANA RD
KAUKAMA RD
PAPAYA RD
APUUPUU RD
TMK 8-6
TMK 8-7

96792 WAIANAE

MAILI
TMK 8-7

PAAKEA RD
MAILIILI CHANNEL
MAILIILI RD
WCCHC
Waianae Coast Comprehensive Health Center
WCCHC
93
Mailiilii Beach
Kalaeokako Pt
Maili Beach Park
MILIKAMI
KAKALENA
PELANAKI
ALAPAKI
LOPIKANE
MANA
KAUKAMANA
LILIANA
MAKONA
HILA
MAIPELA
MALIONA
LINAKOLA
PALANI
KIMO
PALAKAMANA
GILIPAKE
LIDEOLO
ST JOHNS RD
OHIOHI PL
HALEMALUHIA PL
KULAAUPUNI
Hale Maili
Maili Elem
Maili Plgd
Palm Grove
MAMO ALA PL
MANUILOLO PL
MANUULAOLA
MANUILI PL
MANUAIHUE
MANUU
MEAULU RD
MAIPALAO
Maili Cove
Maipalaoa Beach

LUALUALEI

Maile Kai
Pualani by the Sea
KULAWAE WAY
KULAKUMU PL
KULAKAPA PL
KULALA PL
KULAHANAI PL
KULAKOA PL
HELEKULA PL
KULAHELELA PL
KULAUKU
HELEUMA PL
HOOKELE PL
OKOKOMO PL
HELEUMA
LAULELE
KAUKAMA RD
WAAPUHI
OKOKOLA
HAKEAKEA
EHU
PUU O HULU
Hookele I, II, III
93

WAIANAE

Pacific Ocean

Maili Point

← SEE MAP 93 ←   → SEE MAP 95 →

MAP 94

MAP 95

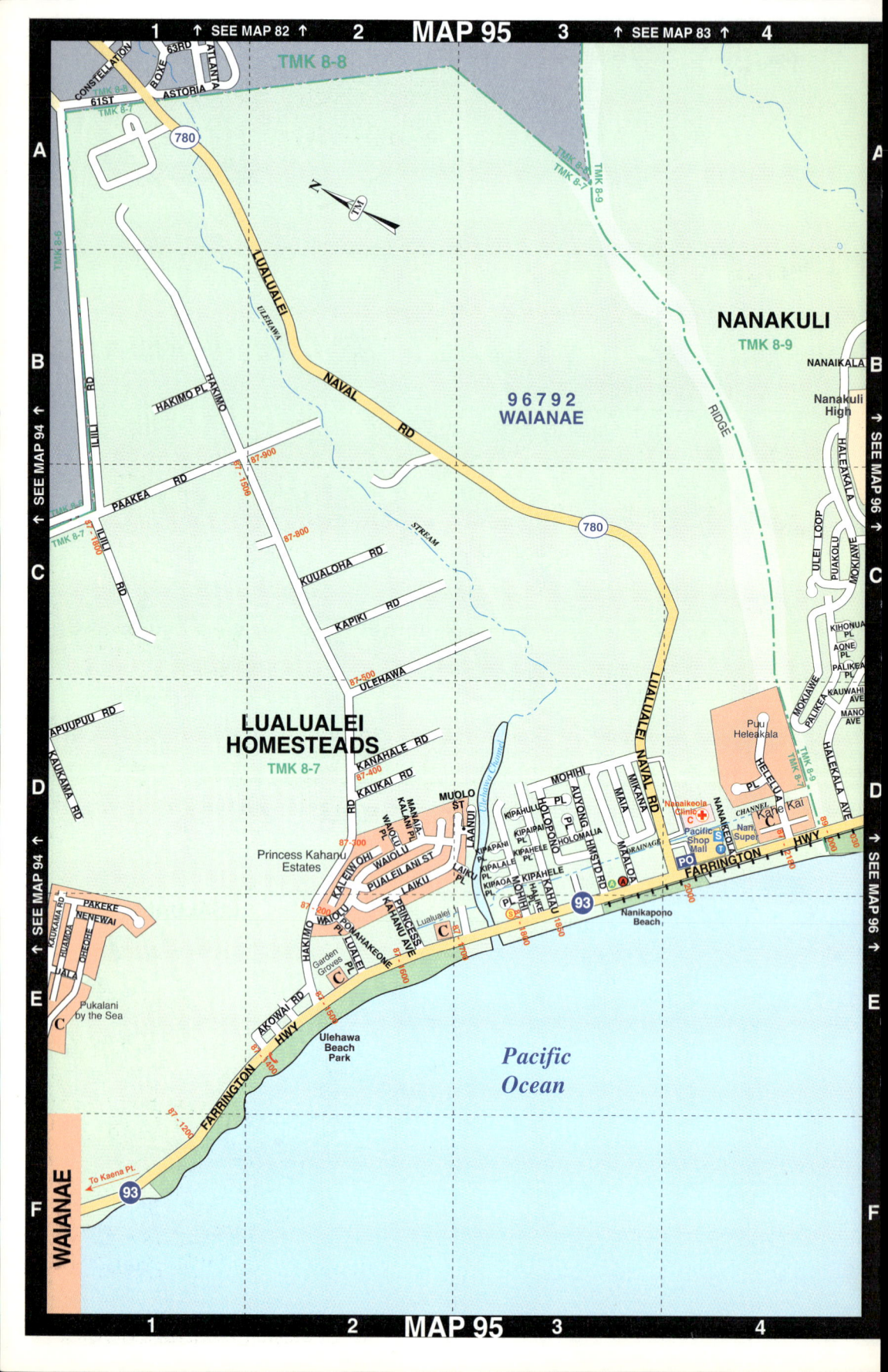

MAP 96

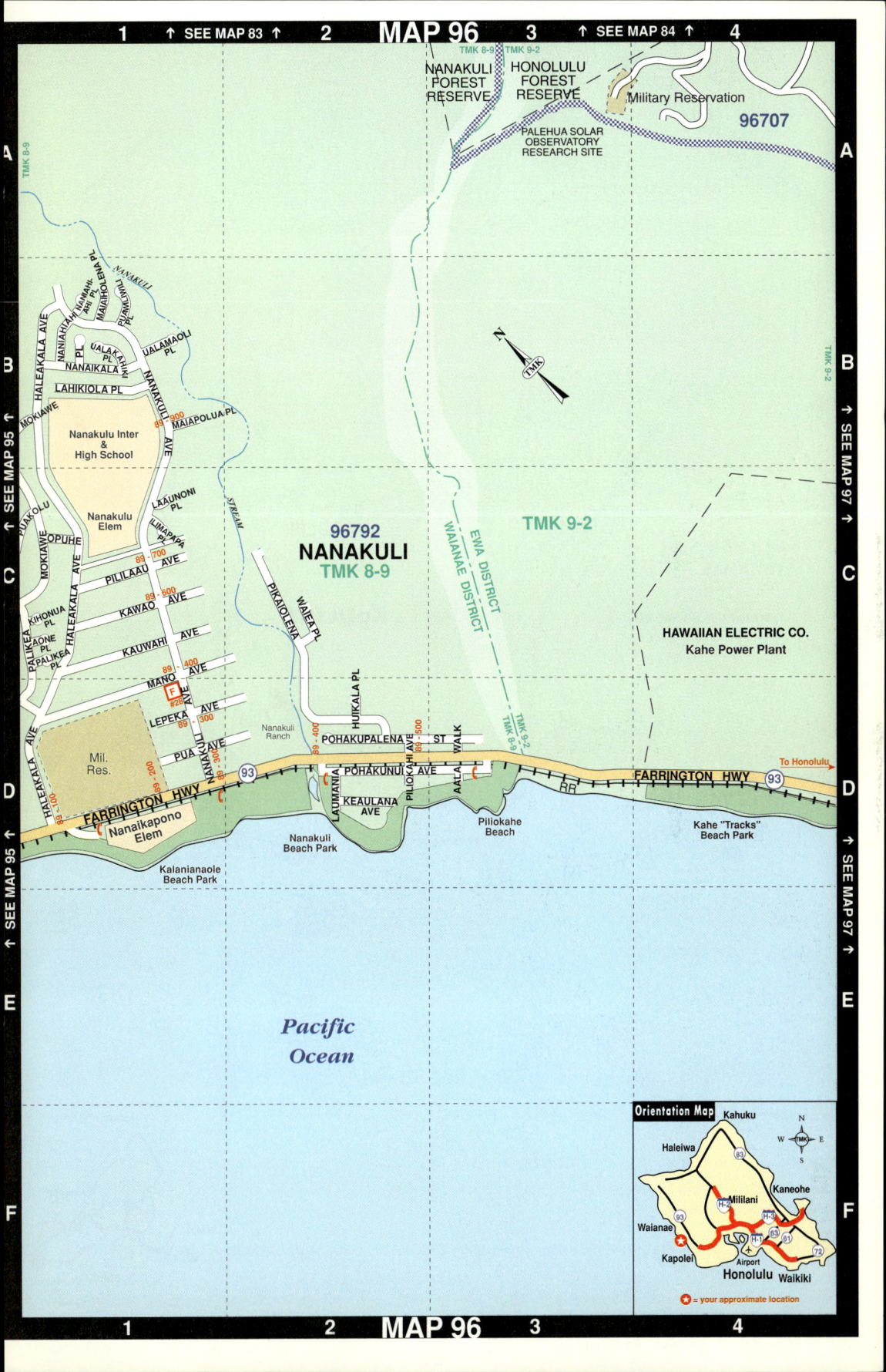

↑ SEE MAP 83 ↑   ↑ SEE MAP 84 ↑

NANAKULI FOREST RESERVE
HONOLULU FOREST RESERVE
PALEHUA SOLAR OBSERVATORY RESEARCH SITE
Military Reservation
96707

96792 NANAKULI TMK 8-9

TMK 9-2
EWA DISTRICT / WAIANAE DISTRICT

HAWAIIAN ELECTRIC CO. Kahe Power Plant

Streets and Places (left side / Nanakuli area)
- Haleakala Ave
- Naniahiahi Pl
- Namahi Pl
- Maiaiholena Pl
- Ualakahih Pl
- Ualamaoli Pl
- Nanaikala
- Nanakuli Ave
- Lahikiola Pl
- Mokiawe
- Nanakuli Inter & High School
- Maiapolua Pl
- Opuhe
- Nanakuli Elem
- Laaunoni Pl
- Limapapa
- Pililaau Ave
- Kihonua Pl
- Palikeaone Pl
- Palikea Pl
- Kawao Ave
- Waiea Pl
- Pikaiolena
- Kauwahi Ave
- Mano Ave
- Lepeka Ave
- Pua Ave
- Nanakuli Ave
- Huikala Pl
- Pohakupalena St
- Pohakunui Ave
- Aala Walk
- Laumania
- Piliokahi Ave
- Keaulana Ave
- Mil. Res.
- Nanaikapono Elem
- Nanakuli Ranch

FARRINGTON HWY (93) — To Honolulu

- Kalanianaole Beach Park
- Nanakuli Beach Park
- Piliokahe Beach
- Kahe "Tracks" Beach Park

Pacific Ocean

Orientation Map
- Kahuku
- Haleiwa
- Kaneohe
- Mililani
- Waianae
- Kapolei
- Airport
- Honolulu
- Waikiki

★ = your approximate location

MAP 97

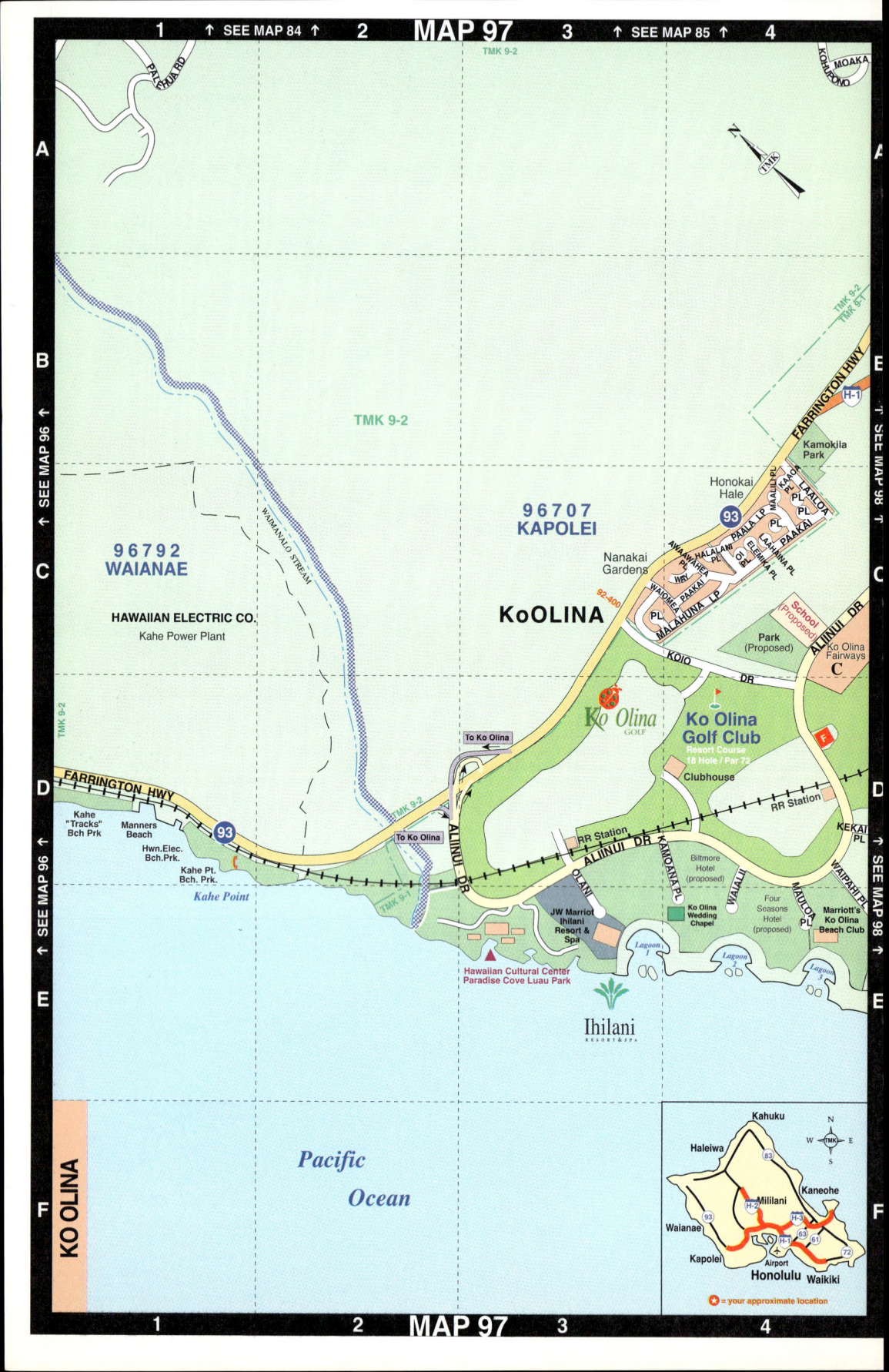

SEE MAP 84 · SEE MAP 85

SEE MAP 96 · SEE MAP 98

KO OLINA

96792 WAIANAE

96707 KAPOLEI

KoOLINA

TMK 9-2

HAWAIIAN ELECTRIC CO.
Kahe Power Plant

WAIMANALO STREAM

FARRINGTON HWY
H-1
93

Kamokila Park
Honokai Hale
Nanakai Gardens

Kanoe PL, Maaiilii PL, Paala LP, Halalani PL, Laahana PL, Paakai PL, Waiohei PL, Paakai PL, Elemena PL, Awaawa PL, Ahea PL, Malahuna LP, Laaloa

School (Proposed)
Park (Proposed)
Ko Olina Fairways

Ko Olina Golf
Ko Olina Golf Club
Resort Course
18 Hole / Par 72
Clubhouse

Koio Dr
Aliinui Dr
Kamoana PL
Waialu
Maulo PL
Waipahi PL
Kekai PL

To Ko Olina
To Ko Olina

RR Station
RR Station

Biltmore Hotel (proposed)
Ko Olina Wedding Chapel
Four Seasons Hotel (proposed)
Marriott's Ko Olina Beach Club

JW Marriot Ihilani Resort & Spa

Kahe "Tracks" Bch Prk
Manners Beach
Hwn. Elec. Bch. Prk.
Kahe Pt. Bch. Prk.
Kahe Point

FARRINGTON HWY
93

Hawaiian Cultural Center
Paradise Cove Luau Park

Lagoon 1 · Lagoon 2 · Lagoon

Ihilani RESORT & SPA

Pacific Ocean

Inset map of Oahu: Kahuku, Haleiwa, Kaneohe, Mililani, Waianae, Kapolei, Airport, Honolulu, Waikiki
★ = your approximate location

MAP 98

MAP 99

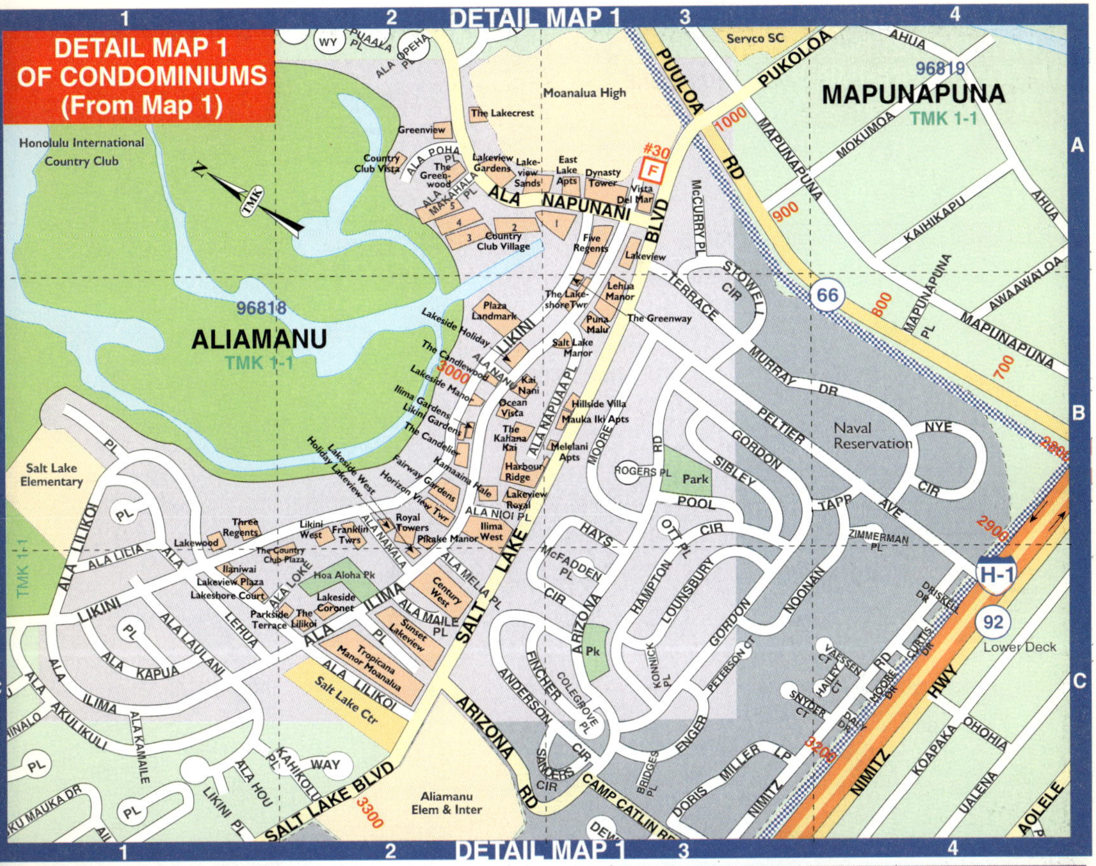
DETAIL MAP 1
DETAIL MAP 1 OF CONDOMINIUMS (From Map 1)
Honolulu International Country Club
96818
ALIAMANU
TMK 1-1
Salt Lake Elementary
Moanalua High
The Lakecrest
Greenview
Country Club Vista
The Greenwood
Lakeview Gardens
Lakeview Sands
East Lake Apts
Dynasty Tower
Vista Del Mar
#30
Country Club Village
Five Regents
Lakeview
Lehua Manor
The Lakeshore Twr
Plaza Landmark
Puna Malu
The Greenway
Salt Lake Manor
Lakeside Holiday
The Candlewood
Lakeside Manor
Kai Nani
Ocean Vista
Hillside Villa
Mauka Iki Apts
Ilima Gardens
Likini Gardens
The Kahana Kai
Melelani Apts
The Candelier
Harbour Ridge
Kamaaina Hale
Lakeview Royal
Fairway Gardens
Horizon View Twr
Royal Towers
Ilima West
Pikake Manor
Lakeside West
Holiday Lakeview
Three Regents
Lakewood
Likini West
Franklin Twrs
The Country Club Plaza
Ilaniwai
Lakeview Plaza
Lakeshore Court
Hoa Aloha Pk
Lakeside Coronet
Parkside Terrace
The Lilikoi
Century West
Sunset Lakeview
Tropicana Manor Moanalua
Salt Lake Ctr
Aliamanu Elem & Inter
Servco SC
96819
MAPUNAPUNA
TMK 1-1
Naval Reservation
Park
Pk
Lower Deck
H-1
66
92
SALT LAKE BLVD
ALA NAPUNANI
PUULOA RD
PUKOLOA
MAPUNAPUNA
AHUA
MOKUMOA
KAIHIKAPU
AWAAWALOA
McCURRY PL
STOWELL CIR
TERRACE
MURRAY DR
PELTIER AVE
GORDON
SIBLEY
NYE CIR
TAPP
ZIMMERMAN PL
ROGERS PL
POOL
HAYS
OTT PL
McFADDEN PL
HAMPTON
LOUNSBURY
NOONAN
DRISKELL DR
ARIZONA
ARIZONA RD
FINCHER
ANDERSON
COLEGROVE PL
KONNICK PL
PETERSON CT
VASSEN CT
HAILEY CT
SNYDER CT
MOORE
ENGER
SANDERS CIR
BRIDGES PL
DORIS
MILLER LP
NIMITZ HWY
CAMP CATLIN RD
KOAPAKA
OHOHIA
UALENA
AOLELE
ALA LILIKOI
ALA LILIA
LIKINI
ALA LAULANI
KAPUA
ILIMA
AKULIKULI
ALA KAMAILE
LEHUA
ALA LOKE
ALA NIOI PL
ALA MELIA PL
ALA MAILE PL
ALA HOU
KAHIKOLU
WAY
LIKINI PL
MAUKA DR
ALA NAPUAA PL
ALA NAMALA
ALA POHA
ALA OPEHA
PUAALA
WY PL
ALA AOLOA
MAKAHALA
3000
3300
1000
900
800
700
2800
2900
3200
TMK 1-1

DETAIL MAP 4
DETAIL MAP 4 OF CONDOMINIUMS (From Map 4)
96822
MAKIKI
TMK 2-4
Roosevelt High
96813
TMK 2-2
Punchbowl
Stevenson Inter & Park
Hawaii Baptist Academy
Hanahauoli Sch
Archie Baker Park
TMK 2-5
TMK 2-8
Punahou School
Punahou-Wilder
Punahala
Spreckels St. West
Dole Terr. Apt.
Manoalani
Punahou Surf
Pulelehua
Punahou Vista
Nehoa Prk Estates
Makiki Hillside
1516 Nehoa
Makiki St Mini Prk
The Anga-roa
Cassandra
1329 Dominis
Dominis West
Mokulani
Makiki Royal
Mott-Smith Laniloa
Hale O Kalani Towers
Rose Terrace
Heulu Grdns
Princess Kealoha
1251 Heulu
The Consulate
Camelot
Makiki Winds
Kealoha Arms
Tantalus Vista
1330 Wilder
Makiki Colony
Makiki Twrs
Punahou Terrace
Makiki Park
St.Clements Sch
Makiki Cem
1010 Wilder
1001 Wilder
Makiki Manor
Wilder Hale
Wilder @ Piikoi
Bellevue Twr
Wilder Twr
Wilder-Keeaumoku Apts
Kaihee Kai
Pakalana
Liholiho Twnhs
First Christ. Church
Kewalo Hale
Makiki Palms
Ode Ranchero
Village Maluhia
Pensacola Gardens
Haw Miss Acad
Lunalilo Court
Lunalilo Gardens
Makiki Vista
Makiki Court
Piikoi Atrium
Paradise Sch
Makiki Prksd
Makiki Crescent
Maile Terr
Makiki Kai
Cartwright Field
Matlock Hale
Punahou Shriners Hosp
Kapiolani Hosp
Central Union Church
Banyan Tree Plz
Punahou Regency
One Kalakaua
Young St. Comm. Bldg.
Kaahumanu Sch
Maryknoll High
Maryknoll Grade Sch
Fernhurst YMCA
Pleasanton
Punahou Cliffs
Punahou Prkside
Punahou Arms Inc.
Kinau Villa
Royal Manor
Punahou Twr
Jason Apts
Clark St. Apts
Tiare Apts
The Alika
Alexander Grdns
The Alexander
Punahou Chalet
Alexander Arms
Alexander Twrs
Hale Luana
Bingham Tract Sch
Courtyards @ Punahou
Sovereign
Union Plz
MJJ Apts
Tan Apts
Prospect Estates
Sea View
Royal Vista
Prospect Park
965 Prospect
Carlton Place
Makiki Cliffs
Punchbowl Vista
Spencer Court
Spencer House
Makikilani Plaza
Crown Thurston
1590 Thurston
Pensacola Vista
Exit 23
Lunalilo Exit 23
H-1
LUNALILO FWY
NEHOA
WILDER AVE
PIIKOI
DAVENPORT
HASSINGER
PENSACOLA
KEWALO
KEEAUMOKU
MAKIKI
ANAPUNI
POKI
PUNAHOU
MANOA RD
DOMINIS
HEULU
MOKU PL
KAIHEE
ENOS LN
BINGHAM
CHAMBERLAIN DR
PALM DR
DOLE
CLARK
SPRECKELS
HALEKULA WY
WHITNEY
ALEXANDER
ARTESIAN
MATLOCK AVE
KINAU
BERETANIA
YOUNG
KING
KALAKAUA
PAWAA LN
ELSIE LN
VILLA LN
WAIAU PL
LUNALILO
PAPAKU PL
BEVERLY CT
ERNEST
GREEN
VICTORIA
THURSTON
SPENCER
AVON WAY
MAGAZINE
PROSPECT
PROSPECT PL
AUWAIOLIMU
LEWALANI DR
CLIO
MOTT-SMITH DR
LILO PL
LUNA PL
HOALU PL
LEI LOKE
KEEAUMOKU
OKIKA PL
ONEELE PL
ALIHILANI PL
AHULANI PL
PIPERS
ULALAKA
SLADE
KARRATTI LN
HOLOHIA
LIHOLIHO
WANAKA
1000
1100
1200
1300
1400
1500
1600
1700
1800
1900

DETAIL MAP 13 OF CONDOMINIUMS (From Map 13)

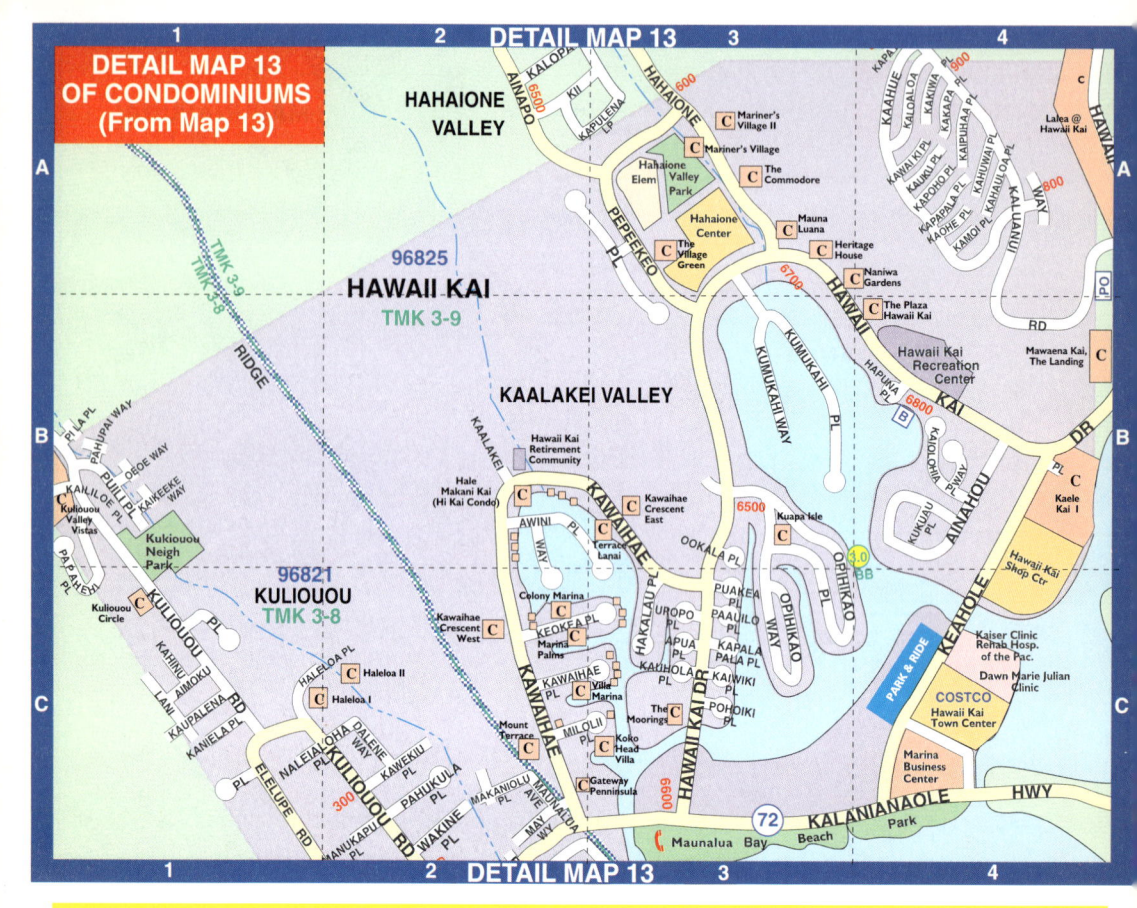

LEASEHOLD DISCLOSURE
Services

Failure to furnish disclosures substantially complying with the requirements of section 516-71 shall entitle the buyer to the recovery of a civil penalty of $1,000 in any proceeding at law brought within one year of the violation and the violator shall be liable for the actual damages of the buyer, if any, reasonable attorneys' fees and court costs. [L 1991, c 276, 4]. **Civil penalty. [516-72].**

Disclose Before You Close. LDSI

Lease Disclosure Services, Inc. 222 S. Vineyard St. Suite 401, Honolulu, Hawaii 96813. Phone: 808/538.1152 Fax: 808/599.4340

Street Index

All streets listed on the Island of O'ahu

ROADS—CIRCLES—PLACES—WAYS—LOOPS

Abbreviations:

AFB -	Air Force Base
BAFB -	Bellows Air Force Base
CS -	Camp Smith
FI -	Ford Island
FS-	Fort Shafter
HAFB-	Hickam Air Force Base
HM-	Helemano
IP-	Iroquois Point
LLL-	Lualualei (Waianae)
MCBH -	Marine Corps Base Hawaii (Kaneohe)
MKL-	Makalapa (Housing)
NRS LII -	Naval Reservation Laulaunui
PCP-	Pearl City Peninsula
PH-	Pearl Harbor
SB -	Schofield Barracks
SI-	Sand Island
TAMC -	Tripler Army Medical Center
WAAF -	Wheeler Army Air Force
WL-	West Loch

Street Index

NAME	MAP	GRID	AREA
1st Ave	5	C2	Honolulu
1st Pl/St	75	B3	Ewa Beach
1st St (400 Blk)	66	A1	Honolulu
1st St (800 To 999)	64	B2	Pearl City
1st St (All HAFB)	65,66	D3,E1	Honolulu
1st St (All Kunia)	71	B2	Kunia
2nd Ave	5	C2	Honolulu
2nd St (400 Blk)	66	A1	Honolulu
2nd St (All HAFB)	66	E1	Honolulu
2nd St (All PH)	75	B3,C3	Ewa Beach
2nd St (All)	64	B2	Pearl City
2nd St (All)	71	B2	Kunia
3rd Ave	5	C2,C3	Honolulu
3rd Ave (100 To 499)	66	A1	Honolulu
3rd St (800 To 899)	64	B2	Pearl City
4th Ave	5	C3	Honolulu
4th Pl	75	B3	Ewa Beach
4th St (300 To 499)	66	A1	Honolulu
4th St (800 To 999)	64	B1	Pearl City
4th St (All)	75	B3	Ewa Beach
4th St (All)	71	B2	Kunia
4th St (All HAFB)	66	E1	Honolulu
5th Ave	5	C3	Honolulu
5th St (All)	75	B4	Ewa Beach
5th St (All HAFB)	65,66	E4,E1	Honolulu
5th St (All PH)	66	B1	Honolulu
6th Ave	5	B3,D3	Honolulu
6th St (All)	75	B4	Ewa Beach
6th St (All HAFB)	66,65	A1,E4	Honolulu
6th St (All PH)	66	A1	Honolulu
7th Ave	5	B3,D3	Honolulu
7th Pl	75	A4	Ewa Beach
7th St (All)	75,65	A4,F2	Ewa Beach
7th St (All FS)	1,2	A4,A2	Honolulu
7th St (All HAFB)	65,66	D4,D1	Honolulu
7th St (All PH)	66	A1	Honolulu
8th Ave	5	B3,D3	Honolulu
8th St (All)	75	A4	Ewa Beach
8th St (All PH)	66	A1	Honolulu
8th St (All HAFB)	65,66	C4,D1	Honolulu
9th Ave	5	A3,C4	Honolulu
9th St (All)	75,76	B4,B1	Ewa Beach
9th St (All HAFB)	65,66	D4,D1	Honolulu
10th Ave/Pl	5,11	D4,F1	Honolulu
10th St (All)	65,76	F3,B1	Ewa Beach
10th St (All HAFB)	65,66	D4,D1	Honolulu
11th Ave	5	C4,D4	Honolulu
11th St (All)	65,76	F3,A1	Ewa Beach
11th St (All HAFB)	65,66	D4,D1	Honolulu
11th St (All NAD LLL)	81,82	F4,F1	Waianae
12th Ave	5	C4,D4	Honolulu
12th St (All)	76	B1	Ewa Beach
12th St (All HAFB)	65,66	B4,B1	Honolulu
12th St (All NAD LLL)	81	E4	Waianae
13th Ave	5	B4,C4	Honolulu
13th St (All NAD LLL)	81,82	E4,F1	Waianae
14th Ave	5,6	B4,C1	Honolulu
14th St (All NAD LLL)	81	E4	Waianae
15th Ave	5,6	B4,C1	Honolulu
15th St (All)	65,76	F3,A2	Ewa Beach
15th (All HAFB)	65,66	C4,C1	Honolulu
15th St (NAD LLL)	81,82	E4,E1	Waianae
16th Ave	6	B1,C1	Honolulu
16th St	65,76	F4,A2	Ewa Beach
16th St (HAFB)	65,66	C4,C1	Honolulu
16th St (NAD LLL)	81	E4	Waianae
17th Ave	6	B1,C1	Honolulu
17th St	65,76	F4,A2	Ewa Beach
17th St (HAFB)	66	C1	Honolulu
17th St (NAD LLL)	81,82	E4,E1	Waianae
18th Ave	6	C1	Honolulu
18th St	76	A2	Ewa Beach
18th St (HAFB)	66	C1	Honolulu
18th St (NAD LLL)	82	E1	Waianae
19th Ave	6	C1	Honolulu
20th Ave	6	B1	Honolulu
21st Ave	6	B1	Honolulu
21st St (HAFB)	66	B1	Honolulu
21st St (NAD LLL)	82	E2	Waianae
22nd Ave	6	C2,D2	Honolulu
22nd St (NAD LLL)	81	D1,3	Waianae
24th St (NAD LLL)	81	D1	Waianae
28th St (NAD LLL)	81	D2,3	Waianae
31st St (NAD LLL)	82	E2	Waianae
32nd St (NAD LLL)	82	E3	Waianae
39th St (NAD LLL)	82	D2	Waianae
41st St (NAD LLL)	82	D3	Waianae
42nd St (NAD LLL)	81,82	C4,D1	Waianae
43rd St (NAD LLL)	82	D2,3	Waianae
44th St (NAD LLL)	82	D2	Waianae
46th St (NAD LLL)	81	C4	Waianae
48th St (NAD LLL)	81	C4	Waianae
51st St (NAD LLL)	81	B4	Waianae
52nd St (NAD LLL)	82	C2	Waianae
53rd St (NAD LLL)	82	C1	Waianae
54th St (NAD LLL)	81	B4	Waianae
55th St (NAD LLL)	82	C2	Waianae
56th St (NAD LLL)	81,82	B4,B1	Waianae
58th St (NAD LLL)	81,82	B4,B1	Waianae
59th St (NAD LLL)	81,82	B4,B1	Waianae
61st St (NAD LLL)	94,95	A4,A1	Waianae
63rd St (NAD LLL)	82,95	F3,A1	Waianae
65th St (NAD LLL)	82	F3	Waianae
66th St (NAD LLL)	82	F3	Waianae
67th St	82	F3	Waianae
101st St	76	B3	Ewa Beach
102nd St	76	B3	Ewa Beach
103rd St	76	B3	Ewa Beach
104th St	76	B3	Ewa Beach
105th St	76	B3	Ewa Beach
106th St	76	A3	Ewa Beach
107th St	76	A3	Ewa Beach
108th St	76	A3	Ewa Beach
109th St	76	A3	Ewa Beach
110th St	76	A3	Ewa Beach
111th St	76	A3	Ewa Beach
112th St	76	A3	Ewa Beach

A

NAME	MAP	GRID	AREA
A Ave	75,76	C3,B1	Ewa Beach
A Lp/St (FS)	1,2	B1,A2	Honolulu
A Pono Ct (HM)	47	D3	Wahiawa
A Rd	64	B2	Pearl City
A St (HAFB)	66	E1	Honolulu
A St (MCBH)	27	F2	Kailua
Aa Hill Rd	1,2	A4,A2	Honolulu
Aaahi Pl/St	61	D4	Mililani
Aaha Pl	76	D2	Ewa Beach
Aahu Pl	49	D4	Mililani
Aahualii Pl/St	85	F3,4	Ewa Beach
Aala Dr	26	C1	Kailua
Aala St/Pl	3	C3	Honolulu
Aalapapa Dr/Pl/Way	25,26	B3,C1	Kailua
Aaliamanu Pl	4	A2	Honolulu
Aalii Pl	52	D2	Pearl City
Aalii St	10	E2	Honolulu
Aama Pl	76	D2	Ewa Beach
Aamaka Pl	52	E2	Pearl City
Aamanu St	52	D1	Pearl City
Aamomi St	52	E2	Pearl City
Aaniu Lp/Pl	52	E1,2	Pearl City
Aapi Pl/Way	52	B2	Pearl City
Aawa Dr	74,75	D4,D1	Ewa Beach
Abelia Pl	54	C3	Honolulu
Acacia Pl	54,1	C4,C1	Honolulu
Acacia Rd	63	B4	Pearl City
Achiu Lane	56	D1	Haleiwa
Ackerman St	86	B4	Ewa Beach
Adams Lane	3	D3	Honolulu
Adelaide St	2	B4	Honolulu
Aeae Pl,St	75	D1,E1	Ewa Beach
Aekai Pl	76	E3	Ewa Beach
Aelike St/Pl	50	F1	Mililani
Aeloa St	15	B3	Kaneohe
Aeo Pl	52	B2	Pearl City
Aeoia Pl	74,75	E4,E1	Ewa Beach
Aha Way	74	C3	Ewa Beach
Aha Aina Pl	11	E3	Honolulu
Aha Maka Way	11	E3	Honolulu
Aha Niu Pl	11	E3	Honolulu
Ahaana Way	11	E3	Honolulu
Ahahui Pl/Way	62	D2	Mililani
Ahahuina Pl	50	F2	Mililani
Ahaiki Pl/St	52	C2	Pearl City
Ahakapu St	52	D2	Pearl City
Ahakea St	6	D2	Honolulu
Ahaku Pl	11	E3	Honolulu
Ahakuhina Pl	52	C2	Pearl City
Ahakuka Pl	52	C2	Pearl City
Ahamaka Rd (HM)	47	D4	Wahiawa
Ahamele Pl	11	E3	Honolulu
Ahamoa St	52	D2	Pearl City
Ahana St	4	D3	Honolulu
Ahaolelo Rd	40	D2	Kaneohe
Ahapii Pl	11	F3	Honolulu
Ahapule St	52	D2	Pearl City
Ahaula St	62	D2	Mililani
Ahe Pl/St	11	F1	Honolulu
Ahea Pl/St	50	F2	Mililani
Aheahe Ave	48	E3,F3	Wahiawa
Aheahe St	53	D4	Aiea
Ahekolo St	3,4	A4,A1	Honolulu
Ahele Ct (HM)	47	D4	Wahiawa
Ahi Pl	9	E1	Honolulu
Ahiahi Pl/St	3	B1,2	Honolulu
Ahihi St	8	E2	Honolulu
Ahikao St	50	F2	Mililani
Ahiki St	20	C3	Waimanalo
Ahikoe St	85	F3	Ewa Beach
Ahiku St	61	E3	Mililani
Ahilama Pl/Rd	39	D4,D1	Kaneohe
Ahina St	6	D2	Honolulu
Ahinahina Pl	5	B3	Honolulu
Ahinalu Pl	33	E4	Hauula
Ahipuu St	9	E1	Honolulu
Ahiu Pl	62	D2	Mililani
Ahiwa St	85	F3	Ewa Beach
Ahohui St	49	D4	Mililani Mauka
Ahoka St, Pl	49	C4,D4	Mililani Mauka
Ahokele St	49	D4	Mililani Mauka
Ahole Pl	74	C2	Ewa Beach
Aholehole St	12	D2	Honolulu

NAME	MAP	GRID	AREA
Ahona St	76	E1,2	Ewa Beach
Ahonui St	2	A3	Honolulu
Ahu Lane	2	B3	Honolulu
Ahua St	1,2	C3,C1	Honolulu
Ahuahu Pl	8	C2	Honolulu
Ahualani Pl	4	B3	Honolulu
Ahuawa Lp/Pl	6	A1	Honolulu
Ahui Nani Pl	15	B3	Kaneohe
Ahui St	3,4	E4,E1	Honolulu
Ahuimanu Lp/Pl/Rd	40	D3,F3	Kaneohe
Ahukini Pl/St	14,13	B1,B4	Honolulu
Ahuli Pl	6	B2	Honolulu
Ahulili St	49	E4	Mililani
Ahulimanu Pl/Way	40	E3	Kaneohe
Ahuna Ct (HM)	47	D4	Wahiawa
Ahunalii Pl	49	D4	Mililani
Ahuua St	74	E4	Ewa Beach
Ahuula St	2	C3	Honolulu
Ahuwale Pl/St	12	D1	Honolulu
Aiai Pl	40	D3	Kaneohe
Aialii Pl/St	40	D3	Kaneohe
Aiami Pl	76	D2	Ewa Beach
Aiea Hts Dr	54,53	C1,A4	Aiea
Aiea Kai Pl/Way	53	E4	Aiea
Aiea Loa Pl	53	A4	Aiea
Aiea Nui Pl	53	A4	Aiea
Aiea Uka St/Pl	53	A4	Aiea
Aiealani Pl	54	A1	Aiea
Aikahi Lp/Pl	28	F2	Kailua
Aikanaka Pl/Rd	76,87	F3,A4	Ewa Beach
Aikane Pl/St	24,28	A2,F2	Kailua
Aikapa Pl/St	28,24	F2,A2	Kailua
Aikaula St	68	A2	Waialua
Aikoo Pl	64	B1	Pearl City
Aila St	1	E1	Honolulu
Ailaiki St	86	B4	Ewa Beach
Ailana Pl (SB)	69	A4	Wahiawa
Ailolo Pl	52	D2	Pearl City
Ailona St	50	E1	Mililani
Ailuna St	12	D2	Honolulu
Aimama Pl	52	E2	Pearl City
Aimikana St	28	F2	Kailua
Aimoku St	13	D1	Honolulu
Aina Lani Pl/Way	4	A3	Honolulu
Aina Moi Pl	23	B4	Kaneohe
Ainahou St	13	C3	Honolulu
Ainakea Way	5	E2	Honolulu
Ainakoa Ave	6	A2	Honolulu
Ainakuai Pl	50	E1,2	Mililani
Ainamakua Dr	50	E2,F1,2	Mililani
Ainana Pl,Way	50	F2	Mililani
Ainanani Pl	14,22	A1,A2,F1,F2	Honolulu
Ainanui Lp	53	C2,B2	Aiea
Ainapo Pl/St	13	B2	Honolulu
Ainapua St	1	B2	Honolulu
Ainoni St	24	B3	Kailua
Aiokoa St	28,24	F2,A2	Kailua
Aipaako St	3	B2	Honolulu
Aipo Pl/St	13,14	B4,B1	Honolulu
Aipoola Pl,St	74,75	D4,D1	Ewa Beach
Aipuni St	12	E2	Honolulu
Airdrome Rd	60	C3	Wahiawa
Aka Pl	40	E4	Kaneohe
Akaaka Pl/St	53	A4	Aiea
Akaakaawa St	25	F3	Kailua
Akaakoa Pl/St	25,19	F3,A2	Kailua
Akaawa St/Pl	85	F4	Ewa Beach
Akahai St	25	E3	Kailua
Akahele Pl	25,19	F3,A2	Kailua
Akahi St	2,8	A4,F2	Honolulu
Akaholo St	76	E2	Ewa Beach
Akaikai Lp	52	E2	Pearl City
Akaiki St	25	F3	Kailua
Akaka Lane	3	B4	Honolulu
Akaka Pl	10	D3	Honolulu
Akake Pl/Way	25,19	F3,A1	Kailua
Akaki Way	25	F3	Kailua
Akakoa Pl	39	D4	Kaneohe
Akaku Pl,St	62	D2	Mililani
Akala Lane	4	C2	Honolulu
Akalakala St	52	C1	Pearl City
Akalani Lp/Pl	25	E4	Kailua
Akalei St	25	E3	Kailua
Akaluki St	50	E2	Mililani
Akamai Pl,St	25	F4,F3	Kailua
Akamainui St	60	B4	Mililani
Akamu Pl	9	F1	Honolulu
Akana Pl	54	E3	Honolulu
Akanahe Pl	25	F3	Kailua
Akanoho Pl	42	E2	Haleiwa
Akapane Pl	23	F3	Kaneohe
Akau Lane	3	C1	Honolulu
Akau St	59	A2	Wahiawa
Akaula Pl/St	85	F3,E4	Ewa Beach
Akea Pl	25	E2	Kailua
Akeakamai St	5	B3	Honolulu
Akeake St	50	E2	Mililani
Akeke Pl	25	F3	Kailua
Akekeke Pl	74	D4	Ewa Beach
Akekeke Pl	25	F3	Kailua
Akele St	25	E2	Kailua

NAME	MAP	GRID	AREA
Akepa St	52	C1,D1	Pearl City
Akepo Lane	3	C2	Honolulu
Akeu Pl	63	C1	Waipahu
Akeukeu St	52	D2	Pearl City
Akia Pl	62,61	E1,E4	Mililani
Akia Way(HAFB)	66	B2	Honolulu
Akiahala Pl/St	25	F2,3	Kailua
Akiaki Pl	6,11	A1,F3	Honolulu
Akialoa Pl/Way	25	F3	Kailua
Akihiloa	63	F3	Waipahu
Akiikii Pl	25	F3	Kailua
Akiki Pl	52	C1	Pearl City
Akilolo St	12	F3	Honolulu
Akimala Pl/St	17	A1	Kaneohe
Akimona St	25	F2	Kailua
Akina St	2	C4	Honolulu
Akiohala Pl/St	25	E1,2	Kailua
Akipohe Pl/St	25	F2	Kailua
Akipola St	25	E2	Kailua
Akiu Pl	25	D3	Kailua
Akoa Pl	62	E1	Mililani
Akoakoa Ct (HM)	47	D3	Wahiawa
Akoakoa Pl/St	25	D2	Kailua
Akoko St	4	C2	Honolulu
Akolea Dr	69,59	A4,F2	Wahiawa
Akolo Pl/St	86	E1	Ewa Beach
Akone Pl	8	E2	Honolulu
Akowai Rd	95	F2	Waianae
Akua St	87	A4	Ewa Beach
Akualele Pl	61	C4	Mililani
Akuila Pl	25	F3	Kailua
Akule St	67	B3	Waialua
Akuleana Pl	25	F3	Kailua
Akuli Pl	49	D4	Mililani
Akulikuli Ter	6	E3	Honolulu
Akumu Pl/St	25	D3,E3,F3	Kailua
Akupa Pl/St	25	E3	Kailua
Ala Akau St	92,93	E4,E1	Waianae
Ala Akulikuli	1	E1	Honolulu
Ala Alii Pl/St	54	D2,E2	Honolulu
Ala Aloalo St/Pl	54,1	E4,E1	Honolulu
Ala Amoamo Pl/St	1,2	A2,A1	Honolulu
Ala Aolani Pl/St	54,7	A4,E2	Honolulu
Ala Aoloa Lp/Pl	54,1	A4,A1	Honolulu
Ala Aupaka Pl	54,1	E4,E1	Honolulu
Ala Awapuhi Pl	54,1	E4,E1	Honolulu
Ala Hahanui St	1	C1	Honolulu
Ala Hapuu Pl/St	1	E1	Honolulu
Ala Haukulu St	1	E1	Honolulu
Ala Hekili Pl	54,1	A4,A1	Honolulu
Ala Hema St	93	D1,E2	Waianae
Ala Hia Ct (HM)	47	D3	Wahiawa
Ala Hinano Pl/St	54,1	E4,E1	Honolulu
Ala Hoku Pl	54,1	A4,A1	Honolulu
Ala Holo Lp	92	D2	Waianae
Ala Hou St	1	E2	Honolulu
Ala Iki St	64,63	C1,C4	Pearl City
Ala Ilima St	1	D1	Honolulu
Ala Iolani Pl/St	54,51	A4,A1	Honolulu
Ala Kamaile St	1	E1	Honolulu
Ala Kapua Pl/St	1	D1	Honolulu
Ala Kapuna St	54	B4	Honolulu
Ala Kiao Pl	7	E1	Honolulu
Ala Kika Pl	1	C2	Honolulu
Ala Kimo Dr/Pl	9	D2	Honolulu
Ala Kipa St	54,7	B4,F1	Honolulu
Ala Koa St	21	C1,2	Waimanalo
Ala Kolopua St	1	B3	Honolulu
Ala Kopiko Pl/St	1	B2	Honolulu
Ala Kula Pl	54	B4	Honolulu
Ala Lani St/Pl	54,7	A4,E2	Honolulu
Ala Laulani St	1	D1	Honolulu
Ala Lehua Pl/St	1	D1	Honolulu
Ala Leie Pl/St	1	C2	Honolulu
Ala Leleu St	1	C1	Honolulu
Ala Lilia St	1	D1	Honolulu
Ala Lilikoi Pl/St	1	D1,2	Honolulu
Ala Loa St	75	F1	Ewa Beach
Ala Loke	1	D2	Honolulu
Ala Lonomea St	1	B2	Honolulu
Ala Mahamoe Pl/St	1,2	B2,A1	Honolulu
Ala Mahiku St	92	D1	Waianae
Ala Mahina Pl	7	E2	Honolulu
Ala Maile Pl	1	D2	Honolulu
Ala Makahala Pl	1	C2	Honolulu
Ala Makani Pl/Way	7	E2	Honolulu
Ala Melia Pl	1	D2	Honolulu
Ala Moana Blvd (100 To 899)	3	D1,E4	Honolulu
Ala Moana Blvd (900 To 1599)	4	E1,E3	Honolulu
Ala Moana Blvd (1600 To End)	4	E3,E4	Honolulu
Ala Moana Park Dr	4	E2	Honolulu
Ala Naauao Pl	92	F2	Waianae
Ala Nanala St	1	D2	Honolulu
Ala Nanu Pl	1	D2	Honolulu
Ala Napuaa Pl	1	D2	Honolulu
Ala Napunani St	1	B1	Honolulu
Ala Naupaka St	1	C1	Honolulu
Ala Nioi Pl	1	D2	Honolulu
Ala Noe Pl/Way	7	D2	Honolulu
Ala Nolunolu St	1,2	B3,A1	Honolulu
Ala Noni Pl	1	B1	Honolulu

Street Index

Ala Nui Mauka   Aokea Pl

NAME	MAP	GRID	AREA
Ala Nui Mauka	75	F1	Ewa Beach
Ala Oli St	54	E3	Honolulu
Ala Oliko Pl	1	C2	Honolulu
Ala Oloa Pl	1	C2	Honolulu
Ala Opeha Pl	1	C2	Honolulu
Ala Pili Lp/Pl	1	C2	Honolulu
Ala Poha Pl	1	C2	Honolulu
Ala Poko St	93	E3	Waianae
Ala Puaala Pl/Way	1	C2	Honolulu
Ala Puawa Pl	1	C2	Honolulu
Ala Pue Pl	1	C2	Honolulu
Ala Punene Pl	1	C2	Honolulu
Ala Puumalu Pl/St	1	C1,C2	Honolulu
Ala Uahi Pl	7	D2	Honolulu
Ala Ulike Pl	1	C1	Honolulu
Ala Uwila Pl	7	D2	Honolulu
Ala Wai Blvd	4	D3,D2	Honolulu
Ala Wai Prominade	4	D4	Honolulu
Ala Waina St	48,49	D4,D1	Wahiawa
Ala Waiopua St	1,2	A3,A1	Honolulu
Ala Walua St	93	E1	Waianae
Alaa St	85	D1	Ewa Beach
Alaalaa Lp	61	C2	Mililani
Alae St	6	D2	Honolulu
Alaeloa Pl/St	11	E3,F3	Honolulu
Alahaka Pl/St	68	A2	Waialua
Alahaki St	25	E3	Kailua
Alahao Pl	2	C3	Honolulu
Alahee St	12	E2	Honolulu
Alahele St	92	B1,B2,C1,C2	Waianae
Alahoi St	85	D1	Ewa Beach
Alahula Way	48,49	D4,D1	Wahiawa
Alai Pl	49	D1	Wahiawa
Alaihi St	21,20	C1,A4	Waimanalo
Alaiki St	86	A3	Ewa Beach
Alakai St	23	D4	Kaneohe
Alakaina St	50	E2	Mililani
Alakawa St	3	C1	Honolulu
Alake St/Pl	62	D2	Mililani
Alakea St	3	D3	Honolulu
Alakoa St	6	A2	Honolulu
Alakoko St	22	F1	Honolulu
Alala Pl/Rd	25	C3	Kailua
Alaloa St/Pl	15	C3	Kaneohe
Alamea Pl	62	E1	Mililani
Alamihi Pl/St	93	D3	Waianae
Alamuku St	12	D2	Honolulu
Alana St	86	A3	Ewa Beach
Alaneo St	3	B2	Honolulu
Alani Dr	10	D3,E3	Honolulu
Alani St	3	A1	Honolulu
Alania St	53	B3	Aiea
Alaoki Pl,St	49	E4	Mililani
Alapa Lp (WAFB)	61	C1	Wahiawa
Alapa Pl	31	E3	Kahuku
Alapai St	3,4	C4,C1	Honolulu
Alapaki St	94	E1	Waianae
Alapali Pl	5	F4	Honolulu
Alapii St	55	E4	Haleiwa
Alapine St	73	B4	Waipahu
Alapio Pl/Rd	42,43	F2,A3	Haleiwa
Alapoai Pl/St	61	C4	Mililani
Alau St	63	D2	Waipahu
Alaula Way	4	A4	Honolulu
Alaulau St	52	D2	Pearl City
Alaume Pl,St	50	E2	Mililani
Alawa Pl	92	E4	Waianae
Alaweo St/Pl	12	E1	Honolulu
Alawiki St	40	D3,E3	Kaneohe
Albatross Ave	76	B4	Ewa Beach
Alder St	4	D2	Honolulu
Alea Lp (WAFB)	60	C4	Wahiawa
Aleka Pl	19	A2	Waimanalo
Alekoki Pl	4	B4	Honolulu
Alelo St	63	E2,F2	Waipahu
Alena Lp/Pl	56	F2,F3	Haleiwa
Alenale Pl	50	F1	Mililani
Alencastre Pl/St	5	A2,B2	Honolulu
Aleo Pl	4	A3	Honolulu
Alepa St	86	E1	Ewa Beach
Aleshire Ave	60,59	E1,E4	Wahiawa
Alewa Dr/Pl	3,8	A2,E4	Honolulu
Alexander St (1200 To 1399)	4	C3	Honolulu
Alexander St (1400 To End)	4	C3	Honolulu
Algaroba St	4	C3	Honolulu
Algarroba Lp	75,76	A4,A1	Ewa Beach
Alia Pl	54	C2	Aiea
Aliali Pl	12	E1	Honolulu
Aliamanu Dr	1,54	C1,B1	Honolulu
Aliamanu St,Pl	1	E1	Hon-818
Alihi Pl	25	E2	Kailua
Alihilani Pl	4	B3	Honolulu
Alii Dr	8	F3	Honolulu
Aliianela Pl	15,23	B4,E1	Kaneohe
Aliikane Pl	15	B4	Kaneohe
Aliikoa St	6	A2	Honolulu
Aliinui Dr	97,98	D3,C4,C1,D1	Ewa Beach
Aliipapa Pl	23,15	E1,B4	Kaneohe
Aliipoe Dr	54	C1	Aiea
Alika Ave	9	D2,E2	Honolulu
Alina Pl	15,23	A4,D1	Kaneohe
Allan Pl	9	D2	Honolulu
Alo Pl	61	C3	Mililani
Aloala Pl/St/Way	64	A4	Wahiawa
Aloalii St	53	E1,D1,D2	Aiea
Aloalo Ct	60	C4	Wahiawa
Aloalo Pl	5	C2	Honolulu
Aloalo St (HAFB)	66	B2	Honolulu
Aloha Aina Pl	9	D2	Honolulu
Aloha Ave	64	D3	Pearl City
Aloha Dr	5	D1	Honolulu
Aloha Oe Dr	18	D3,C3	Kailua
Aloha Tower Dr	3	D3	Honolulu
Alohea Ave	5,6	D3,D1	Honolulu
Alohi Way	4	D2	Honolulu
Alohiki St	93	D2	Waianae
Alohilani St	61	B4	Mililani
Aloiloi St	20	A4	Waimanalo
Alokahi Pl/St	16,17	B4,B1	Kaneohe
Alokele St	2,3	C4,C1	Honolulu
Alolua St	53	B4	Aiea
Alphonse Pl	5	B2	Honolulu
Alta St	93	E3	Waianae
Alu Pl/St	8	F2	Honolulu
Aluka Lp	52	E1	Pearl City
Alula Pl	61	D4	Mililani
Alula Pl (HAFB)	66	B2	Honolulu
Ama Rd	54,1	D4,D1	Honolulu
Amaama St	74	C3	Ewa Beach
Amana St	4	D3	Honolulu
Amapa Pl	54	D4	Honolulu
Amapo Ct	60	C4	Wahiawa
Amara Rd	55,56	D4,D1	Waialua
Amau St	6	C2	Honolulu
Amaui Pl	85	E1	Ewa Beach
Amaumau Pl	43	A3	Haleiwa
Amber Jack St	82	F3	Waianae
Amelia St	2	A4	Honolulu
Amikamika Pl	52	D1	Pearl City
Amikuku Pl	52	E2	Pearl City
Amio St	87	A4	Ewa Beach
Amokemoke Pl/St	52	E2	Pearl City
Amokii St	74	A1	Waipahu
Amoomoo St	52	D2	Pearl City
Ana Lane	63	E3	Waipahu
Anaaina Pl	63	F3	Waipahu
Anae Pl	74	C2	Ewa Beach
Anahola St	13,14	D4,D1	Honolulu
Anahulu Pl	55	C4	Haleiwa
Anakahi Pl	74	A1	Waipahu
Anakole Pl	52	F3	Pearl City
Anakua St	13,14	D4,D1	Honolulu
Analii Pl/St	6	A3,4	Honolulu
Analio Pl	53	A4	Aiea
Analipo Pl/St	93	E3	Waianae
Analu St	3,8	A3,F4	Honolulu
Anania Cir/Ct/Dr/Pl	61,62	C4,C1	Mililani
Anapa St	54	E3	Honolulu
Anapalau Pl/St	13,14	D4,D1	Honolulu
Anapanapa St	52	D2	Pearl City
Anapau Pl	63	E2	Waipahu
Anapuni St	4	B3	Honolulu
Anaunau St	74,75	E4,E1	Ewa Beach
Anderson Cir	1	E2	Honolulu
Anderson Rd (CS)	54	A1	Aiea
Andrews Lane	3	B4	Honolulu
Andrews St	66	B2	Honolulu
Aneko Pl	16	A4	Kaneohe
Anela Pl	10	D3	Honolulu
Anemoku St	33	C1	Laie
Ani St	12	D2	Honolulu
Ania Pl	86	C1	Ewa Beach
Aniani Pl	74	A2	Waipahu
Anianiku St	4	B1	Honolulu
Anihinihi St	52	C2	Pearl City
Anini Pl/Way	52	C2	Pearl City
Anipeahi Pl/St	85	F3,E3	Ewa Beach
Aniuniu St	52	C2	Pearl City
Annex Rd (FS)	1,2	B4,2	Honolulu
Ano Lane	2	A4	Honolulu
Anoai Pl	10	E3	Honolulu
Anolani St	12	D4	Honolulu
Anoi Pl/Rd	16,15	A3,C4	Kaneohe
Anoiki St	73	C2	Waipahu
Anoilei Pl	34	E2	Hauula
Anolike Pl/St	12	D4	Honolulu
Anoni St	60	C1	Wahiawa
Anonia St	12	D4	Honolulu
Anonui St	73	C4	Waipahu
Anounou St/Pl	54	D1	Aiea
Anson St	86	C4	Ewa Beach
Anu Lp (WAFB)	60	C4	Wahiawa
Anuanu St, Pl	49	D4,C4	Mililani Mauka
Anuenue St	10	F2	Honolulu
Anuhea Pl/St	6	B1	Honolulu
Anuu Pl	8	E2	Honolulu
Anzio St (BP)	87	E2	Kapolei
Ao Pl	62	D1	Mililani
Aoakua St	50	E1	Mililani
Aoao Pl/St	8	F1	Honolulu
Aohoku Pl	61	C4	Mililani
Aokea Pl	66	A3	Honolulu

Street Index   S4

Aoku St — Beckwith St

Street Index

NAME	MAP	GRID	AREA
Aoku St	63	D3	Waipahu
Aolani Pl	4,10	A4,F2	Honolulu
Aolele St	1	E3	Honolulu
Aolewa Pl	1	E3	Honolulu
Aoloa Pl/St	25	D2	Kailua
Aoloko Pl/St	85	F3	Ewa Beach
Aone Pl	95,96	C4,C1	Waianae
Aopoko Pl	1	E3	Honolulu
Aouli Pl	62	D1	Mililani
Aowena Pl/Way	1	E3	Honolulu
Apaa St	74,75	E4,E1	Ewa Beach
Apaakuma Pl/St	52	D1	Pearl City
Apai Pl	76	D2	Ewa Beach
Apaki St	3	A1	Honolulu
Apala Lp	53	D1	Aiea
Apana Rd	94	C4	Waianae
Apapa St	52	C2	Pearl City
Apapane Pl/St	16,17	A4,B1	Kaneohe
Apau Lp/Pl	40	D3	Kaneohe
Apeape Pl	6	A1	Honolulu
Apela St	54	C2	Aiea
Apele Pl/St	62,61	D1,D4	Mililani
Apelekoka St	53	D1	Aiea
Apii Pl/St	63	F3	Waipahu
Apiki St	17	B1	Kaneohe
Apio Lane	3	A3	Honolulu
Apo Dr	12	E2,3	Honolulu
Apoalewa Pl	40	D4	Kaneohe
Apoepoe Pl/St	52	C1	Pearl City
Apohele Pl	61	C4	Mililani
Apoke Pl	76	E2	Ewa Beach
Apokula Pl/St	26,25	D1,D4	Kailua
Apole Pl	76	E2	Ewa Beach
Apollo Ave (HAFB)	66	C2	Honolulu
Apona St	1	B2	Honolulu
Apowale St	74	B1	Waipahu
Apua Pl	13	D2	Honolulu
Apuakea Pl/St	16,17	B4,B1	Kaneohe
Apuapu St	17	B1	Kaneohe
Apuhihi St	67	B3	Waialua
Apuka Ct (HM)	47	D4	Wahiawa
Apuki St	62	D2	Mililani
Apuu Pl,St,Way	74	D4	Ewa Beach
Apuupuu Rd	94,95	D4,D1	Waianae
Apuwai Pl	6	C2	Honolulu
Archer Lane	4	D1	Honolulu
Arizona Memorial Dr/Pl	54	F1	Honolulu
Arizona Lp/Rd	75	B2,D2	Ewa Beach
Arizona Rd	1	D2	Honolulu
Arizona St	54	F2	Honolulu
Armstrong St	4	A4	Honolulu
Army St	93	E2	Waianae
Arsenal Rd	2	A3	Honolulu
Artesian St	4	C3	Honolulu
Artesian Way	4	C3	Honolulu
Asher Ct	1	E2	Hon-819
Ashford St	2	C4	Hon-819
Ashley Ave/Pl	64	C3	Pearl City
Ashley Rd	44,45	E1,B1	Haleiwa
Astoria St	82,95	F3,A1	Waianae
Atherton Rd	4	B4	Hon-822
Atkinson Dr	4	C3,D3	Hon-814
Atlanta St	82,95	F3,A1	Waianae
Attenbury Cir	66	D1	Honolulu
Attu St	98,99	B4,A1	Ewa Beach
Au St	67	B3	Waialua
Aua Pl	61	62	Mililani
Auahi St (599 To 899)	3	E4	Honolulu
Auahi St (900 To End)	4	E1	Honolulu
Aualii St	63,74	F4,A2	Waipahu
Auamo St	53,54	C4,B1	Aiea
Auauki St	25	F4	Kailua
Auhaele Lp/Pl	61	C3	Mililani
Auhaku Pl	61	C4	Mililani
Auhau Pl	54	C2	Aiea
Auhea Pl	14	C1	Honolulu
Auhili Pl	60	C1	Wahiawa
Auhola Pl/St	75	D1	Ewa Beach
Auhuhu Pl/St	52	C2	Pearl City
Auiki St	2	D3	Honolulu
Auina St	49	F4	Mililani
Aukahi St/Pl	86	D2,D3	Ewa Beach
Aukai Ave	6	C3	Honolulu
Aukai Lane	56	E1	Haleiwa
Aukauka Pl/Rd	42	E1	Haleiwa
Aukele St	25	D4	Kailua
Aulani Pl	95	E3	Waianae
Auld Ln	3	B1,C1	Honolulu
Aulena Pl	5	A3	Honolulu
Aulepe St	25	E4	Kailua
Aulii St	3	A2	Honolulu
Aulike St	24,25	D4,D1	Kailua
Aulima Lp	25	D2	Kailua
Auloa Rd	18	B1	Kailua
Aumaka Pl	74	A1	Waipahu
Aumakiki Lp/Pl	54	C2	Aiea
Aumakua St	52	C2	Pearl City
Aumea Lp/Pl	61	C3	Mililani
Aumoae St	3	B3	Honolulu
Aumoana Pl/Way	24,23	C1,C4	Kaneohe
Aumoe Rd	25	C2	Kailua

NAME	MAP	GRID	AREA
Aumoku St	16,17	A4,A1	Kaneohe
Auna Pl/St	15	C3	Kaneohe
Aunauna St	25	F4	Kailua
Aupaka St	52	D1	Pearl City
Aupaka St (HAFB)	66	B2	Honolulu
Aupapaohe St	25	E4	Kailua
Aupula Pl	25	E4	Kailua
Aupuni St	3	A1	Honolulu
Aupunimoi Pl	53	E1,D1,D2	Aiea
Aupupu St/Pl	25	F4	Kailua
Austin Ct (PCP)	64	C4	Pearl City
Austin Lne	3	C1	Honolulu
Auwaea St	85	F3	Ewa Beach
Auwaha St	75	F2,E2	Ewa Beach
Auwai Dr	60,59	A1,A4	Wahiawa
Auwai St	24	D4	Kailua
Auwaiku St	25,26	E4,F1	Kailua
Auwaiolimu St	3,4	B4,B1	Honolulu
Auwina Pl/St	25	D2	Kailua
Auwinala Rd	25	D2	Kailua
Auyong Hmstd Rd	95	E3,D3	Waianae
Ave of the Temples	15	D1	Kaneohe
Avocado St	60	B1	Wahiawa
Avocet St	65	C1	Honolulu
Avon Way	4	C1	Honolulu
Awa St	3	C2	Honolulu
Awaawaanoa Pl	22,21	F1,F4	Honolulu
Awaawahea Pl/Way	97	C4	Ewa Beach
Awaawaloa St	1,2	D3,C1	Honolulu
Awahiwa St	52	D1	Pearl City
Awai Lne	55	E4	Haleiwa
Awaia St	64	E1	Waipahu
Awaia St	6	A1	Honolulu
Awaiki Pl/St	64,63	E1,E4	Waipahu
Awakea Rd	25	C2	Kailua
Awakumoku St	98	E3	Ewa Beach
Awalai Pl/St	64,63	E1,E4	Waipahu
Awalau Pl/St	64,63	F1,F4	Waipahu
Awalii St	52	C1	Pearl City
Awalua St/Pl	73	C2,C3	Waipahu
Awamoi St	74	A1	Waipahu
Awamoku Pl/St	64,63	F1,F4	Waipahu
Awanani Pl/St	64,63	E1,E3	Waipahu
Awanei St	64,63	F1,F4	Waipahu
Awanene Pl/Way	16,17	B4,B1	Kaneohe
Awanui St	64	E1	Waipahu
Awapapa Pl	17	B1	Kaneohe
Awapuhi Pl (SB)	69	A4	Wahiawa
Awapuhi St	4,10	A4,F1	Honolulu
Awawa Pl/St	85	E3,4	Ewa Beach
Awawalei Pl	86	A4	Ewa Beach
Awawamalu St	22,21	F1,F4	Honolulu
Awele Pl	23	F4	Kaneohe
Aweoweo St	67	B3	Waialua
Aweuweu Pl	85,84	E1,E4	Ewa Beach
Awiki Pl/St	61	D3,4,E3	Mililani
Awikiwiki Pl/St	52	D1	Pearl City
Awini Pl/Way	13	C2	Honolulu
Awiwi Pl/Way	61	E4	Mililani
Ayers Ave	59	D3	Wahiawa
Azores St	3	B4	Honolulu

B

NAME	MAP	GRID	AREA
B Ave	66	A1	Honolulu
B Ave/Lp	75,2	B2	Ewa Beach
B St (FS)	1	B3	Honolulu
B St (HAFB)	66	E1	Honolulu
B St (MCBH)	27	F2	Kailua
Bachelot St	3	A3,B3	Honolulu
Bailey Rd (CS)	54	B1	Aiea
Baker St (HAFB)	66	A1	Honolulu
Baldwin Rd (SB)	59	D4	Wahiawa
Bamboo Pl	54,1	D4,D1	Honolulu
Bancroft Dr (MCBH)	28	C1	Kailua
Bannister Pl/St	2	B3,C3	Honolulu
Banyan St	3	C2	Honolulu
Barbers Pt Nas Access Rd	86	E3	Ewa Beach
Barron Lane	3	C3	Honolulu
Bataan Ave	86	E3	Ewa Beach
Bataan Rd (NS) (FI)	65	C1	Honolulu
Bataan St (NCS) (WAH)	48	C3	Wahiawa
Bates St	3	B3	Honolulu
Bauer Dr (MCBH)	28,27	C1,C4	Kailua
Bauer Rd	86	C4	Ewa Beach
Baugh Rd (CS)	54	A1	Aiea
Bauhina Pl	54	C4	Honolulu
Bay St	13	D2	Honolulu
Bayside Pl	23	E2	Kaneohe
Bayview Haven Pl	24	C1	Kaneohe
Bayview St	93	E3	Waianae
Beach Rd	56	E2	Haleiwa
Beach Rd	6	F1	Honolulu
Beach Rd (FT KAM)	66	E2	Honolulu
Beach Walk	5	E1	Honolulu
Bear Cir	54	B4	Honolulu
Beard Ave (HAFB)	65,66	D4,E1	Honolulu
Beaumont Woods Pl	10	E3	Honolulu
Beaver Rd (SB)	69	A2,4	Wahiawa
Beckley Pl/St	2	B4	Honolulu
Beckwith St	4	A4	Honolulu

Beedle St   Cushing St

NAME	MAP	GRID	AREA	NAME	MAP	GRID	AREA
Beedle St (HAFB)	66	E1	Honolulu	Casey St	1,2	A4,A2	Honolulu
Begonia Pl	54	C4	Honolulu	Castaneda St (MCBH)	27	E3	Kailua
Belcher Ct (SB)	60	D1	Wahiawa	Castle Junction	17,18	C4,C1	Kaneohe
Bell St	21	D2	Waimanalo	Castle St	5	D3	Honolulu
Belleauwoods St	86	F4	Ewa Beach	Catherine St	5	D3	Honolulu
Belser St	5	C2	Honolulu	Catlett St (HAFB)	66	E1	Honolulu
Benfold Cir	1	E2	Honolulu	Catlin Dr	1	E2	Honolulu
Benjamin Franklin Ct (SB)	59	E2	Wahiawa	Cedar Dr	63	B4	Pearl City
Bennet Dr (FS)	1,2	B4,B3	Honolulu	Cedar St	4	D2	Honolulu
Bennett St (SB)	70	A1	Wahiawa	Center Dr	66	A1	Honolulu
Bennington Ave	86,98	F3,A4	Ewa Beach	Center Pl	1	C1	Honolulu
Benoit Pl	66	A2	Honolulu	Center St	5	B4	Honolulu
Beretania St N (1 To 412)	3	C2,3	Honolulu	Center St	60	A1	Wahiawa
Beretania St S (1 To 899)	3,4	D4,D1	Honolulu	Center St (NCS WAH)	48	C3	Wahiawa
Beretania St S (900 To 1499)	4	C2,3	Honolulu	Central Ave (HAFB)	65	D4	Honolulu
Beretania St S (1500 To End)	4	C3,4	Honolulu	Challenger Loop (HAFB)	66	C1,2	Honolulu
Bergquist Rd (TAMC)	1,7	A1,F2	Honolulu	Chamberlain Dr/St	4	B3,4	Honolulu
Bernice St	2,3	B4,B1	Honolulu	Chamberlain Rd	1,2	A4,A2	Honolulu
Bertram St	5,10	A2,F4	Honolulu	Channel St	3	E3	Honolulu
Beryl St	64	C3	Pearl City	Chanute Rd (WAFB)	60	D2	Wahiawa
Bethel St	3	D3	Honolulu	Chapel Rd	15	D1	Kaneohe
Bethshan Rd	5	C4	Honolulu	Chapin St	4	D1	Honolulu
Betio Pl (MKL)	54	F2	Honolulu	Chaplain Lane	3	C3	Honolulu
Betsy Ross Ct (SB)	59	E3	Wahiawa	Chapplear Rd	1,2	A3,A2	Honolulu
Beverly Ct	4	C1	Honolulu	Charger St	86	E2	Ewa Beach
Big Red St	86	F3	Kapolei	Charles St	5	C2,3	Honolulu
Bingham St	4,5	C3,C1	Honolulu	Charlton St (SB)	60,59	D1,D4	Wahiawa
Bingham Way (MCBH)	27	D4	Kailua	Chester Way	53	B4	Aiea
Birch Cir	63	B4	Pearl City	Chosin St (PH)	65	D3	Hon-818
Birch St	4	D2	Honolulu	Christopher Ct (PH)	66	B1	Hon-818
Bishop Dr	8	F3	Honolulu	Church Lane	5	C1	Honolulu
Bishop St	3	D3	Honolulu	Cigar Pl	54	C3	Honolulu
Bittern Ave	76	B4	Ewa Beach	Cimarron(PH)	65	D3	Hon-818
Black Point Pl/Rd	6	E3	Honolulu	Circle Dr	48	F4	Wahiawa
Blain Dr (MCBH)	28,27	C1,C4	Kailua	Circle Makai St	48	F3	Wahiawa
Blue Goose St	86	F3	Kapolei	Circle Mauka Pl/St	48	E3	Wahiawa
Bond Cir (HAFB)	66	C1	Honolulu	Citron St	4	D3,4	Honolulu
Bond St	86	A3	Ewa Beach	Clarey Blvd	1	F1	Hon-819
Bonney Lp	1,2	A4,A2	Honolulu	Clark Cir (HAFB)	66	A1	Hon-818
Boomer Pl	86	F3	Kapolei	Clark Pl	48	E4	Wahiawa
Booth Rd	3,8	A4,F2	Honolulu	Clark Rd (FS)	1,2	B2,4	Honolulu
Boquet Bl (HAFB)	65,66	E4,E1	Honolulu	Clark St	4	C3	Honolulu
Bordelon Lp (MCBH)	28	C1	Kailua	Clark St	48	F4	Wahiawa
Borie St	1	F1	Hon-819	Claudine St	5,6	B4,B1	Honolulu
Bothne Ct (PH)	66	B1	Honolulu	Clayton St	3,4	D4,D1	Honolulu
Bottoms St (SI)	3	E2	Honolulu	Cleghorn St	5	E2	Honolulu
Bougainville St/Av/Cir/Pl	86	D3	Ewa Beach	Clement St	4	B4	Honolulu
Bougainville Dr/Lp	54	D3	Honolulu	Clio St	4	B2	Honolulu
Bowen Ct (WAAF)	60	B2	Wahiawa	Club Dr	60,59	A1,A4	Wahiawa
Bower Pl	54	C3	Honolulu	Club Rd (PH)	65	B4	Honolulu
Bowers Lane	3	C4	Honolulu	Cobb-Adams Rd	15,23	B4,E1	Kaneohe
Boxer Ave/Cir (BP)	98,99	A4,A1	Ewa Beach	Cochran St (MCBH)	28	D1	Kailua
Boxer St	95,82	A1,F3	Waianae	Coconut Ave	5	F4	Honolulu
Boyd Lane	3	B4	Honolulu	Cocos Pl	54	C4	Honolulu
Bragg St (SB)	59	E3	Wahiawa	Coelho Way	9	F1	Honolulu
Bravo Rd (WL)	65,76	F4,B1	Ewa Beach	Colburn St (1300 To 1699)	2	C3,4	Honolulu
Bridges Pl	1	E3	Honolulu	Colburn St (1700 To End)	2,3	C4,C1	Honolulu
Brigham St	2,3	B4,B1	Honolulu	Colegrove Pl	1	E2	Honolulu
Brokaw St	5	D3	Honolulu	College Walk	3	C3	Honolulu
Brown Dr (MCBH)	28	C1	Kailua	Collier St (SB)	59	F3	Wahiawa
Brown St	87	C1	Ewa Beach	Collins St	5	E4	Honolulu
Brown Way	4	A4	Honolulu	Concordia St	3	B4	Honolulu
Bryan St	86	A3	Ewa Beach	Conner Lp (MCBH)	28	C1	Kailua
Buford Ave	3	E3,4	Honolulu	Constellation St	82,95	F3,A1	Waianae
Bunker Ave (WAFB)	60	B2	Wahiawa	Constitution St	82	F3	Waianae
Bunker Hill St	86	F4	Ewa Beach	Cooke St	3,4	D4,D1	Honolulu
Bunker Hill St	82,99	F3,A2	Waianae	Cooley Ct (SB)	69,70	B4,B1	Wahiawa
Burbank St	9,3	F1,A3	Honolulu	Coolidge St	4,5	C4,D1	Honolulu
Burke St	86	A3	Ewa Beach	Cooper Rd	10	F2	Honolulu
Burns Rd	60	D2	Wahiawa	Copahee Ave (BP)	98	A4	Ewa Beach
Burr Rd	1,2	B4,B2	Honolulu	Coral Ave	64	C4	Pearl City
Bush Ln	3	B4	Honolulu	Coral Pl	1	C1	Honolulu
Butner St	59	E2	Wahiawa	Coral Sea Rd	86,87	D4,F2	Ewa Beach
				Coral St	3	E4	Honolulu
		C		Cormorant Ave	76	B4	Ewa Beach
C Ave (WL)	75	C3	Ewa Beach	Cornet Ave (HAFB)	66	D1	Honolulu
C Ave/St (PH)	66	A1	Honolulu	Correa Rd	5	B1	Honolulu
C St (FS)	1,2	A4,B2	Honolulu	Cottage Walk	3	C3	Honolulu
C St (HAFB)	66	E1	Honolulu	Country Club Rd	9	E1	Honolulu
C St (MCBH)	27	F3	Kailua	Cowpens St	99,96	A1,F3	Ewa Beach
Cabanayan St (MCBH)	27	D4	Kailua	Cowpens St (PH)	65	B2	Honolulu
Cabot St (FI)	65	B1	Honolulu	Coyne St	4,5	C3,4,C1	Honolulu
Cadet Sheridan Rd (SB)	59	E3	Wahiawa	Craig Ave (MCBH)	27,28	E4,E1	Kailua
Cakon Pl	1	F1	Hon-819	Craig Rd (TAMC)	7	F2	Honolulu
California Ave	60,48	A1,E4	Wahiawa	Craigside Pl	3	A3	Honolulu
Camp Catlin Rd	1	E3	Honolulu	Crater Pl/Rd	5,6	C4,C1	Honolulu
Campbell Ave	5	D3	Honolulu	Crescent Cir (MCBH)	27	E3	Kailua
Campion Dr (MCBH)	28	C1	Kailua	Crest Ave	48	F4	Wahiawa
Campus Rd	4,5	B4,B1	Honolulu	Crispis Attucks Ct (SB)	59	E2	Wahiawa
Canby Rd SB	59	D3	Wahiawa	Crommelin St (PH)	65	D3	Hon-818
Cane St N & S	60,59	A1,A4	Wahiawa	Crossandra	54	D4	Honolulu
Canney Cir (MCBH)	28	D1	Kailua	Croton Pl	54	D4	Honolulu
Capron Ave	59	E2	Wahiawa	Crozier Dr/Lp	67	C2,D2	Waialua
Capt Cook Ave	3,4	C4,C1	Honolulu	Cruse Pl	66	A2	Honolulu
Cards St	86,87	F4,F1	Ewa Beach	Cummins St	4	E1	Honolulu
Carlos Long St	11	E1	Honolulu	Curtis Ct (PCP)	64	C4	Pearl City
Carnation Pl	5	A4	Honolulu	Curtis Dr	1	D3,E3	Hon-818
Carpenter St (SB)	69,70	A4,A1	Wahiawa	Curtis Lp (WAFB)	60	C2	Wahiawa
Carter Dr	1,2	A3,A2	Honolulu	Curtis St	3	D4	Honolulu
Cartwright Rd	5	E2	Honolulu	Curtis St (PH)	65	B2	Honolulu
Casablanca St	87	E2	Ewa Beach	Chushing St (PH)	65	D3	Hon-818

Street Index

Cushman Ave — Flagler Ave

NAME	MAP	GRID	AREA
Cushman Ave (MCBH)	28,27	D1,D4	Kailua
Cutinha Ct (SB)	69	A4	Wahiawa
Cypress Ave	60	B1	Wahiawa

D

NAME	MAP	GRID	AREA
D Ave (WL)	75	B3,4	Ewa Beach
D St (FS)	1	B4	Honolulu
D St (HAFB)	66	D1	Honolulu
D St (MCBH)	27	F3	Kailua
Dalene Way	13	D1	Honolulu
Daly Dr	1	E3	Hon-818
Daly Pl (MCBH)	28	C1	Kailua
Damon St	4	B4	Honolulu
Dans Rd	60	D2	Wahiawa
Date Dr	63	B4	Pearl City
Date St (1900 To 2699)	4,5	D4,1	Honolulu
Date St (2700 To End)	5	D1,2	Honolulu
Davenport Pl/St	4	C2	Honolulu
Davis St (SB)	59	F3	Wahiawa
Dawson Rd (SB)	59	D3	Wahiawa
Day Pl	2	B4	Honolulu
Dayton Lane	3	B3	Honolulu
Deborah Sampson Ct (SB)	59	E2	Wahiawa
Dehaven St (PH)	1,66	F1,A2	Honolulu
Dement St	2	A4	Honolulu
Democrat St	2	D3	Honolulu
Dent St	82	D3	Waianae
Denver St	82	F3	Waianae
Desha Lane	3	C2	Honolulu
Desiderio Ct (SB)	70	A1	Wahiawa
Devol Rd	60	D1	Wahiawa
Dewert Cir	1	E2	Honolulu
Dewey Court/Place	4	E4	Honolulu
Diamond (Dimond) Lane	3	C3	Honolulu
Diamond Head Cir	5	E4	Honolulu
Daimond Head Rd			
(3000 To 3399)	5	E3,D4,F1	Honolulu
(3400 To 4499)	5,6	D4,D1,F1	Honolulu
Dias Pl (MCBH)	28	C1	Kailua
Dickman Rd SB	60	D1	Wahiawa
Dickson Cir	1	E2	Honolulu
Dillingham Blvd (500 To 1699)	3,2	C2,C4	Honolulu
Dillingham Blvd (1700 To End)	2	C4,3	Honolulu
Doane St (SB)	59	F3	Wahiawa
Dodson St (MCBH)	28	D1	Kailua
Dole Rd	48	D4	Wahiawa
Dole St (1600 To 2799)	4	C3,4	Honolulu
Dole St (2800 To 2999)	5	B1,2	Honolulu
Dominis St	4	B2	Honolulu
Donagho Rd	5	B1	Honolulu
Doris Miller Lp	1	E3	Honolulu
Doris Pl	4	A4	Honolulu
Dovekie Ave	76	B4,A4	Ewa Beach
Dow St	9	E2	Honolulu
Dowsett Ave	9	D2,E2	Honolulu
Dragon Pl	86	F3	Kapolei
Dreier St	3,4	D4,D1	Honolulu
Driskell Dr	1	D3	Hon-818
Drum Rd	66	E2	Honolulu
Duck Rd (SB)	60	E1	Wahiawa
Dudoit Lane	4	D4	Honolulu
Dukes Lne	5	E1	Honolulu
Dump Rd	66	D3	Honolulu
Duncan Dr	17	A1	Kaneohe
Duncan St (SB)	59	E3	Wahiawa
Dune Cir	24	B4	Kailua
Dunlap Ct (PH)	66	B1	Honolulu
Duval St	5	D3	Honolulu

E

NAME	MAP	GRID	AREA
E Ave	75	A4	Ewa Beach
E Hanson Rd	86,87	B4,B1	Ewa Beach
E St (HAFB)	66	D1	Honolulu
E St (MCBH)	27	F3	Kailua
Eaea Pl	22	E2	Honolulu
Eagle Cir	54	B4	Honolulu
Eames St	48	D4	Wahiawa
East Manoa Rd	10	E3,F2	Honolulu
East-West Rd	5	A1,B1	Honolulu
Eastman Rd (WAFB)	60	D2	Wahiawa
Easy St	9	E2	Honolulu
Edgewater Dr	76	B4	Ewa Beach
Edison St	94	B2,A2	Waianae
Edna St	5	D4	Honolulu
Edwell St	1	F1	Hon-819
Eeka Pl	62	E1	Mililani
Eena Rd (HM)	47	D4	Wahiawa
Eha Way	76	B3	Ewa Beach
Ehako Pl	3	A3	Honolulu
Ehehene Way	40	D3	Kaneohe
Eheu St	3	A2	Honolulu
Ehiku Way	76	B3	Ewa Beach
Ehoeho Ave	48	F3	Wahiawa
Ehu St	94	F4	Waianae
Ehukai St	20	A4	Waimanalo
Ehupua Pl	12	F2	Honolulu
Ehuwai Pl	13	B4	Honolulu
Ekaha Ave	6	B1	Honolulu
Ekaha Cir (SB)	69	A4	Wahiawa
Ekahi Way	73	B3	Ewa Beach
Eke Pl	54	D1	Aiea

NAME	MAP	GRID	AREA
Ekekela Pl	3,8	A3,F4	Honolulu
Ekela Ave	5	C2,D2	Honolulu
Ekemauu St	75	F2	Ewa Beach
Ekepuu Pl	23	F3	Kaneohe
Ekoa Pl	12	D2	Honolulu
Ekolu St	49	D1	Wahiawa
Ekolu Way	76	B3	Ewa Beach
Elau Pl	61	D4	Mililani
Eleele Pl	22	F1	Honolulu
Elehei Pl	61	B4	Mililani
Eleku Kuilima Pl	29	B2	Kahuku
Elele Pl/St	85	E1	Ewa Beach
Elelupe Pl/Rd	13	D1	Honolulu
Elemakule St/Pl	86	B4,A3	Ewa Beach
Elemika Pl	97	C4	Ewa Beach
Elena St	3	B3	Honolulu
Elepaio St	6	D2,3	Honolulu
Eleu St	73	A3,B3	Waipahu
Elima Way	76	B3	Ewa Beach
Elizabeth St	5,6	B4,B1	Honolulu
Elleman Rd (WAFB)	60	D2	Wahiawa
Elliott St	66	A3	Honolulu
Elm Cir/Dr	63	C4	Pearl City
Elm St	4	D2	Honolulu
Elrod Dr (MCBH)	28	D1	Kailua
Elrod Rd	54	B1,A1	Aiea
Elrod Rd	87	B2	Ewa Beach
Elsie Lane	4	C3	Honolulu
Elua St	2,8	A4,F2	Honolulu
Elua Way	76	B3	Ewa Beach
Eluwene St	2	C3,C4	Honolulu
Ema Pl	2	A4	Honolulu
Emekona Pl	10	E3	Honolulu
Emepela Pl/Way	15	C4	Kaneohe
Emerson Rd	55	C4	Haleiwa
Emerson St	4	C1	Honolulu
Emily St	3	D4	Honolulu
Emma Lane	3	C4	Honolulu
Emmeline Pl	8	D2	Honolulu
Emmeluth Lane	3	B2	Honolulu
Emoloa Pl	61	E4	Mililani
Ena Rd	4	D4	Honolulu
Enal Rd	1,2	A4,B2	Honolulu
Enger St	1	E3	Honolulu
Engine Test Rd	66	C2	Honolulu
English St (MCBH)	28	D1	Kailua
Enos Lane	4	C2	Honolulu
Enterprise Ave	86	F4,E3	Ewa Beach
Enterprise St	94,82	A4,F2	Waianae
Enterprise St (PH)	65	C2	Honolulu
Eono Way	76	B3	Ewa Beach
Epukane St	54	D3	Honolulu
Erne Ave	76	B4,A4	Ewa Beach
Ernest St	4	C1	Honolulu
Essex St	82	F3	Waianae
Essex St (PH)	65	C2	Honolulu
Esther St	5	D3	Honolulu
Etcell Ct (PCP)	64	C4	Pearl City
Ethal Ln	2	A4	Honolulu
Ethan Allen Ct (SB)	59	E2	Wahiawa
Eu Lane	3	C1	Honolulu
Eucalpytus Pl	54	C4	Honolulu
Eugene Pl	5	B2	Honolulu
Eulu Pl/St	61	A2	Mililani
Evelyn Lane	4	C3	Honolulu
Everest St	82	F2	Waianae
Ewa Beach Rd	76	E3,D4	Ewa Beach
Ewalu Way	76	B3	Ewa Beach
Ewelani St	53	C2,C1	Aiea

F

NAME	MAP	GRID	AREA
F Ave	76,75	A1,A4	Ewa Beach
F St (FS)	1,2	B4,B2	Honolulu
F St (MCBH)	27	E4	Kailua
Factory St	2	B3	Honolulu
Fairway Pl	11	F4	Honolulu
Farm St	64	C3	Pearl City
Farmers Rd	6	C3	Honolulu
Farr Lane	2	B4	Honolulu
Farrington Hwy			
(66-200 To 69-435)	68	A3	Waialua
(82-001 To 89-699)	93	D1,4	Waianae
(91-402 To 92-438)	85	C3	Ewa Beach
(94-025 To 94-1211)	64,74	E1,C2	Waipahu
(96-045 To End)	63	D4	Pearl City
Farrington St (1200 To 1399)	4	C4	Honolulu
Farrington St (2800 To End)	4	C4	Honolulu
Felix St	5	A2	Honolulu
Fence Rd	81,82	E2,F1	Waianae
Ferdinand Ave	4,10	A3,F1	Honolulu
Fern St	4	D3,4	Honolulu
Fernander Rd (WAAF)	60	B2	Wahiawa
Fernandez Ct (WAAF)	60	B2	Wahiawa
Fernandez St	2	B4	Honolulu
Fernridge Pl/Rd	54	A1	Aiea
Feyer St (SB)	87	C1	Kapolei
Fifth St (MCBH)	27	E3	Kilua
Fincher St	1	E2	Honolulu
First St (MCBH)	27	F3	Kailua
Fisler Ct (PH)	66	A1	Hon-818
Flagler Ave	59	E4	Wahiawa

Street Index

NAME	MAP	GRID	AREA
Flaherty Cir	1	E1,F1	Honolulu
Flame Pl	1	C1	Honolulu
Flamingo St	20,19	B1,B4	Waimanalo
Fleck Pl	69,70	A4,B1	Wahiawa
Fleek Ct (WAAF)	60	B2	Wahiawa
Fleet Pl	54	F2	Aiea
Fleming Cir (MCBH)	28	D1	Kailua
Fleming Rd	86	B4	Ewa Beach
Fletcher Ave (PH)	65	C3,4	Hon-818
Foote Ave	60,59	D1,E3	Wahiawa
Forarty St (BP)	87	C1,C2	Kapolei
Ford Island Way (PH)	65	D3	Honolulu
Forest Ridge Way	9,10	D4,D1	Honolulu
Forrestal Ave/Cir (BP)	98,99	A4,A1	Ewa Beach
Forrestal St	82	D3	Waianae
Fort Kam Rd	66	E2	Honolulu
Fort St	3	C3,D3	Honolulu
Forth St (MCBH)	27	E3	Kailua
Forward Ave	54	B3	Honolulu
Foster Dr (MCBH)	27	D3,E3	Kailua
Fournier Ave	59	E4	Wahiawa
Fox Blvd (HAFB)	65,66	C4,C1	Honolulu
Francis St	5	D3,4	Honolulu
Frank St	5	B2	Honolulu
Franklin Ave	64	C4	Pearl City
Franklin Ave (BP)	86,99	F3,A1	Ewa Beach
Franklin Ave (PH)	65	B2	Honolulu
Franklin St (NAD LLL)	82	F2	Waianae
Frear St	3	C4	Honolulu
Fredrick St (PH)	65	B4	Hon-818
Freedom Ave	66	C1	Honolulu
Freeland Pl	4	C1	Honolulu
Fresh Air Camp Rd	55	E4	Haleiwa
Fricke St	92	F2	Waianae
Frog Lane	3	B3	Honolulu
Frutchey Rd (WAAF)	60	B2	Wahiawa
Ft Weaver Rd	75,76	E1-F4,F1-C4	Ewa Beach
Ft Weaver Rd, Old	74	D2,E4	Ewa Beach
Fuller Way (PH)	65	C4	Honolulu
Fulmar Ave	76	A4	Ewa Beach
Funchal St	3	B3	Honolulu
Funston Lp/Rd (FS)	1,2	B4,B2	Honolulu
Funston Rd (SB)	59	D4	Wahiawa
Fuqua St, Ln (PH-MT)	1	E2	Honolulu

G

NAME	MAP	GRID	AREA
G Ave	75,65	A3,F2	Ewa Beach
G St (HAFB)	66	D1	Honolulu
G St (MCBH)	27	E4	Kailua
Gail St	5	F3	Honolulu
Gambier Bay St (FI)	65	C1	Honolulu
Gannan Rd	60	D2	Wahiawa
Gannet Ave	76	B4,A4	Ewa Beach
Gannet St (PH)	65	C2	Honolulu
Gardenia Lp/Pl	54	C4	Honolulu
Gardenia Pl/St	10,11	E4,E1,D1	Honolulu
Gartley Pl	9	C2	Honolulu
Garton St	86	A3	Ewa Beach
Geiger Rd	75,86	F3,A4	Ewa Beach
Gemini Ave (HAFB)	66	C1	Honolulu
General Lp (SB)	60,59	D1,D4	Wahiawa
George St	5	D3,4	Honolulu
George Washington Ct (SB)	59	E2	Wahiawa
Gertz Ln	2	B4	Honolulu
Gier St, Way (MCBH)	27	E3	Kailua
Gilbert St	82	F2	Waianae
Gilipake St	94	E3	Waianae
Gillespie Cir	1	E2	Honolulu
Ginger St	10,11	E4,E1	Honolulu
Glen Ave	48	D4	Wahiawa
Glenmonger St	93	E3	Waianae
Glennan St	59	E3	Wahiawa
Glenview Pl	48	E4	Wahiawa
Gold Pl	54	D4	Honolulu
Gomasy Ct (PH)	66	A1	Honolulu
Goodale Ave	67,68	A4,A1	Waialua
Gordon Rd	25	C2	Kailua
Gordon Rd (SB)	59	D4	Wahiawa
Gordon St	1	D3	Honolulu
Gore Way	4	A4	Honolulu
Gorgas Rd (SB)	59	D3	Wahiawa
Graham Ct (PH)	66	B1	Honolulu
Grand View Pl	49	C1	Wahiawa
Grant Ct (SB)	70	A1	Honolulu
Green St (700 To 899)	3,4	C4,1	Honolulu
Green St (900 To End)	4	C1	Honolulu
Gregory St	2,3	B4,B1	Honolulu
Gretchen Lane	3	A3	Honolulu
Grewia Pl	54	C3	Honolulu
Griffiths St (1200 To 1399)	4	C4	Honolulu
Griffiths St (1400 To End)	4	C4	Honolulu
Grimes St (SB)	59	E3	Wahiawa
Grote Pl/Rd	15,23	B4,E1	Kaneohe
Guadalcanal Ave/Cir	86	D3	Ewa Beach
Guadalcanal St	82	E2	Waianae
Guam St	82	E2	Waianae
Guard St	93	E2	Waianae
Guava Pl	54	D4	Honolulu
Gulick Ave/St	2	A4	Honolulu
Gulston St	5	A2	Honolulu
Gum Pl	54	D4	Honolulu

H

NAME	MAP	GRID	AREA
H Ave (WL)	76	B2	Ewa Beach
H Pl	1,2	B4,A2	Honolulu
H St (HAFB)	66	C1	Honolulu
Haaa St	74	B1	Waipahu
Haahaa St	37,36	B1,B4	Kaaawa
Haaheo Pl	54	B1	Aiea
Haakei St	86	A3	Ewa Beach
Haakoa Pl	64,74	F1,A3	Waipahu
Haakualiki Pl/St	49	E4	Mililani
Haalau St	73	A4	Waipahu
Haalelea Pl	4	B1	Hon-822
Haaliki St	8	E3	Honolulu
Haalohi St	61	B4	Mililani
Haama Pl	93	A4	Waianae
Haamaile Pl/St	17	C1	Kaneohe
Haanopu Way	40	D3	Kaneohe
Haawale Pl	10	F2	Honolulu
Haawi Way	63	B4	Pearl City
Haawina Pl/St	86	E1	Ewa Beach
Haehae Pl	76	D2	Ewa Beach
Haele Pl	40	E4	Kailua
Haena Dr	4	B4	Honolulu
Hahaione St/Pl	13	A1,B2	Honolulu
Hahani St	25	D1	Kailua
Hahanui St	76	D2	Ewa Beach
Haiamu Pl/St	76	D2	Ewa Beach
Haiano Pl	76	D2	Ewa Beach
Haiea Pl	75	D1	Ewa Beach
Haike Pl	49	D4	Mililani
Haiki Pl	4	B3	Honolulu
Haiku Plantations Dr/Pl	15	D3,E2	Kaneohe
Haiku Rd	15,16	C4,A2	Kaneohe
Hailey Ct	1	E3	Hon-818
Haili Rd	3	A4	Honolulu
Hailimanu Pl	54	A4	Aiea
Hailimoa Pl	75	D1	Ewa Beach
Hailipo St	76,87	F3,A4	Ewa Beach
Hailono Pl	61	C4	Mililani
Haina Ct (HM)	47	C4	Wahiawa
Hainoa Pl	76	D2	Ewa Beach
Haipu Pl	76	D2	Ewa Beach
Haiwa Pl	76	D2	Ewa Beach
Haiwale Loop/Pl	62	E1	Mililani
Haka Dr	2	B4	Honolulu
Hakai Lp	63	C2	Waipahu
Hakaka Pl/St/Lp	6	D2	Honolulu
Hakala St	50	F2	Mililani
Hakalau Pl	13	D2	Honolulu
Hakalauai Pl	61	C4	Mililani
Hakalina Rd	93	B3,A3	Waianae
Hakamoa St	61	C4	Mililani
Hakanu St	12	E1	Honolulu
Hakeakea St	94	F4	Waianae
Hakia Pl	12	E1	Honolulu
Hakimo Pl/Rd	95	B1,E2	Waianae
Hakina St	54,53	C1,D4	Aiea
Hako Lp (WAFB)	60,61	C4,C1	Wahiawa
Hako St	24	C1	Kaneohe
Haku Pl/St	1,2	B2,A1	Honolulu
Hakuaina Pl	1,2	A2,A1	Honolulu
Hakuhaku St	4	D2	Honolulu
Hakuhale St	40	E3	Kaneohe
Hakumele Pl	9	D2	Honolulu
Hakuola Rd	43,41	A3,F3	Haleiwa
Hakuone Pl/St	48	D4	Wahiawa
Hakupapa St	54	D3	Honolulu
Hakupokano Lp	61	C3	Mililani
Hala Dr	2,3	A4,A1	Honolulu
Halahinano St	85	D4	Kapolei
Halahua St	85	D4	Kapolei
Halai St/Lp	34	E3	Hauula
Halakahiki Pl	60	C1	Wahiawa
Halakau Pl/St	12	E1	Honolulu
Halakea St	53,52	D1,D4	Aiea
Halaki St	12	C4	Honolulu
Halalani Pl	97	C4	Ewa Beach
Halalii St	76	D2	Ewa Beach
Halana St/Pl	86	D2,D3	Ewa Beach
Halapepe St	12	D2	Honolulu
Halapia Pl	3	A3	Honolulu
Halapoe Pl	93	A1,A2	Waianae
Halaula Pl	13	A4	Honolulu
Halaulani St	15	B3	Kaneohe
Halawa Dr (99-605 To 99-995)	54	B1,2	Aiea
Halawa Dr (All MKL)	54	F2,3	Aiea
Halawa Hts Rd	54	A1	Aiea
Halawa Valley St	54	B3	Aiea
Halawa Valley Loop	54	C4	Hon-818
Hale Ekahi Dr	93	D3,4	Waianae
Hale Elua St	93	D4	Waianae
Hale Laa Blvd	33,32	D1,D4	Laie
Hale Makai St	4	D1	Honolulu
Hale Momi Pl	53	E4	Aiea
Hale Umi Pl	4	C2	Honolulu
Haleahi Rd	80	F4	Waianae
Haleakala Ave	95	D4	Waianae
Halealii Rd (PH)	65	B4	Honolulu
Halehaka St	11	E3	Honolulu
Halehaka St (HAFB)	66	B3	Honolulu

NAME	MAP	GRID	AREA	NAME	MAP	GRID	AREA
Halehaku Pl	49	E4	Mililani	Hanina St	63	D3	Waipahu
Halehoola Pl	11	F2	Honolulu	Hanole Pl	5	C4	Honolulu
Haleiki Pl	20	B1	Waimanalo	Hanopu St	29	D1	Kahuku
Haleiwa Lp	55	D4	Haleiwa	Hanson Cir (MCBH)	28	D1	Kailua
Haleiwa Rd	55,56	D4,E1	Haleiwa	Hanson Rd North	86	C3,B4	Ewa Beach
Halekamani St	12	D4	Honolulu	Hanson Rd South	87	C2	Ewa Beach
Halekauwila St (100 To 899)	3	D3	Honolulu	Hanu Lane	2	B4	Honolulu
Halekauwila St (900 To 999)	4	E1	Honolulu	Hanua St	98,99	D4,C1	Ewa Beach
Haleki St	68	B1	Waialua	Hanupaoa Pl	5,10	A1,F3	Honolulu
Halekia St	49	D4	Mililani Mauka	Hao Pl/St	12	D1,E2	Honolulu
Halekipa Pl	11	E2	Honolulu	Haokea Dr	25	B4	Kailua
Halekoa Dr/Pl	6,11	A2,E3	Honolulu	Haona St	68	A2	Waialua
Halekou Pl/Rd	17	C2	Kaneohe	Hapaiko St	75	F2	Ewa Beach
Halekua St/Pl	49	D4	Mililani	Hapaki St	53	C1	Aiea
Halekula Way	4	C3	Honolulu	Hapalima Pl	63	E3	Waipahu
Halela St	24	D4	Kailua	Hapalua St	76	E3	Ewa Beach
Halelaau Pl	11	E2	Honolulu	Hapanui Pl	63	E3	Waipahu
Halelani Dr	10	E2	Honolulu	Hapapa St/Pl	63	F3	Waipahu
Halelau Pl	49	D4	Mililani M.	Hapawalu Pl	63	E3	Waipahu
Halelea Pl	4	A4	Honolulu	Hapo St	67	B4	Waialua
Halelehua St	63	E3	Waipahu	Hapua St	86	A3	Ewa Beach
Halelena Pl	10	F2	Honolulu	Hapue Lp	54	D1	Aiea
Halelo Pl	17	B1	Kaneohe	Hapuku St	54,53	D1,D4	Aiea
Haleloa Pl	13	D1	Honolulu	Hapuna Pl	13	C3	Honolulu
Haleloke Pl	15,23	B4,E1	Kaneohe	Hapuu Ct (WAFB)	60	C3	Wahiawa
Halemalu St	49	C4	Mililani Mauka	Hapuu St	53	C4	Aiea
Halemaluhia Pl	94	D2,E2	Waianae	Harbor Dr	66	E4	Honolulu
Halemano St	86	A3	Ewa Beach	Hardesty St	5	B3	Honolulu
Halemanu Pl/St	15	E1	Kaneohe	Harding Ave	5	C2,C4	Honolulu
Halemaumau Pl/St	12,13	D4,E1	Honolulu	Harmon Ave (HAFB)	66	C1	Honolulu
Halemuku Pl/Way	23	E2	Kaneohe	Harris Ave (MCBH)	28,27	D1,D4	Kailua
Halemuku St	23	E2	Kaneohe	Harrison St (BP)	87	D1	Kapolei
Halena Ct (HAFB)	66	B2	Honolulu	Hart St (1500 To 1699)	2	C3,4	Honolulu
Halena Pl (HAFB)	66	B2	Honolulu	Hart St (1700 To End)	2,3	C3,D1	Honolulu
Halenani Pl	17	B2	Kaneohe	Hartstock Ct (SB)	69,70	B4,B1	Wahiawa
Halenoho Pl	11	E2	Honolulu	Harvey Lane	2	B4	Honolulu
Haleola Pl/St	12,13	C4,F1	Honolulu	Hase Dr (FS)	1,2	A3,A2	Honolulu
Halepa Pl	12	C4	Honolulu	Hassinger St	4	C2	Honolulu
Halepio Pl	49	C4	Mililani Mauka	Hastings St	82,94	F1,A2	Waianae
Haley Ave (WAFB)	60	D2	Wahiawa	Hau St (1500 To 1699)	2,3	C3	Honolulu
Halia St	24	A1	Kailua	Hau St (1700 To End)	2	C4	Honolulu
Halike Pl	95	E3	Waianae	Hauhele Rd	37	B1	Kaaawa
Halilo St	68	B1	Waialua	Hauiki St	2	A3	Honolulu
Halina St	8	E2	Honolulu	Haukaekae Pl	17	C1	Kaneohe
Hall St (SB)	59	F3	Wahiawa	Haukapila Rd	53	E3	Aiea
Halliday Pl	15,23	A4,D1	Kaneohe	Haukoi Pl	34,33	E1,E4	Hauula
Halligan Rd (MCBH)	27	D3	Kailua	Haukulu Rd	10	C2	Honolulu
Haloa Dr	54	D3	Honolulu	Haulani St	63	E3	Waipahu
Haloko Pl	74	D4	Ewa Beach	Haumalu Pl	49	B1	Wahiawa
Haloku St/Pl	49	E4	Mililani	Haumana Pl	1,2	A4,A3	Honolulu
Halolani St	75	F2,E2	Ewa Beach	Haumea St	86	F1	Ewa Beach
Halona Pl/St	3	B1	Honolulu	Haunani Pl	15,23	A4,E1	Kaneohe
Halona Rd	93,C4	C4,B1	Waianae	Haunapo Ln	2	B3	Honolulu
Halualani Pl	15	C3	Kaneohe	Haunaukoi St	20	B2	Waimanalo
Halula Pl	25	E3	Kailua	Haunuu St	63	E3	Waipahu
Halulu Way	4	B4	Honolulu	Hauoka Ave	48,49	F4,F1	Wahiawa
Halupa St	54	D3	Honolulu	Hauoli St (100 To 299)	4	C4	Kailua
Hamakua Dr/Pl	25	D1,D2	Kailua	Hauoli St (700 To 999)	4	D3	Honolulu
Hamana St	74,75	E4,E1	Ewa Beach	Hauolioli St	75	E3	Ewa
Hamau St	73	B4	Waipahu	Hauone Pl/St	85	D1	Ewa Beach
Hame Pl/St	85	D1,E2	Ewa Beach	Haupoa St	38	F3	Kaneohe
Hamiha Pl	76	D2	Ewa Beach	Haupu Pl	2	A4	Honolulu
Hamilton Rd (BP)	87,99	C2,A3	Ewa Beach	Hausten St	4,5	C4,C1	Honolulu
Hamilton St (SB)	59	E3	Wahiawa	Hauula Hmstd Rd	34	E2	Hauula
Hammond Cir	1	E2	Honolulu	Hauula Lp/St (SB)	69,70	B4,B1	Wahiawa
Hammonds Port (FI)	65	C2	Honolulu	Hauula Park Pl	34	E2	Hauula
Hamoa Pl	76	D1	Ewa Beach	Hawaii Kai Dr	13,14	D2,A1	Honolulu
Hamoula St	74	D4	Ewa Beach	Hawaii Loa St	12	D4	Honolulu
Hampton Cir	1	D3	Honolulu	Hawaii St	8,9	F4,F1	Honolulu
Hamumu Pl/St	61	B3,A3	Mililani	Hawaii St (SB)	59	F1	Wahiawa
Hana St	92	F2,3	Waianae	Hawane Pl	12	E1	Honolulu
Hanahanai Pl	12	F1	Honolulu	Hawea St	86	D2	Ewa Beach
Hanai Lp	2,3	A4,A1	Honolulu	Hawena St	25	D1	Kailua
Hanaimoa St	34	E1	Hauula	Haweo Pl	9	F3	Honolulu
Hanakahi St	76	E1,D2	Ewa Beach	Hawkins Pl/St (MCBH)	28	D1	Kailua
Hanakapiai St	14	D1	Honolulu	Hawthorne Pl	54	D3	Honolulu
Hanakealoha Pl	11	E1	Honolulu	Hayden St	5	D3,4	Honolulu
Hanakoa Pl/St	14	D1	Honolulu	Hays Cir	1	D2	Honolulu
Hanale Pl	24	E4	Kailua	Heahea Pl/St	73	A3,B3	Waipahu
Hanalei St	92	F2	Waianae	Heainoa Pl	62	C4,D4	Waipahu
Hanalima St	3	B3	Honolulu	Healy Ave (SI)	3	E2	Honolulu
Hanaloa Pl/St	76	E2,D2	Ewa Beach	Heard Ave	59	D4	Wahiawa
Hanalulu Pl	20	B1	Waimanalo	Heau Pl	56	E2	Waialua
Hanamaulu St	13,14	D4,D1	Honolulu	Heeia St	15	B3	Kaneohe
Hanana Pl	3	A3	Honolulu	Heen Way	53	A4	Aiea
Hanapaa St	86	E2	Ewa Beach	Hei Pl	75	F1	Ewa Beach
Hanapepe Lp/Pl	14	F1	Honolulu	Hekaha St	53	F2	Aiea
Hanapouli Cir	75	F3	Ewa Beach	Hekau	53	E4	Aiea
Hanapule St	68	B1	Waialua	Hekili St	25	D1	Kailua
Hanau St	48	F2	Wahiawa	Hekiliiki Pl	21	D2	Waimanalo
Hanauma Bay Rd	14	D2	Honolulu	Hekilinui Pl	21	D2	Waimanalo
Hanauna St	73	B3	Waipahu	Hele Mauna Pl	54	A1	Aiea
Hanawai Cir	74	A2	Waipahu	Hele St	25,26	E4,E1	Kailua
Hancock Ave (FI)	65	B1	Honolulu	Heleconia St	53	D4	Aiea
Hancock Pl (HAFB)	66	A2	Honolulu	Helekula Pl/Way	94	E4	Waianae
Hancock St	86,99	F4,A2	Ewa Beach	Helelua Pl/St	95	D4	Waianae
Handrich St SB	69,70	A4,A1	Wahiawa	Helemano Rd	56	E3	Waialua
Hanger Ave (HAFB)	66	D1	Honolulu	Helemano St	8	F4	Honolulu
Hani Lane	2	B4	Honolulu	Helena St	85	F3	Ewa Beach
Hanile St	61	B3,A3	Mililani	Heleuma St	94	F4,E4	Waianae
Hanohano Pl,Way	22	F1	Honolulu	Helo Pl	11	E2	Honolulu

Helu Pl — Holanialii St

NAME	MAP	GRID	AREA
Helu Pl (WAFB)	61	C1	Wahiawa
Helumoa Rd	5	E1	Honolulu
Hema Pl	12	E2	Honolulu
Hemolele Pl	8	E4	Honolulu
Henderson Rd	86	D4	Ewa Beach
Hendrickson	69	A4	Wahiawa
Hene St	74	C1	Waipahu
Hennley St	1,66	F1,A2	Honolulu
Heno Pl	40	E4	Kaneohe
Henoheno Pl/St	40	E3	Kaneohe
Henokea St/Pl	63	E3	Waipahu
Henry St	9	F2	Honolulu
Hepa St	74	A1	Waipahu
Hepaki Pl	18	D3	Kailua
Hepia Pl	63	D3	Waipahu
Herbert St	5	D3	Honolulu
Herbert St	82	D2,C2	Waianae
Herian Dr/Pl/Rd	1,2	A3,A2	Honolulu
Herman St	5	A2	Honolulu
Heron Ave	76	B3,A3	Ewa Beach
Hertz Lp	94	C3	Waianae
Heulu St	4	B2	Honolulu
Heumiki Pl	16	B4	Kaneohe
Heupueo Pl	16	B4	Kaneohe
Hewitt Rd (SB)	59	F3,F4	Wahiawa
Hewitt St (SB)	59	F2	Wahiawa
Hiaai Pl	63	E3	Waipahu
Hiahia Lp/Pl	63	E3	Waipahu
Hiaku Pl	63	E3	Waipahu
Hiali Pl	63	E3	Waipahu
Hialoa St	3	B3	Honolulu
Hiana Pl	63	D3	Waipahu
Hianakusi St	63	E3	Waipahu
Hiapaiole Lp/Pl	63	E3	Waipahu
Hiapo Pl/St	63,74	E3,A1	Waipahu
Hiawale Lp/Pl	62	E1	Mililani
Hibiscus Dr/Pl/St	5	F4	Honolulu
Hibiscus St	54	C3	Honolulu
Hie Pl	63	E3	Waipahu
Hiehie St	10	F3	Honolulu
Hiena Pl	63	E3	Waipahu
Highview Pl	5	B4	Honolulu
Hihi Ct (HM)	47	D3	Wahiawa
Hihialou Pl	85,84	E1,E4	Ewa Beach
Hihimanu St	20	A4	Waimanalo
Hihio Pl	2,8	A3,F1	Honolulu
Hihiwai St	5	D1	Honolulu
Hiiaka Rd	36,37	B4,B1	Kaaawa
Hiialo St	49	C4	Mililani Mauka
Hiikala Pl	6	A2	Honolulu
Hiikua Pl	61	A2	Mililani
Hiilani St	4,3	B1,B4	Honolulu
Hiilawe St	3,4	A4,A1	Honolulu
Hiilei Pl	61	B2	Mililani
Hiipoi St	16,15	A2,B2,D4,E4	Kaneohe
Hika St	67,68	B4,B1	Waialua
Hiki St	2	A4	Honolulu
Hikianalia Pl	61	E4	Mililani
Hikikaulia Pl/St	61	B4	Mililani
Hikiku Pl	61	E4	Mililani
Hikimoe St/Pl	63	F4	Waipahu
Hikina Ct (HM)	47	D4	Wahiawa
Hikina Lane	3	C1	Honolulu
Hikino St	12	E1	Honolulu
Hikiwale Pl/St	23	F4	Kaneohe
Hila Pl	53	F2	Pearl City
Hila St	94	E2	Waianae
Hilihua Pl/Way	63	E4	Waipahu
Hilinai St	23	F2	Kaneohe
Hilinama St	15	B3	Kaneohe
Hilinehu Pl	61	C2	Mililani
Hiliu Pl	53	C2,B2	Aiea
Hill Dr	48,49	C4,C1	Wahiawa
Hill St	86	F4	Ewa Beach
Hillcrest St	3	A1	Honolulu
Hillman St	1,2	B4,B3	Honolulu
Hillside Ave	4,10	A4,F2	Honolulu
Hilo Holly Pl	54	D4	Honolulu
Hilo Pl	5	A4	Honolulu
Hilu St	21,20	C1,A4	Waimanalo
Hiluhilu Pl/St	86	E1	Ewa Beach
Hima Rd	59	B2	Wahiawa
Himeni Pl	62	C4,D4	Waipahu
Hina St	63	E3	Waipahu
Hinaea St	63	E3	Waipahu
Hinahina St	5	B3,4	Honolulu
Hinalani Pl/St	15	C3	Kaneohe
Hinalea St	20	A4	Waimanalo
Hinalii Pl/St	61	B3,A3	Mililani
Hinalo Pl	1	E1	Honolulu
Hinamoe Lp/Pl	16	A4,B4	Kaneohe
Hinano St	5	E3	Honolulu
Hinano Way	24	D3	Kailua
Hinapu St	15	B3	Kaneohe
Hind Dr (East)	12	E3	Honolulu
Hind Dr (West)	12	E2	Honolulu
Hind Iuka Dr	12	C1,D2	Honolulu
Hind Pl	12	E3	Honolulu
Hinu Pl	53	F1	Pearl City
Hinuhinu Way	74	B1	Waipahu
Hio Pl	40	E3	Kaneohe
Hiolani Pl	9	F2	Honolulu
Hipawai Pl	5	A1	Honolulu
Hiram Lane	3	B2	Honolulu
Hiu St	2	B3	Honolulu
Hiwahiwa Pl/Way	74	B1	Waipahu
Hiwahiwa St	36,37	B4,B1	Kaaawa
Hiwalani Pl	17	B2	Kaneohe
Hiwi Pl	60	B1	Wahiawa
Ho Imi Pl	12	D3	Honolulu
Ho Omua St	50	F2	Mililani M.
Hoa St	22	E1	Honolulu
Hoaahi Pl	16	A3	Kaneohe
Hoaaina Pl/St	12	F1,2	Honolulu
Hoaeae Pl/St	74	B1	Waipahu
Hoaha Pl/St	93	E3	Waianae
Hoahana Pl	22	F1	Honolulu
Hoahele Pl	49	D4,E4	Mililani M.
Hoahiahi Pl	49	D4	Mililani M.
Hoahui St	49	D4	Mililani M.
Hoailona St/Pl	50	F1	Mililani M.
Hoaka Pl	61	A2	Mililani
Hoakakea Pl	50	D1	Mililani Mauka
Hoakea Pl	49	D4	Mililani M.
Hoakoa Pl/St	6	A2	Honolulu
Hoakua St, Pl	50	D1	Mililani Mauka
Hoakula St	49	D4	Mililani Mauka
Hoala St	53	C1	Aiea
Hoalauna St	74,75	E4,E1	Ewa Beach
Hoalii Pl/St	84	D4	Ewa Beach
Hoalike Rd	42	E2	Haleiwa
Hoaloha Pl	9	E2	Honolulu
Hoalu Pl	4	B2	Honolulu
Hoalua St	41	C2	Haleiwa
Hoaluhi Pl	49	D4	Mililani M.
Hoalumi St	50	D1	Mililani Mauka
Hoana Pl	12	E3	Honolulu
Hoanaulu Pl	86	E2	Kapolei
Hoani Pl	49	D4	Mililani M.
Hoanoho Pl	5	A3	Honolulu
Hoao Pl	49	C4	Mililani Mauka
Hoapili Lane	3	B1	Honolulu
Hoapono Pl	54,53	A1,A4	Aiea
Hoauna Pl/St	15	C3	Kaneohe
Hoawa Lane	4	C4	Honolulu
Hoawa St	4	D4	Honolulu
Hobron Lane	4	E3	Honolulu
Hobson St	82	E1	Waianae
Hoe St	2	D3	Honolulu
Hoe Way	48,49	D4,D1	Wahiawa
Hoea St	86	E2	Ewa Beach
Hoehoe Pl	12,13	C4,C3,B3,B4	Honolulu
Hoene Pl	23	F2	Kaneohe
Hoenui St	1,2	A4,A3	Honolulu
Hoeu Pl	61	C3	Mililani
Hoewaa Pl	86	C2	Ewa Beach
Hoheiki Way	63	C1	Waipahu
Hohiu Pl	73,74	B4,B1	Waipahu
Hohola St	73	A4	Waipahu
Hoi Pl	48	D4	Wahiawa
Hoihi Pl	12	C4	Honolulu
Hoihoi Ave	48	E3	Wahiawa
Hoikaika Pl	73,74	B4,B1	Waipahu
Hoike Pl/Way	85	E1	Ewa Beach
Hoina Pl	85	F2	Ewa Beach
Hoio Cir SB	69	A4	Wahiawa
Hoio Pl/St	53	C4,D4	Aiea
Hokea St	54	C1	Aiea
Hokeo St	86	D2	Ewa Beach
Hokio Pl	54	B4	Aiea
Hokiokio Pl	12,13	C4,C3,B3,B4	Honolulu
Hoku Ave	6	B1	Honolulu
Hoku-Alii St/Ct	62	C1	Mililani
Hokuaea Pl	93	D4	Waianae
Hokuahiahi St	61	D4	Mililani
Hokuaiaina Pl	93	D4	Waianae
Hokuala Pl/St	62,61	D1,C4	Mililani
Hokuao Pl	61	A2	Mililani
Hokuaukai Pl/Way	86	D1,D2	Ewa Beach
Hokuhele Pl	62	D1	Mililani
Hokuili Pl/St	62	D1,2	Mililani
Hokuimo St/Pl	86	D1	Ewa Beach
Hokuiwa St	61	D3	Mililani
Hokukea Ct	61	B3	Mililani
Hokukea Pl	93	D4	Waianae
Hokulani St	13	A2	Honolulu
Hokulea Pl	61	C3	Mililani
Hokulele Pl	62	D1	Mililani
Hokulewa Lp/Pl	62	D1	Mililani
Hokuliilii Pl/St	62	E2	Mililani
Hokuloa Lp	61	C3	Mililani
Hokunui St	86	D1	Ewa Beach
Hokupa St	86	D2	Ewa Beach
Hokupaa St	93	D4	Waianae
Hokupalemo Pl/St	61	C4	Mililani
Hokuukali Pl/St	93	D4	Waianae
Hokuula Lp/Pl	61	B2	Mililani
Hokuwekiu St	86	D1	Ewa Beach
Hokuwela St	86	D1	Ewa Beach
Hokuwelowelo Pl	61	B3	Mililani
Holani St	61	B4,A4	Mililani
Holanialii St	62,61	E1,E4	Mililani

Holaniku Pl/St — Houghtailing St

NAME	MAP	GRID	AREA
Holaniku Pl/St	61	C4,D4	Mililani
Holapa St	54	C3	Honolulu
Holawa Pl/St	41	C2	Haleiwa
Holei St	5	E3,4	Honolulu
Holelua Pl	3	C1	Honolulu
Holio Pl	16,17	B4,B1	Kaneohe
Holi St	86	E2	Ewa Beach
Hollinger St	5	D3,E3	Honolulu
Holly Pl	11	D1	Honolulu
Holo Pl	54,53	B1,B4	Aiea
Holo Kia Ct (HM)	47	D4	Wahiawa
Holoai St	53,54	B4,C4,B1,C1	Aiea
Holoanai Way	15,16	E4,A1	Kaneohe
Holoholo St	25	E3	Kailua
Holoimua Pl/St	86	E2	Ewa Beach
Holokaa Pl/St	15	D3	Kaneohe
Holokahana Lane	3	B2	Honolulu
Holokai Pl	22	F3	Honolulu
Holokia Pl	49	E4	Mililani
Holoku Pl	60,59	B1,B4	Wahiawa
Holokuku Pl	15,16	D3,A1	Kaneohe
Hololani St	49	E4	Mililani
Hololea St	49	E3	Mililani
Hololio Pl/St	15,16	D3,A1	Kaneohe
Holomakani Pl/St	16	B4	Kaneohe
Holomalia Pl/St	95	D3	Waianae
Holomoana St	4	E3	Honolulu
Holomua Pl	11	E1	Honolulu
Holona Pl	9	E2	Honolulu
Holonui Pl	15,16	D3,A1	Kaneohe
Holopapa St	75	E3	Ewa
Holopeki St	15,16	D3,A1	Kaneohe
Holopono Pl/St	95	D3	Waianae
Holopu Pl	15,16	D3,A1	Kaneohe
Holopuni St	53	E2	Pearl City
Holouka Pl	15,16	D4,A2	Kaneohe
Holowai Pl/St	23	E3	Kaneohe
Holt St	91	F4	Waianae
Holu Pl	61	B3,A3	Mililani
Holua Pl/Way	8	D2	Honolulu
Holunape St	86	D1	Ewa Beach
Holupe St	73	B4	Waipahu
Holy Cross Blvd	15	D1	Kaneohe
Home Rule St	2	D3	Honolulu
Homelani Pl	9	D1	Honolulu
Homohana Rd	59	B1	Wahiawa
Hone Lane	3	B1	Honolulu
Honehone St	48	F3	Wahiawa
Honekoa St	40	B3	Kaneohe
Honeysuckle Pl	54	C4	Honolulu
Honohina Pl/St	54	C1	Aiea
Honohono St	53	D4	Aiea
Honohono St (HAFB)	66	B2	Honolulu
Honokahua Pl/St	22	D1,2	Honolulu
Honokawela Dr	29	E1	Kahuku
Honokoa Pl/St	6	A2	Honolulu
Honomanu St	53	E4	Aiea
Honomu Pl/St	34	E2	Hauula
Honono St	14	D1	Honolulu
Honopu Pl	13,14	B4,B1	Honolulu
Honowai Pl/St	74	C1,B1	Waipahu
Honu St	53	E4	Aiea
Honua St	6	C2,3	Honolulu
Hoohaaheo Pl	52	F4	Pearl City
Hoohai Pl/St	52	E3	Pearl City
Hoohakanu Pl	52	F4	Pearl City
Hoohaku Pl/St	64,52	A1,F4	Pearl City
Hoohale St	64,52	A2,F1	Pearl City
Hoohalia St	52	F3	Pearl City
Hoohalike St	52	F3	Pearl City
Hoohana Pl	52	F3	Pearl City
Hoohawai Pl	54	D2	Honolulu
Hooheke St	52	F4	Pearl City
Hooheno Pl/St	52	F3	Pearl City
Hoohiamoe St	52	F4	Pearl City
Hoohie Pl	52	F3	Pearl City
Hoohiki Pl/St	64,53	A2,F1,E4	Pearl City
Hoohilu St	75	E3	Ewa
Hoohoa Pl	52	F4	Pearl City
Hoohoihoi Pl/St	52	E3	Pearl City
Hoohonua St	53,52	F1,F4	Pearl City
Hoohuali Pl	64	A2	Pearl City
Hoohui St	52	F4	Pearl City
Hoohulili St	53,52	F1,F4	Pearl City
Hoohulu Pl/St	52	F4,E4	Pearl City
Hooia St	52	E4	Pearl City
Hooikaika Pl	52	E4	Pearl City
Hooiki St	52	F4	Pearl City
Hooilo Pl	86	A4	Ewa Beach
Hookaau St	50	F2	Mililani
Hookahe St/Pl	86	B4,A3	Ewa Beach
Hookahi St	64	A1	Pearl City
Hookahua St	52	E3	Pearl City
Hookala St	64	A1	Pearl City
Hookanahe St	50	F2	Mililani
Hookani St	52	F4	Pearl City
Hookanike St	53,52	F1,F4	Pearl City
Hookano St	64	A1	Pearl City
Hookaulana Pl	75	E2,E3	Ewa
Hookaulike Pl	75	E3	Ewa
Hookeha Pl/St	84,85	D4,E4	Ewa Beach

NAME	MAP	GRID	AREA
Hookeha St	84,85	E4,E1	Ewa Beach
Hookela Pl (SI)	3	E2	Honolulu
Hookele Pl/St	94	F4,E4	Waianae
Hookelewaa St	61	B3	Mililani
Hookena St	52	E2	Pearl City
Hookiekie St	52	E3	Mililani
Hookili Pl	85	D1	Ewa Beach
Hookipa Way	5	C3	Honolulu
Hooko Pl	85	D1	Ewa Beach
Hookoe St	52	E3	Pearl City
Hookomo St	84,85	E4,E1	Ewa Beach
Hookowa Pl/St	49	E4,F4	Mililani
Hookui St	4	B1	Honolulu
Hookuikahi St	93	D2	Waianae
Hookumu Pl	52	E3	Pearl City
Hookupa St	52	E3	Pearl City
Hookupu St	50	E2,F2	Mililani
Hoola Pl	63	B4	Pearl City
Hoolaa Pl/Way	52	E3	Pearl City
Hoolai St (1 To 99)	24,25	D4,D1	Kailua
Hoolai St (1100 Blk)	4	D2	Honolulu
Hoolako Pl	22	F2	Honolulu
Hoolana Pl/St	52	F3	Pearl City
Hoolauae	52	E4	Pearl City
Hoolaulea St	64,52	A1,E2	Pearl City
Hoolauna St	64	A1	Pearl City
Hoolawa Pl	64	A1	Pearl City
Hoolea Pl	25	E3	Kailua
Hoolehua Pl/St	52	E4	Pearl City
Hoolele St	52	E3	Pearl City
Hooli Cir/Pl	63	A4,B4	Pearl City
Hoolokahi St	93	D2	Waianae
Hoolulu Rd	49	E1	Wahiawa
Hoolulu St	5	D3	Honolulu
Hoouluolu Pl	75	E3	Ewa-706
Hoouu St	52	F4	Pearl City
Hoomaemae St	52	F4	Pearl City
Hoomaha St	21	C2	Waimanalo
Hoomaha St	49	E1	Wahiawa
Hoomaha Way	4	A4	Honolulu
Hoomahie Lp	52	E4	Pearl City
Hoomahilu St	53	E1	Pearl City
Hoomaikai St	8	E4	Honolulu
Hoomaike St	53,52	E1,E4	Pearl City
Hoomailani St	53,52	E1,E4	Pearl City
Hoomaka St	75	E3	Ewa
Hoomakoa St	63	E3	Waipahu
Hoomalimali St	52	F4	Pearl City
Hoomaliu St	86	D2	Ewa Beach
Hoomalolo St	52	E3	Pearl City
Hoomalu St	64,52	A1,F4	Pearl City
Hoomaluhia St	93	D2	Waianae
Hoomana Pl	78	A4	Waialua
Hoomele Pl	63	C1	Waipahu
Hoomoana Pl/St/Way	63,52	A4,F3	Pearl City
Hoomoe Pl/St	52	F4	Pearl City
Hoona Pl/St	52	E3	Pearl City
Hoonanea St	4	B4	Honolulu
Hoonani Pl	23	D4	Kaneohe
Hoonee Pl	2	D3	Honolulu
Hooni Pl	49	E4	Mililani
Hoonipo St	53	F3	Pearl City
Hoono St	53,52	E1,E4	Pearl City
Hoonua	75	E2	Ewa
Hoonui	49	E4	Mililani
Hoopaa Pl	75	E2	Ewa
Hoopai Pl/St	52	F4	Pearl City
Hoopala St	40	D3	Kaneohe
Hooper Pl	66	A2	Honolulu
Hoopiha Pl	48	F2	Wahiawa
Hoopii Pl	13	A4	Honolulu
Hoopili St	75	E3	Ewa
Hoopio Pl	6	D1	Honolulu
Hoopio Pl/St	75	E1,F1	Ewa Beach
Hoopohu Pl	75	E3	Ewa-706
Hoopuhi St	93	D2	Waianae
Hoopulapula St	21	C1	Waimanalo
Hoopuloa Pl	52	E2	Pearl City
Hoopuni Dr	24	D3	Kailua
Hooui Pl	52	E3	Pearl City
Hooulu St/Pl	24	D3	Kailua
Hoowae St	52	E3	Pearl City
Hoowali St	64	A1	Pearl City
Hoowehi Pl	75	E3	Ewa-706
Hopaka St	4	D2	Honolulu
Hope Lane	71	B2	Kunia
Hope St Fk	66	E3	Honolulu
Hopeloa Pl	6	D2	Honolulu
Hopemanu St	68	A1	Waialua
Hopena Way	4	A4	Honolulu
Hopoe Pl	63	E1	Waipahu
Hopper Ave (PH)	65	C3	Hon-818
Horner St	2	B3	Honolulu
Hornet Ave	86,98	F3,A4	Ewa Beach
Hornet Ave (PH)	65	C2	Honolulu
Hornet Lp	82	E1,2	Waianae
Hospital Way (PH)	65	D3	Honolulu
Hotel St (1 To 199) North	3	C3	Honolulu
Hotel St (1 To 899) South	3,4	D4,D1	Honolulu
Hou Pl (WAFB)	61	C1	Wahiawa
Houghtailing St	2,3	B4,A1	Honolulu

S11

Hua Pl — Iowa Rd

NAME	MAP	GRID	AREA
Hua Pl	40,15	E4,E1	Kaneohe
Huaala Pl/St	61	A2	Mililani
Huaka Cir (WAFB)	61	C1	Wahiawa
Huakai St	63	E3	Waipahu
Huakanu Pl/St	54	C1	Aiea
Huake Pl	3	B3	Honolulu
Hualani St/Way	24	C4	Kailua
Hualau Pl	52	F4	Pearl City
Huali St	3	C4	Honolulu
Hualukini Pl	16	B4	Kaneohe
Huamalani St	36	B4	Kaaawa
Huamoa St	94,95	E4	Waianae
Huanu St	3	A4	Honolulu
Huanui Pl/St	6	C2	Honolulu
Huaono Pl	52	F3	Pearl City
Huapala Ct (WAFB)	60	C3	Wahiawa
Huapala St	10	F2	Honolulu
Huawaina Pl	17	A1	Kaneohe
Hudson Cir	54	B4	Honolulu
Huea Pl	8	C2	Honolulu
Huehu Pl/St	31	E3,F3	Kahuku
Huelani Dr/Pl	10	E2	Honolulu
Huelo Pl	41	C2	Haleiwa
Huene St	8,9	F4,F1	Waipahu
Huewai Pl	63	E1	Waipahu
Hugh St	64	B2	Pearl City
Hughes Rd Bafb	20	A1	Waimanalo
Hui Aeko Pl/St/Way	40	D4	Kaneohe
Hui Akepa Pl	40,15	C4,C1	Kaneohe
Hui Akikiki Pl	40,15	C4,C1	Kaneohe
Hui Alaiaha Pl	15	C1	Kaneohe
Hui Alala St	40	E4	Kaneohe
Hui Aukuu Pl	40	D3	Kaneohe
Hui Io Pl/St	40	D3,E4	Kaneohe
Hui Iwa Pl/St	40,15	C4,C1	Kaneohe
Hui Kelu Pl/St	40	E4	Kaneohe
Hui Koloa St	40	D3	Kaneohe
Hui Nene St	40	D3	Kaneohe
Hui Palila Pl	40	E4	Kaneohe
Hui St	25	E4	Kailua
Hui Ulili St	40	E4	Kaneohe
Huialoha St	22	E2	Honolulu
Huihui Pl	61	D4	Mililani
Huikahi St	52	E3	Pearl City
Huikala Pl	96	D2	Waianae
Huina St	3	B3	Honolulu
Huinawai Pl	16	B4	Kaneohe
Huioo Pl/Way	40	D4	Kaneohe
Huipu Dr	92	D1	Waianae
Hukaa St	54	B4	Aiea
Huki Pl	63	C1	Waipahu
Hukilau Lp	56	F3	Waialua
Hula St	74	A2	Waipahu
Hulahe St	74	C1	Waipahu
Hulakai Pl	24,23	C1,C4	Kaneohe
Hulakui Dr	54,1	E4,E1	Honolulu
Hulali Pl	2	A3	Honolulu
Huleia Pl	87	A4	Ewa Beach
Huli at 1700	3	B3	Honolulu
Huli St	71	B1	Kunia
Huli St	3	B3	Honolulu
Huli St (All)	71	B1	Kunia
Huli St (1700 Blk)	3	B3	Honolulu
Huli St (41-100 To 41-299)	21	D1	Waimanalo
Huliau St	75	E3	Ewa
Hulihana Pl	75	E2	Ewa
Hulinuu Pl	16	A3	Kaneohe
Hull St	82	C2	Waianae
Hulu Pl	10	F3	Honolulu
Huluhulu St	74	C3	Ewa Beach
Hulukoa Pl	85	D1	Ewa Beach
Hulumanu St	54	C2	Aiea
Hulumoa Pl	49	C4	Mililani Mauka
Hulupala Pl/Way	15,16	E3,A1	Kaneohe
Humphreys Rd	60,59	E1,E4	Wahiawa
Humu Pl/St	15	B3	Kaneohe
Humuka Lp	20,19	B1,B4	Waimanalo
Humuna Pl	20	B1	Waimanalo
Humuniki Pl/St	20,19	B1,B4	Waimanalo
Humupaa Pl/St	20,19	B1,B4	Waimanalo
Humuula Pl/St	25,26	E4,E1	Kailua
Humuwili Pl	26	E1	Kailua
Huna St	3	B3	Honolulu
Hunaahi St	40	B3	Kaneohe
Hunakai St	6	B1,C3	Honolulu
Hunalepo St	40	B3	Kaneohe
Hunalewa St	6	C2	Honolulu
Hunapaa St	6	D2	Honolulu
Hunawai Pl	49	D4	Mililani
Hunekai Pl/St	85,84	D1,D4	Ewa Beach
Hunnewell St	4	B4	Honolulu
Hunter St	5	D3	Honolulu
Huo Pl	61	C4	Mililani
Hupua Lp (CC)	1	F2	Honolulu
Huttenberg Ct (PH)	66	A1	Honolulu
Hyde St/Pl	4	B4	Honolulu

I

NAME	MAP	GRID	AREA
I Ave (PH)	65	D3	Honolulu
I Pl	1,2	B4,B2	Honolulu
I St	66	C4	Honolulu
Ia Pl	61	B3	Mililani
Iako Pl	77	A2	Honolulu
Iakopo Pl	23	E2	Kaneohe
Ialeleiaka Pl	61	E4	Mililani
Iana Pl/St	25	C3	Kailua
Iao Lane	3	B2,C1	Honolulu
Iaukea St	4	A1,B1	Honolulu
Iawa View Lp	54	B4	Honolulu
Ibis Ave	76	B3,A3	Ewa Beach
Icarus Way	54	A3	Honolulu
Ieie Pl	54,53	E1,E4	Aiea
Ihe St	3	B2	Honolulu
Ihee Pl	86	D1	Ewa Beach
Iheihe Pl	74	C3	Ewa Beach
Ihi Pl	85	E1	Ewa Beach
Ihiihi Ave/Pl	48	E3	Wahiawa
Ihilani St	16,23	A4,F2	Kaneohe
Ihiloa Lp/Pl	12	F1,2	Honolulu
Ihipehu St	76	F3	Ewa Beach
Iho Pl	53	C3	Aiea
Ihoiho Pl	48,49,60	F4,F1,A1	Wahiawa
Iholena Pl/St	3	A2	Honolulu
Ihuanu Pl/Way	62	E1	Mililani
Ihuku Pl	61	B2	Mililani
Ihuku St	93	D3	Waianae
Ihumoe Pl	62	E1	Mililani
Ihupani Pl	76	F2	Ewa Beach
Ii Pl	63	F4	Waipahu
Iimi Pl	49	E4	Mililani
Iini Way	53	A4	Aiea
Iiwi St	6	C2,3	Honolulu
Ikaika Pl	61	C2	Mililani
Ikaloa Pl/St	61	C3	Mililani
Ikawelani Pl	61	A2	Mililani
Ike Pl	75	E2	Ewa
Ikeanani Pl	24,23	D1,D4	Kaneohe
Ikeloa St	73	B3	Waipahu
Ikemaka Pl	25	D3	Kailua
Ikena Cir/Pl	12	C3	Honolulu
Ikepono Pl/St	74	A1	Waipahu
Iki Pl	6	A3	Honolulu
Ikiiki St	15	B2	Kaneohe
Ikulani St	76	F2	Ewa Beach
Ikuone Pl	92	E2	Waianae
Ikuwai Pl/Way	44	D1	Haleiwa
Ilalo St	3,4	E4,E1	Honolulu
Ilaniwai Pl	3,4	E4,E1	Honolulu
Ilauhole St	21	D1	Waimanalo
Iliahi St	3	B3	Honolulu
Iliaina Pl/St	24	A2	Kailua
Iliee Pl/St	53	C4,C3	Aiea
Ilihau St	28,24	F2,A2	Kailua
Iliili Rd	95	C1,B1	Waianae
Ilikaa Pl	24	A2	Kailua
Ilikai St	28	F2	Kailua
Ilikala Pl	24	B2	Kailua
Ilikea Pl	24	C4	Kailua
Ilikupono St	24	B2	Kailua
Ililani St	24	B2	Kailua
Ilima Dr	3	A2	Honolulu
Ilima St	60,59	B1,B4	Wahiawa
Ilima St (HAFB)	66	B2	Honolulu
Ilimalia Lp/Pl	24	B2	Kailua
Ilimano Pl/St	24	B2	Kailua
Ilimapapa	96	C1	Waianae
Iliohe St	84	E4	Ewa Beach
Iliohu Pl/Way	43	C4	Haleiwa
Ilipilo St	24	C2	Kailua
Iliula Pl	62	E1	Mililani
Iliwahi Lp	24	B2	Kailua
Iliwai Dr	48,49	E4,E1	Wahiawa
Iluna Pl	1,2	A4,A3	Honolulu
Imaka Pl	60,59	C1,C4	Wahiawa
Imelda St	75	F1	Ewa Beach
Imiloa St	15	B2	Kaneohe
Imina Pl	61	B4	Mililani
Imipa Pl	61	B4	Mililani
Imipono Pl/St	93	D3	Waianae
Imua Pl	34	E1	Hauula
Independence Lp/St	86	E4,D4	Ewa Beach
Independence St (Fl)	65	B2	Honolulu
Industrial Rd	2	C3-B4	Honolulu
Inea Pl	54,53	B1,B4	Aiea
Ingersoll Ave (PH)	65	D3	Hon-818
Inia Pl	64	B1	Pearl City
Iniki Pl	93	D4	Waianae
Inoa	20	A2	Waimanalo
Inoaole St	20	A2	Waimanalo
Intrepid Ave	99	A1	Ewa Beach
Intrepid Ave (PH)	65	C2	Honolulu
Inuwai Pl/Way	22	E2	Honolulu
Io Lane	3	B2	Honolulu
Iokoo Pl	63	E1	Waipahu
Iolana Pl	2	F1	Honolulu
Iolani Ave	3	C4	Honolulu
Iole Pl	23	F3	Kaneohe
Iomea Pl	48	E2	Wahiawa
Iopono Lp	25	E3	Kailua
Iosepa St	33,32	D1,D4	Laie
Iouli Pl	17	B2	Kaneohe
Iowa Rd	81	F4	Waianae

Street Index S12

Ipo Pl — Kahuailani St

NAME	MAP	GRID	AREA
Ipo Pl	6	C2	Honolulu
Ipolani St	86	D2	Ewa Beach
Ipu Lepo Way	40	D3	Kaneohe
Ipu Pl	52	D4	Aiea
Ipuai St	22	D1	Honolulu
Ipuala Lp/Pl	52	D4	Aiea
Ipuka Pl,St	15	B2	Kaneohe
Ipukula St	6,12	A3,F1	Honolulu
Ipulei Pl/Way	11	D1,E1	Honolulu
Ipupai Pl	61	D3	Mililani
Iris Pl	23	D4	Kaneohe
Ironwood Pl	54	D4	Honolulu
Iroquois Dr	76	B2,4	Ewa Beach
Iroquis Pt Rd	75	D3	Ewa Beach
Irwin Rd	1,2	B4,2	Honolulu
Irwin St (MCBH)	28	D1	Kailua
Isenberg St	4,5	C4,D1	Honolulu
Itasca Cir	54	C3	Honolulu
Iuiu St	40	B3	Kaneohe
Iuka Ct (HM)	47	D3	Ewa
Iupika Pl	61	D4	Mililani
Iwa Cir (SB)	69	A4	Wahiawa
Iwaena St	54	B2	Aiea
Iwaho Pl	8	C2	Honolulu
Iwaiwa Pl/St/Way	54	C2	Aiea
Iwalani Pl	6	D1	Honolulu
Iwi Way	5,6	A4,A1	Honolulu
Iwia Pl	41	B2	Haleiwa
Iwilei Rd	3	C2,D2	Honolulu
Iwo Jima St	82	D1	Waianae
Ixora Pl	54	D4	Honolulu

J

NAME	MAP	GRID	AREA
J Ave	65	D4	Honolulu
Jack Ln	9	F1	Honolulu
Jack St	82	B1	Waianae
Jackson Pl	7	E2	Honolulu
Jade St	92	F2,E4	Waianae
Jaluit St	1	E2	Honolulu
James Ave (SI)	3	E2	Honolulu
James Madison Ct	59	E3	Wahiawa
James St	5	D4	Honolulu
Jamestown St	81,82	D4,D1	Waianae
Jarrett White Rd (TAMC)	1,7	A2,F2	Honolulu
Jasmine Pl	54	C3	Honolulu
Jasmine St	11	E1	Honolulu
Jean St	64	C3	Pearl City
Jecelin St (SB)	60	D1	Wahiawa
Jenkins St	82	C1	Waianae
Jenkins St (BP)	87	C2	Kapolei
Jennie St	8	F2	Honolulu
Jewel St (SI)	3	E2	Honolulu
John Adams	59	E2	Wahiawa
John Hancock	59	E2	Wahiawa
John Paul Jones	59	E2	Wahiawa
Johnson Ln	3	C2	Honolulu
Johnson Rd	38	E2	Kaneohe
Johnson St (MCBH)	28	C1	Kailua
Johnston Pl	9	F1	Honolulu
Joseph P. Leong Hwy	56,55	D2,C4	Haleiwa
Judd Hillside Rd	4	B3	Honolulu
Judd St	3	A2,3	Honolulu
Julian Ave (HAFB)	65,66	D4,E1	Honolulu
Julian Rd (CS)	54	B1	Aiea
Julian Way (HAFB)	65	D4,E4	Honolulu
Justicia Pl	54	C3	Honolulu

K

NAME	MAP	GRID	AREA
Ka Awakea Pl/Rd	25	D2	Kailua
Ka Nio Ct (HM)	47	D3	Wahiawa
Ka Uka Blvd	62	C3	Waipahu
Ka-Hanahou Cir/Pl	15,23	A4,D1	Kaneohe
Kaaahi Pl/St	3	C2	Honolulu
Kaaawa Park Lane	36	B4	Kaaawa
Kaaawa Pl	37	B2	Kaaawa
Kaaei Pl	62	E1	Mililani
Kaaha St	5	C1	Honolulu
Kaahele Pl/St	53	C2,C1,E1,D1	Aiea
Kaaholo Pl/St	73,74	B4,B1	Waipahu
Kaahue St	13	B3	Honolulu
Kaahumanu St	53,52	E1,E4	Aiea
Kaahumanu St	52	E4,D4	Pearl City
Kaahupahau St	75	F4	Ewa Beach
Kaai St	12	F2	Honolulu
Kaaiai St	21	D1	Waimanalo
Kaaimalu Pl	75	E3	Ewa Beach
Kaaipu Ave	10	F2	Honolulu
Kaaka Pl/St	73	B4,A4	Waipahu
Kaakaanui St	13	A2	Honolulu
Kaakau Pl	54	B1	Aiea
Kaakina Pl/St	86	A4	Ewa Beach
Kaala Ave	59,48	A4,F3	Wahiawa
Kaala Pl/St/Way	4	A4	Honolulu
Kaalaea Rd	39	D4	Kaneohe
Kaalakei St	13	C2	Honolulu
Kaalalo Pl	60	C1	Wahiawa
Kaalani Pl	11	F1	Honolulu
Kaalawa St	44	F3	Waialua
Kaalawai Pl	6	E2	Honolulu
Kaaleo Pl	3	A3	Honolulu
Kaalo St	53	E2	Aiea
Kaaloa St	5	C1	Honolulu
Kaalolo Pl	61	A2	Mililani
Kaalula Pl	13	A3	Honolulu
Kaaluna Pl	23	F1	Kaneohe
Kaamahu Pl	3	C2	Honolulu
Kaamalio Dr	10	E3	Honolulu
Kaamea St	63	D2	Waipahu
Kaamilo Pl/St	53	B4,D4	Aiea
Kaamooloa Rd	56	F2	Waialua
Kaana St,Pl	86	E2	Kapolei
Kaanua Pl	19	A2	Kailua
Kao Pl	63	C1	Waipahu
Kaaoao Pl	97	C4	Ewa Beach
Kaaohua Way	40	D3	Kaneohe
Kaaoki Pl	73	B4	Waipahu
Kaaona Pl	61	C3	Mililani
Kaapeha St	50	E1	Mililani
Kaapuna Pl	73,74	B4,B1	Waipahu
Kaapuni Dr	25	C1	Kailua
Kaau St	5	B3,4	Honolulu
Kaauiki Pl	20	B1	Waimanalo
Kaaumana Pl	20	B1	Waimanalo
Kaaumoana Pl	20	B2	Waimanalo
Kaauwai Pl	3	B1	Honolulu
Kaawa St (MCBH)	27	E3	Kailua
Kaawela Pl	61	B3	Mililani
Kaee Lp	54	D1	Aiea
Kaeele Pl/St	63	D2	Waipahu
Kaekae St	62	B1	Waipahu
Kaekeeke Way	12,13	C4,C3,B3,B4	Honolulu
Kaeleku St	22	E2	Honolulu
Kaeleloi Pl	12,13	C4,C3,B3,B4	Honolulu
Kaelepulu Dr	25	B4	Kailua
Kaelo Pl	61	B3	Mililani
Kaena Lane	3	B3	Honolulu
Kaena Lp (SB)	69,70	A4,A1	Wahiawa
Kaha Place	24	C3	Kailua
Kaha St	24	C3,B3	Kailua
Kahae Rd	41	F3	Haleiwa
Kahaea Pl	53	C2,B2	Aiea
Kahaha St	2	A4	Honolulu
Kahai St	2	D3	Honolulu
Kahaikahai Pl	61	B3	Mililani
Kahakai Dr	4	D3	Honolulu
Kahakea St	73	C4	Ewa Beach
Kahako St/Pl	19	A2,3,B3	Kailua
Kahakuloa Pl	22	E2	Honolulu
Kahala Ave	6	B3,D3	Honolulu
Kahalakua St	12	E1	Honolulu
Kahalewai Pl	55	C3	Haleiwa
Kahaloa Dr/Pl	10	F3	Honolulu
Kahana St (WAFB)	61,60	C1,C4	Wahiawa
Kahana St	31	F3	Kahuku
Kahanu St (1300 To 1699)	2	C3	Honolulu
Kahanu St (1700 To End)	2	C4	Honolulu
Kahanui St	49	E4	Mililani
Kahaone Lp/Pl	55,67	F4,A4	Waialua
Kahapili St	53	B3	Aiea
Kahau St	95	E3,D3	Waianae
Kahauiki Pl/St	2	B3	Honolulu
Kahauloa Pl	13	B3	Honolulu
Kahauola St	41	C2	Haleiwa
Kahawai St	10	F2	Honolulu
Kahawalu Dr	9	D2	Honolulu
Kahea St	85	E1	Ewa Beach
Kaheaka Rd	56	E4	Waialua
Kaheka St	4	C3,D3	Honolulu
Kahekili Hwy	40,16	C2,A3	Kaneohe
Kahela Pl/St	61	A2,A3	Mililani
Kahelu Ave	60	A4,B3	Mililani
Kahele St/Pl	50	F1	Mililani
Kahema Pl	54	C1	Aiea
Kahena Pl/St	13	A1,A2,B1,B2	Honolulu
Kahewai Pl	10	F2	Honolulu
Kahiau Lp	12	C2	Honolulu
Kahiki Pl	63	F4	Waipahu
Kahikinui Ct/Pl	61	B3,A3	Mililani
Kahiko St	17	B2	Kaneohe
Kahikole Pl	33	E4	Hauula
Kahikolu Pl/Way	1	E2	Honolulu
Kahiku Pl	61	C3	Mililani
Kahili Pl/St	25	E3	Kailua
Kahilinai Pl	53	C4	Aiea
Kahimoe Pl/St	63	D1	Waipahu
Kahinani Pl/Wy	24,23	D1,D4	Kaneohe
Kahinu St	13	D1	Honolulu
Kahiuka St	75	F3	Ewa Beach
Kahiwa Pl	10	E3	Honolulu
Kahoa Dr	24	D3	Kailua
Kahoaloha Lane	5	C1	Honolulu
Kahoea St	61	D3	Mililani
Kaholi Pl	54	C1	Aiea
Kaholo Pl/St	62	C1	Mililani
Kahonua St	50	E2	Mililani
Kahoolawe St	59	F1	Wahiawa
Kahowaa Pl	23	F2	Kaneohe
Kahu St	63	E4	Waipahu
Kahua Pl	53	B4	Aiea
Kahuahale St	63	E4	Waipahu
Kahuahele St	63	D4	Waipahu
Kahuailani St	63	F4	Waipahu

Kahuaina St — Kaleilani Pl/St

NAME	MAP	GRID	AREA	NAME	MAP	GRID	AREA
Kahuaina St	63	D4	Waipahu	Kaiohee St	76	F2	Ewa Beach
Kahualea St	50	E2	Mililani	Kaiolena Dr	25	B4	Kailua
Kahualei Pl	63	E3	Waipahu	Kaiolino Way	24	A2	Kailua
Kahualena Pl/St	63	D3,D4	Waipahu	Kaiolohia Pl/Way	13	C3	Honolulu
Kahualii St	63	E4	Waipahu	Kaiolu St	5	D1	Honolulu
Kahualoa Pl/St	63	D4	Waipahu	Kaioo Dr	4	E4	Honolulu
Kahuamo Pl/St	63	E4	Waipahu	Kaiopua St	76	F1,F2	Ewa Beach
Kahuamoku Pl/St	63	E4	Waipahu	Kaipapau Lp	34	E1	Hauula
Kahuanani Pl/St	63	D4	Waipahu	Kaipiha St	24	C3	Kailua
Kahuanui St	63	D3	Waipahu	Kaipii St	24	C3	Kailua
Kahuapaa Pl/St	63	E4	Waipahu	Kaipuhaa Pl	13	B3	Honolulu
Kahuapaani St	54	E3	Aiea	Kaipuhinehu St	76	F2	Ewa Beach
Kahuapili St	63	E4	Waipahu	Kaipu St	76	F2	Ewa Beach
Kahuawai St	63	E4	Waipahu	Kaipuu St	5	C1	Honolulu
Kahue Pl	73	B4	Waipahu	Kaiulani Ave	5	D2,E3	Honolulu
Kahuhipa St	15,16	B4,A2	Kaneohe	Kaiwiki Pl	13	D3	Honolulu
Kahui St	68	B2	Waialua	Kaiwiula St	2	C4	Honolulu
Kahuku Airport Rd	30	F3	Kahuku	Kakae Pl	61	B3	Mililani
Kahuli St	62	C4	Waipahu	Kakahiaka St	25	C2	Kailua
Kahulialii St	62	E1	Mililani	Kakahi St	73	C2	Waipahu
Kahulio Pl	63	E4	Waipahu	Kakaiapola St	93	E3	Waianae
Kahului Pl	22	E2	Honolulu	Kakaili Pl	61	E4	Mililani
Kahuna Lane	5	C1	Honolulu	Kakaina Pl/St	19,20	D4,C1	Waimanalo
Kahuwai Pl	13	B3	Honolulu	Kakalena St	94	E1	Waianae
Kai Ehu Ct (HM)	47	D3	Wahiawa	Kakapa Pl	13	B3	Honolulu
Kai Nani Pl	24	B3	Kailua	Kakea Lp (WAFB)	61	C1	Wahiawa
Kai One Pl	24	B3	Kailua	Kakea Pl	61	B3	Mililani
Kaia St	3	B4	Honolulu	Kakela Iki Pl	4	B3	Honolulu
Kaiaka St	55	E4	Haleiwa	Kakela Pl/Dr	4	B3,4	Honolulu
Kaialii Pl	12	D3,B2,E4	Honolulu	Kakipi Pl	29	D1	Kahuku
Kaialiu St	4,5	C4,C1	Honolulu	Kakiwa Pl	13	B3	Honolulu
Kaiama Pl	21	E4	Honolulu	Kakoi St	1,2	C4,C1	Honolulu
Kaiao Pl/St	73,74	B4,B1	Waipahu	Kakoo Pl	85	E1	Ewa Beach
Kaiau Ave	86	D2,E2	Ewa Beach	Kaku St	16	A4	Kaneohe
Kaiaulu St/Pl	85	F3	Ewa Beach	Kakuhihewa Pl/St	86	D2	Ewa Beach
Kaiea Pl	67	B3	Waialua	Kala Pl/St	6	D3	Honolulu
Kaieleele Pl/St	75	E3	Ewa Beach	Kalaau Pl	12	A4	Honolulu
Kaiemi St	24	C3	Kailua	Kalae St	73	C4	Waipahu
Kaiewa St	73	B4	Waipahu	Kalaeloa Blvd	98,99	C3,D1	Ewa Beach
Kaihanupa St	76	F2	Ewa Beach	Kalaepaa Dr	8	D2	Honolulu
Kaihawanawana St	76	F2	Ewa Beach	Kalaepohaku Pl/St	5	B2	Honolulu
Kaihee St	4	C2	Honolulu	Kalaheo Ave (North)	24	B3	Kailua
Kaiheenalu St	76	F2	Ewa Beach	Kalaheo Ave (South)	25	C2	Kailua
Kaihikapu St	1,2	C3,C1	Honolulu	Kalahu Pl	13	B3	Honolulu
Kaiholena Pl	73	B2	Waipahu	Kalai Pl	52	F2	Pearl City
Kaiholo St	98	E3	Ewa Beach	Kalaiaha Pl	73	A4	Waipahu
Kaiholu Pl/St	24	B3	Kailua	Kalaiku St	63,74	F3,A2	Waipahu
Kaihone Way	24	A2	Kailua	Kalaimoku St	4,5	D4,D1	Honolulu
Kaihuopalaai St	74	C2,3	Ewa Beach	Kalainanea St	55,44	A3,F3	Haleiwa
Kaiikuwa St	76	F2	Ewa Beach	Kalaiopua Pl	9	D4	Honolulu
Kaika Pl	55	D4	Haleiwa	Kalaiwa Way	8	F1	Honolulu
Kaikaina St	25	C1	Kailua	Kalaka Pl	24	C4	Kailua
Kaikauhaa St	76	F2	Ewa Beach	Kalakaua Ave (1300 To 1799)	4	C3,D3	Honolulu
Kaikea Pl	24	B3	Kailua	Kalakaua Ave (1800 To 3099)	4,5	D4,F3	Honolulu
Kaiki St	74	A1	Waipahu	Kalakaua Cir	4	D3	Honolulu
Kaikoi Pl	75	E3	Ewa Beach	Kalakaua St	13,14	C4,C1	Honolulu
Kaikoo Pl	6	E3	Honolulu	Kalala St	48,49	D4,D1	Wahiawa
Kaikuhine St	2,3	A4,A1	Honolulu	Kalalani Pl	61	E4	Mililani
Kaikunane Lp	2,3	A4,A1	Honolulu	Kalalau Pl/St	14	D1	Honolulu
Kaikuono Pl	6	E2	Honolulu	Kalalea St/Pl	13,14	B4,A1	Honolulu
Kaila Pl	73	B4	Waipahu	Kalali Lp	1	F2	Honolulu
Kaileolea Dr	76	F1,F2	Ewa Beach	Kalali Pl/St	15	C3	Kaneohe
Kaileonui St	76	F2	Ewa Beach	Kalaloa St	54	E2	Aiea
Kailewa St	50	E2	Mililani	Kalama St (200 To 499)	24	C3	Kailua
Kaili St	2	B4	Honolulu	Kalama St (1200 Blk)	2	B3	Honolulu
Kailianu St	63	F3	Waipahu	Kalama Paka St/Pl	22	E2	Honolulu
Kailihao St	74	A1	Waipahu	Kalamaku St	4	A1	Honolulu
Kailio St	74	A1	Waipahu	Kalamalo Pl	16	A4	Kaneohe
Kailiu Pl	13	B3	Honolulu	Kalaman Ct	60	C3	Wahiawa
Kailiula Lp/Pl	61	C3	Mililani	Kalamoho Pl	53	B4	Aiea
Kailiwai Pl	23	E1	Kaneohe	Kalani St (1230 To 1699)	2	C3,4	Honolulu
Kailoa St	76	F1	Ewa Beach	Kalani St (1700 To End)	2	C4	Honolulu
Kailua Rd	24,25	E4,E1	Kailua	Kalania Pl	1,2	B2,A1	Honolulu
Kailuana Lp/Pl/St	28,24	F2,A2	Kailua	**Kalanianaole Hwy**			
Kailulu Way	24	A2	Kailua	(4400 To 6199)	6,12,13	A3,F3,E1	Honolulu
Kaima Pl	73	C4	Ewa Beach	(6200 To 8000)	13,14	D2,D1	Honolulu
Kaimakani St	54	D1	Aiea	(41- To 41-1899)	22,19	C3,A3	Waimanalo
Kaimake Lp	24	C3	Kailua	(42- To 42-477)	19,17	A2,B4	Kailua
Kaimalino St/Pl	28	F2,F3	Kailua	Kalaniiki Pl/St	6,12	A3,F1	Honolulu
Kaimalolo Pl	39	C3	Kaneohe	Kalanikai Pl	12	F1	Honolulu
Kaimalu Pl/Way	23	D4	Kaneohe	Kalanipuu Pl/St	13,14	B4,A1	Honolulu
Kaimanahila St	6	E2,D2	Honolulu	Kalaniuka Cir/Pl/Way	12	F1	Honolulu
Kaimanawai Pl	6	E2	Honolulu	Kalaniwai Pl	12	F1	Honolulu
Kamokila Blvd	86,98	F1,A3	Ewa Beach	Kalapaki Pl/St	22,21	E1,E4	Honolulu
Kaimalie St	76	F2	Ewa Beach	Kalapu St	76	E1	Ewa Beach
Kaimanu Pl	67	A3	Waialua	Kalau St	21	D2	Waimanalo
Kaimi St	24	C4	Kailua	Kalaua Pl	15	C3	Kaneohe
Kaimi Way	4	A4	Honolulu	Kalauipo Pl/St	52,63	F2,A4	Pearl City
Kaimoani Way	24	A2	Kailua	Kalauipo St	63	A4	Pearl City
Kaimoku Pl/Way	6	A4	Honolulu	Kalaunu St	8	E1,F1	Honolulu
Kaimu Lp	53	E4	Aiea	Kalauokalani Way	4	D3	Honolulu
Kaimuki Ave/Pl	5,6	C2,C3	Honolulu	Kalawahine Pl	4	A2	Honolulu
Kaimuohema Pl	9	F2	Honolulu	Kalawai Pl	25	D4	Kailua
Kaina St	5	E3	Honolulu	Kalawao Pl/St	5,10	A1,F3	Honolulu
Kainalu Dr	24	B3	Kailua	Kalawina Pl	53	B4	Aiea
Kainapau Pl	6	B3	Honolulu	Kale Pl	8	C2	Honolulu
Kainehe St	24,25	D4,D1	Kailua	Kalehua St	10	E3	Honolulu
Kainiki St	44	F3	Waialua	Kalehuna St	86	D2	Ewa Beach
Kainoa Pl	12	D2	Honolulu	Kalei Rd	5	C2	Honolulu
Kainui Dr/Pl	24	C2,B2	Kailua	Kaleikini Way	22	F3	Honolulu
Kaioe Pl	68	A2	Waialua	Kaleilani Pl/St	63,52	A4,F3	Pearl City

Street Index S14

Kaleimamahu St — Kapaa St

NAME	MAP	GRID	AREA
Kaleimamahu St	13,14	C4,C1	Honolulu
Kaleiwohi St	95	D2	Waianae
Kalele Rd	5	C2	Honolulu
Kalemakapii St	84	E4	Ewa Beach
Kalena Dr	8	F1,2	Honolulu
Kalenakai Pl	24	C1	Kaneohe
Kaleo Pl/Way	84,85	D4,D1	Ewa Beach
Kalepa Pl/St	3	A2	Honolulu
Kalewa St	2	D,E,1	Honolulu
Kalia Rd	4,5	E4,E1	Honolulu
Kaliawa St	2	D3	Honolulu
Kalie Pl/St	49	D1	Wahiawa
Kalihi St	2,8	C4,D2	Honolulu
Kalihiwai Pl	13	A3	Honolulu
Kalike St	53	E4	Aiea
Kalikimaka St	8	E4	Honolulu
Kalikimakakila Mall	3	C3	Honolulu
Kaliko Dr	48,49	D4,D1	Wahiawa
Kalili Pl	4	B1	Honolulu
Kalimaloa St	15	B3	Kaneohe
Kalina Pl	22	D1	Honolulu
Kaliponi Dr	71	B1	Kunia
Kaliponi Pl/St	60,59	C1,B4	Wahiawa
Kaliuna St	67	A4	Waialua
Kalo Pl	3,5	B1,C1	Honolulu
Kaloa Way	4	B4	Honolulu
Kaloaloa St	13	B3	Honolulu
Kaloaluiki Pl/St	10	F3	Honolulu
Kaloapau St	61	C3	Mililani
Kalohelani Pl	22	F3	Honolulu
Kaloi St	75,86	F3,A4	Ewa Beach
Kaloko Lane	3	B4	Honolulu
Kaloli Loop/Pl	73	B2	Waipahu
Kalolina Pl/St	24	C3	Kailua
Kalonaiki Wlk	2	B4	Honolulu
Kalopa St	13	B2	Honolulu
Kalou St	63	F3	Waipahu
Kalua Pl/Rd	5	A3	Honolulu
Kaana Pl/St	86	E2	Ewa Beach
Kaluaa Pl	13	B3	Honolulu
Kaluamoi Dr/Pl	64	A3	Pearl City
Kaluamoo St	24	C4	Kailua
Kaluanui Rd/Pl/Way	13	A2,B3	Honolulu
Kaluaopalena St	2	C3	Honolulu
Kaluawaa St	5	B2	Honolulu
Kaluhea St	60,59	B1,B4	Wahiawa
Kaluhia Pl	55,44	A4,F3	Haleiwa
Kaluhikai Lane	3	B3	Honolulu
Kalukalu St	74	B1	Waipahu
Kaluli St	25,26	E4,E1	Kailua
Kalulu Lp	73	C2	Waipahu
Kam IV Rd,Pl	2	A3	Honolulu
Kama Lane	3	B1	Honolulu
Kamaaha Ave/Lp	86	D2,E2	Ewa Beach
Kamaaina Dr/Pl	9	D2	Honolulu
Kamahana Pl	61	B3	Mililani
Kamahao Pl/St	53	F1	Pearl City
Kamahele Pl/St	25	D3	Kailua
Kamahoi St	75	F2,E2	Ewa Beach
Kamaile St	4	D2	Honolulu
Kamaileunu St	93	A1,A2	Waianae
Kamaio Pl/St	61	D4,E4	Mililani
Kamaka Lane	3	B2	Honolulu
Kamaka Pl	38	F3	Kaneohe
Kamakaaulani Pl	75	F3	Ewa Beach
Kamakahala St	56	E2	Waialua
Kamakahi Rd	66	C3,E2	Honolulu
Kamakahi St	63,74	F3,A1	Waipahu
Kamakani Pl (MKL)	54	F3	Honolulu
Kamakee St	4	D1,E1	Honolulu
Kamakini St	5	B2	Honolulu
Kamakoi Pl/Rd	39	E3	Kaneohe
Kamala Lp	14	C1	Honolulu
Kamalalehua Pl	4	B1	Hon-822
Kamalani Pl	17	B2	Kaneohe
Kamalei St	62	E1	Mililani
Kamalii St	3	A1	Honolulu
Kamalino St	49	E3	Mililani
Kamalo St	73	C4	Ewa Beach
Kamamalu Ave	3	B4	Honolulu
Kamanaiki St	8	E2	Honolulu
Kamananui Rd	59	C2	Wahiawa
Kamanaaina Pl	20	A2	Waimanalo
Kamanaoio Pl	20	B1	Waimanalo
Kamani Kai Pl	24,25	C4,C1	Kailua
Kamani Lane	55	D4	Waialua
Kamani Pl	54	D4	Honolulu
Kamani St	4	D1,E1	Honolulu
Kamaole St	22	F1	Honolulu
Kamaomao Pl	22	E2	Honolulu
Kamau Pl	16,23	B2,F1	Honolulu
Kamehame Dr/Pl	14,22	A1,2 E1,F1	Honolulu
Kamehameha Ave	4	A3	Honolulu
Kamehameha Hwy			
(1 To 199)	54	E1	Pearl City
(300 To 1099)	54,66	F2,A1	Pearl City
(2100 To 2899)	2,1	C2,D4	Honolulu
(2900 Blk)	1	D4	Honolulu
(45-000 To 49-630)	15,38	B4,B1	Kaneohe
(49-631 To 51-699)	38,36	B1,C4	Kaaawa
(52-000 To 54-899)	36,33	C3,E4	Kauula
(55-000 To 55-799)	32,33	D3,E4	Laie
(56-021 To 58-000)	32,29	D3,E1	Kahuku
(58-001 To 66-699)	29,56	E1,E2	Haleiwa
(94-000 To 94-999)	61,63	C3,D3	Waipahu
(95-001 To 95-999)	61	C3,C2	Wahiawa
(96-000 To 97-800)	64	C1,A2	Pearl City
(98-000 To 98-399)	53	E4,F2	Aiea
(98-310 Only)	53	F2	Pearl City
(98-400 To 98-599)	53	F2,E3	Pearl City
(99-000 To 99-299)	53,54	D4,E1	Aiea
Kamehameha Hwy (North)	59	B4	Wahiawa
Kamehameha Hwy (South)	60	B1	Wahiawa
Kamenani St	3	B1	Honolulu
Kamiki St	73	C3	Waipahu
Kamila St	66	A3	Honolulu
Kamilo St	13	A4	Honolulu
Kamiloiki Pl	21	E4	Honolulu
Kamilonui Pl/Rd	21,13	F3,A3	Honolulu
Kaminaka Dr/St	5	A2,B2	Honolulu
Kamoana Pl	94	D4,E4	Ewa Beach
Kamoawa Pl/St	75	F3	Ewa Beach
Kamohoalii St	8	F2	Honolulu
Kamoi Pl	13	B3	Honolulu
Kamokila Blvd	86,98	F1,A3	Ewa Beach
Kamoku St	5	C1,D1	Honolulu
Kamole Pl/St	6,12	A3,F1	Honolulu
Kamooalii St	16,17	B4,B1	Kaneohe
Kamookoa Pl	13	A3	Honolulu
Kamuela Ave	5	D2	Honolulu
Kamuela Pl	9	E2	Honolulu
Kana Pl	5	C4	Honolulu
Kanae St	50	F2	Mililani
Kanaeha Pl	64	B1	Pearl City
Kanaha St	24	B3	Kailua
Kanahale Rd	95	D2	Waianae
Kanai Pl	23	E2	Kaneohe
Kanaina Ave	5	D3	Honolulu
Kanaka Pl/St	17	B1,2	Kaneohe
Kanakanui St (1600 To 1699)	2	C3	Honolulu
Kanakanui St (1700 To End)	2	C4	Honolulu
Kanakou Pl	13	B3	Honolulu
Kanalani Pl	42	D2	Haleiwa
Kanaloa St	54,53	D1,D4	Aiea
Kanalu St	67	A4	Waialua
Kanalui Pl/St	5	A2	Honolulu
Kanamee St	61	B3	Mililani
Kanani Pl	3	A3	Honolulu
Kanapua Pl	93	E2	Waianae
Kanapuu Dr/Pl	25,19	F3,F4,A2	Kailua
Kanau St	12	D4	Honolulu
Kanawao Pl,St	63,73	F2,A4	Waikele
Kane Pl	68	B2	Waialua
Kaneaki St	93	A1,A2	Waianae
Kanealii Ave	3	A4	Honolulu
Kaneana St	75	F3	Ewa Beach
Kaneapu Pl	25	B3	Kailua
Kanehoa Lp (pvt)	85	E2	Ewa Beach
Kanehoalani St	86	D2	Ewa Beach
Kanehunamoku Pl	21	D1	Waimanalo
Kaneilio Pl/St	93	B2,3	Waianae
Kanekapolei St	5	D2,E3	Honolulu
Kanekopa Pl	5	B3	Honolulu
Kanell Lp (SB)	59	E3	Wahiawa
Kaneloa Rd	5	E2	Honolulu
Kaneohe Bay Dr			
(44-000 To 44-199)	24,23	A2,A4	Kailua
(44-200 To 45-4990)	24,16	A1,A4	Kaneohe
Kanewai St	5	B2	Honolulu
Kaniahe Pl,St	48	F2	Wahiawa
Kaniau Pl	63	E3	Waipahu
Kaniela Pl	13	D1	Honolulu
Kanihaalilo St	86	D1	Ewa Beach
Kanihi St	63	A4	Pearl City
Kanikani Pl	48	E3	Wahiawa
Kaniko Pl	48	F2	Wahiawa
Kaniuu St	86	D2	Ewa Beach
Kanoa St	3	C1	Honolulu
Kanoe Pl	38	F4	Kaneohe
Kanoelani Rd	2	B3	Honolulu
Kanoelehua Pl	48	D4	Wahiawa
Kanoena St	68	B2	Waialua
Kanoenoe St	13	B4,A4	Honolulu
Kanoulu St	68	B2	Waialua
Kanu St	10	F3	Honolulu
Kanui Pl	12	E3	Honolulu
Kanuku Pl/St	53	F2,F3	Aiea
Kanunu St	4	D2,3	Honolulu
Kaoea Pl	61	C3	Mililani
Kaohe Pl	13	B3	Honolulu
Kaohinani Dr	9	D2	Honolulu
Kaokoa Pl	53	C3	Aiea
Kaola Way	3	A4	Honolulu
Kaomaaiku Pl	61	A3	Mililani
Kaomi Lp	98,99	E4,E1	Ewa Beach
Kaonawai Pl	10	F2	Honolulu
Kaonohi Pl/St	53	C3,B3	Aiea
Kaoopulu Pl/Way	13	A3	Honolulu
Kaope St	74	C3	Ewa Beach
Kaopua Lp	61	C3	Mililani
Kapa Pl	13	B3	Honolulu
Kapaa St	24	C3	Kailua

Street Index

Kapaahulani St — Kealakaa Pl/St

NAME	MAP	GRID	AREA
Kapaahulani St	75	F3	Ewa Beach
Kapaakea Lane	5	C1	Honolulu
Kapae Pl (pvt)	62,61	D1,D4	Mililani
Kapaekahi St	93	A1,A2	Waianae
Kapahu St	4	B1	Honolulu
Kapahulani Pl	54	E2	Aiea
Kapahulu Ave (100 To 699)	5	D3	Honolulu
Kapahulu Ave (700 To 1199)	5	C2	Honolulu
Kapaia St	13,14	B4,B1	Honolulu
Kapakai Pl	92	F1	Waianae
Kapakapa Way	62	E2	Mililani
Kapalai Pl/Rd	16	A4	Kaneohe
Kapalama Ave	2,3	B4,A1	Honolulu
Kapalapala Pl	13	D3	Honolulu
Kapaloala Pl	3,4	A4,A1	Honolulu
Kapalu St	3,4	A4,A1	Honolulu
Kapalulu Pl	2	F1	Honolulu
Kapana Pl	76	D2	Ewa Beach
Kapapala Pl	13	B3	Honolulu
Kapapapuhi St	74	C3	Ewa Beach
Kapawa Pl	61	B3	Mililani
Kapea Pl/St	15	B3,4	Kaneohe
Kapehe St	40	D3	Kaneohe
Kapehu St	73	B2	Waipahu
Kapiki Rd	95	C2	Waianae
Kapili St	5	E2	Honolulu
Kapio St	63,74	F3,A2	Waipahu
Kapiolani Blvd (1 To 899)	3,4	D4,D1	Honolulu
Kapiolani Blvd (900 To 1799)	4	D1,D3	Honolulu
Kapiolani Blvd (1800 To End)	4,5	D3,C2	Honolulu
Kapo Way	22	F3	Honolulu
Kapohu Pl	13	B3	Honolulu
Kapolei Prkwy	86,98	A3-D3,F2	Ewa Beach
Kapoo St	23	F1	Kaneohe
Kapouka Pl	86	E1	Kapolei
Kapowai Pl	86	F1	Kapolei
Kapua Lane	3	B3	Honolulu
Kapuahi Pl/St	62	C1	Mililani
Kapuai Pl	41	B2	Haleiwa
Kapuhi Pl/St	43	B4	Haleiwa
Kapukapu Pl	53	E1,D1,D2	Aiea
Kapukawai St	73	C2	Waipahu
Kapulei St	4	A1	Honolulu
Kapulena Lp	13	B2	Honolulu
Kapuna Lp	73	B4	Waipahu
Kapunahala Rd	16,23	A3,F1	Kaneohe
Kapunapuna Way	22	F3	Honolulu
Kapuni St	5	E2	Honolulu
Karayan St	75	F1,E1	Ewa Beach
Karopczy Crt (WAAF)	60	C3	Wahiawa
Karratti Lane	4	C1	Honolulu
Karsten Dr	49	C1	Wahiawa
Kasaan Bay	86	C4	Ewa Beach
Kau St	62	C3	Waipahu
Kaua St	1,2	B4,B2	Honolulu
Kauai St	8,9	F4,F1	Honolulu
Kauai St	59	F1	Wahiawa
Kauakapu Lp	61	E4	Mililani
Kaualio Pl	6	D2	Honolulu
Kauamea Pl	61	B2	Mililani
Kauanomeha Pl	61	A3	Mililani
Kauaopuu St	93	D4	Waianae
Kaufman Ct (PH)	66	A1	Honolulu
Kauhaa Pl	15,16	D4,A2	Kaneohe
Kauhako Pl/St	13,14	D4,D1	Honolulu
Kauhale St	54,53	D1,D4	Aiea
Kauhana Pl/St	11	F1	Honolulu
Kauhane St	4	B1	Honolulu
Kauhi St	98,99	D4,C1	Ewa Beach
Kauhihau Pl	64,53	A3,F2	Pearl City
Kauhola Pl	13	D2	Honolulu
Kauholokahiki Pl/St	21	D1	Waimanalo
Kaui St	67	A4	Waialua
Kauiki St	76	E2,D2	Ewa Beach
Kauila St	3	B3	Honolulu
Kauinohea Pl	24	C1	Kaneohe
Kauiokalani Pl	93	E2	Waianae
Kaukahi Pl	63	D1	Waipahu
Kaukai Rd	95	D2	Waianae
Kaukalia St	61	C4	Mililani
Kaukama Rd	94	C4,F4	Waianae
Kaukamana St	94	E2	Waianae
Kaukoe St	61	E3,D3	Mililani
Kaukolu St/Pl/Way	75	E3,E2	Ewa
Kaukonahua Rd	56,59	E2,C1	Waialua
Kauku Pl	13	B3	Honolulu
Kaulahao St	53	C1	Aiea
Kaulaili Rd	92	E3	Waianae
Kaulainahee Pl	54,53	C1,C4	Aiea
Kaulani Pl/Way	12	C2,C3	Honolulu
Kaulani Way	24	D3	Kailua
Kaulawaha Rd	92	E2,4	Waianae
Kaulele Pl	2	F1	Honolulu
Kauleo Pl	75	E2	Ewa
Kaulia Pl	61	B3	Mililani
Kaulike Dr	64,53	A3,F2	Pearl City
Kaulona Pl,Way	75	E2	Ewa
Kaulu St	20	A4	Waimanalo
Kaulua St	61	D3	Mililani
Kaulukua Pl	61	E4	Mililani
Kaulukanu Pl/St	20	D1	Waimanalo

NAME	MAP	GRID	AREA
Kaululaau St	4	A1	Honolulu
Kaululena St	61	B4	Mililani
Kaululoa Pl	11	F1	Honolulu
Kauluwela Pl/Mall	3	C2,C3	Honolulu
Kaumahana Pl	63	B4	Pearl City
Kaumailuna Pl	8	F4	Honolulu
Kaumaka Pl	13	B4	Honolulu
Kaumakani Pl/St	13,14	C4,D1	Honolulu
Kaumana Pl	25	C1	Kailua
Kaumoku St	13	A2	Honolulu
Kaumoli Pl/St	63,52	A3,F2	Pearl City
Kaumualii St (1200 To 1599)	2	C3,C4	Honolulu
Kaumualii St (1700 To End)	2,3	C4,C1	Honolulu
Kauna St	13	B2	Honolulu
Kaunala Pl/St	41	B2	Haleiwa
Kaunaloa Pl	75	E2	Ewa
Kaunana Pl	75	E3	Ewa
Kaunaoa St	5	E3	Honolulu
Kaunaoaula St	86	E2	Kapolei
Kaunoa St	74	C3	Ewa Beach
Kaunolu St	76	D2,E2	Ewa Beach
Kauoha St, Pl, Way	75	E3,E4	Ewa Beach
Kauolu Pl	63	F4	Waipahu
Kauopae Pl	61	B2	Mililani
Kauopua St	62	E2	Mililani
Kauopuu St	93	D4	Waianae
Kaupaku Pl	13	A3	Honolulu
Kaupale Pl (HM)	47	D4	Wahiawa
Kaupalena St	13	D1	Honolulu
Kaupau Pl	33	E4	Hauula
Kaupe Rd	68	B3	Waialua
Kaupili Pl	53	A4	Aiea
Kaupu Pl/Way	63	D3	Waipahu
Kaupuni Pl/St	93	E2	Waianae
Kauwa St	53	F2	Aiea
Kauwahi Ave	96	C1	Waianae
Kauweke Pl	73	C4	Ewa Beach
Kauwili Pl	76	E2	Ewa Beach
Kawa St	15,23	B4,E1	Kaneohe
Kawaeku St	33,34	E4,E1	Hauula
Kawaena Pl	4	A1	Honolulu
Kawaewae Pl/Way	33,34	E4,E1	Hauula
Kawahine Pl	21	D1	Waimanalo
Kawaiahao St (500 To 899)	3,4	D4,D1	Honolulu
Kawaiahao St (900 To 1199)	4	E1	Honolulu
Kawaihae Pl/St	13	C2,D2	Honolulu
Kawaihemo Pl	34	E1	Hauula
Kawaihoa Way	22	F3	Honolulu
Kawaiholu St	2	B3	Honolulu
Kawaiiki Rd	2	B2	Honolulu
Kawaiki Pl	13	B3	Honolulu
Kawaikini St	34	E1	Hauula
Kawaikui Pl/St	12	D4	Honolulu
Kawailoa Dr	55,44	A2,F3	Haleiwa
Kawailoa Rd	25	C2	Kailua
Kawainui St	24,25	D4,C1	Kailua
Kawaipapa St	34	E1	Hauula
Kawaipuna Pl	33,34	E4,E1	Hauula
Kawananakoa Pl	3	A3	Honolulu
Kawanui St	74	A1	Waipahu
Kawao Ave	96	C1	Waianae
Kawau St	61	D3	Mililani
Kawekiu Way/Pl	13	D1	Honolulu
Kawela Camp Road	29	D2	Kahuku-731
Kawele St	62	D4	Waipahu
Kawelo Ct (HM)	47	C4	Wahiawa
Kaweloalii Pl/St	61	D4	Mililani
Kaweloka St/Pl	63,52	A3,F2	Pearl City
Kawelolani Pl	5,11	A4,F2	Honolulu
Kawelu St	63	A3	Pearl City
Kaweo Pl	61	D4	Mililani
Kawika Pl	9,10	D4,D1	Honolulu
Kawili Pl/St	93	C4,D3	Waianae
Kawiwi Way	93	B1	Waianae
Kawoa Pl/Way	42	E2	Haleiwa
Kawohi Pl	2	A3	Honolulu
Kawowo Pl/Rd	42	F1	Haleiwa
Ke Ala Mano St	8	F3	Honolulu
Ke Ala Nohua St	8	F3	Honolulu
Ke Ala Ola St	8	F3	Honolulu
Ke Iki Rd	43,41	A3,F3	Haleiwa
Ke Nui Rd	41	D2	Haleiwa
Ke Waena Rd	41	F3	Haleiwa
Kea Pl	68	B2	Waialua
Keaahala Pl/Rd	16,23	A3,F1	Kaneohe
Keaalau Pl	24	C1	Kaneohe
Keaalii Pl/Wy	75	F3	Ewa Beach
Keaeloa Lane	9	F1	Honolulu
Keahi Pl/St	10	D2	Honolulu
Keahilele Pl/St	61	D4	Mililani
Keahipaka Lane	55	E4	Haleiwa
Keahole Pl	13	C4	Honolulu
Keahole St	13	D3	Honolulu
Keahua Loop	73	B2	Waipahu
Keaka Dr/St	54	E4	Honolulu
Keakaula Pl	76	D2	Ewa Beach
Keakealani St	12	E2	Honolulu
Keala Rd	34	E1	Hauula
Kealohou Pl	24	D4	Kailua
Kealaloa St	22	D1,E2	Honolulu
Kealakaa Pl/St	62	E1	Mililani

Kealakaha Dr — Kinana Way

NAME	MAP	GRID	AREA
Kealakaha Dr	54,53	C1,C4	Aiea
Kealakai St	3	A2	Honolulu
Kealalani Pl	34	E2	Hauula
Kealaluina Dr	54	B1	Aiea
Kealamakai St	4	D1	Honolulu
Kealanani Ave	86	D1,E1	Ewa Beach
Kealaolu Ave/Pl	6	B2,3	Honolulu
Kealia Dr	3	A1	Honolulu
Kealoha Pl/St	2	B4	Honolulu
Kealohanui St	67,68	B4,B1	Waialua
Kealohi Pl/St/Way	62	E1,E2	Mililani
Kealohilani Ave	5	E2	Honolulu
Keama Pl	10	F2	Honolulu
Kean Rd (PH)	65	D3	Hon-818
Keana Rd	23	F3	Kaneohe
Keanae St	53	E4	Aiea
Keaniani Pl/St	24	D4	Kailua
Keanu St/Pl/Way	5,6	B3,B1	Honolulu
Keaunui Dr	75	E3	Ewa Beach
Keaolani Pl/St	61	D4	Mililani
Keaolele Pl	11	D1	Honolulu
Keaoopua Pl/St	62	D1	Mililani
Keapua Pl	53	D4	Aiea
Kearsarge Ave (BP)	98	A4	Ewa Beach
Keaukaha Pl	73	B2	Waipahu
Keaulana Ave	96	D2	Waianae
Keawe St	3	E4	Honolulu
Keawemauhili Pl	31	F3	Kahuku
Keeaumoku Pl	4	B2	Honolulu
Keeaumoku St (500 To 1399)	4	D2,C2	Honolulu
Keeaumoku St (1400 To End)	4	C2,B2	Honolulu
Keehi Pl	77	A2	Honolulu
Keehiwa Pl/St	62	D2	Mililani
Keele Pl	76	E2	Ewa Beach
Keena Pl	76	E2	Ewa Beach
Keha Pl	2	A3	Honolulu
Kehau Pl	5	B3	Honolulu
Kehaulani Dr	25,26	C4,C1	Kailua
Kehela Pl/St	73	B4	Waipahu
Kehena Pl	5	C1	Honolulu
Kehepue Lp/Pl	61	C3	Mililani
Kehooea Pl	62	D2	Mililani
Kehue Pl/St	76	E2	Ewa Beach
Kei Pl	76	E2	Ewa Beach
Keikiali St	53	C2,C1	Aiea
Keikikane Lp/Pl	17	B2	Kaneohe
Keikilani Cir	12	F2	Honolulu
Kekaa St	22	F1	Honolulu
Kekaha Pl	14	E1	Honolulu
Kekai Pl	97,98	D4,D1	Ewa Beach
Kekaihili Pl	76	E2	Ewa Beach
Kekakia Pl	76	D2	Ewa Beach
Kekau Pl	3	A3	Honolulu
Kekaulike St	3	D3	Honolulu
Kekauluohi St	14	C1	Honolulu
Kekauoha St	31	E3,F3	Kahuku
Kekauwa St	68	A2	Waialua
Kekepania Pl	86	D2	Ewa Beach
Kekio Rd	36,37	B4,B1	Kaaawa
Kekoa Pl	54	C1	Aiea
Kekona Pl	5	B3	Honolulu
Kekona Rd	47	C4	Wahiawa
Kekuanoni Pl/St	4,9	A1,F3	Honolulu
Kekuilani Pl	86	D2	Ewa Beach
Kekumu Pl	21	D1	Waimanalo
Kekupua Lp/Pl/St	14	C1	Honolulu
Kela Pl	76	B3	Ewa Beach
Kelau St	86	E1	Ewa Beach
Keleawe Pl	76	E2	Ewa Beach
Kelewaa Pl/St	61	B4	Mililani
Kelewina Pl/St	18	C3	Kailua
Keliikipi Pl	94	E2	Waianae
Kelikoi St	3	E4	Honolulu
Keller Rd	5	B1	Honolulu
Kellett Lane	3	B2	Hon-817
Kellog St	48	F4	Wahiawa
Keluka Pl	23	F1	Kaneohe
Kemika Pl	76	E2	Ewa Beach
Kemole Lane	4	C4	Honolulu
Keneke Pl/St	16,23	A3,F1	Kaneohe
Kenela St	17,23	A1,F3	Kaneohe
Kenola Pl	74	B1	Waipahu
Keo Pl	36	B4	Kaaawa
Keoahu Rd	68	B1	Waialua
Keoe Pl/Way	15,23	A4,D1	Kaneohe
Keohapa Pl	40	D3	Kaneohe
Keohekapu St	75	E3	Ewa Beach
Keokea Pl	13	D2	Honolulu
Keoki Pl	13	D2	Honolulu
Keokolo St	86	D2	Ewa Beach
Keola St	3	B2	Honolulu
Keole Pl/St	23,16	F1,A4	Kaneohe
Keolewa Pl	3	A3	Honolulu
Keolu Dr	25,19	D2,A2	Kailua
Keonaona St	3	B3	Honolulu
Keoneae Pl	86	A4	Ewa Beach
Keonekapu Pl	75	E3	Ewa Beach
Keoneula Blvd	76	F1	Ewa Beach
Keoni St	10	F2	Honolulu
Keoniana St	4	D4	Honolulu
Keoo St	68	B1	Waialua
Keopua St	4	A1	Honolulu
Kepa St	5	E4	Honolulu
Kepakepa Pl/St	63	C1	Waipahu
Kepaniwai St	22	E2	Honolulu
Kepauala Pl/St	93	B2	Waianae
Kepola Pl	9	D2	Honolulu
Kepue Pl/St	92	F1	Waianae
Kepuhi St	5	D4	Honolulu
Kerr St	65	D3	Honolulu
Keuwai St	68	B1	Waialua
Kewalo St	4	B2,C2	Honolulu
Kewai Pl	85	D1	Ewa Beach
Kewalo Lane	55,56	D4,D1	Haleiwa
Kiaala Pl	22	D1	Honolulu
Kiaha Lp/Pl	62,61	C1,C4	Mililani
Kiai Pl	12	F2	Honolulu
Kialua St	40	D3	Kaneohe
Kiana Pl	92	D1	Waianae
Kiani St	23	F1	Kaneohe
Kiapa Pl	92	F1	Waianae
Kiapaakai Pl	62	E1	Mililani
Kiapoko Pl/St	67	A4	Waialua
Kiapu Pl	3	B2	Honolulu
Kiau Pl	74	C1	Waipahu
Kiawa Pl	54	D4	Aiea
Kiawe St	53	E1	Aiea
Kiawe Pl,Way (AL)	54	D4-C4	Hon-818
Kiekie Pl	48	D4	Wahiawa
Kiekonea Way	56	F3	Waialua
Kiela Pl (SB)	69	A4	Wahiawa
Kiele Ave	5	C3,F4	Honolulu
Kiele Pl (HAFB)	66	B2	Honolulu
Kihale Pl/St	53	E4	Aiea
Kihapai Pl/St	24	D4,D3	Kailua
Kihei Pl	5	C2	Honolulu
Kihewa Pl	54,53	C1,C4	Aiea
Kihi St	86	B3	Ewa Beach
Kihi St	12	F1	Honolulu
Kiholo St	12	E2	Honolulu
Kihonua Pl	95,96	C4,C1	Waianae
Kii Pl/St	13	B2	Honolulu
Kiilani Pl/St	62	E1	Mililani
Kiionioni Lp/Pl	6	B1	Honolulu
Kiipuhaku Way	22	F3	Honolulu
Kika Pl/St	18	C3	Kailua
Kikaha St	84	D4,D3,E4	Ewa Beach
Kikala St	53,52	C1,C4	Aiea
Kikalake Pl	61	D4	Mililani
Kikanai Lp (HAFB)	66	A3	Honolulu
Kikania St	54	D1	Aiea
Kikaweo St (SB)	69	A4	Wahiawa
Kikeke Ave	5	C3	Honolulu
Kikepa St/ Pl	63	E1	Waipahu
Kikiao St	86	C1	Ewa Beach
Kikilia Pl	5	A3	Honolulu
Kikiula Lp/Pl/Way	62,61	E1,E4	Mililani
Kikoo Pl	13	D4	Honolulu
Kikoo St	75	E1,F1	Ewa Beach
Kikou St	67	D2	Waialua
Kikowaena Pl/St	1,2	C3,B1	Honolulu
Kikowaena St	59	B1	Wahiawa
Kila Way	68	A1	Waialua
Kilaha Pl/St	76	E3	Ewa Beach
Kilakila Dr	8	E4	Honolulu
Kilani Ave/Pl	60,59	A1,B4	Wahiawa
Kilau Pl	49	F1	Wahiawa
Kilauea Ave/Pl	6,11	B2,F3	Honolulu
Kilea Pl	48	D4	Wahiawa
Kileka Pl	52	D4	Aiea
Kilepa Pl	53	D2	Aiea
Kili Dr	91,92	E4,E1	Waianae
Kilihau Pl/St	1,2	C4,C1	Honolulu
Kilihe Way	53	E2	Aiea
Kilihea Way	53	E2	Aiea
Kilihune Pl	5	A3	Honolulu
Kilika Pl	53	D1	Pearl City
Kilinahe Pl/St	76	E3	Ewa Beach
Kilinoe St	53	E2,D2	Aiea
Kilioe Pl	56	D1	Haleiwa
Kiliohu Lp	53	E2	Aiea
Kilipoe St	76	E3	Ewa Beach
Kilipohe St	53	E2	Aiea
Kilmer Lp	1	E2	Honolulu
Kiloa Pl	50	D1	Mililani Mauka
Kilohana St	8	F2	Honolulu
Kilohi St	2,8	A3,F1	Honolulu
Kilohoku St	61	A3	Mililani
Kilolani Pl	8	F1	Honolulu
Kilou St	61	D4	Mililani
Kimble St (SI)	3	E2	Honolulu
Kilua Pl (SI)	3	E2	Honolulu
Kilouhane Pl	93	D2	Waianae
Kime Pl/St	73	B4,A4	Waipahu
Kimo Dr	9	D2	Honolulu
Kimo St	94	E2	Waianae
Kimokeo Pl	12	E2	Honolulu
Kimopelekane Rd	76	F3	Ewa Beach
Kina St	25,26	E4,E1	Kailua
Kinalau Pl	4	C1	Honolulu
Kinana Way	40	E3	Kaneohe

Kinau St — Kualapa St

Street Index

NAME	MAP	GRID	AREA
Kinau St (700 To 899)	3,4	C4,C1	Honolulu
Kinau St (900 To 1499)	4	C1,C2	Honolulu
King St (North)1 To 1699	3,2	D3,B4	Honolulu
King St (North) 1700 To End	2	B4,B2	Honolulu
King St (South) 1 To 899	3,4	D3,D1	Honolulu
King St (South) 900 To 1499	4	D1,C3	Honolulu
King St (South) 1500 To End	4,5	C3,C1	Honolulu
King-Fisher St (Fl)	65	C1	Honolulu
Kini Pl	2	A3	Honolulu
Kinikohu St	48	D4	Wahiawa
Kinipopo St	48	D4	Wahiawa
Kinney Pl	74	A2	Waipahu
Kino St	2	A3	Honolulu
Kinohi Pl	85	E2,F2	Ewa Beach
Kinohou Pl	10	E3	Honolulu
Kinoole Pl	53	E4	Aiea
Kioe St	68	A2	Waialua
Kioele Pl	62	E1	Mililani
Kiokio Pl	74	C1	Waipahu
Kiolena Pl	74	C1	Waipahu
Kionaole Rd	17,18	C3,C1	Kaneohe
Kiopaa Pl	61	A2	Mililani
Kiowai St	15	B4	Kaneohe
Kiowao Pl	85	D1,D2	Ewa Beach
Kipaa Pl	63	C1	Waipahu
Kipaepae St	53	E1,2	Pearl City
Kipahele Pl/St	95	D3	Waianae
Kipahulu Pl	95	D3	Waianae
Kipaipai Pl	95	D3	Waianae
Kipaipai St	63	B4	Aiea
Kipalale Pl	95	D3	Waianae
Kipaoa Pl	95	D3	Waianae
Kipapa Dr	61	A2,B2	Mililani
Kipapa St	61	C2	Mililani
Kipapani Pl	95	D3	Waianae
Kipawale Pl	16	A4	Kaneohe
Kipikua St	53	C1	Pearl City
Kipona Pl	11	E2	Honolulu
Kipou Pl/St	74	C1	Waipahu
Kipu	22,14	F1,A1	Honolulu
Kipuka Dr	59	B1	Wahiawa
Kipuka Pl	24	D4	Kailua
Kipukai Pl	22	F3	Honolulu
Kirkbride Ave/Ct/Pl	64	C3	Pearl City
Kirkwood Pl/St	12	E4	Honolulu
Kitty Hawk St (PH)	65	C2	Honolulu
Kiu Pl	31	F3	Kahuku
Kiukee Pl	25	F3	Kailua
Kiwi St	76	E1	Ewa Beach
Kiwila St	11	F1	Honolulu
Kiwini Pl	74	C1	Waipahu
Klebahn Pl	9	F1	Honolulu
Kline Rd (SB)	59	D4	Wahiawa
Ko Pl/St	16	A3	Kaneohe
Koa Ave	5	E2	Honolulu
Koa Kahiko Pl/St	17	A1	Kaneohe
Koa Moali Pl	20	B1	Waimanalo
Koa Pl	54	B4	Honolulu
Koa St	60,59	A1,A4	Wahiawa
Koae Pl/St	6	C2	Honolulu
Koaena Pl/St	15	C3,4	Kaneohe
Koaha Pl/Way	54	B3	Aiea
Koaheahe Pl/St	53	F1	Pearl City
Koahi St	86	B3	Ewa Beach
Koaie Pl	17	C1	Kaneohe
Koaki St	63	F3	Waikele
Koalele St	3,4	A4,A1	Honolulu
Koali Ct	60	C4	Wahiawa
Koali Rd	5	B2,C2	Honolulu
Koalipehu Pl/St	76	F3	Ewa Beach
Koamano St	13	B4	Honolulu
Koaniani Way	4,5	A4,A1	Honolulu
Koanimakani St,Pl	86	E2	Kapolei
Koapaka St	1,2	E3,D1	Honolulu
Koauka Lp/St	53	E3,E4	Aiea
Koele Way	60	B1	Wahiawa
Koelsch Cir	1	E3	Honolulu
Koena Way	48	D4	Wahiawa
Kohai Pl	93	D2	Waianae
Kohea Pl/Way	85	F2	Ewa Beach
Kohina St	15	B3	Kaneohe
Kohomua St	54	F2	Aiea
Kohou St	3	B1,C1	Honolulu
Kohupono St	97,98	A4,A1	Ewa Beach
Koiawe Way	17	B2	Kaneohe
Koihala Pl	86	A4	Ewa Beach
Koikoi Pl	49	D1	Wahiawa
Koio Dr	97	C4	Ewa Beach
Koiula Pl	61	E4	Mililani
Koka St	75	F2	Ewa Beach
Koke Pl	73	C2	Waipahu
Kokea Pl/St	3	B1,C1	Honolulu
Kokee Pl	14	F1	Honolulu
Koki St	14	D1	Honolulu
Kokio Ln (HAFB)	66	B2	Honolulu
Kokio Lp	54	D1	Aiea
Koko Dr	6	A1,B1	Honolulu
Koko Head Ave	5	B4,C4	Honolulu
Koko Isle Cir	13	D4	Honolulu
Kokoiki Pl	62	E2	Mililani
Kokokahi Pl	23	E4	Kaneohe
Kokole Pl/St	85	F3	Ewa Beach
Kokoloea Pl	60	C1	Wahiawa
Kokololio Pl	12	C2,3	Honolulu
Kokomalei St (HAFB)	66	B2	Honolulu
Kokomo Pl	13	A4	Honolulu
Kolani Pl	16,23	A4,F1	Kaneohe
Kolea Pl/St	62	C4	Waipahu
Koleaka St	63	F3	Waipahu
Kolekole Ave (SB)	59,69	D4,F4	Wahiawa
Kolekole Dr	48	F4	Wahiawa
Kolekole Rd	8	A2,C4	Waianae
Kolekole Rd (SB)	69	F3	Wahiawa
Koliana Pl/St	62	D4	Waipahu
Kolili St/Pl	85,86	C4,D1	Ewa Beach
Koliliko St	50	E1	Mililani
Kolo Pl	5	C1	Honolulu
Koloa St	6	C2,3	Honolulu
Kolohala St	6	C3,D3	Honolulu
Kolokio Pl/St	16,23	A4,F2	Kaneohe
Koloko Ct (HM)	47	D4	Wahiawa
Kolokolo Cir (SB)	69	A4	Wahiawa
Kolokolo St/Pl	21	E4	Honolulu
Kololio St	85,86	D4,A1	Ewa Beach
Kolomona Pl	10	E3	Honolulu
Kolonahe Pl	4	A2	Honolulu
Kolopao Pl	16	A3	Kaneohe
Kolopua St	1	B2	Honolulu
Kolowaka Dr	75,86	F2,A1	Ewa Beach
Kolowalu St	4,5	A4,A1	Honolulu
Komaia Dr/Pl	10	F2	Honolulu
Komana St	76	E2	Ewa Beach
Komo Mai Dr (97-1200 To 97-2599)	52	E4,B2	Pearl City
(98-1000 To 98-1099)	53	E1	Aiea
(98-1100 To 98-1199)	52	E4	Pearl City
Komo Mai Pl	52	B2	Pearl City
Komo St	67	A4	Waialua
Komohana Ct (HM)	47	D3,D4	Wahiawa
Komohana St	99	D1,C1	Ewa Beach
Kona Rd (SB)	60	D1	Wahiawa
Kona St	4	D2	Honolulu
Konaiki St	4	D2	Honolulu
Konaku St	50	E2	Mililani
Konale Pl	17	B1	Kaneohe
Konane Pl	15,23	A4,D1	Kaneohe
Konani Lane	2	B3	Honolulu
Konia St	3	A1	Honolulu
Koniaka St	73	B4	Waipahu
Konnick Pl	1	D3	Honolulu
Kono Pl/St	8	F1	Honolulu
Konohiki St	15,23	A4,D1	Kaneohe
Konohiki St	15	A4	Kaneohe
Koohoo Pl	25	C4	Kailua
Kooku Pl	19	A2	Waimanalo
Koolani Dr	49	E4	Mililani
Koolau View Dr	17	B2	Kaneohe
Koolauhale St	17	B1	Kaneohe
Koolina St	93	A1,A2	Waianae
Koolua Pl,Way	49	E4	Mililani Mauka
Kopaa St	63,74	F3,A2	Waipahu
Kopake St	63	F3	Waikele
Kopalani St	49	E4	Mililani
Kopili Pl	40	E4	Kailua
Kopiko St (HAFB)	66	B2	Honolulu
Kopke St	2	B3	Honolulu
Kou Pl	24	C1	Kaneohe
Kou Pl	62	D2	Mililani
Koula St	54	D4	Honolulu
Koula St	3,4	E4,E1	Honolulu
Kowa St	50	E1	Mililani
Kowelo Ave	86	D1	Ewa Beach
Krauss St	4	A1	Honolulu
Krukowski Rd (TAMC)	1,7	A1,F2	Honolulu
Ku Pl	68	B1	Waialua
Kuaaina Way	24	D4	Kailua
Kuaeewa Pl	75	F3	Ewa Beach
Kuaehu St	13	B4	Honolulu
Kuahaka St	63,52	A4,F2	Pearl City
Kuahale Ct (HM)	47	C4	Wahiawa
Kuahao Pl	53	F1	Pearl City
Kuahaua Pl	50	F2	Mililani
Kuahea Pl/St	11	E2	Honolulu
Kuahelani Ave	61	A3,B3	Mililani
Kuahewa St	50	E1	Mililani
Kuahine Dr	4	A4	Honolulu
Kuahiwi Ave	60	A1	Wahiawa
Kuahiwi Way	8	D2	Honolulu
Kuahono St	22	F1	Honolulu
Kuahui St	73	B4	Waipahu
Kuahulu Pl/Way	16	A3	Kaneohe
Kuaie Pl/St	61	B4	Mililani
Kuailima Dr	25	B4	Kailua
Kuaiwi Pl	12	E2	Honolulu
Kuakahi St	63	F3	Waipahu
Kuakini St N (1 To 799)	3	B2,3	Honolulu
Kuakini St S (1 To 199)	3	B3,4	Honolulu
Kuakoa Pl	24,23	D1,D4	Kaneohe
Kuakolu Pl	63	F3	Waipahu
Kuakua Pl	16	A4	Kaneohe
Kuala St	63	B4	Pearl City
Kualapa St	50	E2,F2	Mililani

Kualau Pl — La Pietra Cir

NAME	MAP	GRID	AREA
Kualau Pl	20	B1	Waimanalo
Kuali St	86	A3	Ewa Beach
Kualii Pl	75,86	F3,A4	Ewa Beach
Kualii St	75	F3	Ewa Beach
Kualono St	8	E4	Honolulu
Kualua Pl	16	A4	Waipahu
Kuamauna St	22	E1	Honolulu
Kuamoo St	4	D4	Honolulu
Kuamu Pl/St	84	D4,D3,E4	Ewa Beach
Kuana St	6	D2,3	Honolulu
Kuanalio Lp/Pl/Way	62,61	E1,E4	Mililani
Kuanalu Pl	22	F3	Honolulu
Kuanini Pl/Way	49	F4	Mililani
Kuanoni Pl/Way	49	E4	Mililani Mauka
Kuaoa St	49,50	D4,D1	Mililani
Kuaola St	12	E1	Honolulu
Kuapapa Pl	8	D2	Honolulu
Kuapohaku Dr	8	D2	Honolulu
Kuapuiwi Pl	16	A3	Kaneohe
Kuapuu St	75	F1	Ewa Beach
Kuau St	24	A1	Kailua
Kuaua Way	17	B2	Kaneohe
Kuauli St	50	E1	Mililani
Kuauna Pl	49	E4	Mililani
Kuawa	53	C4	Aiea
Kuba Ln	3	A4	Honolulu
Kuea St	86	D2	Ewa Beach
Kuemanu St	68	B2	Waialua
Kuena St	50	E1	Mililani
Kuewa Dr	56	F2	Waialua
Kuhaimoana Pl	75	F3	Ewa Beach
Kuhana Pl	63	E2	Waipahu
Kuhao Pl	53	C2,B2	Aiea
Kuhao St	73	C2	Waipahu
Kuhaulua Pl/St	63	F3	Waipahu
Kuhe Pl	68	B2	Waialua
Kuhea St	50	D1	Mililani
Kuhela St	99	D1,2	Ewa Beach
Kuhi Pl/St	68	B1	Waialua
Kuhia Pl	75	E3	Ewa Beach
Kuhialoko Pl/St	86	A4	Ewa Beach
Kuhiawaho Pl	75	E3	Ewa Beach
Kuhilani St	6,12	A3,F1	Honolulu
Kuhimana Pl/St	20	B2	Waimanalo
Kuhina St	76	E2	Ewa Beach
Kuhio Ave	4,5	D4,D2	Honolulu
Kuhonu Pl	23	E3	Kaneohe
Kui Pl	8	C2	Honolulu
Kuikahi St	4	D3	Honolulu
Kuikele Pl/St	8	E2	Honolulu
Kuikepa Pl	49	E4	Mililani
Kuiki Pl	63	E3	Waipahu
Kuilei Pl	5	C1	Honolulu
Kuilima Dr/Lp/Pl W	29	B2	Kahuku
Kuilioloa Pl	76	F3,E3	Ewa Beach
Kuina St/Pl	75	E2	Ewa
Kuine Pl	6	E2	Honolulu
Kuinehe Pl	49	D4	Mililani
Kuini Pl	53	E1,D1,D2	Aiea
Kuipaakea Lane	3	B1	Honolulu
Kuipuakukui St	86	E2	Kapolei
Kukahi St	3	D2	Honolulu
Kukana Pl/Way	18	D3	Kailua
Kukane St	16,23	A4,F1	Kaneohe
Kukaniloko Walk (Haka Dr)	2	C4	Honolulu
Kukea Cir	67	A4	Waialua
Kukia St	16,15	B2,E4	Kaneohe
Kukii St	13	A4	Honolulu
Kukila Pl/St	54	E3	Honolulu
Kukini Pl	49	D4	Mililani
Kukolu St	61	B2	Mililani
Kukuau Pl	13	C3	Honolulu
Kukui Dr	54	C3	Honolulu
Kukui Pl	54	C4	Honolulu
Kukui St	60	B1	Wahiawa
Kukui St (North)	3	C2,3	Honolulu
Kukui St (South)	3	C3	Honolulu
Kukuiula Lp/Pl	13,14	B4,B1	Honolulu
Kukula St	63	F2	Waipahu
Kukula St (All)	60	B1	Wahiawa
Kukula St N (1 To 699)	3	C2,C3	Honolulu
Kukula St N (1 To 199)	3	C3	Honolulu
Kukuna Rd	34	E2	Hauula
Kula Ct	60	C3	Wahiawa
Kula Kolea Dr/Pl	8	E1,2	Honolulu
Kula St	3	A2	Honolulu
Kulaaupuni St/Pl	94	E2,3	Waianae
Kulahanai Pl/St	94	E4	Waianae
Kulahelela Pl	94	E4	Waianae
Kulaiwi St	21	D1	Waimanalo
Kulakoa Pl/St	94	E4	Waianae
Kulakumu Pl	94	E4	Waianae
Kulala Pl	94	E4	Waianae
Kulamanu Pl/St	6	E2	Honolulu
Kulana Ct/Pl	76	E3	Ewa Beach
Kulani St	13	A1,A2,B1,B2	Honolulu
Kulanui Lane/St	33,32	D1,D4	Laie
Kulapa Pl	94	E4	Waianae
Kulauala Way	22	F3	Honolulu
Kulauku St	94	E4	Waianae
Kulauli St	16,23	A4,F2	Kaneohe

NAME	MAP	GRID	AREA
Kulawae Pl/St	94	E4	Waianae
Kulawai Pl/St	53	B4	Aiea
Kulawea Pl/St	54	D1	Aiea
Kulea Pl	53	D2	Aiea
Kuleana Pl/Rd	64,53	A3,F2	Pearl City
Kulekule Pl	62	C4	Waipahu
Kulewa Loop	62	C4	Waipahu
Kulia St	48	F2	Wahiawa
Kulike Pl	85	D1	Ewa Beach
Kulina St	54	D1	Aiea
Kuliouou Pl/Rd	13,12	D1,2,C1,A4	Honolulu
Kuloa Ave	86	D1,D2	Ewa Beach
Kuloaa Pl	25,26	D4,E1	Kailua
Kuloko St	63	A3	Pearl City
Kulua Pl	61	B3	Mililani
Kului Pl	12	D2	Honolulu
Kulukeoe Pl/St	16	A3	Kaneohe
Kumaipo St	93	A1,A2	Waianae
Kumakani Lp/Pl	12	F1	Honolulu
Kumakua Pl	17	A2	Kaneohe
Kumano St	63	A3	Pearl City
Kumau Pl	73	B4	Waipahu
Kumauna Pl	21	D1	Waimanalo
Kumepala Pl	62	D4	Waipahu
Kumimao Pl	63	C2	Waipahu
Kumimi St	74	C3	Ewa Beach
Kumoana St	63	A3	Pearl City
Kumoo Lp/Pl	15,16	D4,A2	Kaneohe
Kumu Pl/St	10	D2	Honolulu
Kumuao St	63	F2	Waipahu
Kumuhau St	19	C4,B4	Waimanalo
Kumuiki St	86	E1,2	Ewa Beach
Kumukahi Pl/Way	13	C3	Honolulu
Kumukoa Pl/St	10	D2	Honolulu
Kumukula St	63	F3	Waipahu
Kumukumu St	21	E4	Honolulu
Kumulani Pl/St	10	D2	Honolulu
Kumulipo St	86	E1	Ewa Beach
Kumumao Pl	62	E1	Mililani
Kumuone St	10	D2	Honolulu
Kumupali Rd	42	A3	Haleiwa
Kumuula St	20	A1	Waimanalo
Kumuwai Pl	10	D2	Honolulu
Kunawai Lane	3	B2	Honolulu
Kuneki Pl/St/Way	15,16	E4,B2	Kaneohe
Kunia Dr	71	A1,B2	Kunia
Kunia Rd	60,72	D1,C4	Kunia
Kunihi Pl	12	E1	Honolulu
Kuntz Ave (HAFB)	66	B2	Honolulu
Kuoha St	67	A4	Waialua
Kuokoa St	63	B4	Pearl City
Kuola Ave	86	D2	Ewa Beach
Kuola Pl	12	E1	Honolulu
Kuono Pl	23	D1	Kaneohe
Kuoo St	73	C2	Waipahu
Kupaa Dr	5	A3	Honolulu
Kupahu St	68	A1	Waialua
Kupale St	15	C3	Kaneohe
Kupalii Lp	54	D1	Aiea
Kupanaha Pl	85	D1	Ewa Beach
Kupaoa Pl	43	A3	Haleiwa
Kupau Pl/St	26,25	E1,D4	Kailua
Kupaua Pl	12	C4	Hon-821
Kupehau Rd	72	C4	Waipahu
Kupehe Lane	63	F4	Waipahu
Kupekala St	74	C3	Ewa Beach
Kupeleko Pl	75	F1	Ewa Beach
Kupiapia Pl	75	F3	Ewa Beach
Kupipi Pl	75	F3	Ewa Beach
Kupohu St	16	B3	Honolulu
Kupolau Pl	61	D4	Mililani
Kupono Pl	54	A4	Aiea
Kupu Pl	9	F1	Honolulu
Kupueu Pl	73	C2	Waipahu
Kupuku Cir	61	C2	Mililani
Kupukupu Cir (SB)	69	A4	Wahiawa
Kupukupu Pl/St	53	D1	Aiea
Kupuna Lp/St	73	B4,C4	Waipahu
Kupuohi Pl/St	73,74	C4,C1	Ewa Beach
Kupuwao Pl	53	D1	Aiea
Kuu Home Pl	17	B1	Kaneohe
Kuuaki Pl	73	C2	Waipahu
Kuuala St	25	C1	Kailua
Kuualoha Rd	95	C2	Waianae
Kuuhale St	25	C1	Kailua
Kuuhoa Pl	25	C1	Kailua
Kuuipo Pl	17	A1	Kaneohe
Kuukama St	25	C2	Kailua
Kuulei Rd	25	C1	Kailua
Kuumele Pl	25	C2	Kailua
Kuuna Pl	25	D4	Kailua
Kuuniu St	25	C1	Kailua
Kuupua St	25	C1	Kailua
Kuuwelu Pl	86	A3	Ewa Beach
Kuwale Pl/Rd	81	F2	Waianae
Kuwili St	3	C2	Honolulu
Kwajalein St	81	E4	Waianae

L

NAME	MAP	GRID	AREA
L'Orange Pl	24	B3	Kailua
La Pietra Cir	5	F4	Honolulu

La-i Rd — Leinani Pl

NAME	MAP	GRID	AREA
La-i Rd	11	D1,E1	Honolulu
Laa Lane	3	B1	Honolulu
Laahaina Pl	97	C4	Ewa Beach
Laakea Pl/St	54	E3	Honolulu
Laakona St/Pl	75	F4	Ewa Beach
Laaloa Pl/St	97	C4	Ewa Beach
Laamia Pl/St	6,12	A4,F2	Honolulu
Laanui St	95	D3	Waianae
Laau Paina Pl	67	F1	Waialua
Laau St	5	D1	Honolulu
Laauhuahua Pl/Way	52	E4	Pearl City
Laaula Pl	61	B4,A4	Mililani
Laaulu St	75	F2	Ewa Beach
Laaunoni Pl	96	C1	Waianae
Labers Ct (WAAF)	60	B2	Wahiawa
Ladd Lane	3	B4	Honolulu
Lae St	3	A4	Honolulu
Laelae Way	8	D2	Honolulu
Laelua Pl	53	C3	Aiea
Laenani Dr	40	C1	Kaneohe
Laenui St	63	E3	Waianae
Lagoon Dr	1,2,77	D4,D1,F1,A2	Honolulu
Laha St	24,23	C1,C4	Kaneohe
Lahai St	61	B4,A4	Mililani
Lahaina St	92	F1,E3	Waianae
Lahaole Pl	73	B4	Waipahu
Lahe St	62	C1,2	Mililani
Lahiki Cir	53	E4	Aiea
Lahikiola Pl	96	B1	Waianae
Lahilahi Pl/St	92	F3	Waianae
Lahipaa St	61	B4,A4	Mililani
Lahui Pl,St	50	F2	Mililani
Laielua Pl	22	E1	Honolulu
Laiki Pl	24	B3	Kailua
Laiku Pl	95	D3	Waianae
Laimi Rd	9	F1	Honolulu
Lakana Pl	76	E2	Ewa Beach
Lakapu St	2	A4	Honolulu
Lakau Pl	74	B1	Waipahu
Lake Erie St (PH)	65	C3	Hon-818
Lake View Cir	60	C1	Wahiawa
Lakeview Dr (SB)	59,60	D4,D1	Wahiawa
Laki Rd	3	A2	Honolulu
Lakimau St	5	E3	Honolulu
Lakimela Lane	3	C2	Honolulu
Lako St	75	E1,F1	Ewa Beach
Lakoloa Pl	1,2	A4,A3	Honolulu
Lakona Wlk	2	B4	Honolulu
Lala Pl	26	C1	Kailua
Lalahi St	85	E2	Ewa Beach
Lalai Pl/St	61	B4,A2	Mililani
Lalama Lp	73	C2	Waipahu
Lalamilo Pl/St	1,2	B2,A1	Honolulu
Lalani St	54,53	D1,D4	Aiea
Lalawai Dr	54	C1	Aiea
Lalawai St	48	F3	Wahiawa
Lale St	24	A1	Kailua
Lalea Pl	12	E1	Honolulu
Lalei Pl	61	B4	Mililani
Lalo Kuilima Pl/Way	29	B2	Kahuku
Lama Pl	26	C1	Kailua
Lamaku Pl	11	E2	Honolulu
Lamalama Pl	39	D3	Kaneohe
Lamalle St	87	C2	Ewa Beach
Lamaloa Pl	5	B3	Honolulu
Lamaula Pl/Rd	39	D3	Kaneohe
Lana Ln	3	E4	Honolulu
Lanai St	8,9	F4,F1	Honolulu
Lanai St	59	F1	Wahiawa
Lanakila Ave (800 To 999)	64	C3	Pearl City
Lanakila Ave (1400 To 1999)	3	B2	Honolulu
Lanakila Pl	64	C3	Pearl City
Lanakoi St	86	D2	Ewa Beach
Langley Ave (Fl)	65	B2	Honolulu
Langley Lp (WAFB)	60	D2	Wahiawa
Langley St	86	F4	Ewa Beach
Lani St	13	D1	Honolulu
Lania Pl/Way	53	D2	Aiea
Lanialii Ct (WAFB)	60	C4	Wahiawa
Lanialii St	60,59	B1,B4	Wahiawa
Lanihale Pl	5	A4	Honolulu
Lanihuli Dr	4	B3,4	Honolulu
Lanihuli Pl/St	32	E4,D4	Laie
Lanikaula St	10	F3	Honolulu
Lanikeha Pl/Way	52	F2	Pearl City
Lanikuakaa St	53	C2,C1	Aiea
Lanikuhana Ave	61	B3,E3	Mililani
Lanikuhana Pl	62	D1	Mililani
Laniloa Pl	49	D1	Wahiawa
Laniloa Rd	3	A4	Honolulu
Lanipaa St	61	B4	Mililani
Lanipili Pl	11	F2	Honolulu
Lanipo Dr	26	C1	Kailua
Lanipoko Pl	11	F2	Honolulu
Lanipola Pl	23	F2	Kaneohe
Lanipuao St	14	C1	Honolulu
Laniuma Lp (HAFB)	66	B2	Honolulu
Laniuma St (SB)	69	A4	Wahiawa
Laniuma Rd	2	B3	Honolulu
Laniwai Ave	64	C3	Pearl City
Laniwela Way	40	D3	Kaneohe
Lanui Pl	8	E4	Honolulu
Laola Pl	3,9	A4,F2	Honolulu
Lapa Pl	26	C1	Kailua
Lapine Pl	76	E2	Ewa Beach
Larson Ct (PH)	66	A1	Honolulu
Lau Pl	36	B4	Kaaawa
Lauae St	50	F2	Mililani
Lauaki Pl/St	61	B4,A4	Mililani
Lauawa Pl/St	61	B4	Mililani
Lauhala Rd (WAFB)	60	C3	Wahiawa
Lauhala St	3	C4	Honolulu
Lauhoe Pl	77	A2	Honolulu
Lauhulu St	53	C4	Aiea
Lauia St	98	B3	Ewa Beach
Lauiki St	5	D1	Honolulu
Laukahi Lp/Pl/St	12	F1	Honolulu
Laukalo St	20	B2	Waimanalo
Laukani St	73	B4	Waipahu
Laukea St	63,73	F2,A4	Waikele
Laukoa Pl	9	F2	Honolulu
Laukona Lp	76	F2	Ewa Beach
Laukupu Way	22	F3	Honolulu
Laula Way	4	D2	Honolulu
Laulani St	8	E3	Honolulu
Laulauna St	75	E3	Ewa
Laulea Pl	23	F1	Kaneohe
Laulele St	94	F4,E4	Waianae
Laulima St	54	E1	Aiea
Lauloa St	25	E3	Kailua
Laulauna St	75	E3	Ewa
Laulaunui Way	74	C3	Ewa Beach
Laumaile St	8	F2	Honolulu
Laumaka St	2	C3	Honolulu
Laumania Ave	96	D2	Waianae
Laumiki Pl	40	E3	Kaneohe
Laumilo St	20	A4	Waimanalo
Launa Aloha Pl	28	F3	Kailua
Launa Pl	11	E1	Honolulu
Launahele St	75,87	F4,A1	Kapolei
Launiu St	5	D1	Honolulu
Lauoha Pl	9	F2	Honolulu
Lauo St	86	B2,B3	Ewa Beach
Lauole St	53	B4	Aiea
Lauone Lp/Pl	59	C4	Wahiawa
Laupai St/Pl/Way	75	E3	Ewa
Laupalai Pl	61	E3	Mililani
Laupapa Pl/St	76	E2	Ewa Beach
Lauula St	5	E1	Honolulu
Lauwi Pl	63	D1	Waipahu
Lauwiliwili Ave	98	B3	Ewa Beach
Lawa Pl	10	F2	Honolulu
Lawai St	14	E1	Honolulu
Lawaia St	91	F3	Waianae
Lawalu Pl	76	D2	Ewa Beach
Lawehana St	54	F4	Honolulu
Lawelawe Pl/St	12	D2,E3	Honolulu
Lawena St	61	B3,A3	Mililani
Lawakua Loop	73	C2	Waipahu
Lawrence Pl/Rd (MCBH)	27,28	D4,C2	Kailua
Lea Pl	62,61	E1,E4	Mililani
Leader Ct (SB)	69	B4	Wahiawa
Leahi Ave	5	E3	Honolulu
Leal Pl	66	A2	Honolulu
Lealea Pl	61	C3	Mililani
Lee Pl	3	E3	Honolulu
Leftwich St (PH)	65	D3	Hon-818
Lehia St	54	D3	Honolulu
Lehiwa Dr	49,50	E4,D1	Mililani Mauka
Leho Pl	53	E4	Aiea
Lehopulu St	74	B1	Waipahu
Lehoula Pl	63	E4	Waipahu
Lehu St	86	B3	Ewa Beach
Lehua Ave	64	B2	Pearl City
Lehua Rd (WAFB)	60,	C4	Wahiawa
Lehua St (100 To 399)	60,59	A1,A1	Wahiawa
Lehua St (1500 To 1799)	8	F2	Honolulu
Lehuakona St	61,62	B4,B1	Mililani
Lehulehu Pl	86	D2,E2	Ewa Beach
Lehuuila Pl	17,23	A2,F4	Kaneohe
Lei Aloalo Pl	60	B1	Wahiawa
Lei Awapuhi Pl	60	B1	Wahiawa
Lei Rd	3	A2	Honolulu
Leia St	73	B3,4	Waipahu
Leialii St	53	C2,C1	Aiea
Leialoalo St	86	B3	Ewa Beach
Leialoha Ave	5	C2	Honolulu
Leighton St	12	D2	Honolulu
Leihaku St	63	F2	Waipahu
Leihoku St	93	D4	Waianae
Leihua Pl/St	93	D4	Waianae
Leihulu Pl	53	C2,B2	Aiea
Leilani St	2	A4	Honolulu
Leileho Pl	93	D4	Waianae
Leilehua Ave (SB)	59,60	D3,C2	Wahiawa
Leilehua Lane	3	C4	Honolulu
Leilehua Rd/Vil	49	D1	Wahiawa
Leilipoa Way	22	E3	Honolulu
Leiloke Dr	4	B2	Honolulu
Leimao Pl	86	E2	Kapolei
Leimomi Pl	49	D1	Wahiawa
Leinani Pl	63	E4	Waipahu

Leiole St — Lukepane Ave

NAME	MAP	GRID	AREA
Leiole St	85	F3	Ewa Beach
Leipapa Way	85	F2	Ewa Beach
Leipupu Pl	93	D4	Waianae
Leke Pl	53	E1,D1,D2	Aiea
Lekeona St	25,26	E4,E1	Kailua
Leko Pl	63	C1	Waipahu
Leleaka Pl/St	62	E1,D1	Mililani
Lelehu Pl/St	63	D3	Waipahu
Lelehua Loop	73	C2	Waipahu
Lelehuna St	63	D2	Waipahu
Lelehune Pl	10	D3	Honolulu
Leleiona St	61	B4	Mililani
Lelekepue Pl	12	D3,D4	Honolulu
Leleleu Pl	17	A2,B2	Kailua
Leleoi St/Pl	75	E3	Ewa
Lelepau Pl	12	E1	Honolulu
Lelepua Pl/St	63	D1,D2,C2	Waipahu
Leleu Pl	62,61	E1,E4	Mililani
Leleua Lp/Pl/Way	17	B2,A2	Kaneohe
Leleuli Pl/St	31	E3,F3	Kahuku
Lelewalo St	61	A2	Mililani
Lemi St	60	A1	Wahiawa
Lemiwai St	60	A1	Wahiawa
Lemon Rd	5	E2	Honolulu
Lena Pl	49	D1	Wahiawa
Leoiki St	74	A1	Waipahu
Leokane St	74	B2,C2	Waipahu
Leoku St	74	C2	Waipahu
Leolani Pl/St/Wy	61,50	A4,F2,3	Mililani
Leoleo St	74	B2	Waipahu
Leolua St	74	C2	Waipahu
Leomana Pl/Way	63	D2	Waipahu
Leomanu Pl	53	A4	Aiea
Leomele St	63,52	A4,F3	Pearl City
Leonui St	74	C2	Waipahu
Leoole St	74	C2	Waipahu
Leowaena Pl/St	74	C2	Waipahu
Leowahine St	74	B2	Waipahu
Lepeka Ave	96	D1	Waianae
Lepelepe Cir (SB)	69	A4	Wahiawa
Lewa Pl	49	B1	Wahiawa
Lewakuu St	50	F2	Mililani
Lewalani Dr	4	B2	Honolulu
Lewanuu Pl/St	61,50	B3,A3,F2	Mililani
Lewers St	5	D1,E1	Honolulu
Lewis St	59	E4	Wahiawa
Lexington Ave	86,99	F3,A2	Ewa Beach
Lexington Blvd (FI)	65	B2	Honolulu
Ley Ct (PCP)	64	C4	Pearl City
Leyte St	86,97	F4,A2	Ewa Beach
Leyte St (NAD LLL)	81	D4	Waianae
Leyte St (NCS Wah)	48	C3	Wahiawa
Lia Way	48,49	D4,D1	Wahiawa
Lianu Pl	74	B1	Waipahu
Libby St	2	D4	Honolulu
Libert St	5	A2	Honolulu
Lightning St	86	F3	Kapolei
Lihau St	85	F3	Ewa Beach
Lihi Way	48	D4	Wahiawa
Lihikai Dr	40	C1	Kaneohe
Lihimauna Rd	36,37	B4,B1	Kaaawa
Lihipali Pl/St	6	A2	Honolulu
Lihiwai Rd	25	B2	Kailua
Liho St	50	F2	Mililani
Liholiho St	4	B2,C2	Honolulu
Lihue St	93	D2	Waianae
Lii-Ipo St	53	F2	Aiea
Likeke Pl	23	D4	Kaneohe
Likelike Hwy	2,8	A4,F2-A3	Honolulu
Likelike Hwy	16	F4,A4	Kaneohe
Likini St	1,54	D2-E1,E4	Honolulu
Liko Ln	3	B4	Honolulu
Liku St	25	E4	Kailua
Lile Pl	40	E4	Kaneohe
Lilia Ct (HAFB)	66	D2	Honolulu
Lilia Pl	54,54	D1,D4	Aiea
Liliana St	94	E2	Waianae
Lilienthal Rd	60	C2	Wahiawa
Liliha Court Lane	3	B2	Honolulu
Liliha Pl/St	3,8	B2,F4	Honolulu
Lilii Pl	50	F2	Mililani
Lilikoi Ct	60	C4	Wahiawa
Lilikoi Pl	53	D1	Aiea
Lilikoi Way	54	C4	Honolulu
Lilileha St	61	B4	Mililani
Lilinoe Pl	5	A4	Honolulu
Lilipuna Pl/Rd	23,15	D1,D2,A4	Kaneohe
Liliuokalani Ave	5	E2	Honolulu
Liliwai St (HAFB)	66	B2	Honolulu
Lilo Pl	4	B2	Honolulu
Liloa Rise	4	A4	Honolulu
Lima St	2	A4	Honolulu
Limahana Pl/St	63	F3	Waipahu
Limakokua Pl	93	D2	Waianae
Lime St	4	D3,4	Honolulu
Limu Pl	12	E4	Honolulu
Limukele St	84,85	E4,E1	Ewa Beach
Linakola St	94	E2	Waianae
Linapuni St	2	B3	Honolulu
Lincoln Ave	5	C2,C3	Honolulu
Lino Pl	74	B1	Waipahu

NAME	MAP	GRID	AREA
Linohau Way	4	B3,4	Honolulu
Lioba St	81	C4	Waianae
Liolio Pl	85	E1	Ewa Beach
Liona St	4	D2	Honolulu
Liopolo St	94	E3	Waianae
Lipaki Pl	76	D2	Ewa Beach
Lipalu Pl/St	17	A2	Kaneohe
Lipeepee St	4	D3	Honolulu
Lipioma Way	4	A4	Honolulu
Lipo St	86	D1	Ewa Beach
Lipoa Pl	53	F3	Aiea
Lisbon St	3	D4	Honolulu
Liscomb Bay St (FI)	65	C2	Honolulu
Lissak Loop	1,2	B4,B2	Honolulu
Liula Pl/St	16,17	B4,B1	Kaneohe
Liuliu Pl	76	D2	Ewa Beach
Liwai St	12	E2	Honolulu
Llanes Ct (MCBH)	27	D4	Kailua
Loaa Pl/St	74	B1	Waipahu
Loala St	32	D4	Laie
Loch St	64	C3	Pearl City
Lohea Pl	53	A4	Aiea
Lohiehu Pl/St	16	B4	Kaneohe
Lohilani St	2	B4	Honolulu
Loho St	25	D4	Kailua
Loi Kalo Pl	3	B1	Honolulu
Loi St	3,10	B1,F3	Honolulu
Loihi Pl/St	16	B4	Kaneohe
Loina Pl	54	E3	Honolulu
Lokahi St	4	C3	Honolulu
Lokalia Pl/St	61	A2	Mililani
Loke Ct (HAFB)	66	B2	Honolulu
Loke Pl	5	A3	Honolulu
Lokea Pl	16	B4	Kaneohe
Lokelani St	2	A3	Honolulu
Lokelau Pl	24	C4	Kailua
Lokihi St	61	A2	Mililani
Loko Dr/Pl	49	F1	Wahiawa
Lokoea Pl	55	C4	Haleiwa
Lokomaikai Pl	93	D2	Waianae
Lokowai Pl/St	53	F2,F3	Aiea
Loku Pl	63	E1	Waipahu
Lola Pl	18	C3,4	Kailua
Lolena Pl/St	3	A2	Honolulu
Lolii Pl/St	16,15	A2,D4,B2,E4	Kaneohe
Lolohe Ct (HM)	47	D3	Wahiawa
Lolopua Pl/St	23	E2	Kaneohe
Lomi Pl	16	A3	Kaneohe
Long Island St (FI)	65	B2	Honolulu
Long Island St	87	E2	Ewa Beach
Long Lane	3	B1	Honolulu
Long Way (PH)	65	C4	Honolulu
Longley Pl	60	B1	Wahiawa
Lono Pl	10	E3	Honolulu
Lonomea St	61	E3	Mililani
Loomis St	10	F2	Honolulu
Loop Dr	66,76	F2,A4	Honolulu
Loop Rd	1,2	B4,B2	Honolulu
Lopaka Pl/Way	18	D3	Kailua
Lopeka Pl	9	E1	Honolulu
Lopez Lane	3	C2	Honolulu
Lopez Rd (CS)	54	A1	Aiea
Lopikane St	94	E1	Waianae
Loulu Pl/St	10	C2,D2	Honolulu
Louluhiwa Pl	85	D4	Kapolei
Loululelo Pl	85	D4	Kapolei
Lounsbury St	1	D3	Honolulu
Lowell Pl	3	B1	Honolulu
Lowella Ave	64	C3	Pearl City
Lower Campus Rd	5	B2	Honolulu
Lower Rd	10	F3	Honolulu
Lowrey Ave	10	F2,3	Honolulu
Lracca Pl	86	E3,D3	Kapolei
Luaehu Pl/St	49	F4	Mililani
Luahine St	86	B3	Ewa Beach
Luahoomoe Pl	61	B3,A3	Mililani
Luaka St	74	A1	Waipahu
Luakaha Pl/St	6	C2	Honolulu
Luakini Pl/St	9	F1	Honolulu
Lualei Pl	95	E2	Waianae
Lualualei Hmstd Rd	93	E3,C4	Waianae
Lualualei Naval Rd	95	D4,A1	Waianae
Luana Pl	23	F1	Kaneohe
Luaole Pl/St	54	E3	Aiea
Luapele Dr/Pl/Rd	54	E3,F2	Honolulu
Luapele Rd (MKL)	54	F2,E3	Honolulu
Luawa St	60	C3	Wahiawa
Luawai Pl/St	6	B1	Honolulu
Luawai St	71	B2	Kunia
Ludlow Ave (SB)	60,59	E1,E4	Wahiawa
Luehu St	64	B1	Pearl City
Luhau St	16	B4	Kaneohe
Luhi Pl	22,21	F1,F4	Honolulu
Luhiehu Way	24	D1	Kaneohe
Luika Pl	26	C1	Kailua
Luinakoa St	6	A2	Honolulu
Luka St	3	A2	Honolulu
Lukahiu Pl	75	F3	Ewa Beach
Lukanela St	20	B1	Waimanalo
Lukela Lane	2	B4	Honolulu
Lukepane Ave	5	C2,D2	Honolulu

Lukini Pl — Makapuu Ave

NAME	MAP	GRID	AREA
Lukini Pl	87	A1	Kapolei
Lulani Pl/St	40	C2	Kaneohe
Lulu Pl/St	53	E1	Pearl City
Luluka St	86	A3	Ewa Beach
Luluku Pl/Rd	16,17,63	A4,C4,E1,C2	Kaneohe
Lumahai Pl/St	14	E1,F1	Honolulu
Lumi Pl/St	63	D2	Waipahu
Lumiaina St/Pl	63	D2	Waipahu
Lumialani St	63	D2	Waipahu
Lumiauau St	63	C2,D2,3	Waipahu
Lumihoahu Pl/St	63	D2,D3	Waipahu
Lumiholoi St	63	D2	Waipahu
Lumiiki St	63	D2	Waipahu
Lumiki St	63	D2	Waipahu
Lumikuke Lp/Pl	63	C2	Waipahu
Lumikula St	63	C2	Waipahu
Lumiloke St	63	D3	Waipahu
Lumimoe St	63	D3	Waipahu
Lumipolu Pl,St	63	C2,3	Waipahu
Lumiponi Pl	63	C2	Waipahu
Lummus Rd (CS)	54	A1	Aiea
Luna Pl	4	B2	Honolulu
Lunaai Pl/St	18	B2,C2	Kailua
Lunaanela Pl/St	18	B2,C2	Kailua
Lunaapono Pl	18	C2	Kailua
Lunaawa Pl	18	C2	Kailua
Lunahai Pl	18	C2	Kailua
Lunahana Pl	18	C2	Kailua
Lunahaneli Pl	18	C2	Kailua
Lunahelu Pl/St/Rd	18	C2	Kailua
Lunahooia Pl	18	C3	Kailua
Lunahooko Pl	18	B3	Kailua
Lunalilo Freeway	2-6	B2,B2	Honolulu
Lunalilo Home Rd	14,21,22	C1,E4,F1	Honolulu
Lunalilo St (700 To 899)	3,4	C4,C1	Honolulu
Lunalilo St (900 To 1399)	4	C1,C2	Honolulu
Lunalilo St (1400 To End)	4	C2	Honolulu
Lupalupa Pl	16	B4	Kaneohe
Lupe St	21	D1	Waimanalo
Lupea St	53	C4	Aiea
Lupenui Pl	56	F2	Waialua
Lupo St	23	F4	Kaneohe
Lupua Pl (pvt)	61	D4	Mililani
Lurline Dr	11	F2	Honolulu
Lusitana St	3	C4	Honolulu
Luzon St	81	E3	Waianae
Lyman Ln	2	A4	Honolulu
Lyman Rd (SB)	60,69	E1,C4	Wahiawa

M

NAME	MAP	GRID	AREA
M Ave	76	A2	Ewa Beach
Ma Way	48,49	D4,D1	Wahiawa
Maakua Rd	34	E2	Hauula
Maalaea Pl	3	A1	Honolulu
Maalahi Pl/St	1,2	B3,A1	Honolulu
Maalili Pl	97	C4	Ewa Beach
Maalo St	60	B1	Wahiawa
Maaloa St	95	D3	Waianae
Maana St	75	E2	Ewa
Maaniani Pl/Way	73	B4	Waipahu
Mac Lachlan (KMCAS)	28,27	D1,D4	Kailua
Macadamia Pl	54	E4	Honolulu
Macalani Pl	61	E4	Mililani
Machado St	8	F2	Honolulu
Mack Pl	66	A2	Honolulu
Macomb Rd	59	D4	Wahiawa
Madeira St	3	B4	Honolulu
Maealani Pl	61	E3	Mililani
Maeha Pl	15,16	D4,A2	Kaneohe
Maemae Lane	3,9	A3,F1	Honolulu
Magazine Rd (MCBH)	28	C1	Kailua
Magazine St	4	C1	Honolulu
Magellan Ave	3	C4	Honolulu
Magnolia Pl	11	D1	Honolulu
Maha Pl	1	B2	Honolulu
Mahailua St	20,19	C1,C4	Waimanalo
Mahakea Rd	39	E4	Kaneohe
Mahalani Cir/Pl/St	23	E2	Kaneoh
Mahalo St	3	A2	Honolulu
Mahamoe St	86	A3	Ewa Beach
Mahana St	5	A3	Honolulu
Mahani Lp	8	E2	Honolulu
Mahannah Cir (MCBH)	28	D1	Kailua
Mahaoo Pl	1	B2	Honolulu
Mahapili St,Ct	61	E4,B3	Mililani
Mahau Pl	61	C4	Mililani
Mahaulu Lane	55	D4	Haleiwa
Mahealani Pl	25	C2	Kailua
Mahele Lp/St	60	B1	Wahiawa
Mahi Pl	4,5	B4,B1	Honolulu
Mahiai Pl/St	5	C1,D1	Honolulu
Mahie Pl/St	54	D2	Honolulu
Mahiko St	53	D4	Aiea
Mahiku Pl	19	D3,C3,B3	Waimanalo
Mahiloa Pl	24	B3	Kailua
Mahimahi Pl/St	13	E1,F1	Honolulu
Mahina Ave	5,6	B4,B1	Honolulu
Mahinaai St	67	E2	Waialua
Mahinaau Rd	92	E4	Waianae
Mahinahina St	63	D2	Waipahu
Mahinahou Pl/St	62	D1	Mililani
Mahinui Rd	17	B1	Kaneohe
Mahiole Pl/St	1,2	A3,A1	Honolulu
Mahipili Ct	61	B3	Mililani
Mahipua St	53	C4	Aiea
Mahoa Pl	61	B4	Mililani
Mahoe Pl/St	63	E3	Waipahu
Mahogany Pl	54	D3	Honolulu
Mahola Pl	53	B3	Aiea
Mahua Pl	63	C1	Waipahu
Mahukona St	4	D3	Honolulu
Mahuli Pl/St	61	B4	Mililani
Maia St	95	D3	Waianae
Maiaeka Pl	20	B1	Waimanalo
Maiaiholena Pl	96	B1	Waianae
Maiaku Pl/St	61,50	B3,A3,F2	Mililani
Maiao Pl	61	C3	Mililani
Maiaohe Pl	62,61	E1,E4	Mililani
Maiapilo Way	40	E3	Kaneohe
Maiapolua Pl	96	B1	Waianae
Maiaponi Pl	17	C1	Kaneohe
Maiau St	63	E1	Waipahu
Maiele Pl	73	C2	Waipahu
Maigret St	5	A2	Honolulu
Maiha Cir/Pl	52	F2	Pearl City
Maihua Pl	39	C1	Kaneohe
Maikai Pl/Wy	41	B2	Haleiwa
Maikai Pl/St	64	E1	Waipahu
Maiki Pl	52	F2	Pearl City
Mailani St	76	E2	Ewa Beach
Maile St	70	B1	Wahiawa
Maile Way	4,5	B4,A1	Honolulu
Maili Lp (SB)	69	B4	Waianae
Mailiilii Rd	94	E1,D1	Waianae
Mailikukahi Walk	2	B4	Honolulu
Main St	66	A2,3	Honolulu
Maio St	61	B3,A3	Mililani
Maiola Pl/St	92	B1,B2,C1,C2	Waianae
Maipalaoa Rd	94	F4,E4	Waianae
Maipela St	94	E2	Waianae
Maipuhi Pl/St	75	E3	Ewa Beach
Maiuu Rd	92	E4	Waianae
Maka Pl/St	23	E1	Kaneohe
Makaa Pl/St	13	B4,A4	Honolulu
Makaainana St	21	C2	Waimanalo
Makaala St	54	E4	Honolulu
Makaaloa Pl/St	74	D4,E4	Ewa Beach
Makaaloha St	63	F4	Waipahu
Makaamoamo St	62,61	E1,E4	Mililani
Makaaoa Pl	22	E3	Honolulu
Makaha Valley Rd	92	E3,B2	Waianae
Makahani St	86	D2	Ewa Beach
Makahaiaku Pl/St	86	D1	Ewa Beach
Makahaiwaa Pl	86	D1	Ewa Beach
Makahiki Way	4	C4	Honolulu
Makahinu St	15,23	B4,E1	Kaneohe
Makahio St	23	E1	Kaneohe
Makaholowaa Pl	61	A2	Mililani
Makahou Pl/St	86	D1,E1	Ewa Beach
Makahuena Pl	13	A4	Honolulu
Makaiau Pl	31	E3	Kahuku
Makaikai St/Pl	50	F1,E1	Mililani
Makaike St	75	E2	Ewa
Makaikoa St	6	A2	Honolulu
Makaimoimo Pl	61	B4,B3	Mililani
Makaina Pl	75	E2	Ewa
Makaiolani St	61	B4	Mililani
Makaipooa Rd	39	C4	Kaneohe
Makaiwa St	6	B2,3	Honolulu
Makakalo St	20	C2	Waimanalo
Makakilo Dr	85	E3	Ewa Beach
Makakoa Loop	73	C2	Waipahu
Makalani St	16,23	A4,F2	Kaneohe
Makalapa Dr (MKL)	54	F2	Honolulu
Makalapa Rd (PH)	65,66	A4,A1	Honolulu
Makalapua Pl	3	B1	Honolulu
Makalea Cir	75	E3	Ewa Beach
Makaleha St	15,23	B4,E1	Kaneohe
Makalehua Pl	61	B4	Mililani
Makalei Pl	5	F4	Honolulu
Makaleka Ave	5	C2,D2	Honolulu
Makalena St	12	E3	Honolulu
Makalii Pl	25	C2	Kailua
Makalika Ct (HAFB)	66	B2	Honolulu
Makalike Pl	6	D2	Honolulu
Makaloa St	4	D2,3	Honolulu
Makalu Lp	62	C1	Mililani
Makamae St	15,23	B4,C1	Kaneohe
Makamai Lp/Pl	85	D1,E1	Ewa Beach
Makamaka Pl	74	A2	Waipahu
Makamua Pl/St	52,63	F3,A4	Pearl City
Makana Rd	43,41	A3,F4	Haleiwa
Makanale St	41	B2	Haleiwa
Makanani Dr	3	A1,A2	Honolulu
Makani Ave	60	A1	Wahiawa
Makaniolu Pl	13	D2	Honolulu
Makanui Pl	11	E1	Honolulu
Makao Rd	34	D3	Hauula
Makaoe Lane	4	D4	Honolulu
Makaonaona St	76	F3	Ewa Beach
Makapipipi St/Pl	62	D2	Mililani
Makapuu Ave	5,6	D4,D1	Honolulu

NAME	MAP	GRID	AREA
Makau St	91	F3,4	Waianae
Makaulii Pl	11	E2	Honolulu
Makaunulau Pl/St	61,50	A3,B3,F2	Mililani
Makawai Pl	63	D2,E2	Waipahu
Makawao St	25	C1	Kailua
Makaweli Pl/St	14,13	F1,E4	Honolulu
Makaweo Ave	48,49	F4,F1	Wahiawa
Makeaupea Pl	61,50	A3,F2]	Mililani
Makee Rd	5	E2	Honolulu
Makeke St	85	E1	Ewa Beach
Makena Pl/St	15,16	E4,B2	Kaneohe
Makepono St (SI)	3	E2	Honolulu
Maki St	53	E2	Pearl City
Makiki Hts Dr	4	A2,B2	Honolulu
Makiki Pl	4	B3	Honolulu
Makiki St (1200 To End)	4	B3,C2	Honolulu
Makin Pl (MKL)	65	A4	Honolulu
Makini St	5	E3	Honolulu
Makoa St	73	A3	Waipahu
Makohilani St	62	D1	Mililani
Makolu St	64	B1	Pearl City
Makona St	94	E2	Waianae
Makou St	73	B4	Waipahu
Makua St	25	C1	Kailua
Makua Valley Rd	90	C2,B2	Waianae
Makuahine Pl/St	2	A4	Honolulu
Makukane Pl/St	2	A4	Honolulu
Makule Rd	76	F2,3	Ewa Beach
Makulu Pl	61	C3	Mililani
Makuu Lp	54	D1	Aiea
Makoa St	73	A3	Waipahu
Mala St	60,59	B1,B4	Wahiawa
Malaai St	54	F3	Aiea
Malabey Ct (MCBH)	27	D4	Kailua
Malae Pl (44-200 To 44-299)	23	B4	Kaneohe
Malae Pl (99-700 To 99-799)	54	B2	Aiea
Malahuna Lp	97	C4	Ewa Beach
Malako St	86	B3	Ewa Beach
Malakole St	98	D4	Ewa Beach
Malama Pl	4,5	A4,A1	Honolulu
Malana Pl	62	E1	Mililani
Malanai Pl	3	C2	Honolulu
Malanai St	4	D3	Honolulu
Malapua Pl	6	D2	Honolulu
Maleko St	18	D3	Kailua
Mali St	63	D3	Waipahu
Malia St	6	A2	Honolulu
Malie Pl	5	D4	Honolulu
Malielie St/Pl	50	E2	Mililani
Maliko St	75	F2,E2	Ewa Beach
Malina St	15	B4	Kaneohe
Malino Pl	3	A2	Honolulu
Malio Pl	16,17	B4,1	Kailua
Malio St	86	B4	Ewa Beach
Malio Rd (HM)	47	D4	Wahiawa
Maliona St	94	E2	Waianae
Maliu St	8	F2	Honolulu
Maloelap Dr	1	E2	Honolulu
Malohi Rd (HM)	47	D4	Wahiawa
Malolo St	20	A4	Waimanalo
Maloo Pl	22	D1	Honolulu
Malu Pl	11	F3	Honolulu
Malua Dr	8	F4	Honolulu
Malualua Pl/St	53	B3	Aiea
Maluawai St	63,52	A4,F3	Pearl City
Maluhia St	5	B3	Honolulu
Malukai Pl	23	C4	Kaneohe
Malulani Pl/St	23	D4,E4	Kaneohe
Malulu Pl	59	C4	Wahiawa
Malumalu Pl	40	F3	Kaneohe
Maluna St	54	E4	Honolulu
Maluniu Ave	24,25	B3,C1	Kailua
Maluohai Pl	86	E2	Kapolei
Mamaka St	86	D2,D3	Ewa Beach
Mamaki St	12,13	C4,E1	Honolulu
Mamalahoa Pl	9	C2	Honolulu
Mamalu Pl/St	8,3	F4,A2	Honolulu
Mamane Pl	4	A3	Honolulu
Mamao Pl/St	41	B2	Haleiwa
Mamoalii Pl/Way	94	E3	Waianae
Mamolani Pl	62	D2	Mililani
Mamua Pl	68	B1	Waialua
Mana Pl	11	F2	Honolulu
Mana St	94	E2	Waianae
Manae St	24	C4	Kailua
Manaena St	73,74	B4,B1	Waipahu
Manager's Dr	63,74	F3,A1	Waipahu
Manaiakalani Pl	95	D2	Waianae
Manaiki Pl	8	E2	Honolulu
Manako Pl/St	53	B4	Aiea
Manako Rd (WAFB)	60	C4	Wahiawa
Manaku Pl	62	D1	Mililani
Manakuke St	86	B3	Ewa Beach
Manalo St	4	D3	Honolulu
Manamana Pl	10	D3	Honolulu
Manana St	21,20	C1,A4	Waimanalo
Mananai Pl	54	D2	Honolulu
Manao St	62	C4	Waipahu
Manaolana St	75	E3	Ewa
Manaopaa ST	75	E3	Ewa
Manauea Pl	85	E1	Ewa Beach

NAME	MAP	GRID	AREA
Manauwea St	12	E3	Honolulu
Manawa Pl	63	C1	Waipahu
Manawahine Pl	62,61	E1,E4	Mililani
Manawai St	8	F1	Ewa Beach
Manawaiola St	21	D1	Waimanalo
Manawalea St	75	F2	Ewa Beach
Manele St	4,3	C1,4	Honolulu
Manena Pl	73,74	B4,B1	Waipahu
Mango Pl/St	60	A1	Wahiawa
Mango Tree Rd	75,86	F1,A2	Ewa Beach
Manini Way	5	A4	Honolulu
Maniniholo St	22,13	F1,A4	Honolulu
Manino Pl	63	C1	Waipahu
Manning Cir/Ct/Pl/St	27	D4	Kailua
Mano Ave	96	D1,C1	Waianae
Manoa Rd	4,10	B3,E2	Honolulu
Manoa Rd (East)	10	E3,F2	Honolulu
Manokikihiki Way	74	C3	Ewa Beach
Monono St	24	C3	Kailua
Manu-Aloha St	24	F4	Kailua
Manu-Laiki St	24	F4	Kailua
Manu-Mele St	24	F4	Kailua
Manu-Oo St	24	F4	Kailua
Manua St	48	F4	Wahiawa
Manuaihue Pl/St	94	E3	Waianae
Manukai St	5	D1	Honolulu
Manukapu Pl	13	D1	Honolulu
Manuku St	92	E1,F1	Waianae
Manulani St/Pl	25	E4	Kailua
Manulele Pl	22	E2	Honolulu
Manuliilii Pl	94	E3	Waianae
Manununu St	94	E3	Waianae
Manuoioi Pl	94	E3	Waianae
Manuu St	94	E3	Waianae
Manualaula St	94	E3	Waianae
Manuwa Dr	54	E4	Honolulu
Manzelman Cir (HAFB)	65	D4	Honolulu
Mao Lane	3	B1	Honolulu
Maohaka Pl/Way	86	A4	Ewa Beach
Maohu Pl	53	C4	Aiea
Maoi Pl	5	A3	Honolulu
Maono Lp/St	12	D3,B2,E4	Honolulu
Mapala St	63	F3	Waipahu
Mapele Pl/Rd Way	40	E2,E1	Kaneohe
Mapu Lane	3	B3	Honolulu
Mapuana Pl/St	25,26	E4,E1	Kailua
Mapumapu Rd	39	E4	Kaneohe
Mapunapuna Pl/St	1,2	D3,C1	Honolulu
Marconi Rd	30	F3	Kahuku
Marconi St	94	A1,B3	Waianae
Marconi St (BP)	87	B2	Kapolei
Marin St	3	D3	Honolulu
Marina Dr	76	A4	Ewa Beach
Mariposa Dr	5,11	A4,F2	Honolulu
Marmande Dr (MCBH)	28,27	D1,D4	Kailua
Marmion St	3	D4	Honolulu
Marques St	4	B4	Honolulu
Marshall Rd (PH)	54	F4	Aiea
Martha St	5	D3	Honolulu
Martin St	2	A4	Honolulu
Martinez Ct (WAAF)	60	B2	Wahiawa
Mary St	2	D3	Honolulu
Maryland St	81	B4	Waianae
Mason Pl	3	A2	Honolulu
Mathews Ave	60,59	E1,E4	Wahiawa
Matlock Ave	4	C2	Honolulu
Matsonia Dr	11	F2	Honolulu
Matzie Lane	3	B1	Honolulu
Mauele St	73	C3	Waipahu
Maui St	8,9	F4,F1	Honolulu
Maui St (Wah)	69	A3	Wahiawa
Maukuku Pl	62	D1	Mililani
Mauli Pl	23	E2	Kaneohe
Maulihiwa St	86	D2	Ewa Beach
Mauliola Pl	8	F4	Honolulu
Mauloa Pl	97	E4	Ewa Beach
Maulukua Pl/Rd	42	E2	Haleiwa
Maumauluuka St	36,37	B1,B4	Kaaawa
Mauna Pl	4	B2	Honolulu
Maunahilu Pl	5,6	A4,A1	Honolulu
Maunaihi Pl	4	C1	Honolulu
Maunakea St	3	D3	Honolulu
Maunalaha Rd	4	A2	Honolulu
Maunalani Cir	11	F2	Honolulu
Maunalanikai Pl	5	A4	Honolulu
Maunalei Ave	5	D4	Honolulu
Maunaloa Ave	5,6	C3,C1	Honolulu
Maunalua Ave/Way	13	D2	Honolulu
Maunanani St	14,22	A1,A2,F1,F2	Honolulu
Maunaolu St	92	B1,B2,C1,C2	Waianae
Maunawai Pl	5	C1	Honolulu
Maunawili Cir/Lp/Rd	18	B3,C3	Kailua
Maununu St	31	E3	Kahuku
Mawa St	73	C3	Waipahu
Mawae Pl	8	F4	Honolulu
Mawaena St	40	C2	Kaneohe
Mawaho St	73	C3	Waipahu
Maxam Pl (MCBH)	28	C1	Kailua
May Way	13	D2	Honolulu
McAndrews Rd (SB)	59	D4	Wahiawa
McAngus St	71	B2	Kunia

McArthur St / Moole St

NAME	MAP	GRID	AREA
McArthur St	93	D3	Waianae
McCandless Lane	3	D1	Honolulu
McChord Ave (HAFB)	66	B2	Honolulu
McCleland St	66	C2	Honolulu
McClennan Dr (MCBH)	27,28	D4,D1	Kailua
McComb Rd	1,2	A4,A2	Honolulu
McCornack Rd (SB)	59,69	D3,A4	Wahiawa
McCorriston St	5,6	D4,D1	Honolulu
McCully St (200 To 299)	4	D4	Honolulu
McCully St (600 To 1399)	4	D4,C4	Honolulu
McCully St (1400 To End)	4	C4	Honolulu
McCurry Pl	1	C3	Honolulu
McFaddin Pl	1	D2	Honolulu
McGaha Ct (SB)	69	B4	Wahiawa
McGregor Lane	3	C1	Honolulu
McGrew Lane	3	B3	Honolulu
McGrew Lp	53	E4	Aiea
McKeen Pl	66	A1	Honolulu
McKinley St	4	B4	Honolulu
McLennan Dr (MCBH)	28,27	D1,D4	Kailua
McMahon Rd (SB)	59,69	D2,A4	Wahiawa
McMurtry Ct (PH)	66	A1	Honolulu
McNeill St	2,3	C4,C1	Honolulu
Meaaina Pl	73	C3	Waipahu
Meaala St	54	B1,C1	Aiea
Mead Pl (PH)	66	A1	Honolulu
Meahala Pl/St	74	A1	Waipahu
Meahale Pl/St	63	C1,D1	Waipahu
Meahou St	49	E4	Mililani Mauka
Meakanu Pl	12	E1	Honolulu
Meakaua St	17	A1	Kaneohe
Meakiai Pl	73	C2	Mililani
Mealele St	17	A1	Kaneohe
Meanui St	50	F1,2	Mililani
Meaulu Rd	94	E4	Waianae
Mehame Pl	73	C3	Waipahu
Mehana St	15	B4	Kaneohe
Mehani Pl/St	85	E3,F3	Ewa Beach
Mehe Pl	73	C3	Waipahu
Meheanu Lp/Pl	15,23	A4,D1	Kaneohe
Meheu St	49	E4	Mililani
Meheuheu Pl	73	C3	Waipahu
Meheula Pkwy	49,50	D4,F1	Mililani
Meheula Pkwy	61,62	A3,D1	Mililani
Mei Pl	18	C3	Kailua
Meigs Ave	60,59	D1,D4	Wahiawa
Mekeaupea Pl	62	E1	Mililani
Meki Pl	73	C3	Waipahu
Mekia St	20	B1	Waimanalo
Mekila St	84	D4,D3,E4	Ewa Beach
Mele Pl	62	C4,D4	Waipahu
Meleana Pl	9	C1	Honolulu
Meleinoa Pl	63	C1	Waipahu
Melekula St	40	E3	Kaneohe
Melekule St (SB)	69	A4	Wahiawa
Melemele Pl	10	D3	Honolulu
Meli Pl	23	F2	Kaneohe
Melia Ct (HAFB)	66	B2	Honolulu
Melia Ct (WAFB)	60	C4	Wahiawa
Mellichamp St	69,70	B4,B1	Wahiawa
Memory Dr	15	D1	Kaneohe
Menehune Lane	5	D1	Honolulu
Menoher Rd (SB)	59,69	F2,A4	Wahiawa
Merchant St	3	D3	Honolulu
Mercury St (HAFB)	66	D2	Honolulu
Merkle St	8	E3	Honolulu
Metcalf St	4	C3,B4	Honolulu
Meyerkord Pl	1	E2	Honolulu
Meyers St	1,2	A4,A3	Honolulu
Middaugh St (MCBH)	28,27	D1,D4	Kaneohe
Middle St	2	C2	Honolulu
Midway Dr (MKL)	65,54	A4,F3	Honolulu
Midway St	93	E3	Waianae
Midway St	86,87	F4,E3	Ewa Beach
Mie Pl	49	D1	Wahiawa
Miha St	23	E4	Kaneohe
Mikahala Way	5	A4	Honolulu
Mikalemi St	54,53	E1,E4	Aiea
Mikana St	95	D3	Waianae
Miki Pl	15	B3	Kaneohe
Mikiala St/Pl	75	E2	Ewa
Mikihana St	74,75	E4,E1	Ewa Beach
Mikihilina St	23	F3	Kaneohe
Mikilana Pl	63	C1	Waipahu
Mikilua Rd	94	C1,A1	Waianae
Mikimiki Pl	60	C1	Wahiawa
Mikinolia Pl	53	B1	Aiea
Mikioi Pl	54	D2	Aiea
Mikiola Dr	23	D4	Kaneohe
Miko St	54	B4	Honolulu
Mikohu St	75	F2	Ewa Beach
Mikole St (SI)	3	E2	Honolulu
Milia Pl/St	50	E1,2	Mililani
Milikami St	94	E1	Waianae
Milikana Pl	60	B1	Wahiawa
Mililani St	3	D3	Honolulu
Mill St	93	D2,E3	Waianae
Miller Ln/St	3	C4	Honolulu
Millett St (SB)	59	D4	Wahiawa
Mills Blvd (HAFB)	65,66	D4,D1	Honolulu
Milo Lane	3	B4	Honolulu
Milo Pl	54	D4	Honolulu
Miloiki Pl/St	21	D4,E4	Waimanalo
Milokai St/Pl	28	F2,F3	Kailua
Milolii Pl	13	D2	Honolulu
Mimo Pl	23	E4	Kaneohe
Mimoka Ct (HAFB)	66	B2	Honolulu
Minoaka Pl	73	B4	Waipahu
Miomio Lp	40	B3	Kaneohe
Mission Lane	3	D1	Honolulu
Mississippi St	81	B3	Waianae
Miula St	75	F2	Ewa Beach
Moa St	6	B3	Honolulu
Moa St	71	B1	Wahiawa
Moaelehua St	92	B1,B2,C1,C2	Waianae
Moaka St	97,98	A4,A1	Ewa Beach
Moakaka Pl/Way	23	E4	Kaneohe
Moala Pl	48,49	E4,E1	Wahiawa
Moamahi Way	23	E4	Kaneohe
Moana St	33,32	D1,D4	Laie
Moanalua Lp	53	E2	Aiea
Moanalua Rd	54	D1	Honolulu
Moanalua Rd (98-800 To 1299)	53,54,64	D4,C3,A1	Aiea
Moanalua Rd (2700 To 3999)	1,53,54	B3,E2,C3	Honolulu
Moanalualani Ct/Pl/Way	54	B4	Aiea
Moanawai Pl	9	F1	Honolulu
Moani Ala Pl/St	12	D3	Honolulu
Moani St	8	E3	Honolulu
Moaniani St	62	C4	Waipahu
Moe Moe Pl	49	E1	Wahiawa
Moeha St	93	D3,4	Waianae
Moekaa Pl	93	D3	Waianae
Moekahi St	93	D3,4	Waianae
Moekolu St	93	D4	Waianae
Moelima Pl/St	93	D3	Waianae
Moelola Pl/St	1	B2,A1	Honolulu
Moelua St	93	D4	Waianae
Moena Pl	63	E4	Waipahu
Moenamanu St	61	B2	Mililani
Moffet Pl	66	C2	Honolulu
Moffett Pl/Rd (MCBH)	27	D3	Kailua
Mohai Pl	61	C2	Mililani
Mohala St (SB)	69	B4	Wahiawa
Mohala Way	4	A3	Honolulu
Mohalu St	63	C1	Waipahu
Mohihi Pl/St	95	E3,D3	Kailua
Moho St	6	B2	Honolulu
Mohonua Pl	2	D3	Honolulu
Moi Way	5	B4	Honolulu
Mokapu Blvd	24	B2	Kailua
Mokapu Ct/Rd (MCBH)	27,28	E4,E1	Kailua
Mokapu Rd	24	A2	Kailua
Mokapu Saddle Rd	24	D1	Kailua
Mokauea St	2	D3	Honolulu
Mokiawe St	95	D4	Waianae
Mokihana Lp/Pl (SB)	69	A4	Wahiawa
Mokihana St	5	C2,C3	Honolulu
Mokolea Dr	25,26	C4,C1	Kailua
Moku Pl	4	B2	Honolulu
Mokuahi St	64	F1	Waipahu
Mokuea Pl	2,77	F1,A2	Honolulu
Mokuhano Pl/St	22	F2	Honolulu
Mokukaua St	64,63	F1,F4	Waipahu
Mokulama St	20	C2	Waimanalo
Mokulele Dr/Pl	17,23	A2,F3	Kaneohe
Mokulua Dr	25,26	B4,C1	Kailua
Mokumanu Dr	25	B4	Kailua
Mokumoa St	1,2	C3,C1	Honolulu
Mokuna Pl	5	A4,B4	Honolulu
Mokunoio Pl	22	F2	Honolulu
Mokuola St	63	F4	Waipahu
Mokuone St/Pl	14	A1	Honolulu
Mokupea St	76	B3	Ewa Beach
Molale Pl,St	63	D3	Waipahu
Molehu Dr	54	D3	Honolulu
Molina St	54	D3	Honolulu
Molly Pritchard	59	D2	Wahiawa
Molo St	24	A1	Kailua
Moloaa St	14	F1	Honolulu
Moloalo St	63	F4	Waipahu
Molokai St	59	F1	Wahiawa
Molokini St	59	F1	Wahiawa
Mololani Pl	15,23	A4,E1	Kaneohe
Momi Way	4	B4	Honolulu
Momolio St	3	B2	Honolulu
Momona Pl	93	C2	Waianae
Mona St	12	C1	Honolulu
Moneha Pl	76	F3	Ewa Beach
Monroe Rd	1,2	B4,B2	Honolulu
Monsarrat Ave	5	E3	Honolulu
Montague St (SB)	59	F2	Wahiawa
Monte Cooke Pl	3	B1	Honolulu
Monte St	8	F2	Honolulu
Monterey Dr/Pl	11	F2	Honolulu
Monterey St	86	F4	Ewa Beach
Montgomery Dr (FS)	1,2	B4,B2	Honolulu
Monthan St (HAFB)	65,66	E4,E1	Honolulu
Mooheau Ave	5	C3,D3	Honolulu
Mooiki St	20	C1	Waimanalo
Mookaula St	3	C1	Honolulu
Mookua St	24	C4	Kailua
Moole St	20	B2,A1	Waimanalo

Moolelo St — Nim Pl

NAME	MAP	GRID	AREA
Moolelo St	63	C1	Waipahu
Moolelu St	63	C1	Waipahu
Moomuku Pl	13	E1	Honolulu
Moonui St	3	C1	Honolulu
Moore Dr	1	E3	Hon-818
Moore St	1	D2	Honolulu
Moore St (HAFB)	65,66	E4,E1	Honolulu
Moowaa St	3	C1	Honolulu
Mopua Lp	63	C1	Waipahu
Moreell St, Dr, Cir (PH-MT)	1	E2	Honolulu
Moreira St	4	A1	Honolulu
Morris Lane	3	B1	Honolulu
Morris Rd (SB)	59	D4	Wahiawa
Morse St	94	B2,C3	Waianae
Morton Pl (FS)	1,2	A3,A2	Honolulu
Morton St (HAFB)	65	E4	Aiea
Mortshouse	9	E1	Honolulu
Moses St (MCBH)	28	D1	Kailua
Mott-Smith Dr	4	A2	Honolulu
Moua St	92	F2	Waianae
Mountain Home St	66	B2	Honolulu
Mountain View Dr	5	E2	Honolulu
Mowai St	25	E4	Kailua
Moyer St (SB)	59	F2,3	Wahiawa
Mt Kaala Rd	79	D1	Waialua
Mua Pl	50	F2	Mililani
Mua Rd (HM)	47	D3	Wahiawa
Mui Pl	63	C1,2	Waipahu
Muiona St	74	C3	Ewa Beach
Muku Pl	17	B2	Kaneohe
Mulehu St	61,62	B4,B1	Mililani
Muliwai Ave	60	A1	Wahiawa
Muliwai Lane	3	B3	Honolulu
Mumba St	99	B1	Ewa Beach
Munu St	98	B3	Ewa Beach
Muolea Pl	22	E2	Honolulu
Muolo St	95	D3	Waianae
Murphy St	8	E2	Honolulu
Murray Dr	1	D3	Honolulu
Mutual Lane	3	C3	Honolulu
Muumuu Pl	76	F3	Ewa Beach
Myrtle St	10,11	E4,E1	Honolulu

N

NAME	MAP	GRID	AREA
N Ave	76	A2	Ewa Beach
Na Kao Pl	15	B4	Kaneohe
Naai St	8	E2	Honolulu
Naakea Pl/St	13	A4	Honolulu
Naale St	4	B1	Honolulu
Naalii Pl/St	53	E2,D1,D2,E1	Aiea
Naaualii Pl	50	E1,2	Mililani
Naauao Pl	73	C2	Waipahu
Nahaku Pl	5	C1	Honolulu
Nahawele St	74	C3	Ewa Beach
Nahele Pl/St	53,52	D1,D4	Aiea
Nahenahe Pl	48	D4	Wahiawa
Nahewai Pl/St	15	C3	Kaneohe
Nahiku Pl/St	15	B3	Kaneohe
Nahiolea St	54	C2	Aiea
Nahoa St	68	A1	Waialua
Nahoku Pl	22	E2	Honolulu
Nahokupa Pl/St	62	D1	Mililani
Naholoholo St	61	B3	Mililani
Nahua St	5	D1,E1	Honolulu
Naika Pl	61	E4	Mililani
Naina Pl	75	E2	Ewa
Naio St	3	A1	Honolulu
Nakalolo St	22	E2	Honolulu
Nakeke Pl	48	C4	Wahiawa
Nakele St	9	D2	Honolulu
Nakili Pl	62	C4	Waipahu
Nakini Pl/St	21	D1,2	Waimanalo
Nakiu Pl	4	B4	Honolulu
Nakolo Pl	2	F1	Honolulu
Nakookoo St	5	C1	Honolulu
Nakui Pl	54	C1	Aiea
Nakuina St	2	B4	Honolulu
Nakula St	48,49	D4,D1	Wahiawa
Nakuluai Pl/St	17,23	A2,F3	Kaneohe
Nakumanu Pl	23	F3	Kaneohe
Nalani St	2	A4	Honolulu
Nalanieha St	8	E2	Honolulu
Nalanui St	3	B2	Honolulu
Nale St	86	A3	Ewa Beach
Nalei Pl	68	A1	Waialua
Naleialoha Pl	13	D1	Honolulu
Nalii Pl/St	63	F4	Waipahu
Naliiko Pl	17	A2	Kaneohe
Nalimu Rd	55	D4	Haleiwa
Nalomeli Pl	76	D4	Ewa Beach
Nalopaka Pl	53	E4	Aiea
Nalu St	21	C2	Waimanalo
Naluahi St	68	A2	Waialua
Nalulu Pl	12	F2	Honolulu
Namahana St	4	D4	Honolulu
Namahealani Pl	22	E2	Honolulu
Namahoe St/Pl	86	D1	Ewa Beach
Namala Pl	24	B3	Kailua
Namauu Dr	9	F1	Honolulu
Namilimili St	3	A4	Honolulu
Namoku Pl	17,23	A1,F3,4	Kaneohe

NAME	MAP	GRID	AREA
Namokueha St	3	B4	Honolulu
Namur Rd (PH)	54	F4	Aiea
Nana Honua St	13	A1	Honolulu
Nana Pl	15	B3	Kaneohe
Nanaikala Pl/St	95,96	D4,B1	Waianae
Nanaina Pl	8	E4	Honolulu
Nanakai Pl/St	64	A1	Pearl City
Nanakuli Ave	96	D1,B1	Waianae
Nanaloko Pl	25	F3	Kailua
Nanamoana Pl/St	24,23	D1,D4	Kaneohe
Nanamua Pl	62	E1	Mililani
Nanawale Pl/Way	25	E3	Kailua
Nanea Ave	48,49	F4,F1	Wahiawa
Nanea St	4	D3	Honolulu
Nani Ihi Ave	48	E3	Wahiawa
Nani Pl	23	F1	Kaneohe
Naniaahine Way	23	E2	Kaneohe
Naniahiahi Pl/St	96	B1	Waianae
Nanialii St	25	E4	Kailua
Nanihale Pl	10	D3	Honolulu
Nanihoku Way	23	E2	Kaneohe
Nanilani Way	23	E2	Kaneohe
Nanilihilihi St	63	C1	Waipahu
Naniloa Lp	33,32	D1,D4	Laie
Nanimauloa Pl	1,2	B3,A1	Honolulu
Naniu Pl	10	F2	Honolulu
Nanu Pl	54	D1	Aiea
Nanu St (HAFB)	66	A3	Honolulu
Naohe St	13,14	A4,A1	Honolulu
Naoiwi Lane	55	D4	Haleiwa
Naone St	3	A4	Honolulu
Naopala Lane	2	B4	Honolulu
Napala St	74	A1	Waipahu
Napali Pl	6	B1	Honolulu
Nape Pl	61	E3,D3	Mililani
Napeha Pl	62	E2	Mililani
Napehe Pl	61	B3	Mililani
Napoko Pl	22	E2	Honolulu
Napoo St	86	D1	Ewa Beach
Napuaa Pl	10	E3	Honolulu
Napuanani Rd	53	B4	Aiea
Narcissus Pl/St	10,11	E4,E1	Honolulu
Nassau Ave	86	E3	Ewa Beach
Nathan Hale Ct (SB)	59	E2	Wahiawa
Natoma Bay St	87	E2	Ewa Beach
Nau Pl	86	F1	Ewa Beach
Nau Ane Ct (HM)	47	D4	Wahiawa
Nauahi St	68	A1	Waialua
Naukana St	68	A1	Waialua
Naukewai Pl	53	C2,B2	Aiea
Naulu St	54	E3	Honolulu
Naupaka Pl	54	D4	Honolulu
Naupaka St	33	C1	Laie
Nawaakoa Pl/St	74	A2,3	Waipahu
Nawahine Lp	17	B1	Kaneohe
Nawao Ct (HM)	47	C4	Wahiawa
Nawele St	63	D3	Waipahu
Nawenewene Cir	61	B3	Mililani
Nawiliwili St	13,14	E4,E1	Honolulu
Neal Ave	60	A1	Wahiawa
Neemua Pl	23	E3,E4	Kaneohe
Neepapa Pl	23	F4	Kaneohe
Neepu Pl	23	F4	Kaneohe
Neff St	59	E3	Wahiawa
Nehe Lane	3	B4	Honolulu
Nehe St (HAFB)	66	A3	Honolulu
Nehoa Pl/St	4	B1,2	Honolulu
Nehu Pl	12	E3	Honolulu
Nehupala Pl	74	C3	Ewa Beach
Neki St	53	C4	Aiea
Neleau Pl	62	E1	Mililani
Nelson Ave	66	E3	Honolulu
Nene St	2	B3	Honolulu
Nenehiwa Pl	40	E3	Kaneohe
Nenelea St	85	F3	Ewa Beach
Nenewai St	95	E1	Waianae
Nenue St (100 To 399)	12	E3	Honolulu
Nenue St (41-001 To 41-100)	20	A4	Waimanalo
Neptune St	86	E3	Kapolei
Nettle Dr	54	C3	Honolulu
Neville Way (PH)	65	C4	Honolulu
New Jersey Ave	10,11	F4,F1	Honolulu
New Mexico St	81	E2	Waianae
Newa Pl/St	85	F3	Ewa Beach
Newe Pl	61	B3	Mililani
Niau St	63	F4	Waipahu
Nichols St	48	E4	Wahiawa
Nicholson St	81	E3	Waianae
Niele Pl	5,6	A4,A1	Honolulu
Niepers Lane	3	C1	Honolulu
Nihi St	8	E2,F2	Honolulu
Nihina Pl	17	B1	Kaneohe
Nihipali Pl	11	F2	Honolulu
Nihiwai Pl	60,59	B1,B4	Wahiawa
Niho St	68	B1	Waialua
Nihopeku St	86	E2	Ewa Beach
Niihau St	59	F1	Wahiawa
Niihau St	93	D3	Waianae
Nikolo St	5	E3	Honolulu
Nilu St	24,23	B1,B4	Kaneohe
Nim Pl	54	D4	Honolulu

S25 Street Index

Street Index

Nimitz Hwy — **Oliliko St**

NAME	MAP	GRID	AREA
Nimitz Hwy/North (1 To 1699)	3,2	D3,C2	Honolulu
Nimitz Hwy/South (1 To 299)	3	D3	Honolulu
Nimitz Hwy (1700 To 3499)	2,1	C2,F2	Honolulu
Nimitz Hwy (3500 To End)	1,66	F2,B1	Honolulu
Nimitz Rd	1	E3	Honolulu
Nimitz Rd (MCBH)	27	D4	Kailua
Niniko Pl	9	C2	Honolulu
Ninini Pl/Way	14,22	A1,F1	Honolulu
Ninth St	65	C4	Honolulu
Nioi Pl	5,6	A4,A1	Honolulu
Niolo St	75	E2	Ewa
Niolopa Pl	9	F1	Honolulu
Niolopua Dr	9	D2	Honolulu
Nipo St	10	D2	Honolulu
Niu Pl	54	D4	Honolulu
Niu St	4	D4	Honolulu
Niuhi St	12	F3	Honolulu
Niuhiwa Pl	75	E2	Ewa
Niukahiki Pl	75	E2	Ewa
Niuiki Cir	13	F1	Honolulu
Niulelo Pl	86	A2	Ewa Beach
Niulii St	63	F3	Waipahu
Niumaloo Pl	67	A4	Waialua
Niumalu Lp	13	A4	Honolulu
Niuula Rd	55	D4	Haleiwa
Noah St	5,10	A2,F4	Honolulu
Nob Hill St	61,62	C4,C1	Wahiawa
Noble Lane	3	B1	Honolulu
Nobrega St	8	F2	Honolulu
Noe St	8	E3	Honolulu
Noeau St	5,6	B4,B1	Honolulu
Noela Pl/St	5	F3,E4	Honolulu
Noelani Pl/St	64,52	A1,F3	Pearl City
Noelo St	75	E4	Ewa Beach
Nohea Pl	23	F3	Kaneohe
Noheaiki Pl/St/Way	62	C4	Waipahu
Nohili St	13,14	D4,D1	Honolulu
Noho Pl/Way (SB)	59	F2	Wahiawa
Nohoalii St	53	E1,D1,D2	Aiea
Nohoaloha Pl	75	E2	Ewa
Nohoana Pl	75	E2	Ewa
Nohoaupuni Pl	53	C2,C1	Aiea
Nohohale St	85	F2	Ewa Beach
Nohoihoewa Pl/Wy	75	F3	Ewa Beach
Nohokai Pl	24,23	C1,C4	Kaneohe
Noholike St/Pl	75	E2	Ewa
Noholio Rd	92	E2,3	Waianae
Noholoa Ct/Lp	62	C1	Mililani
Nohomalu Pl	17	B2	Kaneohe
Nohona Pl/St	85,98	F3,A1	Ewa Beach
Nohonani Pl	23	F3	Kaneohe
Nohonani St	5	D1,E1	Honolulu
Nohopaa St	85	F3	Ewa Beach
Nohopono St	85	F3	Ewa Beach
Nohu St	12	E3	Honolulu
Nohua Pl	53	A4	Aiea
Noii Pl	16,15	B2,E4	Kaneohe
Noio St	6	C2,3	Honolulu
Noke St	24	A1	Kailua
Nola St	53	F1	Pearl City
Nolupe St	73	A4	Waipahu
Nomilo Pl/St	14	D1	Honolulu
Nona Lp	15	C2	Kaneohe
Nonanona Pl	4,9	A1,F3	Honolulu
Noninui Pl	26	E1	Kailua
Nonohe Pl/St	49	B1	Wahiawa
Nonohina Pl	73	B4	Waipahu
Nonokio St	20	C3	Waimanalo
Nonou St	14	C1	Honolulu
Noonan St	1	D3	Honolulu
Nopu Pl	86	E1	Ewa Beach
North Rd (All)	76	E3,C2	Ewa Beach
North Rd (PH)	65	A4	Honolulu
Notley St	1,2	A4,A3	Honolulu
Nou St	85	D1	Ewa Beach
Noulu St	85	D4	Kapolei
Nowela Pl	24	C3	Kailua
Nowelo St	61,50	A3,F2	Mililani
Noweo Pl	17	A2	Kaneohe
Nu Pl	3	A2	Honolulu
Nuao Pl	62	C4	Waipahu
Nueku St (MCBH)	27	D3,E3	Kailua
Nuholani Pl	54	E4	Honolulu
Nui Ave	59	B2	Wahiawa
Nui St	62	E1	Mililani
Nukea Pl/St	92	F1	Waialua
Nukoki Pl	17	B1	Kaneohe
Nukuawa St	98	E3	Ewa Beach
Nukumomi Pl	17,23	A1,F3	Kaneohe
Nukupuu Pl/St	15	E1	Kaneohe
Nukuwai Pl	39	C4	Kaneohe
Numana Rd	8	E2,D2	Honolulu
Nuna Pl/St	12	E1	Honolulu
Nunu St	28	F2	Kailua
Nuuanu Ave	3	A3,D3	Honolulu
Nuuanu Pali Dr	17,9	F3,C2	Honolulu
Nuulolo St	14	A1	Honolulu
Nye Cir	1,2	D3,C1	Honolulu

O

NAME	MAP	GRID	AREA
O Ave (IP)	76	A2	Ewa Beach
O Pu Hue Ct (HM)	47	D4	Wahiawa
O'Leary Rd	1,2	B4,B2	Honolulu
O'Malley Blvd	66	D2,3	Hon-818
O'Neal Cir/Pl/St (MCBH)	27	E4	Kailua
Oa St	53	F2	Aiea
Oaheahe Pl/Wy	85,86	D4,D1	Ewa Beach
Oahi Pl	85	D1,A4	Ewa Beach
Oahu Ave	4,10	B4,F2	Honolulu
Oahu St	59	F1	Wahiawa
Oama Pl	53	F4	Aiea
Oaniani St/Pl	86	C1	Ewa Beach
Oama St/Pl	76,87	F3,A4	Ewa Beach
Oba Lane	4	D2	Honolulu
Ocean View Dr	5,6	C4,C1	Honolulu
Octopus Pl	1	B1	Honolulu
Oea Pl	86	D2	Ewa Beach
Oeoe Way	12,13	C4,C3,B3,B4	Honolulu
Oha Pl	16,15	B2,E4	Kaneohe
Oha St	86	A3	Ewa Beach
Ohaha Pl/St	17	A2	Kaneohe
Ohai Alii Ct	60	C4	Wahiawa
Ohai Lane	3	B3	Honolulu
Ohai Pl/St	60	B1	Wahiawa
Ohaiula Ct	60	C4	Wahiawa
Ohaiula Pl	54	E2	Aiea
Ohala Pl/St	15	B3	Kaneohe
Ohana Nui Cir	66	B3	Honolulu
Ohana St	25	C1	Kailua
Ohapueo Pl	54	C2	Aiea
Ohawai Pl	12	F1	Honolulu
Ohe Ln	3	E4	Honolulu
Oheala Pl	61	E4	Mililani
Ohekani Lp/Pl	54	E2	Aiea
Oheke Pl	1,7	A2,F3	Honolulu
Ohelo Lane	3	B4	Honolulu
Ohelokai Rd	37	B1	Kaaawa
Ohelopapa Pl	54	B2	Aiea
Ohemauka Pl	93	B4	Waianae
Ohenana Lp/Pl	54	E2	Aiea
Oheohe St	94,95	E4	Waianae
Ohi St	49	E4	Mililani
Ohiakea St	54	F2	Aiea
Ohiaku Pl/St	54	F2	Aiea
Ohialoke St	12	F2	Honolulu
Ohialomi Pl	54	E2	Aiea
Ohiki Pl	25	E2	Kailua
Ohilau Pl	63	D1	Waipahu
Ohina Pl	22	D1	Honolulu
Ohiohi Pl	94	E2,D2	Waianae
Ohohia St	1	E3	Honolulu
Ohu St	8	F2	Honolulu
Ohua Ave/St	5	E2	Honolulu
Oi Pl	97	C4	Ewa Beach
Oihana Pl	53	F2	Aiea
Oihana St	98,99	C4,C1	Ewa Beach
Oili Lp/Pl	6	A1	Honolulu
Oililua Pl	74	B1	Waipahu
Oilipuu Pl	22	F1	Honolulu
Oio Dr	12	E2,3	Honolulu
Okaa St	85	D2,E2	Ewa Beach
Okana Pl/Rd	40	C4,C3	Kaneohe
Okika Pl	4	B3	Honolulu
Okika Pl (HAFB)	66	B3	Honolulu
Okinawa Lp (NCS Wah)	48	C4	Wahiawa
Oklahoma St (PH)	54	F2	Aiea
Oko St	24	A1	Kailua
Okoa St	12	D1,E1	Honolulu
Okoa Pl	12	D1	Honolulu
Okohola St	94	F4	Waianae
Okokomo St	94	F4	Waianae
Okupe St	74	C3	Ewa Beach
Okupu St	62	C4	Waipahu
Ola Lane	2	B3	Honolulu
Olaa Pl	9	D2	Honolulu
Olai St	99	E2,C2	Ewa Beach
Olakino Pl	17	B1	Kaneohe
Olalahina Pl	8	F4	Honolulu
Olaloa St	54	E3	Honolulu
Olani St	97	D3	Ewa Beach
Olaniani St	85	C4	Ewa Beach
Olao Pl	67	E3	Waialua
Olapa St	12	E3	Honolulu
Olauniu Pl	31	E3,F3	Kahuku
Old Gov't Rd	93	E2	Waianae
Old Kalanianaole Rd	25,19	F2,A1	Kailua
Old Mokapu Rd	28	F2	Kailua
Old Palama St	3	B2	Honolulu
Old Pali Rd/Rd	9	C2	Honolulu
Oleana Ct (HAFB)	66	B3	Honolulu
Oleander Pl	54	D4	Honolulu
Olehala St	75	F2,E2	Ewa Beach
Olena Pl/St	53	D4	Aiea
Oleole St	64	B1	Pearl City
Olepe Lp	53	F2	Aiea
Olepekupe St	74	C3	Ewa Beach
Oli Lp/Pl	63	D1	Waipahu
Oliana St, Pl	56	E2,F2	Waialua
Oliana Lp	54	D2	Aiea
Oliko Pl	49	F1	Wahiawa
Olili Pl	22	D1	Honolulu
Oliliko St	50	E1	Mililani

Olina St — Pakauwili Dr

Street Index

NAME	MAP	GRID	AREA
Olina St	23	B4	Kaneohe
Olino St	54	D3	Honolulu
Oliona Pl	62	D2	Mililani
Olive Ave	60	A1	Wahiawa
Olive Pl	54	C4	Honolulu
Oliver St	4	C3	Honolulu
Oliwa St	53	D1	Aiea
Oloa Pl	85	F2	Ewa Beach
Olohana St	4,5	D4,D1	Honolulu
Olohena St	13	A4	Honolulu
Olohia St	67	D3,2	Waialua
Olohio St	67	D3,2	Waialua
Olohu Rd	36,37	B4,B1	Kaaawa
Olokele Ave	5	C2,D2	Honolulu
Ololani St	76	E2	Ewa Beach
Ololu St	62	C1	Mililani
Olomana Lane	3	B4	Honolulu
Olomana St	24	C3	Kailua
Olomea St	3	B1	Honolulu
Olomehani St	3,4	F4,F1	Honolulu
Olona Lane	3	B2	Honolulu
Olopana St	53	D4	Aiea
Olopua St	10	E2	Honolulu
Olowalu Pl Way	22	E2	Honolulu
Olu St	5	C2,3	Honolulu
Olua Pl	63	E1	Waipahu
Oluolu St	21,20	C1,B4	Waimanalo
Omao St	24	B3	Kailua
Omea Pl	12	E1	Honolulu
Omeao Pl	75	E2,3	Ewa
Omeo Pl	75	E3	Ewa
Omilo Lane	2	B3	Honolulu
Omilu Pl	74	C3	Ewa Beach
Onaha St	6	C2,D2	Honolulu
Onaona Pl	26	E1	Kailua
One St	10	E3	Honolulu
Oneawa Pl/St	24	C3	Kailua
Oneawakai Pl	24	D4	Kailua
Oneele Pl	4	B3	Honolulu
Oneha St	63	E3,4	Waipahu
Onekai St	23	F2	Kaneohe
Onekea Dr	25	B4	Kailua
Onelua St	87,76	A4,F2	Ewa Beach
Oneula Pl/St	87,76	A4,F3	Ewa Beach
Onihi St	13	B4	Honolulu
Onikiniki Pl/Way	53	A3,B3	Aiea
Onini Pl	22	D1	Honolulu
Onioni St	25,26	E4,E1	Kailua
Onipaa Pl/St	1,2	A2,A1	Honolulu
Ono Rd	10	F2	Honolulu
Oo Lane	3	B2	Honolulu
Oohao St	75	F2	Ewa Beach
Ookala Pl	13	C3	Honolulu
Oola Pl	74	C3	Ewa Beach
Oomano Pl	13	C4	Honolulu
Oopuhee Pl	23	E3	Kaneohe
Oopuola St	41	B2	Haleiwa
Opae Rd	41	F3	Haleiwa
Opaehuna St	74	C3	Ewa Beach
Opaekaa St	22	F1	Honolulu
Opaeula Rd	45,46,56	F4,F1,C2	Haleiwa
Opaeula St	56	A4	Haleiwa
Opakapaka St	98	B3	Ewa Beach
Opeha St	73	B4,A4	Waipahu
Opihi St	12	E3	Honolulu
Opihikao Pl/Way	13	C3,D3	Honolulu
Opio St	86	D1	Ewa Beach
Opo Pl	61	E3,D3	Mililani
Opoi St	13	A4	Honolulu
Opua St	54	E3	Honolulu
Opuakii Pl/Wy	84,85	D4,D1	Ewa Beach
Opuhe St	95	D4	Waianae
Opuhea Pl	17	B1	Kaneohe
Opukea St	54	E2	Aiea
Opuku St	86	D2	Ewa Beach
Opule St	98	B3	Ewa Beach
Orange St	92	F3,E3	Waianae
Orchid St	11	E1	Honolulu
Orion Dr, Pl	86	E3,D3	Kapolei
Orlando Pl	66	A2	Honolulu
Oro Rd	82	D4	Waianae
Orrick St	86	A3	Ewa Beach
Osorio Pl	4	C1	Honolulu
Oswald St	5,10	A2,F4	Honolulu
Ott Pl	1	D3	Honolulu
Outerbridge Ct-E (PH)	66	B1	Honolulu
Outerbridge Ct-W (PH)	66	B1	Honolulu
Owakalena St	86	E2	Kapolei
Owalii Cir (SB)	69	A4	Wahiawa
Owawa St	2	A4	Honolulu
Owen St	2	B3	Honolulu
Owena St	5	E4	Honolulu
Owene Lane	2	A3	Honolulu
Owens St	65	D4	Honolulu

P

NAME	MAP	GRID	AREA
Pa St	74	C3	Ewa Beach
Paa St	1,2	C3,B1	Honolulu
Paaaina St, Pl	52	F3	PearlCty
Paahana St	5	C3	Honolulu
Paahini St	56	F2	Waialua
Paaila Pl	23	F1	Kaneohe
Paailalo St	61	A2	Mililani
Paailuna Way	52	F2	Pearl City
Paaina Pl/St	52	F3	Pearl City
Paakai Pl/St	97	C4	Ewa Beach
Paakamaa St	63	A3	Pearl City
Paakea Rd	95	C1	Waianae
Paakiki Pl	25	C3	Kailua
Paako St	25	E3	Kailua
Paala Lp/Pl	97	C4	Ewa Beach
Paalaa Rd	56	E1	Haleiwa
Paalaa Uka Pupukea Rd	45,46,47	A4,A1,C1	Haleiwa
Paalea St	5	A3	Honolulu
Paalii Pl	49,50	D4,D1	Mililani
Paaloha St	76	F2	Ewa Beach
Paalua St	86	B3	Ewa Beach
Paani St	4	C4,D4	Honolulu
Paani St	71	A1	Kunia
Paaniana St	86	A3	Ewa Beach
Paao Pl	61	B2	Mililani
Paaoloulu Pl/Way	85	D4	Kapolei
Paaono St	62,63	D4,C1	Waipahu
Paapu St (SI)	3	E2	Honolulu
Paauilo Pl	13	D3	Honolulu
Paawalu St	62,63	D4,C1	Waipahu
Pacheco St	2	B3	Honolulu
Pacific Hts Pl/Rd	3,9	A4,F2	Honolulu
Pacific St	3	D2	Honolulu
Padilla Dr (MCBH)	27	E3	Kailua
Paea St	49	D4	Mililani
Paeheu Pl	49	D4	Mililani
Paeheulu St	86	A3	Ewa Beach
Paehia Pl	49	D4	Mililani
Paekii St	75	F2,E2	Ewa Beach
Paeko St	86	B2,B3	Ewa Beach
Paeli Pl	50	E1,2	Mililani
Paeloahiki Pl	61	E4	Mililani
Paeoki Dr	13	E2	Honolulu
Paepae St	50	D1	Mililani Mauka
Paepuu St	16	B3	Kaneohe
Paewalani Pl	23	E2	Kaneohe
Paha Pl	63	D1	Waipahu
Pahaku St/Pl	49	D4	Mililani Mauka
Pahala Pl	50	D1	Mililani Mauka
Pahale Ct (HM)	47	C4	Wahiawa
Pahano Lp	93	C4	Waianae
Pahau Pl	74	C3	Ewa Beach
Pahe St	86	A3	Ewa Beach
Paheehee Pl/Rd	93	B3	Waianae
Paheahea St	86	A3	Ewa Beach
Pahelehala Lp	31	E3,F3	Kahuku
Pahemo Pl/St	53	F2	Aiea
Pahia Rd	15,23	B4,F1	Kaneohe
Pahika St	75	F2	Ewa Beach
Pahikaua Pl/St/way	23	F3	Kaneohe
Pahiki St	86	A3	Ewa Beach
Pahikoli Pl	23	F3	Kaneohe
Pahili Rd	9	F1	Honolulu
Pahiolo St	53	C1	Pearl City
Pahipahialua Pl/St	29	E1	Haleiwa
Pahoa Ave	5,6	C3,B2	Honolulu
Pahoe Rd	43	A3	Haleiwa
Pahoehoe Pl	9	E1	Honolulu
Paholei St	16	B4	Kaneohe
Pahounui Dr	2	D3	Honolulu
Pahu St	74	A2,3	Waipahu
Pahuhu St/Pl/Wy	75	F3	Ewa Beach
Pahukui St	2	B4	Honolulu
Pahukula Pl	13	D2	Honolulu
Pahulu St	8	E3	Honolulu
Pahumele Pl/Way	25	D2	Kailua
Pahupai Way	12,13	C4,C3,B3,B4	Honolulu
Pahuwai Pl	15,23	C4,F1	Kaneohe
Pai Cir (SB)	59	F2	Wahiawa
Paia Pl/St	61	B3,A3	Mililani
Paiea St	1	E3	Honolulu
Paihi St	54	C1	Aiea
Paikau St	6	D1,E2	Honolulu
Paikauhale Pl/St	61,50	A3,B3,F2	Mililani
Paiko Dr	13	E1	Honolulu
Pailaka Pl	17	A1	Kaneohe
Pailani St	76	E1	Ewa Beach
Pailolo Pl	63	E2	Waipahu
Paina St	8	F4	Honolulu
Paine Cir	66	A2	Honolulu
Painiu Pl	85	E1	Ewa Beach
Paioa Pl	63	E2	Waipahu
Paioluolu Way	22	E3	Honolulu
Paionia Pl	61	E4	Mililani
Paionia St	86	B3	Ewa Beach
Paiua Pl	61	B4	Mililani
Paiwa Pl/St	63	F3	Waipahu
Pakahi Pl	11	F2	Honolulu
Pakai Pl	40	E3	Kaneohe
Pakala St	14	C1	Honolulu
Pakalana Pl	66	B3	Honolulu
Pakalana St	53	C4	Aiea
Pakanu Pl/St	10	D2,E3	Honolulu
Pakaua St	61	B4	Mililani
Pakau St	50	E2	Mililani
Pakauwili Dr	60,59	B1,B4	Wahiawa

S27

Pakeke St — Pier

NAME	MAP	GRID	AREA	NAME	MAP	GRID	AREA
Pakeke St	95	E1	Waianae	Papailoa Rd	55	A2	Haleiwa
Pakela St	63	E1	Waipahu	Papaku Pl	4	C2	Honolulu
Pakelo Pl	33	D2	Laie	Papala St	10	E2	Honolulu
Paki Ave	5	E3,F3	Honolulu	Papalalo Pl	22	D1	Honolulu
Pakiko Pl/Way	23	F3	Kaneohe	Papalani St	25	D2	Kailua
Pakini St	54	E4	Honolulu	Papalealii St	53	E1,D1,D2,C2	Aiea
Pakohana St	3	A4	Honolulu	Papali Pl/St	8	D2	Honolulu
Pakolu Pl	6	A1	Honolulu	Papapuhi Pl	86	A4	Ewa Beach
Pakonane Pl	53	C4	Aiea	Papaya Pl	54	E4	Honolulu
Paku Pl	23	D4	Kaneohe	Papaya Rd	94	D4	Waianae
Pakualua Pl	16,17	B4,B1	Kaneohe	Paperbark Pl	54	D4	Honolulu
Pakui St	5	A3	Honolulu	Papipi Dr/Pl/Rd	76,87	F2,A4	Ewa Beach
Pala St	3	B2	Honolulu	Papolohiwa St	62	D2	Mililani
Palaau St	12	F1	Honolulu	Papu Cir	6	E2	Honolulu
Palahia St	84	E4	Ewa Beach	Paris Pl	9	C2	Honolulu
Palahia Pl/St	85	E1	Ewa Beach	Parish Dr	76	E3	Ewa Beach
Palahinu Pl	54	C3	Honolulu	Park Pl/St	9	E1,E2	Honolulu
Palai Pl/St	73	A4,B4	Waipahu	Park Row St	86	A3	Ewa Beach
Palaialii Pl/Way	54	A1	Aiea	Park St (pvt)	54	E2	Honolulu
Palaiki St	62	D4	Waipahu	Parker Ct (PCP)	64	C4	Pearl City
Palailai Pl/St	85	F2,E4	Ewa Beach	Parker Pl	4	A4	Honolulu
Palakamana St	94	E2	Waianae	Parks Ave (MCBH)	28,27	D1,D4	Kailua
Palala St	86	E1	Ewa Beach	Parks Dr/Rd/Pl (FS)	1,2,7	A3,A2,F4	Honolulu
Palama St	3	C2	Honolulu	Paro Rd (MCBH)	27	D3,E3	Kailua
Palamea Lane	3	B1	Honolulu	Parrish St (SB)	59	F3	Wahiawa
Palamoa St	50	D1	Mililani Mauka	Pascua Ct (MCBH)	27	D4	Kailua
Palamoi St	63,52	A3,F2	Pearl City	Pass St (FS)	1,2	B4,2	Honolulu
Palanehe Pl	8	E2	Honolulu	Patrick Crt (SB)	59	F3	Wahiawa
Palani Ave	5	D2	Honolulu	Patrick Henry Ct (SB)	59	E2	Wahiawa
Palani St	94	E2	Waianae	Patterson Rd	1,7	A1,F2	Honolulu
Palaoa Pl/St	6	E2	Honolulu	Paty Dr	10	E3	Honolulu
Palaole Pl	12	F2	Honolulu	Pau Lane/St	4	D4	Honolulu
Palapala Pl	2,3	B4,B1	Honolulu	Pauahi St N (1 To 199)	3	C3	Honolulu
Palapalai Cir (SB)	59	F2	Wahiawa	Pauahi St S (1 To 99)	3	D3	Honolulu
Palapu St	24	C4	Kailua	Paua Pl	74	C3	Ewa Beach
Palawiki St	25	D3	Kailua	Pauahilani Pl/Way	25	C3	Kailua
Palea Way	22	E3	Honolulu	Paui Pl	3	B2	Honolulu
Palehua Rd	83,85	D4,B2	Waipahu	Paukiki St	25	F4	Kailua
Paleka Pl/Rd	23	F1	Kaneohe	Pauku St	25	D2	Kailua
Palekaiko St	63	B4	Pearl City	Paul Cir	1	E2	Honolulu
Palekana St	33,32	D1,D4	Laie	Paul Hamilton Ave (PH)	65	C4	Hon-818
Palekaua Pl,St	6	D2	Honolulu	Paul Revere Ct (SB)	59	E2	Wahiawa
Palekona St	77	A2	Honolulu	Paula Dr	6	A1	Honolulu
Palelima	6	D1	Honolulu	Paulele St	25	D2	Kailua
Palena Pl/St	2	B3	Honolulu	Pauloa Pl	12	E1	Honolulu
Paleo Way	53	D2	Aiea	Pauma Pl	10	E2	Honolulu
Pali Dr	8	F3	Honolulu	Paumaka Pl	10	E2	Honolulu
Pali Hwy (1200 To 2399)	3,9	C3,F1	Honolulu	Paumakua Pl/Way	25	C3	Kailua
Pali Hwy (2400 To 3399)	9	F1,D1	Honolulu	Paumalu Pl	41	C2	Haleiwa
Pali Hwy (All)	17,18	D4,C1	Kailua	Pauoa Rd	3,4	B3,A1	Honolulu
Pali Momi St	53	E4	Aiea	Pauole Pl	12	E1	Honolulu
Paliahina Pl	5	A3	Honolulu	Paupahapaha Pl	21	D1	Waimanalo
Palii St	60	A4,B4	Wahiawa	Pauwala Pl	62	E2	Mililani
Paliiki Pl	17	C2	Kaneohe	Pawa Way	62	E2	Mililani
Palikea Pl/St	95,96	D4,C1	Waianae	Pawaa Lane	4	C3	Honolulu
Palikilo Rd (MCBH)	27	E1	Kailua	Pawaina Dr/Pl/St	10	D2,E2	Honolulu
Paliku St	14	C1	Honolulu	Pawale Pl	10	D2	Honolulu
Palima Pl	5	C3	Honolulu	Pawehe Pl	56	F2	Waialua
Palimalu Dr	9	D2	Honolulu	Pea St	67,68	B4,B1	Waialua
Palione Pl	24	B4	Kailua	Peace St	1,2	A4,A2	Honolulu
Palipaa Pl	6,11	A2,F4	Honolulu	Peach St	60	A2	Wahiawa
Paliuli St	5	C2,3	Honolulu	Peahi St	68	B1	Waialua
Palm Ave	64	C3	Pearl City	Pearl Harbor Blvd (PH)	65	B4	Hon-818
Palm Cir (FS)	1,2	B3,B1	Honolulu	Peawini Pl	31	E3,F3	Kahuku
Palm Dr	4	B3,C2	Honolulu	Peeone Pl	76	F3	Ewa Beach
Palm Pl/St	60,59	A1,A4	Wahiawa	Pehu St	5	B3	Honolulu
Palmyra Dr	54,66	F4,A1	Honolulu	Peirce St (FS)	1,2	B4,B2	Honolulu
Paloa Pl	20	B1	Waimanalo	Peke Lane/Pl	63	E4	Waipahu
Palolo Ave	5,11	B3,F1	Honolulu	Pekelo Pl	49	D1	Wahiawa
Palolo Ter Pl	5	A3	Honolulu	Pekunia Pl	10,11	E4,1	Honolulu
Paloma Pl	6	A1	Honolulu	Pelanaki St	94	E1	Waianae
Palua Pl	6,11	A1,F2	Honolulu	Pele Lane/St	3	C4	Honolulu
Palula Way	53	C3	Aiea	Peleiake Pl	86	D2	Ewa Beach
Pamaele St	25	D3	Kailua	Pelekane Dr	9	D2	Honolulu
Pamakani Pl	10	E2	Honolulu	Peltier Ave	1	D3	Honolulu
Pamoa Rd	4,5	A4,A1	Honolulu	Pelu Pl	5	B4	Honolulu
Pamoho Pl	53	D4	Aiea	Penakii Pl/Way	63	C2	Waipahu
Pana Pl	6	E2	Honolulu	Peneku Pl	10	D2	Honolulu
Panalaau St	3	B2	Honolulu	Peninsula Pl	23	E2	Kaneohe
Panalea Pl	12	F2	Honolulu	Pennsylvania Ave (MCBH)	28	D1	Kailua
Panana St	85	E2,F2	Ewa Beach	Pensacola St (600 To 1399)	4	E2,C1	Honolulu
Panana St	3	B2	Honolulu	Pensacola St (1400 To End)	4	C1,B2	Honolulu
Panapanapuhi St	74	C3	Ewa Beach	Pepeekeo Pl/St	13	C2	Honolulu
Pancoast Pl (MCBH)	27	E4	Kailua	Pepei St	64	B1	Pearl City
Panee St	52	F2	Pearl City	Pepper Row St	86	A3	Ewa Beach
Panekai Pl	24	C3	Kailua	Perimeter Rd	27	F1	Kailua
Paneki Pl/St	10,11	E4,1	Honolulu	Perry St	8	F2	Honolulu
Panepoo Pl	63	B4	Wahiawa	Peter Buck St	2,3	B4,B1	Honolulu
Panini Lp/St	6	D2	Honolulu	Peter St	10	F4	Honolulu
Panio St	13	E1	Honolulu	Petersen Ct (WAAF)	60	B2	Wahiawa
Paniolo Pl	12	D2	Honolulu	Peterson Ct	1	E3	Hon-818
Panui St	3	B2	Honolulu	Peterson Lane	3	C1	Honolulu
Paoa Pl	4	E4	Honolulu	Pharris Pl	1	E1	Hon-819
Paoakalani Ave	5	E2	Honolulu	Philip St	4	D3	Honolulu
Paokano Lp/Pl	25	C3	Kailua	Phillips St (MCBH)	28	D1	Kailua
Paoo St	13	A4	Honolulu	Pia Pl/St	12	D4	Honolulu
Paopua Lp/Pl	25	D3	Kailua	Pictor St	81	C4	Waianae
Papa Cir	68	B1	Waialua	Pier (1a To 9)	3	D3,E3	Honolulu
Papahehi Pl	13	C1	Honolulu	Pier (13 To 24)	3	D2,3	Honolulu
Papahi	75	E2	Ewa	Pier (32)	3	D1	Honolulu
Papai St	12	E3	Honolulu	Pier (34 To 42)	2,3	D4,D1	Honolulu

Pierce St — Puahau Pl

Street Index

NAME	MAP	GRID	AREA
Pierce St	65	A4	Honolulu
Pihana St	22	E2	Honolulu
Pihi St	75	F2	Ewa Beach
Piikea Pl/St	54	D3	Honolulu
Piikoi Pl	4	B2	Honolulu
Piikoi St (400 To 1399)	4	E2,C2	Honolulu
Piikoi St (1400 To End)	4	C2	Honolulu
Piimauna Pl/St	12	D1	Honolulu
Piipii St	75	F2	Ewa Beach
Pikai St	55	E4	Haleiwa
Pikaiolena St	96	D2,C2	Waianae
Pikake Ct	60	C4	Wahiawa
Pikake Pl	3,9	A3,F1	Honolulu
Piki Pl/St	53,52	D1,C4	Aiea
Pikoiloa Pl	23	F2	Kaneohe
Pikoni Pl	13,14	A4,A1	Honolulu
Piku Pl/Way	53	D1	Aiea
Pila Pl	12,13	C3,C4,B3,B4	Honolulu
Pilaa Pl	13	D4	Honolulu
Pili Pl	6	A1	Honolulu
Pilialo St	6	C2	Honolulu
Pilialoha Pl	1	A2	Honolulu
Piliana St	86	B4	Ewa Beach
Pilikai St	12	E2	Honolulu
Pilikana Way	93	B1	Waianae
Pilikino St	10	D2	Honolulu
Pilikoa St	53	D4	Aiea
Pililaau Ave	96	C1	Waianae
Pililani Pl	4	A2	Honolulu
Pililua Pl	61	D3	Mililani
Pilimai Pl/St	74	A1,B1	Waipahu
Pilina Pl/Way	16	A3	Kaneohe
Piliokahe Pl/Wy	75	F4	Ewa Beach
Piliokahi Ave	96	D2	Waianae
Pilipiliula Pl	86	E2	Kapolei
Pilipono St	85	E3,4	Ewa Beach
Pilipu Pl	24	B4	Kailua
Piliuka Pl/Way	93	B1,C1	Waianae
Piliwai St	8	E2	Honolulu
Pilokea Ct/Ln (HAFB)	66	B2	Honolulu
Pilokea St	93	B2	Waianae
Pinana St	25	F4	Kailua
Pinao Pl/St	10	D2	Honolulu
Pinaoula Pl/St	10	D2,3	Honolulu
Pine St	3	C2	Honolulu
Pine St	60	B2	Wahiawa
Pineapple Pl	1,2	B3,A2	Honolulu
Pinkham St	2	B3	Honolulu
Pio Pl	1,2	A4,A3	Honolulu
Piohia Pl	20	B1	Waimanalo
Piowa St	67	B4	Waialua
Pipa Pl	10	D2	Honolulu
Pipeline St	75	F1	Ewa Beach
Pipers Pali	4	B3	Honolulu
Pipi Cir (SB)	59	F2	Wahiawa
Pipilani Pl	34	E1	Hauula
Pitts St (SB)	69	A4	Wahiawa
Plantation Dr	66	A1	Honolulu
Plantation Rd	93	D2	Waianae
Pleasanton Ave	3	E3	Honolulu
Plum St	60	A1	Wahiawa
Plumeria Lp	54	D3	Honolulu
Plumeria Pl	4	B4	Honolulu
Poaha Pl	54,53	C1,D4	Aiea
Poailani Cir/Pl	64	E1	Waipahu
Poalima Pl/St	20	B1	Waimanalo
Poananala	52	F2	Pearl City
Poe Pl	63	C1	Waipahu
Poelua Pl/St	10	E2	Honolulu
Poepoe Pl	2	B3	Honolulu
Poha Lane	4	C4	Honolulu
Pohahawai Pl/St	75	F2	Ewa Beach
Pohakea Pl	93	B4	Waianae
Pohaku Loa Way	44	F1	Haleiwa
Pohaku Pl/St	3	B1	Honolulu
Pohakulana St	77	A2	Honolulu
Pohakulepo St	86	A3	Ewa Beach
Pohakunui Ave	96	D2,3	Waianae
Pohakupalena St	96	D2	Waianae
Pohakupili Pl	86	A4	Ewa Beach
Pohakupuna Pl/Rd	76,87	F3,A4	Ewa Beach
Pohina Pl	61	C3	Mililani
Pohina St	54	D4	Honolulu
Pohoiki Pl	13	D3	Honolulu
Pohu Pl	63	C1	Waipahu
Pohue Pl/St	54	C2	Aiea
Pohuehue Rd	37	B2	Kaaawa
Pohukaina St	3,4	E4,E1	Honolulu
Pohuli St	54	C2	Aiea
Poikeo St	74	A2	Waipahu
Poiki Pl/St	61	E3,D3	Mililani
Poinciana Pl	11	E1	Honolulu
Poinciana Pl	54	C4	Honolulu
Poipu Dr/Pl	13,14	D4,F1	Honolulu
Poka Pl/St	6	E2	Honolulu
Pokai Bay St	93	E3,4	Waianae
Pokapahu Pl/St	6	E2	Honolulu
Pokeo St	62	C4	Waipahu
Poki St	4	B3	Honolulu
Pokii Pl	92	D1	Waianae
Pokiwai Pl/Way	34	D3	Hauula
Poko Pl/St	54	C1	Aiea
Pokole Ct (HM)	47	C3	Wahiawa
Pokole St	5	D4	Honolulu
Pokole Way	26	C1	Kailua
Pokomoke St	65	C2	Honolulu
Polale Pl	61	B4	Mililani
Polani St	62	C4	Waipahu
Polapola Pl	61	E4	Mililani
Polea St	75	F3	Ewa Beach
Poli Hiwa Pl	9	C2	Honolulu
Poliahu Pl	17	B2	Kaneohe
Poliala St	21	D2	Waimanalo
Polihale Pl	14	E1	Honolulu
Polina Pl	73	C3	Waipahu
Polinahe Pl	63	C1	Waipahu
Polinalina Rd	37	B1	Kaaawa
Poloahilani St	62	B1	Waipahu
Polohi Pl	9	E2	Honolulu
Polohilani Pl	9	E2	Honolulu
Polohinano Pl	9	E2	Honolulu
Polohiwa Pl	9	E2	Honolulu
Polohuku St/Pl	75	E3	Ewa
Poloke Pl	9,10	E4,E1	Honolulu
Pololei Pl	10	E2	Honolulu
Pololia St	74	C3	Ewa Beach
Poloula Pl	76	F3	Ewa Beach
Polowai Way	73	C3	Waipahu
Polu Way	68	B1	Waialua
Poluhi Way	73	C3	Waipahu
Polulani Pl	9	F2	Honolulu
Poma Pl	1,2	A3,A1	Honolulu
Pomahina Pl	25	E3	Kailua
Pomaikai Pl	23	D4	Kaneohe
Pomelaiki Pl	54,1	C4,C1	Honolulu
Ponaha Pl	23	E4	Kaneohe
Ponahakeone Pl	95	E2	Waianae
Pond Rd (MCBH)	28,27	C1,C4	Kailua
Pond St	86	C3	Ewa Beach
Poni Moi Rd	5	F4	Honolulu
Poni St	4	D3	Honolulu
Pono St	53	E2	Aiea
Ponohale St/Pl	53	E2	Aiea
Ponohana Lp/Pl	53	E2	Aiea
Ponokaulike St/Pl	53	E2	Aiea
Ponokiwila Pl/St	53	E2	Aiea
Ponokope St	3	A2	Honolulu
Ponopono Pl	25	F4	Kailua
Poo Pl	25	F4	Kailua
Poohaili St	32	D4	Laie
Poohala Pl	40	E3	Kaneohe
Pooholua Dr	54,53	C1,C4	Aiea
Poohuku Way	73	C3	Waipahu
Pookela Pl	16	B3	Kaneohe
Pookela St	16	B3	Kaneohe
Pool St	1	D3	Honolulu
Poola Pl,St	12	F2	Honolulu
Poolau Way	73	C3	Waipahu
Pooleka St	11	F1	Honolulu
Poomau St	40	D3	Honolulu
Poopaa Pl	54	D1	Aiea
Poopoo Pl	26	C1	Kailua
Poowai Pl	75	F2	Ewa Beach
Pope Rd	5	B1	Honolulu
Popohau Pl	93	C4	Waianae
Popoi Pl	76	C4	Ewa Beach
Popoia Rd	25	C2	Kailua
Popoki Pl/St	23	F3	Kaneohe
Popolo Pl	54	D1	Aiea
Port Royal St (PH)	65	C3	Hon-818
Porter Ave (HAFB)	65,66	C4,C1	Honolulu
Porter Lp (SB)	59	E3	Wahiawa
Portlock Rd	13,14	E4,E1	Honolulu
Potata Pl	54	D3	Honolulu
Pouhanuu Pl/Way	23	F3	Kaneohe
Pouli Rd	25	C2	Kailua
Powell Lp	66	A1	Honolulu
Poynter Rd (CS)	54	A1	Aiea
Prince Edward St	5	E2	Honolulu
Prince Williams Rd	87	E1	Ewa Beach
Princeess Dr	8	F3	Honolulu
Princess Kahanu Ave	95	E2	Waianae
Princeton Pl	65	B2	Honolulu
Pritchard St (SI)	3	E2	Honolulu
Prospect Pl	4	B1	Honolulu
Prospect St (1 To 899)	3	B4	Honolulu
Prospect St (900 To End)	3,4	B4,C1	Honolulu
Pua Alowalo St	23	F2	Kaneohe
Pua Ave	96	D1	Waianae
Pua Inia St	23	F2	Kaneohe
Pua Kika Pl	54	C4	Honolulu
Pua Lane	3	C2	Honolulu
Pua Makahala St	23	F2	Kaneohe
Puaae Pl/Rd	23	F3	Kaneohe
Puaahi Pl	62	D2	Mililani
Puaala Lane	2	A4	Honolulu
Puaalii Pl/St/Way	53	D2,E2	Aiea
Puaanuhe St	53	E2	Aiea
Puaapiki St	53	E2	Aiea
Puaena Pl	4,5	B4,B1	Honolulu
Puahala St	75	F2	Ewa Beach
Puahau Pl	53	E2	Aiea

Puaheahe St — Quail St

Street Index

NAME	MAP	GRID	AREA
Puaheahe St	61	B4	Mililani
Puahi St	62	D3	Waipahu
Puahia Pl	12	F2	Honolulu
Puahio St	86	B3	Ewa Beach
Puahiohio Pl/Way	86	D1	Ewa Beach
Puahoku Pl	53	E2	Aiea
Puahuula Pl	17	A1	Kaneohe
Puailima Pl/St	53	D2	Aiea
Puaina Pl/St	75	E2,F2	Ewa Beach
Puakai Pl	49	D4	Mililani
Puakala Pl (HAFB)	66	B3	Honolulu
Puakala St	54	D1	Aiea
Puakauhi Ct (HAFB)	66	C2	Honolulu
Puakauhi Pl (HAFB)	66	B2	Honolulu
Puakea Pl	13	D3	Honolulu
Puakenikeni Rd	37	B1	Kaaawa
Puakika Pl	53	E2	Aiea
Puako Way	24	D4	Kailua
Puakolu St	95	D4	Waianae
Puakukui Pl/St	53	E2	Aiea
Pualaa St	54	C1	Aiea
Pualalea Pl/St/Way	31	E3,F3	Kahuku
Pualani Way	5	E2	Honolulu
Pualei Cir	5	E3,4	Honolulu
Pualeilani St	95	D2	Waianae
Pualele Pl	5	B4	Honolulu
Puali Koa Pl	17	A2	Kaneohe
Puali St	17	A1	Kaneohe
Pualoalo Pl	86	A2	Ewa Beach
Pualoke Pl	4	D3	Honolulu
Pualu St	86	A3	Ewa Beach
Puamaeole St	75,86	E2,F2,A4	Ewa Beach
Puamale Ct	60	C4	Wahiawa
Puamamane St	12,13	C4,E1	Honolulu
Puamano Pl	63	F4	Waipahu
Puamaomao Pl	86	E2	Kapolei
Puamohala St	23	D4	Kaneohe
Puana St	62	D4	Waipahu
Puanakau St	54	D3	Honolulu
Puananala St	63	A3	Pearl City
Puanane Lp/Pl	61	C4	Mililani
Puanani Lane	2	B3	Honolulu
Puanihi St (pvt)	85	E2	Ewa Beach
Puaniu St	75	F2	Ewa Beach
Puanohu Pl	86	E2	Kapolei
Puaole Pl	53	D2	Aiea
Puapake St	85,84	F1,E4	Ewa Beach
Puapoo Pl	40,15	E4,E1	Kaneohe
Puawa Pl	54	B2	Aiea
Puawiliwili Pl	96	B1	Waianae
Pueo St	6	B2,C3	Honolulu
Pueohala Pl	24	B4	Kailua
Pueonani St	85	C2,D1	Ewa Beach
Puget Sound St	81	D3	Waianae
Puhala Rise	10	E3	Honolulu
Puhau Pl/Way	73	B4	Honolulu
Puhano St	93	E3	Waianae
Puhawai Rd	93,94	A3,B1	Waianae
Puhikani St/Pl	75	F3,4	Ewa Beach
Puhiko St	86	B2,B3	Ewa Beach
Puhilaka St	86	A4	Ewa Beach
Puhilaumilo Pl	74	C3	Ewa Beach
Puhinalo St	93	A1,A2	Waianae
Puhipaka St	74	C3	Ewa Beach
Puhuli St	35	D1	Hauula
Puia St	73	A3	Waipahu
Puili Pl	12,13	C3,C4,B3,B4	Honolulu
Puiwa Lane/Rd	9	E1,2	Honolulu
Pukalani Pl	5	A4,B4	Honolulu
Pukanala St	75	E3,E4	Ewa Beach
Pukanawila Pl	10,11	F4,F1	Honolulu
Pukea Rd	41	F3	Haleiwa
Pukele Ave	5	B3	Honolulu
Puko St	63	F3	Waikele
Pukoa St	24	B3	Kailua
Pukoloa St	1,2	C3,B1	Honolulu
Pukoo Pl/St	13	A1	Honolulu
Pukui Pl	93	D3	Waianae
Pula Pula Pl	93	D3	Waianae
Pula Way	93	B2	Waianae
Pulaa Lane	2	B4	Honolulu
Pulai St	63	C1	Waipahu
Pulama Pl/Rd	39	D3	Kaneohe
Pule Pl	5	B2	Honolulu
Pulehu St/Pl	13,14	B4,B1	Honolulu
Pulehulehu Pl	61	B3,A3	Mililani
Pulelehua Way	9	E1	Honolulu
Pulelo St/Pl	63	E2	Waipahu
Pulena Pl	10	F2	Honolulu
Puliki Pl	53	A4	Aiea
Puliko St/Pl	85	E1	Ewa Beach
Puloku St	63	F3	Waipahu
Pulu Cir (SB)	59	F2	Wahiawa
Pulu Pl	39	D4	Kaneohe
Pulua Pl	63	C1	Waipahu
Puluniu Lp	54	C1	Aiea
Pumaia Pl,Way	73	A4	Waikele
Pumehana St	4	C3,D4	Honolulu
Pump #10 Rd	98	B2	Ewa Beach
Puna Dr	3,8	A2,F3	Honolulu
Puna Lane	3	B4	Honolulu
Punaa St	24	D3	Kailua
Punahele Pl	12	F3	Honolulu
Punahou St (700 To 1399)	4	C3	Honolulu
Punahou St (1400 To End)	4	C3	Honolulu
Punako St	86	B2,B3	Ewa Beach
Punalau Pl	44	D1	Haleiwa
Punalei Pl	15	B4	Kaneohe
Punaluu Valley Rd	35	D3	Hauula
Punana Lp	25	E4	Kailua
Punanaula St	93	A2,3	Waianae
Punawai St	15	C3	Kaneohe
Punchbowl St	3	C4,D4	Honolulu
Puneki Pl/St/Way	50	F2	Mililani
Puni Pl	75	E3	Ewa
Puni Hele Ct (HM)	47	D4	Wahiawa
Punihi St	54	D3	Honolulu
Puninoni Pl/St	49	B1	Wahiawa
Puniu St	24,25	D4,D1	Kailua
Punono St/Pl	62	D2	Mililani
Punua Pl/Way	25	E3	Kailua
Puohala St	23	F2	Kaneohe
Puolani St	8	E3	Honolulu
Puolo Dr	54	E4	Honolulu
Puoni Pl	15,16	E4,B2	Kaneohe
Puou St	63	F3	Waipahu
Puowaina Dr	3,4	B4,B1	Honolulu
Pupu Pl/St	87	A4	Ewa Beach
Pupuhi St	62	D4	Waipahu
Pupukahi Pl/St	74	B2	Waipahu
Pupukea Pl/Rd	42,43	E2,A4	Haleiwa
Pupukoae St	74	B2	Waipahu
Pupukui St	74	B2	Waipahu
Pupukupa St	74	B2	Waipahu
Pupumomi St	74	B2	Waipahu
Pupunohe St	74	B2	Waipahu
Pupuole Pl/St	74	B2	Waipahu
Pupupani St	74	B2	Waipahu
Pupupuhi St	74	B2	Waipahu
Puu Alani Way	64	A2	Pearl City
Puu Eleele Pl	6	E3	Honolulu
Puu Hina Pl	64	A2	Pearl City
Puu Kakea Pl	10	E1	Honolulu
Puu Kala St	64	A2	Pearl City
Puu Kipa St	64	A1	Pearl City
Puu Kula Dr	64	A2	Pearl City
Puu Momi St	64	A2	Pearl City
Puu Nanea Pl	10	F2	Honolulu
Puu Paka Dr	9	D2	Honolulu
Puu Panini Ave/St	6	D2	Honolulu
Puu Pl	48	C4	Wahiawa
Puu Poni Pl/St	64	A2	Pearl City
Puu Ulaula St	64	A2	Pearl City
Puuahi St	33,32	D1,D4	Laie
Puuainako Pl	75,86	F3,A4	Ewa Beach
Puualii Pl	4	A3	Honolulu
Puualoha St	18	C3	Kailua
Puuehu Pl	13,14	B4,B1	Kaneohe
Puuhala St	75	D1	Ewa Beach
Puuhale Pl/Rd	2	C3	Honolulu
Puuhonua St	4,10	A4,F1	Honolulu
Puuhue Pl	3	B3	Honolulu
Puuhulu Pl/Rd	81,93	F3,A4	Waianae
Puuikena Dr	12	C3	Honolulu
Puuikena Pl	12	D4,B2	Honolulu
Puuiki St	67,68	B4,B1	Waialua
Puukani Pl	25	C2	Kailua
Puukapu St	2	A4	Honolulu
Puuku Makai Dr	1	E1	Honolulu
Puuku Mauka Dr	1	E1	Honolulu
Puula Rd	43	A3	Haleiwa
Puulani Pl	6	C2	Honolulu
Puulau Pl	15,16	E4,B2	Kaneohe
Puulaula Pl/Lp	54	B3,C3	Hon-818
Puulena St	15	B4	Kaneohe
Puuloa Cir (HAFB)	66	B2	Honolulu
Puuloa Rd	1,2	C3,C1	Honolulu
Puuloa Rd	75,87	F3,A1	Ewa Beach
Puuloko Pl	23	E2	Kaneohe
Puulu St	50	E2	Mililani
Puuluana Pl/St	31	D3,E3	Kahuku
Puuluna Pl	23	F2	Kaneohe
Puumahoe Pl	22	E2	Honolulu
Puumakani St	54	B1	Aiea
Puumala St	75	E1	Ewa Beach
Puumali Pl	6	A1	Honolulu
Puumele Pl	9	E1	Honolulu
Puunani Pl	8	F4	Honolulu
Puunoa St	11	E2	Honolulu
Puunui Ave	8,9	F4,F1	Honolulu
Puuohalai Pl	24,23	C1,C4	Kaneohe
Puuomao St/Pl	13	A1	Honolulu
Puuone St	21	C1	Waimanalo
Puuowaa St	34	E2	Hauula
Puupele Pl/St	16	B3	Kaneohe
Puuwai St (SI)	3	E2	Honolulu
Puuwepa Pl	62	D2	Mililani
Puwa Pl	24	A1	Kailua
Puwalu St	75	E3	Ewa

Q

NAME	MAP	GRID	AREA
Quail St	81	E2	Waianae

NAME	MAP	GRID	AREA
Quarry Rd	24,18	D2,A2	Kailua
Queen Emma Sq/St	3	C4	Honolulu
Queen St (1 To 899)	3	D3,4	Honolulu
Queen St (900 To 1299)	3,4	D4,E1	Honolulu
Quincy Pl	10	F4	Honolulu
Quincy St	81	D2	Waianae
Quinn Lane	3	D4	Honolulu

R

NAME	MAP	GRID	AREA
Rabaul Ave/St	86	E3	Ewa Beach
Radar Hill Rd (FS)	1,2	A4,A2	Honolulu
Radar Rd (MCBH)	27	E3	Kailua
Radford Dr	54,1	F4,F1	Honolulu
Radford St	81	C2	Waianae
Ragsdale Pl	9	D2	Honolulu
Rainbow Dr	10	E2	Honolulu
Randolph St	86	F4	Ewa Beach
Ranger Lp (PH)	65	C1	Honolulu
Ranger St	86,87	E3,F1	Ewa Beach
Ranier St	81	E1	Waianae
Rawlins Lane	3	C1	Honolulu
Reasoner Rd (TAMC)	7	E2	Honolulu
Reed Ln	3	E4	Honolulu
Reed Rd (MCBH)	27	E3	Kailua
Reeves Loop	1	F1	Hon-818
Reeves Rd (MCBH)	27	D3	Kailua
Reeves St	1	F1	Honolulu
Reilly Ave	59	E2	Wahiawa
Rendova Ave	86	E3	Ewa Beach
Reno Rd (TAMC)	7	E2	Honolulu
Renton Pl/Rd	75,86	F2,A3	Ewa Beach
Republican St	2	D3	Honolulu
Reuben James St (PH)	65	D3	Hon-818
Rice St/Lp/Dr (FS)	1,2	A3,A2	Honolulu
Richard Lane	2	B3	Honolulu
Richards St	3	D3	Honolulu
Ridge Ave	48	F4	Wahiawa
Rim Lp	54,1	C4,C1	Honolulu
Ringold St (SB)	59	F3	Wahiawa
Rissak Lp	1,2	B4,B2	Honolulu
River St	3	C3	Honolulu
Robbins Rd	60	C2	Wahiawa
Robello Lane	3	C2	Honolulu
Robert Pl	5	B2	Honolulu
Robinson Ave	64	C3	Pearl City
Robinson Lane	3	A3	Honolulu
Rock Ln	3	C3	Honolulu
Rocky Hill Pl	4	B4	Honolulu
Rogers Blvd	1	F2	Honolulu
Rogers Pl	1	D3	Honolulu
Rood Ct	1	E1	Ho-819
Rooke Ave	8,9	F4,E1	Honolulu
Roosevelt Ave (BP)	86,98	F3,A4	Ewa Beach
Roosevelt St	81	C1	Waianae
Rose Pl	48,49	F4,F1	Wahiawa
Rose St (17 To 299)	48,49	F4,F1	Wahiawa
Rose St (2200 To 2599)	1,2	A4,A3	Honolulu
Rosebank Pl	9	F1,2	Honolulu
Ross St	1	E1,F1	Hon-819
Round Top Dr/Ter	4,10	A3,E1	Honolulu
Royal Cir/Pl	6	D3	Honolulu
Royal Haw'n Ave	5	D1,E1	Honolulu
Royal Palm Dr	48	D4	Wahiawa
Russel Ave	65	C3	Hon-818
Russel Way	65	C4	Honolulu
Ruth Pl	10	C4	Honolulu
Rycroft St	4	D2	Honolulu

S

NAME	MAP	GRID	AREA
Saddle City Rd	19,20	A4,B1	Waimanalo
Safeguard St (PH)	65	C4	Hon-818
Sailor Rd (BP)	87	C2	Kapolei
Saipan St	86	F4	Ewa Beach
Salt Lake Blvd	54,1	E1,E1	Honolulu
Samoa Pl (MKL)	54	F3	Honolulu
San Antonio Ave	3	B4	Honolulu
San Jacinto St	65	C1	Honolulu
Sand Is Access Rd	2	D3,E3	Honolulu
Sand Is Parkway Rd	3	E1,2	Honolulu
Sanders Cir	1	E2	Honolulu
Santa Fe St (SB)	59,69	F2,A4	Wahiawa
Santos Dumont Ave (Wah)	60	C2	Wahiawa
Saratoga Ave/Cir (BP)	86	F3,E4	Ewa Beach
Saratoga Blvd	65	B1	Honolulu
Saratoga Pl (BP)	99	A1	Ewa Beach
Saratoga Rd	4,5	E4,E1	Honolulu
Saratoga St (BP)	98	B4,A4	Ewa Beach
Sargent St (WAAF)	60	C3	Wahiawa
Saul Pl	10	F4	Honolulu
Savo Dr NCS (Wah)	48	C3,4	Wahiawa
School St (1700 To End)	2	A4,A3	Honolulu
School St N (1 To 1699)	2,3	A3,C3	Honolulu
School St S	3	C3,4	Honolulu
Scott Cir (HAFB)	66	D1	Honolulu
Scott Loop (PH-MT)	1	E2	Honolulu
Sea View Ave	4	B4	Honolulu
Seabee Way (PH)	65	C3	Hon-818
Seabury Pl	15,23	A4,D1	Kaneohe
Seaman Ave	66	E3	Honolulu
Seaside Ave	5	D1,E1	Honolulu
Seaview Rise	4,10	B4,E3	Honolulu

NAME	MAP	GRID	AREA
Second St (MCBH)	27	F3	Kailua
Selden St (MCBH)	28,27	E1,E4	Kailua
Self Lane	2	B4	Honolulu
Sereno St	3	B3	Honolulu
Seventh Ave (HAFB)	65	C4	Honolulu
Shangrila St	86	F4	Ewa Beach
Shark Pl	86	F3	Kapolei
Sheridan St	4	D2	Honolulu
Sherman Park Pl	9	F1	Honolulu
Shields Lp	1	E2	Honolulu
Shower Pl	54	B4	Honolulu
Sibley St	1	D3	Honolulu
Sierra Dr	5,11	B4,F2	Honolulu
Signal St (FS)	2,1	B2,B4	Honolulu
Signer Ave (HAFB)	65	D4	Honolulu
Silva St	2	D3	Honolulu
Simon Rd	3	B2	Honolulu
Simpson Lp/Rd	2,1	A3,A4	Honolulu
Sing Loy Lane	3	B2	Honolulu
Singleton Ct (PH)	66	B1	Honolulu
Sisal St	86	A3	Ewa Beach
Sixth St (MCBH)	27	E2	Kailua
Sixth St (PH)	65	C3	Honolulu
Skyline Dr	3	A1	Honolulu
Skyview Lp	54	D4	Honolulu
Slade Dr	4	B3	Honolulu
Smiley Pl	56	F1	Haleiwa
Smith Cir	66	A1,B1	Honolulu
Smith Rd	20	A3	Waimanalo
Smith St	3	C3,D3	Honolulu
Snyder Ct	1	E3	Hon-818
Solomons St	99	A3	Ewa Beach
Sonoma Pl/St	4	A3	Honolulu
South Ave/Dr	65,66	D4,B1	Honolulu
South St	3	D4,E4	Honolulu
Spencer St (700 To 899)	3,4	C4,C1	Honolulu
Spencer St (900 To End)	4	C1	Honolulu
Sperry Lp (WAFB)	60	C2	Wahiawa
Stratton St (SI)	3	E2	Honolulu
Spreckels St	4	C3	Honolulu
Springer Pl	23	D2	Kaneohe
St Johns Rd	94	E3	Waianae
St Lo Ave	65	C2	Honolulu
St Louis Dr	5,10	B2,F4	Honolulu
St Patricks St	5	C3	Honolulu
Stanley St	2	C3	Honolulu
Star Rd	3	A4	Honolulu
Sterling Rd	60	D2	Wahiawa
Stewart St	66	A2	Honolulu
Steindam Ct	60	B2	Wahiawa
Stillman Lane	3	B3	Honolulu
Stommes Pl	66	A1	Honolulu
Stout St	86	C3,4	Ewa Beach
Stowell Cir	1	D3	Honolulu
Stream Dr	9	F1	Honolulu
Stream Rd (FS)	2,1	B2,B4	Honolulu
Strieber Ave (WAFB)	60	D2	Wahiawa
Strong St	1,2	A4,2	Honolulu
Suapaia Dr (MCBH)	27	D3,E3	Kailua
Sudut St (SB)	59	D4	Wahiawa
Summer Rd (MCBH)	27	E2	Kailua
Summer St	13	E2	Honolulu
Sumner St	3	C2	Honolulu
Sunset Ave/Pl	5	C4	Honolulu
Swan St (PH)	65	C2	Honolulu

T

NAME	MAP	GRID	AREA
Tampa Dr	54,	B4	Honolulu
Taney Cir	54	C3	Honolulu
Tantalus Dr (2100 To 2999)	4,9	A2,E3	Honolulu
Tantalus Dr (3000 To End)	9	E3,D4	Honolulu
Tapp St	1	D3	Honolulu
Tarawa Dr (All MKL)	54,66	F4,A1	Honolulu
Tarawa Dr (All NCS Wah)	48	C3	Wahiawa
Tarawa St	86	F4	Ewa Beach
Taussig Ct (PH)	66	A1	Honolulu
Taylor St	1	E1	Honolulu
Teaff Ct W. (PH)	66	B1	Honolulu
Teague Pl	66	A1	Honolulu
Teal St	65	B2	Honolulu
Tecoma Pl	54	D4	Honolulu
Tenney St	86	A3	Ewa Beach
Tenth St (HAFB)	65	C4	Honolulu
Terrace Dr	4,10	A4,F2	Honolulu
Terrace Pl	10	D3	Honolulu
Texas St	81	C1	Waianae
Thatcher Ct (PH)	66	B1	Honolulu
Third St	65	D3	Honolulu
Third St (MCBH)	27	F2,3	Kailua
Thomas Jefferson Ct (SB)	59	E3	Wahiawa
Thomas Paine Ct (SB)	59	D3	Wahiawa
Thomas St	48	F4	Wahiawa
Thomas Way	1	E1	Hon-819
Thompson Cir (SB)	59	F3	Wahiawa
Thompson Rd (CS)	54	A1	Aiea
Thurston Ave	4	C1	Honolulu
Ticonderoga St (PH)	65	D3	Hon-818
Tidball St (SB)	59	E3	Wahiawa
Timble Rd (SB)	59	F3	Wahiawa
Tinian Ave	86	E3	Ewa Beach
Tinian St (NCS Wah)	48	C3	Wahiawa

Tinker Ave/Dr — Waialii Pl

NAME	MAP	GRID	AREA
Tinker Ave/Dr (HAFB)	66	C1,B1	Honolulu
Tinker Rd (BAFS)	26	F3	Waimanalo
Titcomb Cir (MCBH)	28	D1	Kailua
Toma Dr (MCBH)	27	D3,E3	Kailua
Tomes St (BP)	87	C1	Kapolei
Tomich Court (PH-MT)	1	F2	Honolulu
Tower Dr (NRS LII)	94	C3,A4	Waianae
Travis Ave (HAFB)	66	E1	Honolulu
Trimble Rd	69,70	B4,A1	Wahiawa
Tripoli St	87	F2,D2	Ewa Beach
Trousseau St	5	D4	Honolulu
Tulagi Ave (BP)	98	A4	Ewa Beach
Tulip Pl	54	D3	Honolulu
Turner Ave	54	F4	Honolulu
Turner St	48	E4	Wahiawa
Tusitala St	5	E2	Honolulu
Twin Bridge Rd	56,46	B4,F1	Haleiwa
Twin View Dr	3	A2	Honolulu

U

NAME	MAP	GRID	AREA
Ua Dr/Pl	5	A3	Honolulu
Uaawa Pl/Way	8	D2	Honolulu
Uahanai Pl/St	84	D3,E4,D4	Ewa Beach
Uahi Pl/St	54	E1	Aiea
Uakanikoo St	48	F2	Wahiawa
Uakea Pl	40	F3	Kaneohe
Uakoko Pl	40	C1	Kaneohe
Uala St	95	E1	Waianae
Ualakaa Pl/St	4	B3	Honolulu
Ualakahiki Pl	96	B1	Waianae
Ualakupu St	86	E2	Kapolei
Ualalehu St	61	E3	Mililani
Ualamaoli Pl	96	B1	Waianae
Ualani Pl	17	B1	Kaneohe
Ualehei St	85	E3,4	Ewa Beach
Ualena St	1,2	E3,D1	Honolulu
Ualo St	53	E3	Aiea
Uanii Pl	74	B1	Waipahu
Uao Pl	53	E3	Aiea
Uapoaihala Pl	40	E2	Kaneohe
Uahaloa Pl	53	D4	Aiea
Uhi Pl	6	A2	Honolulu
Uhilehua Pl/St	16	A4	Kaneohe
Uhini Pl	4,9	A1,F3	Honolulu
Uhiuala St	85	F3	Ewa Beach
Uhiuhi St	12	E3	Honolulu
Uhu St	2	B4	Honolulu
Uila St	54	D3	Honolulu
Uilama St	24	B3	Kailua
Uilani Pl	5	A3	Honolulu
Uiwi Pl	62	D2	Mililani
Ukali St	54	D3	Honolulu
Ukalialii Pl	62	D2	Mililani
Ukana St	54	E4	Honolulu
Ukee Pl/St	63,62	D1,C3,D4	Waipahu
Ukeke St	74	A1	Waipahu
Ukiuki Pl	8	D2	Honolulu
Ukuwai St	49,50	F4,F1	Mililani
Ula St	2	A4	Honolulu
Ulahea St/Pl	49	D4	Mililani
Ulana Pl/St	2	A4	Honolulu
Ulehawa Rd	95	D2	Waianae
Ulei Lp	95	D4	Waianae
Ulele Pl	85	E2	Ewa Beach
Uli St (MCBH)	28	C1	Kailua
Ulieo Pl/St	63	F3	Waipahu
Ulihi Pl	56	F3	Haleiwa
Ulili St	6	C2,D3	Honolulu
Ulithi St (MKL)	54	F3	Honolulu
Uliuli Pl	61	C3	Mililani
Ulrich Way	59	F4	Wahiawa
Ulu St	53,52	D1,D4	Aiea
Ulua St	13	E1	Honolulu
Ulualana Pl	18	A3	Kailua
Uluamahi Pl	18	A3	Kailua
Ulueki Pl	18	A3	Kailua
Ulueo St	18	A3	Kailua
Uluhaku Pl/St	18	A3	Kailua
Uluhala Pl/St	24,18	F4,A3	Kailua
Uluhao Pl/St	18	A3	Kailua
Uluhe Cir (SB)	59	F2	Wahiawa
Uluhui St	86	B3	Ewa Beach
Ulukahiki St	24,18	F4,A3	Kailua
Ulukanu St	25,18	F1,A3	Kailua
Ulukoa St	62	C1	Mililani
Ulukou St	25	F1	Kailua
Ululaau Pl	53	A4	Aiea
Ululani St	24,18	F4,A3	Kailua
Ululele Pl	49	E3	Mililani
Ululoa St	62	D2	Mililani
Uluohia St	86	F1	Kapolei
Ulumaika St	6	C3	Honolulu
Ulumalu St	24,25	F4,F1	Kailua
Ulumanu Dr	24,25	E4,E1	Kailua
Ulumawao St	25	F1	Kailua
Ulumu St	25	F1*	Kailua
Ulunahele St	25	F1	Kailua
Ulune Pl/St	54	D1,D2	Aiea
Uluniu Ave	5	E2	Honolulu
Uluniu St	24,25	D4,D1	Kailua
Uluoa St	24,25	F4,F1	Kailua
Uluopihi Lp	25	E1	Kailua
Ulupa St	25,24	C1,C4	Kailua
Ulupaina St	24	C4	Kailua
Ulupalakua St	24,25	F4,F1	Kailua
Ulupii Pl/St	25,18	F1,A3	Kailua
Ulupono St	3	E2	Honolulu
Ulupu St	24	C4	Kailua
Ulupua Pl	6	D2	Honolulu
Ulupuni St	24,25	F4,F1	Kailua
Uluwale Pl/St	48	F2	Wahiawa
Uluwehi Pl (100 To 199)	49	E1	Wahiawa
Uluwehi Pl (1900 Blk)	10	F2	Honolulu
Uluwehi St	49,48	E1,E4	Wahiawa
Umalu Pl	8	C2	Honolulu
Umau Pl	73	B4	Waipahu
Umeke Pl	63	E2	Waipahu
Umena St	84	D4,D3,E4	Ewa Beach
Umi St	2	B3	Honolulu
Unahe Pl	17	A2	Kaneohe
Unahipipi Pl	74	C3	Ewa Beach
Underwood Rd	20,26	A2,F3	Waimanalo
Union Mall	3	D3	Honolulu
University Ave (500 To 1399)	5	B1	Honolulu
University Ave (1400 To End)	4	A4	Honolulu
Unoa Pl	25	E2	Kailua
Unulau Pl	1,2	B3,B1	Honolulu
Uouoa St	74	C3	Ewa Beach
Upai Pl	63	D2	Waipahu
Upalu St	63,52	A4,F3	Pearl City
Upapalu Dr	54	E1	Aiea
Upena St	92	F1	Waianae
Upolo Pl	13	D2	Honolulu
Upper St	5	D3,4	Honolulu
Uu Pl	98	B3	Ewa Beach
Uuku St	48	E4	Wahiawa
Uwalu Cir North	48	F3	Wahiawa
Uwao St	13	A1	Honolulu
Uwau Dr/St	54,53	C1,D4	Aiea

V

NAME	MAP	GRID	AREA
Valdez Pl	66	A2	Honolulu
Valkenburgh St	66	A2	Honolulu
Valley Ave	48	F4	Wahiawa
Valley Forge Ave	86	F3	Ewa Beach
Valley View Dr	8	D2	Honolulu
Valley View Lp	54,1	B4,B1	Honolulu
Vancouver Dr/Pl	4	B4	Honolulu
Vanda Pl	11	D1	Honolulu
Vandenberg Blvd	66	C1	Honolulu
Varney Cir	4,5	B4,B1	Honolulu
Varsity Cir/Pl/St	5	C1	Honolulu
Vaessen Ct	1	E3,D3	Hon-818
Ventura St	4	A3	Honolulu
Vickers Ave	66,66	D1,E1	Honolulu
Victoria St (1000 To 1399)	4	D1,C1	Honolulu
Victoria St (1400 To End)	4	C1	Honolulu
Villa Lane	4	C3	Honolulu
Vineyard Blvd S (1 To 299)	3	C3,4	Honolulu
Vineyard Blvd N (1 To 999)	3	C2,3	Honolulu
Vineyard Ln	3	B2	Honolulu
Vineyard St	3	C4	Honolulu
Vinson St	86	C4	Ewa Beach
Violet St	8	E2	Honolulu
Vista Way	10	F2	Honolulu
Vitex Pl	54	D4	Honolulu
Von Hamm Pl	9	F2	Honolulu
Vought Ave (WAFB)	60	B2	Wahiawa

W

NAME	MAP	GRID	AREA
Waa St	6,12	A4,F2	Honolulu
Waakea Pl	86	D2	Ewa Beach
Waakaua Pl/St	10	D2,C2	Honolulu
Waaloa Pl/Way/Rd	10	C2	Honolulu
Waapuhi St	94	F4	Waianae
Waaula St	86	D2	Ewa Beach
Waena St	48	F3	Wahiawa
Wagoner Ct (PH)	66	A1	Honolulu
Wahamana Pl	73	C2	Waipahu
Wahane St/Pl	85	D4	Kapolei
Wahinani St	64	A1	Pearl City
Wahine Pl	8	E2	Honolulu
Wahinekoa Pl	6	A2	Honolulu
Wahineoma Pl/Wy	75	F3	Ewa Beach
Wahinepee St	32	D3	Laie
Wahinoho St	86	D2	Ewa Beach
Wahipana St	86	D2	Ewa Beach
Waho Pl	63	D2	Waipahu
Wai Nani Way	5	E2	Honolulu
Waia Lp	61	B3	Mililani
Waiahole Hmstd Rd	39	C2	Kaneohe
Waiahole Valley Rd	39	D1	Kaneohe
Waiaka Pl/Rd	5	C1	Honolulu
Waiakamilo Rd	2,3	C4,C1	Honolulu
Waiakea Pl	54,53	B1,B4	Aiea
Waiala St	61	B2	Wahiawa
Waialae Ave (2700 To 2999)	5	C1,2	Honolulu
Waialae Ave (3000 To 4399)	5,6	C2,B1	Honolulu
Waialeale St	14	D1	Honolulu
Waialua Beach Rd	67,56	D2-A4	Haleiwa
Waialii Pl	97	D4,E4	Ewa Beach
Waialii Pl (66-001 To 66-499)	56,68	E2,A1	Haleiwa

Waialii Pl — Wilou St

NAME	MAP	GRID	AREA
Waialii Pl (67-001 To End)	68,67	A1,D2	Waialua
Waianae Ave	60	D1	Wahiawa
Waianae Rd (LLL)	81	E1	Waianae
Waianae Valley Rd	93,80	C2,F4	Waianae
Waianiani Pl	6	A3	Honolulu
Waianuhea Pl	61	A2	Wahiawa
Waiape Pl	23	E2	Kaneohe
Waiapo Pl	75	F2	Ewa Beach
Waiau Pl	4	C3	Honolulu
Waiauau St	64	C3	Pearl City
Waiawa Rd (96-000 To 96-299)	63,64	C4,C1,D1	Pearl City
Waiawi St	23	F2	Kaneohe
Waiea Pl	96	D2	Waianae
Waiehu Pl	61	C2	Wahiawa
Waieli St	6	A3	Honolulu
Waihau St	61	C2	Wahiawa
Waihee Pl/Rd	39,40	E4,D1	Kaneohe
Waihee St	3	A1	Honolulu
Waihili Pl	22	F1	Honolulu
Waiholo Pl	6	A3	Honolulu
Waihona Pl/St	63,52	A3,F2	Pearl City
Waihonu Pl/St	61	C2	Mililani
Waihou St	12	E2	Honolulu
Waihua Pl	75	F2	Ewa Beach
Waihuna St	86	A4	Ewa Beach
Waihuna Pl	75,86	F3,A4	Ewa Beach
Waiiki Pl/St	6	A3,B3	Honolulu
Waika Pl	13	A2	Honolulu
Waikahalulu Lane	3	B3	Honolulu
Waikahe Pl	2	A4	Honolulu
Waikai Ave	64	C3	Pearl City
Waikalani Dr/Pl/St	61,60	C1,B1,B4	Wahiawa
Waikaloa St	20	A1	Waimanalo
Waikalua Pl/Rd/Way	23	E2	Kaneohe
Waikalualoa Lp/Rd	23	E2	Kaneohe
Waikanaloa St	13,14	B4,B1	Honolulu
Waikane Valley Rd	38	F4	Kaneohe
Waikapoki Rd	23	E2	Kaneohe
Waikapu Lp	22	E3	Honolulu
Waikele Lp/Rd	74	B2,A2	Waipahu
Waikoae Rd	2	A3	Honolulu
Waikoloa Pl	86	E2	Kapolei
Waikolu Way	5	E1	Honolulu
Waikui Pl/St	6	B3	Honolulu
Waikulama St	34	E1	Hauula
Waikupanaha Pl/St	19,20	C4,2	Waimanalo
Wailana Pl	54	B4	Aiea
Wailani Rd	9	F2	Honolulu
Wailawa Pl/St	61	B2	Wahiawa
Wailea St	21	C1	Waimanalo
Wailehua Pl/Rd	39	D4	Kaneohe
Waileia Pl	62	E1	Mililani
Wailele Rd	15,23	A4,E1	Kaneohe
Wailele St	8	F2	Honolulu
Wailepo Pl/St	24	D4	Kailua
Wailewa Pl	75	F2	Ewa Beach
Wailoa Lp	61	B3	Mililani
Wailohia Pl	75	E2	Ewa Beach
Wailua St	13	C4	Honolulu
Wailupe Cir/Pl	12	F3	Honolulu
Waimahui Pl	75	E3	Ewa Beach
Waimaka St	62	D2	Mililani
Waimakua Dr/Pl	61	B2	Wahiawa
Waimanalo Rd	86,98	D2,A3	Ewa Beach
Waimano Home Rd	64,52	A1,C3	Pearl City
Waimanu St (800 To 899)	4	D1	Honolulu
Waimanu St (900 To 1299)	4	D1,E2	Honolulu
Waimapuna Pl	75	E2	Ewa Beach
Waimea Valley Rd	43,44	B4,B1	Haleiwa
Waimeli Pl	61	B2	Wahiawa
Waimoku Pl	61	C2	Wahiawa
Waimomona Pl	75	F2	Ewa Beach
Wainaku Pl	61	C2	Mililani
Wainana St	23	F2	Kaneohe
Wainiha St	22,14	F1,A1	Honolulu
Wainihi St	61	B2	Wahiawa
Wainohia Pl/St/Way	85	F3	Ewa Beach
Wainui Rd	73,74	A4,A1	Waipahu
Waioha Pl	61	B4	Mililani
Waiohia Pl/St	39	D4	Kaneohe
Waiohinu Dr	6	B3	Honolulu
Waiokeola St	21	D1	Waimanalo
Waiola St	4	C3,4	Honolulu
Waioleka St	61	B3	Mililani
Waioli Pl/St	13,22	A4,F1	Honolulu
Waiolina St	62	D4	Waipahu
Waiolu Pl/St	95	E2,D2	Waianae
Waiomao Homestead Rd	11	D2,F1	Honolulu
Waiomea St	97	C4	Ewa Beach
Waioni Pl/St	61	A2	Wahiawa
Waiopae St	73	C2,C3	Waipahu
Waiopua Pl/St	14	C1	Honolulu
Waipa Lane	3	C2	Honolulu
Waipahi Pl	97,98	D4-E4,E1	Ewa Beach
Waipahee Pl	6	B3	Honolulu
Waipahu Depot Rd	64,75	F1,A1	Waipahu
Waipahu St	63,74	D4,A2,B1,C1	Waipahu
Waipaipai St	40	E3	Kaneohe
Waipao Pl	53	B4	Aiea
Waipio Pt Access Rd	64	E1	Waipahu
Waipio Uka St	62,63	C4,C1	Waipahu
Waipono Pl/St	61	B2	Wahiawa
Waipoo St	61	B2	Wahiawa
Waipouka St	63	C1	Waipahu
Waipouli Pl	13	C4	Honolulu
Waipua Pl	40	E3	Kaneohe
Waipuka Pl/St	61	C2	Wahiawa
Waipulani Ave	64	C3	Pearl City
Waipuna Ave	64	C3	Pearl City
Waipuna Rise	10	E3	Honolulu
Waipuolo Pl/St	61	B2,A2	Wahiawa
Waiua Pl/Way	54	B3	Aiea
Waiwai Loop	1,2	D4,D1	Honolulu
Waka Rd	41	F4	Haleiwa
Wakamalii Pl	86	E1	Ewa Beach
Wakea St	86	F1	Ewa Beach
Wakine Pl	13	D2	Honolulu
Walaau St	85	E2	Ewa Beach
Walea Pl	3	A2	Honolulu
Walea St	49	E1	Wahiawa
Walea-Uka Pl	49	E1	Wahiawa
Wali Pl	63	C2	Waipahu
Walikanahele Rd	55	D4	Haleiwa
Walina St	5	D2,E2	Honolulu
Waliwali Pl	17	B1	Kaneohe
Walker Ave	60	A2	Wahiawa
Walker Dr (FS)	2,1	B2,B4	Honolulu
Walker Rd	20	A3	Waimanalo
Walu Way	4	A4	Honolulu
Wana Pl	56	F1	Haleiwa
Wanaao Pl/Rd	25	D3	Kailua
Wanaka St	54,1	E4,E1	Honolulu
Wanini Pl/St	56	E2	Waialua
Waoala Pl	54	B1	Aiea
Waokanaka Pl/St	9	C1,D1	Honolulu
Waolani Ave	8	F4	Honolulu
Waonahele Rd	8	F3	Honolulu
Waopio Pl	86	E2	Ewa Beach
Ward Ave (200 To 1399)	4	E1	Honolulu
Ward Ave (1400 To End)	4	C1	Honolulu
Ward Rd (TAMC)	1,7	A1,F2	Honolulu
Warden Ave	54,1	F4,F1	Honolulu
Warden Ct (PH-MT)	1	E2	Honolulu
Warhawk Field Rd (WAAF)	60	B2	Wahiawa
Warhawk St (WAAF)	60	C2	Wahiawa
Warren Ct (SB)	59	F4	Wahiawa
Wasp Blvd (FI)	65	C1	Honolulu
Wasp Pl	86	F4	Ewa Beach
Water St	91	F1	Waianae
Waterhouse St	2	B3	Honolulu
Watson Pl	9	F1	Honolulu
Wauke St	3,8,5	E4,F1,F4	Honolulu
Wawau St	22	D2	Honolulu
Wawe Pl	54	E3	Honolulu
Wehena Pl	63	E2	Waipahu
Wehewehe Lp	61	B3	Mililani
Wehiwa Pl/Way	41	B2	Haleiwa
Wekiu Pl/St	61	B4	Mililani
Wela St	5	D4	Honolulu
Welelau Pl	54,53	A1,A4	Aiea
Weleweka Pl	17	B1	Kaneohe
Welina Lp (pvt)	62	C4	Mililani
Welo St	85	E2	Ewa Beach
Welona Pl	61	B4	Mililani
Welowelo St	86	D1	Ewa Beach
Wena Pl/St	23	E2	Kaneohe
Wenuka Pl	62	D2	Mililani
West Loch Dr	75	C3	Ewa Beach
West Loop Rd (HM)	47	D2	Wahiawa
Westervelt St	60	A1	Wahiawa
Westover St (HAFB)	66	B3	Honolulu
White Plains St	87	D3	Ewa Beach
White Rd	25	C1	Kailua
White Sands Pl	24	B3	Kailua
Whiteman Rd (BAFB)	20,26	A2,F4	Waimanalo
Whiteman Rd (WAFB)	60	C2	Wahiawa
Whiting St	3	B4	Honolulu
Whitmore Ave	59	A3	Wahiawa
Whitney St	4	F1	Honolulu
Widemann St	92	F1	Waianae
Wikao St	49,60	F3,B3	Wahiawa
Wikolia Pl	93	A3	Waianae
Wilcox Lane	2	C3	Honolulu
Wilder Ave	4	C1,C4	Honolulu
Wilhelmina Rise	5,11	A4,F2	Honolulu
Wili St	86	B3	Ewa Beach
Wiliama Pl	5	A3	Honolulu
Wiliki Dr	54,1	E4,E1	Honolulu
Wilikina Dr	60,59	C1,D1	Wahiawa
Wiliko Pl	53	D4	Aiea
Wilikoki Pl	24	B3	Kailua
Wilinau Rd	43,41	A3,F4	Haleiwa
Wiliwili Cir (WAFB)	60	C3	Wahiawa
Wiliwili St	4	C4,D4	Honolulu
Wiliwilihele Pl	86	E2	Kapolei
Willamette St (PH)	65	B4	Hon-818
William Henry Rd	23	E1	Kaneohe
Williams Rd (BP)	87	D2	Kapolei
Williams St	5	D3	Honolulu
Williston Ave (SB)	59	E2	Wahiawa
Wilou St	53,52	C1,C4	Pearl City

Wilson Pl/St

NAME	MAP	GRID	AREA
Wilson Pl/St	8	F2	Honolulu
Wilson Rd (FS)	1,2	A4,B2	Honolulu
Wilson St (All HAFB)	65	D4	Honolulu
Wilson St (All SB)	59	F2	Wahiawa
Winam Ave (2787 To 3262)	5	D2	Honolulu
Winam Ave (3264 To 3499)	5	D3	Honolulu
Winant St	2,3	B4,B1	Honolulu
Wisser Lp Rd (FS)	1,2	A4,A2	Honolulu
Wist Pl	4	B4	Honolulu
Wolter Lane	3	B1	Honolulu
Womack Ct (SB)	69	A4	Wahiawa
Wonder View Pl	48	E4	Wahiawa
Wong Ho Lane	4	D1	Honolulu
Wong Lane	3	B1	Honolulu
Wood St	9	E1	Honolulu
Woodlawn Dr	4,5,10	A4,A1,F3,D3	Honolulu
Woodlawn Ter/Pl	10	D3	Honolulu
Woolsey Pl	10	F3	Honolulu
Worchester Ave	66,77	D4,E1	Honolulu
Worthington Ave (HAFB)	66	E1	Honolulu
Wright Ave	60	B2	Wahiawa
Wright Rd (FS)	1,2	B4,B2	Honolulu
Wright St (BP)	86	E4	Ewa Beach
Wright St (PH)	65	C2	Honolulu
Wright-Smith Ave (SB)	59	E2	Wahiawa
Wyllie Pl/St	3,8,9	A3,F1,F4	Honolulu

Y

NAME	MAP	GRID	AREA
Yabes Ct (SB)	60	D1	Wahiawa
Yacht Club Pl/St	15,23	B4,D1	Kaneohe
Yamada Lane	2	B2	Honolulu
Yarnell St (MCBH)	27	D3	Kailua
Yorktown Ave (BP)	86	F4	Ewa Beach
Yorktown Blvd (Fl)	65	B1	Honolulu
Young St (1000 To 1499)	4	C2,D1	Honolulu
Young St (1500 To End)	4	C3,4	Honolulu
Young St (SB)	60	D1	Wahiawa
Yvonne Pl	11	E2	Honolulu

Z

NAME	MAP	GRID	AREA
Zen Lane	4	C3	Honolulu
Zimmerman Pl	1	D3	Honolulu

Condominium Index
All Condos with 6 or more units on O'ahu

ACCOMODATIONS

Hotels, Bed & Breakfast, & Youth Hostels

Condominiums

NAME	MAP	GRID

A

NAME	MAP	GRID
Acacia Park 1107 Acacia Road Pearl City 96782	63 1-9-7-002-043	B4
Academy Towers 1425 Ward Ave Honolulu 96822	DWT 1-2-4-014-012	A5
Admiral Thomas 1221 Victoria St Honolulu 96814	DWT 1-2-4-013-019	B6
Aeloa Terrace Namahoe St (Lot 8281) Kapolei 96707	86 1-9-1-016-094	D1
Ahuimanu Grdns (Unit I) 47-375 Hui Iwa St Kaneohe 96744	40 1-4-7-004-020	C4
Ahuimanu Road, 47-501 47-501 Ahuimanu Rd Kaneohe 96744	40 1-4-7-057-029	E3
Aiea Kahi 99-691 Kahilinai Pl Aiea 96701	53 1-9-9-023-035	C4
Aiea Lani Estates 99-1440 Aiea Heights Dr Aiea 96701	53 1-9-9-007-001	A4
Aiea Medical Building 99-128 Aiea Heights Dr Aiea 96701	53 1-9-9-038-002	D4
Aiea Ridge 99-120 Inea Pl Aiea 96701	53,54 1-9-9-009-032	B4,1
Aikahi Gardens 100 Puwa Pl Kailua 96734	24 1-4-4-011-082	A1
Aina Ku'ai Kai 40 Kai One Pl Kailua 96734	24 1-4-3-018-010	B3
Ala Moana, 1350 1350 Ala Moana Blvd Honolulu 96814	WAI 1-2-3-006-001	D8
Ala Wai, 1717 1717 Ala Wai Blvd Honolulu 96815	WAI 1-2-6-013-013	C2
Ala Wai, 2121 2121 Ala Wai Blvd Honolulu 96815	WAI 1-2-6-017-003	C4
Ala Wai, 2211 2211 Ala Wai Blvd Honolulu 96815	WAI 1-2-6-020-033	B4
Ala Wai, 2233 2233 Ala Wai Blvd Honolulu 96815	WAI 1-2-6-020-033	B4
Ala Wai Cove 509 University Ave Honolulu 96826	WAI 1-2-7-013-011	B3
Ala Wai East 2547 Ala Wai Blvd Honolulu 96815	WAI 1-2-6-025-060	C6,B6
Ala Wai Lani 2609 Ala Wai Blvd Honolulu 96815	WAI 1-2-6-028-037	C6,B6
Ala Wai Manor 620 Mccully St Honolulu 96826	WAI 1-2-3-034-004	B2
Ala Wai Mansion 2029 Ala Wai Blvd Honolulu 96815	WAI 1-2-6-015-009	B3,C3
Ala Wai Palms 2355 Ala Wai Blvd Honolulu 96815	WAI 1-2-6-021-110	B5
Ala Wai Plaza 500 University Ave Honolulu 96826	WAI 1-2-7-013-002	B3
Ala Wai Plaza Skyrise 555 University Ave Honolulu 96826	WAI 1-2-7-013-008	D3
Ala Wai Townhouse(13) 2421 Ala Wai Blvd Honolulu 96815	WAI 1-2-6-024-073	B5
Alder Villa 915 Alder St Honolulu 96814	DWT 1-2-3-012-008	B7 4245

NAME	MAP	GRID
Aleo Hale 1619 Kamamalu Ave Honolulu 96813	DWT 1-2-2-003-010	A3
Alewa-Lani Estates 1263 Alewa Dr Honolulu 96817	8 1-1-8-032-012	F4
Alexander 1505 Alexander St Honolulu 96822	Dtl 4 1-2-8-013-042	B4
Alexander Arms 1320 Alexander St Honolulu 96822	Dtl 4 1-2-8-011-006	C4
Alexander Gardens 1427 Alexander St Honolulu 96822	Dtl 4 1-2-8-013-029	B4,C4
Alexander Towers 1226 Alexander St Honolulu 96826	Dtl 4 1-2-8-011-023	C4
Alii Court, Ph I-4 Hulihana Pl & Nohoaloha Pl, Puwalu,Hoopohu Ewa Beach 96706	75 1-9-1-102-041:8:51	E3
Alii Cove, Ph I, 2 & 3 Leleoi St & Kaunana Pl & Hookaulike Pl Ewa Beach 96706	75 1-9-1-010-031	E3
Alii Cove, Ph 4, 7,13 Leleoi St & Ike Ewa Beach 96706	75 1-9-1-102-004	E3
Alii Cove Model Cmplx Mikiala St Ewa Beach 96706	75 PR#3943 1-9-1-152-043	E3
Alii Plantation Ph I Ala Alii St Honolulu 96818	54 1-9-9-076-009	D3
Alii Plantation Ph II Ala Alii St Honolulu 96818	54 1-9-9-076-010	D3
Alii Plantation Ph III Ala Alii St Honolulu 96818	54 1-9-9-076-011	D3
Alii Plantation Ph IV Ala Alii St Honolulu 96818	54 1-9-9-076-012	D3
Alii Plantation Ph V Ala Alii St Honolulu 96818	54 1-9-9-076-013	D3
Alika, The 1414 Alexander St Honolulu 96822	Dtl 4 1-2-8-012-014	C4
Aloha Aina 2819 Peter St Honolulu 96816	10 1-3-4-032-056	F4
Aloha Surf Hotel 444 Kanekapolei St Honolulu 96815	WAI 1-2-6-021-016	B5
Aloha Towers 1 430 Lewers St Honolulu 96815	WAI 1-2-6-017-005	C4
Aloha Towers 2 2215 Aloha Dr Honolulu 96815	WAI 1-2-6-017-005	B4
Alohalani Tropicana 814 Kinau St Honolulu 96813	DWT 1-2-1-040-002	B5
Anapuni, 1718 1718 Anapuni St Honolulu 96822	Dtl 4 1-2-4-023-057	B3
Anapuni, 1833 1833 Anapuni St Honolulu 96822	Dtl 4 1-2-4-023-024	A3
Anapuni Manor (105) 1714 Anapuni St Honolulu 96822	Dtl 4 1-2-4-023-058	B3
Anapuni Terrace (37) 1707 Anapuni St Honolulu 96822	Dtl 4 1-2-4-023-048	B3
Anga-Roa, The 1545 Nehoa St Honolulu 96822	Dtl 4 1-2-4-023-014	A3,A4
Apapane Woods 45-641 Apapane St Ewa Beach 96706	16 PR#3950 1-4-5-085-033	A4
Arbors Incr B-J, The Laaulu St Ewa Beach 96706	75 1-9-1-061-000	F2

B

NAME	MAP	GRID
Atkinson Plaza 475 Atkinson Dr Honolulu 96814	WAI 1-2-3-036-011	C1
Banyan Cove 44-291 Kaneohe Bay Dr Kaneohe 96744	23 1-4-4-007-008	B4
Banyan Gardens (4) 1118 Pua Lane Honolulu 96817	3 1-1-7-031-006	C2
Banyan Tree Plaza, The 1212 Punahou St Honolulu 96826	Dtl 4 1-2-4-007-002	C3
Barclay, The 1098 Lunalilo St Honolulu 96822	DWT 1-2-4-017-002	A6
Bayview Ridge 45-175 Lilipuna Rd Kaneohe 96744	15,23 1-4-5-045-033	A4,D1
Beaumont Woods Terrace 3276 Beaumont Woods Pl Honolulu 96822	10 1-2-9-072-001	E4
Bel-Air Plaza, The (119) 1054 Green St Honolulu 96822	DWT 1-2-4-017-014	A6
Bel-Aire, The 2015 Ala Wai Blvd Honolulu 96815	WAI 1-2-6-015-035	B3
Bellevue Towers (35) 1309 Wilder Ave Honolulu 96822	Dtl 4 1-2-4-021-054	B2
Belvedere, The 929 Ahana St Honolulu 96814	DWT 1-2-3-018-024	A8
Beretania/Pensacola 1096 S Beretania St Honolulu 96814	DWT 1-2-4-013-001	A6
Big Surf 1690 Ala Moana Blvd. Honolulu 96815	WAI 1-2-6-011-021	D1
Birch & Elm Condo 907 Birch St Honolulu 96814	DWT 1-2-3-013-024	B8
Bishop Street, 1199 1470 Dillingham Blvd Honolulu 96813	DWT 1-2-1-010-026	C3
Bishop Gardens 1470 Dillingham Blvd Honolulu 96817	2 1-1-5-027-018	C4
Bluestone 319 Kaelepulu Dr Kailua 96734	25 1-4-2-002-016	D4
Booth, 2764 2764 Booth Rd Honolulu 96813	9 1-2-2-027-022	F2
Bougainville, The 600 Koauka Lp Aiea 96701	53 1-9-8-039-001	E3
Boulevard Tower 2281 Ala Wai Blvd Honolulu 96815	WAI 1-2-6-021-084	B4,C4

C

NAME	MAP	GRID
Cambridge, The 922 Mccully St Honolulu 96822	WAI 1-2-3-029-043	A1
Camelot 1630 Liholiho St Honolulu 96822	Dtl 4 1-2-4-029-023	B2
Canal House 2611 Ala Wai Blvd Honolulu 96815	WAI 1-2-6-028-001	B6,C6
Candlewood, The 1058 Ala Nanu St Honolulu 96818	Dtl 1 1-1-1-058-001	B2
Cannery Row 720 Iwilei Rd Honolulu 96817	3 1-1-5-016-004	C,D2
Canterbury Place 1910 Ala Moana Blvd Honolulu 96815	WAI 1-2-6-007-015	C2

Condominiums

NAME	MAP	GRID
Carlton Place (Incr 1)	Dtl 4	C1
1423 Magazine St		
Honolulu 96822	1-2-4-015-039	
Cassandra (100)	Dtl 4	A3,B3
1825 Anapuni St		
Honolulu 96822	1-2-4-023-023	
Castle Surf Apartments	WAI	E7,E8
2938 Kalakaua Ave		
Honolulu 96815	1-3-1-032-005	
Cathedral Point-Melemanu	61	C2
95-020 Waihonu St		
Wahiawa 96786	1-9-5-012-017	
Cedar Court (97)	DWT	B8
830 Cedar St		
Honolulu 96814	1-2-3-013-036	
Central Halawa Indst Bldg	54	D2
99-930 Iwaena St		
Aiea 96701	1-9-9-072-012	
Centre Court	54	F2
99-015 Kalaloa St		
Aiea 96701	1-9-9-064-025	
Century Center	WAI	B1
1750 Kalakaua Ave		
Honolulu 96826	1-2-3-032-007	
Century Park Plaza	63	C4
1060 Kam Hwy		
Pearl City 96782	1-9-7-024-035	
Century Square	DWT	C2,C3
1188 Bishop St		
Honolulu 96813	1-2-1-010-046	
Century West	1	D2
3161 Ala Ilima St		
Honolulu 96818	1-1-1-060-011	
Chandelier	1	D2
3070 Ala Ilima St		
Honolulu 96818	1-1-1-058-004	
Charles R Kendall O.B.	3	D3
888 Mililani St		
Honolulu 96813	1-2-1-026-016	
Chateau Newtown I (Vill 1)	53	E2
98-440 Kilinoe St		
Aiea 96701	1-9-8-060-021	
Chateau Newtown I (Vil 2,3)	53	E2
98-440 Kilinoe St		
Aiea 96701	1-9-8-060-011	
Chateau Waikiki	WAI	C2
411 Hobron Ln		
Honolulu 96815	1-2-6-012-029	
Citron Villa	WAI	B1
1717 Citron St		
Honolulu 96826	1-2-3-031-065	
Citron Villas	WAI	A2
2209 Citron St & 821 Paani		4441
Honolulu 96826	1-2-7-006-006	
Clark Street Apts	Dtl 4	C4
1643 Clark St		
Honolulu 96822	1-2-8-012-029	
Classics @ Waikele	Dtl 4	C4
Waikele 96797	1-9-4-007-	
Cliff View Terrace	15,23	B4,E1
45-342 Lilipuna Rd		
Kaneohe 96744	1-4-5-014-005	
Cliffside Villages	63	C2
94-111 Mui Pl		
Waipahu 96797	1-9-4-115-031	
Club View Gardens II	40	D4
47-736 Hui Kelu St		
Kaneohe 96744	1-4-7-004-027	
Club View Gardens III	40	D,E4
47-696 Hui Kelu St		
Kaneohe 96744	1-4-7-004-034	
Coco Court	WAI	B1
607 Isenberg St		
Honolulu 96826	1-2-7-012-040	
College Gardens Ph I	64	C1
96-226 Waiawa Rd		
Pearl City 96782	1-9-6-003-040	
College Gardens Ph II	64	C1
96-226 Waiawa Rd		
Pearl City 96782	1-9-6-003-052	
College Gardens Ph III	64	C1
96-226 Waiawa Rd		
Pearl City 96782	1-9-6-003-053	

NAME	MAP	GRID
College Gardens Ph Iv	64	C1
96-226 Waiawa Rd		
Pearl City 96782	1-9-6-003-054	
Colonnade On The Grns	53	D3
98-703 Iho Place		
Aiea 96701	1-9-8-011-042	
Colony Beach	WAI	E7
2893 Kalakaua Ave		
Honolulu 96815	1-3-1-032-009	
Colony Marina	13	D2
6248 Keokea Pl		
Honolulu 96825	1-3-9-034-052	
Commodore	13	B3
555 Hahaione St		
Honolulu 96825	1-3-9-070-006	
Consulate	Dtl 4	B3
1624 Makiki St		
Honolulu 96822	1-2-4-024-022	
Contessa (33)	5	C1
2825 S King St		
Honolulu 96826	1-2-7-027-023	
Continental Apts	DWT	A9
901 Kaheka St		
Honolulu 96814	1-2-3-019-006	
Continental Plaza	DWT	A6
1040 Lunalilo St		
Honolulu 96822	1-2-4-017-004	
Coolidge Gardens	WAI	A3
825 Coolidge St		
Honolulu 96826	1-2-7-009-019	
Coolidge Villas	WAI	A3
909 Coolidge St		
Honolulu 96826	1-2-7-009-021	
Coral Surf	WAI	C6
2584 Lemon Rd		
Honolulu 96815	1-2-6-027-019	
Coral Terrace Apts	WAI	C4
2222 Aloha Dr		
Honolulu 96815	1-2-6-020-040	
Coronet,The	DWT	A6,B6
1314 Victoria St		
Honolulu 96814	1-2-4-014-052	
Coronado,Ph A-E	75	F3
Kaneana St		
Ewa 96706	1-9-1-076-186*	
Coty Tower	DWT	B9
731 Amana St		
Honolulu 96814	1-2-3-021-011	
Country Club Plaza	Dtl 1	B1,C1
5070 Likini St		
Honolulu 96818	1-1-1-059-004	
Country Club Village*	Dtl 1	C2
1080 Ala Napunani		
Honolulu 96818	1-1-1-065-042*	
Country Club Vista	Dtl 1	A2
3050 Ala Poha Pl		
Honolulu 96818	1-1-1-065-021	
Courtyards @ Punahou	Dtl 4	C4
1740 S Beretania		
Honolulu 96826	1-2-8-011-020	
Craigside (16)	3	A4
2101 Nuuanu Ave		
Honolulu 96817	1-2-2-020-002	
Crater Valley	18	C3
1221 Maunawili Rd		
Kailua 96734	1-4-2-062-023	
Crescent Lane, PhI-III	50	E1
Makaikai Street		
Mililani Town 96782	1-9-5-049-034	
Crescent Park (19)	WAI	C6
2575 Kuhio Ave		
Honolulu 96815	1-2-6-027-003	
Crest At Wailuna, The	52	C4
Kaahumanu St		
Pearl City 96782	1-9-8-002-056	
Crosspointe (Incr A Ph A-1)	54	D2
262b Mananai Pl		
Honolulu 96818	1-9-9-076-014	
Crosspointe (Incr A Ph A-2)	54	D2
262b Mananai Pl		
Honolulu 96818	1-9-9-076-015	
Crosspointe (Incr B Ph B-1)	54	D2
262b Mananai Pl		
Honolulu 96818	1-9-9-076-016	

NAME	MAP	GRID
Crosspointe (Incr B Ph B-2)	54	D2
262b Mananai Pl		
Honolulu 96818	1-9-9-076-017	
Crosspointe (Incr B Ph B-3)	54	D2
262b Mananai Pl		
Honolulu 96818	1-9-9-076-027	
Crosspointe (Incr C Ph C-1)	54	D2
262b Mananai Pl		
Honolulu 96818	1-9-9-002-016	
Crosspointe (Incr C Ph C-2)	54	D2
262b Mananai Pl		
Honolulu 96818	1-9-9-076-019	
Crosspointe (Incr D)	54	D2
262b Mananai Pl		
Honolulu 96818	1-9-9-076-020	
Crosspointe (Incr E Ph E-1)	54	D2
262b Mananai Pl		
Honolulu 96818	1-9-9-076-028	
Crosspointe (Incr E Ph E-2)	54	D2
262b Mananai Pl		
Honolulu 96818	1-9-9-076-021	
Crosspointe (Incr F Ph F-1)	54	E2
262b Mananai Pl		
Honolulu 96818	1-9-9-076-029	
Crosspointe (Incr F Ph F-2)	54	E2
262b Mananai Pl		
Honolulu 96818	1-9-9-076-022	
Crosspointe (Incr G)	54	E2
262b Mananai Pl		
Honolulu 96818	1-9-9-076-023	
Crown Kinau	4	D1
747 & 751 Kinau St		
Honolulu 96813	1-2-1-041-022	
Crown Thurston	Dtl 4	B1
1069 Spencer St		
Honolulu 96822	1-2-4-016-004	
Crowne At Wailuna,Ph-III	52	C4
Kaahumanu St.*		
Pearl City 96782	1-9-8-002-065 (-71)*	
Crozier Dr.Bch & Farm Lots		
66-770 Crozier Drive		
Mokuleia 96791	1-6-8-013-166	
Crystal Park	WAI	A2
855 Makahiki Way		
Honolulu 96826	1-2-7-008-006	
Cypress Avenue(111-115-121)	60	B1
111-121 Cypress Ave		
Wahiawa 96786	1-7-3-003-013	

D

NAME	MAP	GRID
Date St, 2341	WAI	A3
2341 Date St		
Honolulu 96826	1-2-7-012-010	
Davenport,1145 (148)	Dtl 4	C2
1145 Davenport St		
Honolulu 96822	1-2-4-019-032	
Davenport Place,1541	Dtl 4	C2
1541 Davenport Pl		
Honolulu 96822	1-2-4-019-005	
Devland Hale	23	E2
45-079 Waiakalua Rd		
Kaneohe 96744	1-4-5-005-011	
Destiny at Mililani, Ph I	50	D2
Kuaoa St		4379
Mililani 96789	1-9-1-5-002-001	
Diamond Head Alii	WAI	C8
3017 Pualei Cir		4232
Honolulu 96815	1-3-1-026-031	
Diamond Head Beach Htl	WAI	E7,E8
2947 Kalakaua Ave		
Honolulu 96815	1-3-1-032-029	
Diamond Head Gardens	WAI	D8
3002 Pualei Cr		
Honolulu 96815	1-3-1-026-033	
Diamond Head Hillside	WAI	B8
3151 Monsarrat Ave		
Honolulu 96815	1-3-1-020-020	
Diamond Head Plaza	WAI	C8
3061 Pualei Cir		
Honolulu 96815	1-3-1-026-035	
Diamond Head Sands	WAI	C8
3741 Kanaina Ave		
Honolulu 96815	1-3-1-025-008	

Dtl = Detail Map (located after Map 99)

Condominiums

NAME	MAP	GRID
Diamond Head Vista	WAI	C6
2600 Pualani Way		
Honolulu 96815	1-2-6-028-040	
Discovery Bay	WAI	D2
1778 Ala Moana Blvd		
Honolulu 96815	1-2-6-012-010	
Dominis,	Dtl 4	B3
Dominis St		
Honolulu 96822	1-2-4-024-	
Dominis West	Dtl 4	B3
1419 Dominis St		
Honolulu 96822	1-2-4-024-021	
Dori Apts	WAI	C3
443 Kuamoo St		
Honolulu 96815	1-2-6-015-007	
Dowsett Point	DWT	A3
217 Prospect St		
Honolulu 96813	1-2-2-003-050	
Dynasty Towers	Dtl 1	A3
1031 Ala Napunani St		
Honolulu 96818	1-1-1-062-042	

E

NAME	MAP	GRID
East Lake Apts	Dtl 1	A3
1077 Ala Napunani St		
Honolulu 96818	1-1-1-062-049	
Eden At Haiku Wds (Incr A)	15,16	D4,A2
46-359 Haiku Rd		
Kaneohe 96744	1-4-6-017-022	
Eden At Haiku Wds (Incr B)	15	D4
46-369 Haiku Rd		
Kaneohe 96744	1-4-6-017-050	
Eden Gardens	3	B3
60 N Kuakini St		
Honolulu 96817	1-1-7-011-017	
Eden Gardens II	3	B3
60 N Kuakini St		
Honolulu 96817	1-1-7-011-009	
Elms,The	DWT	B7
1122 Elm St		
Honolulu 96814	1-2-3-011-025	
Emerson, 1423 (77)	DWT	C1
1423 Emerson St		
Honolulu 96813	1-2-1-039-047	
Emerson Plaza (74)	DWT	A5
1516 Emerson St		
Honolulu 96813	1-2-1-039-024	
Esplanade	13	C4
500 Lunalilo Home Rd		
Honolulu 96825	1-3-9-008-009	
Evergreen Terrace	61	D1
95-270 Waikalani Dr		
Mililani 96789	1-9-5-013-025	
Ewa Apts	76	F3
91-921 North Rd		
Ewa Beach 96706	1-9-1-001-007	
Ewa Beach Townhouse	76	E3
91-642 Kilaha St		
Ewa Beach 96706	1-9-1-001-021	
Ewa Colony Estates	76	E3
91-630 Kilaha St		
Ewa Beach 96706	1-9-1-001-014	
Ewa Villa Estates	76	E3
91-629 Kilaha St		
Ewa Beach 96706	1-9-1-001-011	
Ewalani Village	76	E3
91-652 Kilaha St		
Ewa Beach 96706	1-9-1-039-001	
Executive Centre	DWT	C2,C3
1088 Bishop St		
Honolulu 96813	1-2-1-012-004	
Executive Plaza	WAI	A1
1953 S Beretania St		
Honolulu 96826	1-2-8-002-053	
Expressions @ Royal	73	C3
Kupuohi St		4223
Waipahu 96797	1-9-4-146-005	

F

NAME	MAP	GRID
Fairway Gardens	1	D2
5210 Likini St		
Honolulu 96818	1-1-1-058-006	

NAME	MAP	GRID
Fairway House	WAI	A6
2916 Date St		
Honolulu 96816	1-2-7-035-034	
Fairway Manor	WAI	B5,C5
2461 Ala Wai Blvd		
Honolulu 96815	1-2-6-024-085	
Fairway Villa	WAI	B5,C5
2345 Ala Wai Blvd		
Honolulu 96815	1-2-6-021-021	
Fairway Village @ Waikele	63	D2
94-859 Kamehameha Hwy		
Waipahu 96786	1-9-4-007-012	
Fern Garden	WAI	B1
1715 Fern St		
Honolulu 96826	1-2-3-032-043	
Fern Terrace	WAI	B2
2120 Fern St		
Honolulu 96826	1-2-7-002-040	
Fern St, 1906	WAI	B2
1906 Fern St		
Honolulu 96826	1-2-3-030-014	
Fern St, 2018	WAI	B2
2018 Fern St		
Honolulu 96826	1-2-7-002-052	
First Interstate Bank	DWT	A8
1314 S King Stst		
Honolulu 96814	1-2-4-004-004	
Five Regents	Dtl 1	A2,A3
2888 Ala Ilima St		
Honolulu 96818	1-1-1-062-024	
Foster Garden Hill (34)	3	B3
2040 Nuuanu Ave		
Honolulu 96817	1-1-7-012-013	
Foster Heights Villas	54	E3
4280 Salt Lake Blvd		
Honolulu 96818	1-9-9-002-017	
Foster Tower (95)	WAI	C6
2500 Kalakaua Ave		
Honolulu 96815	1-2-6-026-014	
Fountains At Makiki (168)	Dtl 4	C2
1433 Kewalo St		
Honolulu 96814	1-2-4-021-032	
Four Paddle	WAI	C4
2140 Kuhio Ave		
Honolulu 96815	1-2-6-017-057	
Franklin Towers	Dtl 1	B2
990 Ala Nanala St		
Honolulu 96818	1-1-1-059-002	

G

NAME	MAP	GRID
Garden Grove	95	E2
87-1550 Farrington Hwy		
Waianae 96792	1-8-7-034-020	
Garden View	60	B1
30-38 Cypress Ave		
Wahiawa 96786	1-7-3-002-026	
Gardenia Manor	25	D2
333 Aoloa St		
Kailua 96734	1-4-2-001-047	
Gardens At Launani V. (Phs1-III)	60	A4
Wikao St.*		
Mililani 96789	1-9-5-002-006*	
Gateway Peninsula	Dtl 13	C2,C3
205 Kawaihae St		
Honolulu 96825	1-3-9-035-016	
Governor Cleghorn	WAI	C5
225 Kaiulani Ave		
Honolulu 96815	1-2-6-024-097	
Green, 916	DWT	A5
916 Green		
Honolulu 96822	1-2-4-015-007	
Green Street, 804 (151)	DWT	A5
804 Green St		
Honolulu 96813	1-2-1-039-049	
Green View	Dtl 1	A2
1160 Ala Napunani St		
Honolulu 96818	1-1-1-065-016	
Greens At Waikele, The	63	D2
Lumiaina St		
Waipahu 96797	1-9-4-007-046	
Greenway	Dtl 1	A2,B3
5400 Likini St		
Honolulu 96818	1-1-1-062-030	

NAME	MAP	GRID
Greenwood	Dtl 1	A2
1128 Ala Napunani St		
Honolulu 96818	1-1-1-065-029	
Gregg Apartments (39)	WAI	C8
3006 Pualei Cr		
Honolulu 96815	1-3-1-026-044	

H

NAME	MAP	GRID
Haiku Gardens	15	D4
46-318 Haiku Rd		
Kaneohe 96744	1-4-6-012-002	
Haiku Hale	15	C4 4
6-283 Kahuhipa St		
Kaneohe 96744	1-4-6-031-019	
Haiku Point	15	C4
Emepela Way		
Kaneohe 96744	1-4-6-031-027	
Halawa Industrial Plaza	54	C2
99-1135 Iwaena St		
Aiea 96701	1-9-9-073-018	
Hale Anaole Apartments	15	C4
46-255 Kahuhipa St		
Kaneohe 96744	1-4-6-031-016	
Hale Hana	WAI	B7
3410 Leahi Ave		
Honolulu 96815	1-3-1-022-001	
Hale Hoaloha	WAI	B2
2122 Lime St		
Honolulu 96826	1-2-7-003-023	
Hale Ilima Condos	DWT	B3
1459 Pele St		
Honolulu 96813	1-2-1-022-038	
Hale Kaheka	DWT	A8
930 Kaheka St		
Honolulu 96814	1-2-3-018-017	
Hale Kaimuki	5	B4
1259-61 Center St		
Honolulu 96816	1-3-3-007-014	
Hale Kaloapau(3)	61	C3
95-306 Kaloapau St		
Mililani Town 96789	1-3-3-037-016	
Hale Kulanui (29)	5	C1
2740 Kuilei Lane		
Honolulu 96826	1-2-7-017-004	
Hale Luana (47)	Dtl 4	C4
1215 Alexander St		
Honolulu 96826	1-2-8-010-024	
Hale Lumi	63	C2
Lumipolu St		
Waipahu 96797	1-9-4-007-019	
Hale Mahiai	4	C4
2015 Wilder Ave		
Honolulu 96822	1-2-8-013-087	
Hale Makalei	24	D4
711 & 715 Wailepo Pl		
Kailua 96734	1-4-3-058-056	
Hale Makani Kai	Dtl 13	B2
421-431 Kawaihae St		
Honolulu 96825	1-3-9-034-001	
Hale Manoa	10	F3
3081 Paty Dr		
Honolulu 96822	1-2-9-025-001	
Hale Maili (Conv)	94	E1
87-154 Kakalena St		4164
Waianae 96792	1-8-7-001-016	
Hale Moani	WAI	B3,C3
2115 Ala Wai Blvd		
Honolulu 96815	1-2-6-017-016	
Hale O Kalani Towers	Dtl 4	B2
1702 Kewalo St		
Honolulu 96822	1-2-4-028-001	
Hale O Kanoa (3)	3	C2
1110 Banyan St		
Honolulu 96817	1-1-7-031-028	
Hale O Pumehana	DWT	B5
757 Kinalau Pl		
Honolulu 96813	1-2-1-040-014	
Hale Ola	63	B4
1124 Hoola Pl		
Pearl City 96782	1-9-7-024-027	
Hale Poki (103)	Dtl 4	B3
1720 Poki St		
Honolulu 96822	1-2-4-023-028	

Condo-Index   DWT= Downtown Pull out Map   C4   WAI = Waikiki Pull out Map

Condominiums

NAME	MAP	GRID
Hale Pono (8) 1067 Alakea St Honolulu 96813 1-2-1-017-016	DWT	C3
Hale Pua Lei 3111 Pualei Cr Honolulu 96815 1-3-1-026-042	WAI	C8
Hale Umi 715 &719 Umi St Honolulu 96819 1-1-2-014-074	2	C3
Hale Walina 424 Walina St Honolulu 96815 1-2-6-021-019	WAI	C5
Haleiwa Surf 66-303 Haleiwa Rd Haleiwa 96712 1-6-6-006-005	55	E4
Haleloa 100 Haleloa Pl Honolulu 96821 1-3-8-006-012	Dtl 13	C1,C2
Haleloa II 400 Haleloa Pl Honolulu 96821 1-3-8-006-005	Dtl 13	C1,C2
Hampton Court 95-1511 Ainamakua Dr Mililani 96789 1-9-5-049-023	50	F1
Hanahano Hale 53-549 Kam Hwy Hauula 96717 1-5-3-008-001	35	D2
Harbor Court (43) 66 Queen St Honolulu 96813 1-2-1-002-056	DWT	D2
Harbor Pointe 98-939 Moanalua Rd Aiea 96701 1-9-8-011-045	53	F3
Harbor Shores 98-145 Lipoa Pl Aiea 96701 1-9-8-014-027	53	F3
Harbor Square 700 Richard St Honolulu 96813 1-2-1-016-015	DWT	D3
Harbor Terrace I 98-413 Kaalo St Aiea 96701 1-9-8-060-010	53	E2
Harbor Terrace II 98-500 Lulu St Aiea 96701 1-9-8-060-026	53	E2
Harbor Terrace III 98-614 Holopuni St Aiea 96701 1-9-8-060-025	53	E2
Harbor Terrace IV 98-537 Kipaepae St Aiea 96701 1-9-8-060-027	53	E2
Harbor View Plaza 1676 Ala Moana Blvd Honolulu 96815 1-2-6-011-023	WAI	D1
Harbor Vista 98-114 Lipoa Pl Aiea 96701 1-9-8-014-017	53	F3
Harbour Ridge 3045 Ala Napuaa Pl Aiea 96701 1-1-1-061-012	Dtl 1	B2,B3
Hassinger 1106 Hassinger Stl Honolulu 96822 1-2-4-019-081	Dtl 4	C2
Hassinger Gardens 1138 Hassinger St Honolulu 96822 1-2-4-019-021	Dtl 4	C2
Hauoli Regency 920 Hauoli St Honolulu 96826 1-2-3-024-011	WAI	B1
Hausten Street,627 & 631 627 & 631 Hausten Street Honolulu 96826 1-2-7-014-021	WAI	A3
Hausten, The 739 Hausten St Honolulu 96826 1-2-7-010-036	WAI	A3
Haustin, 713 713 Haustin St Honolulu 96826 1-2-7-011-020	WAI	A3
Hauula Beach Homes 53-904 Kam Hwy Hauula 96717 1-5-3-014-053	34	D3
Hayden Court 3259 Hayden St Honolulu 96815 1-3-1-014-003	WAI PR#3711	AB

NAME	MAP	GRID
Havens of 'I'l Vistas, Phl 95-1031* Koolani Drive Honolulu 96789 1-9-5-049-027	49	F4
Hawaii Business Park Waihona St Mililani 96782 1-9-6-007-001	63	B3
Hawaiian Colony 1946 Ala Moana Blvd Honolulu 96815 1-2-6-007-020	WAI	C2
Hawaiian Crown 236 Liliuokalani Ave Honolulu 96815 1-2-6-024-032	WAI	C5,C6
Hawaiian King 417 Nohonani St Honolulu 96815 1-2-6-021-102	WAI	C4
Hawaiian Monarch 444 Niu St Honolulu 96815 1-2-6-014-032	WAI	B2,C2
Hawaiian Princess@Makaha 94-1021 Lahilahi St Waianae 96792 1-8-4-004-006	92	F3
Hawaiiana Apartments 1122 Hoolai St Honolulu 96814 1-2-3-010-009	DWT	B7,C7
Hawaiki Tower 404 Piikoi St Honolulu 96814 1-2-3-006-004	DWT	D8
Healani Gardens 44-94/110 Ikeanani Dr Kaneohe 96744 1-4-4-013-088	24	D1
Heights At Wailuna (Incr 1) Kaahumanu St Pearl City 96782 1-9-8-002-048	52	C4
Heights At Wailuna (Incr 2) Kaahumanu St Pearl City 96782 1-9-8-002-045	52	C4
Heights At Wailuna (Incr 3) Kaahumanu St Pearl City 96782 1-9-8-002-053	52	D4
Heights At Wailuna (Incr 4) Kaahumanu St Pearl City 96782 1-9-8-002-054	52	D4
Herbert Street, 3121 3121 Herbert St Honolulu 96815 1-3-1--017-063	WAI	A7
Heritage House 6710 Hawaii Kai Dr Honolulu 96825 1-3-9-070-003	Dtl 13	A3
Heulu, 1251 1251 Heulu St Honolulu 96822 1-2-4-029-001	Dtl 4	B2
Heulu Gardens 1422 Heulu St Honolulu 96822 1-2-4-024-015	Dtl 4	B3
Hi-Sierra Apartments 3350 Sierra Dr Honolulu 96816 1-3-3-005-008	5	B4
Hidden Valley Estates 2069 California Ave Wahiawa 96786 1-7-5-027-003	49	C1
Hidden Valley Est (Incr 1-5) 2069 California Ave Wahiawa 96786 1-7-5-027-001	49	C1
Highlander 98-450 Koauka Lp Aiea 96701 1-9-8-012-054	53	D3
Highlands @ Waikele Paiwa St Waipahu 96797 1-9-4-007-074	63	E1
Hikino I Oli Lp Waipahu 96797 1-9-4-115-027	63	D1
Hikino II Oli Loop Waipahu 96797 1-9-4-115-026	63	B1
Hikino III Oli Loop Waipahu 96797 1-9-4-115-028	63	B1
Hillsdale (Phs. I, II, III & IV) Makai'ikai St. Mililani 96789 1-9-5-049-003	50	E1
Hillside Terrace I 98-1095 Komo Mai Dr Pearl City 96782 1-9-8-002-016	52	E4

NAME	MAP	GRID
Hillside Terrace II 98-1090 Komo Mai Dr Pearl City 96782 1-9-8-002-028	53	E1
Hillside Terrace III 94-1485 Kaahumanu St Pearl City 96782 1-9-8-002-029	53	E1
Hillside Terrace IV 98-1435 Kaahumanu St Pearl City 96782 1-9-8-060-001	53	E1
Hillside Villa 3003 Ala Napuaa Pl Honolulu 96818 1-1-1-061-007	Dtl 1	B3
Ho'okumu At Waikele 94-201 Paioa Pl Waipahu 96797 1-9-4-007-049	63	E2
Ho'omaka Village 94-870 Lumiauau St Waipahu 96797 1-9-4-007-013	63	D2
Ho'omalu At Waikele 94-970 Lomiauau St Waipahu 96797 1-9-4-007-013	63	D2,3
Hoaloha Ike, Ph I & II Mililani M. 96789 1-9-5-002-001	49	D4
Hoaloha Ike, Ph I & II 95-1084* Halekua Street Mililani M. 96789 1-9-5-069-009	49	D4
Hobron In Waikiki 343 Hobron Lane Honolulu 96815 1-2-6-012-047	WAI	D2
Hokuahi Apartments (4) 94-341 Hokuahiahi St Mililani Town 96789 1-9-4-005-039	61	D4
Hokuala Hale 94-342 Hokuala St Mililani Town 96789 1-9-4-005-031	61,62	D4,D1
Hokulani Apts (66) 1120 Hassinger St Honolulu 96814 1-2-4-019-023	Dtl 4	C2
Hokulani In Kailua I 355 Aoloa St Bldg A-D Kailua 96734 1-4-2-001-054	25	D1,2
Hokulani In Kailua II 355 Aoloa St Bldg E,F,G Kailua 96734 1-4-2-001-054	25	D1,2
Hokulani In Kailua III 355 Aoloa St Bldg H,J,K Kailua 96734 1-4-2-001-054	25	D1,2
Hokulani In Kailua IV 1000 Aoloa Pl Bldg L,M,N,P,Q Kailua 96734 1-4-2-001-054	25	D1,2
Hokuloa (Incr A) Kahekili Hwy Kaneohe 96744 1-4-7-004-029	15,40	C1,4
Hokuloa (Incr B) 47-320 Hui Iwa St Kaneohe 96744 1-4-7-004-029	15,40	C1,4
Hokuloa (Incr C) Hui Iwa Pl Kaneohe 96744 1-4-7-004-030	15,40	C1,4
Holaniku Hale 94-031 Kuahelani Ave Mililani Town 96789 1-9-4-005-032	61	D4
Holiday Apartments, The 775 Mcneill St Honolulu 96817 1-1-5-026-014	2	C4
Holiday Gardens 755 Mcneill St Honolulu 96817 1-1-5-026-017	2	C4
Holiday Lakeview 949 Ala Nanala St Honolulu 96818 1-1-1-058-013	Dtl 1	B2
Holiday Manor 1650 Kanunu St Honolulu 96814 1-2-3-019-061	DWT	A9
Holiday Parkway 910-920 Kapahulu Ave Honolulu 96816 1-2-7-031-017	5	C2
Holiday Terrace 1655 Kanunu St Honolulu 96814 1-2-3-020-008	46	D3
Holiday Village 750 Amana St Honolulu 96814 1-2-3-021-028	DWT	B9

Dtl = Detail Map (located after Map 99)

Condominiums

NAME	MAP	GRID
Hono Hale Towers	WAI	A4
2637 Kuilei St		
Honolulu 96826	1-2-7-017-020	
Honolulu Park Place	DWT	C2
1212 Nuuanu Ave		
Honolulu 96817	1-1-7-005-001	
Honolulu Tower	DWT	C2
60 N Beretania St		
Honolulu 96817	1-1-7-005-011	
Honuakaha	DWT	D4
545 & 547 Queen St.		
Honolulu 96813	1-2-1-031-021	
Hoomaka Village	63	D2,3
Kam Hwy/Luimaina St		
Waipahu 96797	1-9-4-007-013	
Horizon View Tower	Dtl 1	B2
3130 Ala Ilima St		
Honolulu 96818	1-1-1-058-007	
Huali Vista (26)	DWT	A3
212 Huali St		
Honolulu 96813	1-2-2-003-030	
Huelani, Ph I	87, 75	A1, F4
Lukini Place		4271
Ewa Beach 96706	1-9-1-069-008	

I

NAME	MAP	GRID
Ihona	62	D4
94-1004 Kaukahi Pl		
Waipahu 96797	1-9-4-006-030	
Ilaniwai	Dtl 1	B1,B2
975 Ala Lilikoi St		
Honolulu 96818	1-1-1-059-028	
Ilikai	WAI	D2
1777 Ala Moana Blvd		
Honolulu 96815	1-2-6-010-007	
Ilikai Marina	WAI	D1
1765 Ala Moana Blvd		
Honolulu 96815	1-2-6-010-002	
Ilima Apartments	WAI	C8
3093 Pualei Cr		
Honolulu 96815	1-3-1-026-040	
Ilima Gardens	Dtl 1	B2
3052 Ala Ilima St		
Honolulu 96818	1-1-1-055-803	
Ilima West Apartments	Dtl 1	B2
3121 Ala Ilima St		
Honolulu 96818	1-1-1-060-001	
Imperial Hawaii Resort	WAI	D4
205 Lewers St		
Honolulu 96815	1-2-6-002-014	
Imperial Plaza, The (165)	DWT	D5
725 Kapiolani Blvd		
Honolulu 96813	1-2-1-049-027	
Industrial Plaza	63	A3
96-1276 Waihona St		
Pearl City 96782	1-9-6-008-026	
Inn On The Park	WAI	C2
1920 Ala Moana Blvd		
Honolulu 96815	1-2-6-007-026	
Iolani (24)	WAI	A4
2488 Kapiolani Blvd		
Honolulu 96826	1-2-7-014-042	
Iolani Court Plaza (32)	WAI	A4
2499 Kapiolani Blvd		
Honolulu 96826	1-2-7-019-014	
Iolani Palms	DWT	A4
512 Iolani Ave		
Honolulu 96813	1-2-2-004-023	
Isenberg, 745	WAI	A3
745 Isenberg		
Honolulu 96826	1-2-7-012-047	
Island Colony	WAI	B4,C4
445 Seaside Ave		
Honolulu 96815	1-2-6-021-026	
Isles At Diamond Head Bch	6	E2
219 Kaalawai Pl		
Honolulu 96812	1-3-1-039-029	
Iwilei Business Center	3	C2
Iwilei Rd		
Honolulu 96817	1-1-5-012-001	

J

NAME	MAP	GRID
Jason Apartments	Dtl 4	C4
1415 Punahou St		
Honolulu 96822	1-2-8-012-022	

K

NAME	MAP	GRID
K. Kaya Apartments	2	C3
828 Puuhale Rd		
Honolulu 96819	1-1-2-001-053	
Ka Aina Olu	55	E4
66-386 Haleiwa Rd		
Haleiwa 96712	1-6-6-008-036	
Ka Hale Mo I I & II	DWT	A5
666 Prospect St		
Honolulu 96813	1-2-2-004-022	
Ka Momi Nani Heights	52	D2
2156 Aumakua St		
Pearl City 96782	1-9-7-057-048	
Ka Uka, 94-1175	62	C3
94-1175 Ukee St		PR#3763
Waipahu 96797	1-9-4-099-057	
Ka Uka Industrial Court	62	C3
94-449 Ukee St		
Waipahu 96797	1-9-4-099-020	
Kaaawa Park	36	B4
51-117 Kaaawa Park Ln		
Kaaawa 96730	1-5-1-003-001	
Kaahumanu Plaza	DWT	A7
1122 Kinau St		
Honolulu 96814	1-2-4-012-011	
Kahala Beach	6	B3
4999 Kahala Ave		
Honolulu 96816	1-3-5-023-002	
Kahala Courtyard, The	6	B1
4100 Waialae Ave		
Honolulu 96816	1-3-3-012-010	
Kahala Pacifica	6	A2
1355-1400 Hoakoa Pl		
Honolulu 96821	1-3-5-024-007	
Kahala Towers	6	B2
4300 Waialae Ave		
Honolulu 96816	1-3-5-017-004	
Kahala View Estate	6	A2
1487 Hiikala Pl		
Honolulu 96816	1-3-5-024-026	
Kahalelauniu	76	D4
91-105 Fort Weaver Rd.		
Ewa Beach 96815	1-9-1-005-018	
Kahalemanu	40	D4
Hui Iwa St		
Kaneohe 96744	1-4-7-004-019	
Kahaluu Colony Village	40	D4
47-385 Hui Iwa St		
Kaneohe 96744	1-4-7-004-012	
Kahaluu Gardens	40	D4
47-420 Hui Iwa Pl		
Kaneohe 96744	1-4-7-004-033	
Kahaluu Hillside	40	F4
47-724 Ahuimanu Lp		
Kaneohe 96744	1-4-7-040-019	
Kahana Kai	Dtl 1	B2
3020 Ala Napuaa Pl		
Honolulu 96818	1-1-1-061-020	
Kahe Kai	95	D4
87-123 Helelua St		
Waianae 96792	1-8-7-008-010	
Kahuamoku, 1037	63	E4
94-1037 Kahuamoku St		
Waipahu 96797	1-9-4-017-044	
Kahuamoku, 1041	63	E4
94-1041 Kahuamoku St		
Waipahu 96797	1-9-4-017-045	
Kai Kalihi	2	A3
2361-A Haumana Pl		
Honolulu 96819	1-1-3-012-082	
Kai Nani	Dtl 1	B2,B3
3008 Ala Ilima St		
Honolulu 96818	1-1-1-061-028	
Kaihe'e Kai	Dtl 4	B3
1329/1337 Kaihee St		
Honolulu 96822	1-2-4-024-011	
Kailani	WAI	C4
440 Lewers St		
Honolulu 96815	1-2-6-017-031	

NAME	MAP	GRID
Kaimala Marina	13	C4
444 Lunalilo Home Rd		
Honolulu 96825	1-3-9-008-008	
Kaimana Lanais	WAI	B3
2444 Hihiwai St		
Honolulu 96826	1-2-7-013-023	
Kaimuki Business Plaza	5	C4
3615 Harding Ave		
Honolulu 96816	1-3-2-014-012	
Kaimuki Jade	5	C3
1139 9th Ave		
Honolulu 96816	1-3-2-005-023	
Kaimuki Parkside	5	C2
2781 Kapiolani Blvd		
Honolulu 96826	1-2-7-025-005	
Kaimuki Professional Bldg	5	C4
1109 12th Ave		
Honolulu 96816	1-3-2-006-031	
Kaimuki Villa	5	C3
1125 9th Ave		
Honolulu 96816	1-3-2-005-022	
Kaimukian (40)	5	C4
1120 Koko Head Ave		
Honolulu 96816	1-3-2-006-012	
Kainui Estates	24	C2,3
800 Kainui Dr		
Kailua 96734	1-4-3-082-025	
Kaioo Terrace	WAI	C2
1863 Kaioo Dr		
Honolulu 96815	1-2-6-012-027	
Kaiulani Apts, 222	WAI	C5
222 Kaiulani Ave		
Honolulu 96815	1-2-6-021-004	
Kalakaua, 2987	WAI	E8
2987 Kalakaua Ave		
Honolulu 96815	1-3-1-032-002	
Kalakaua, 3003	WAI	E8
3003 Kalakaua Ave		
Honolulu 96815	1-3-1-033-011	
Kalakaua, 3019	WAI	E8
3019 Kalakaua Ave		
Honolulu 96815	1-3-1-033-009	
Kalakaua, 3056	WAI	E8
3056 Kalakaua Ave		
Honolulu 96815	1-3-1-003-015	
Kalakaua Sands	DWT	
1664 - 1670 Kalakaua Ave		
Honolulu 96826	1-2-3-023-005	
Kalakauan	WAI	C2
1911 Kalakaua Ave		
Honolulu 96815	1-2-6-007-004	
Kalani Iki	12	F1
1440 Kalaniiki Pl		
Honolulu 96821	1-3-5-024-009	
Kalele Kai I	Dtl 13	B4
1 Keahole Pl		
Honolulu 96825	1-3-9-008-030	
Kalia Condominium	WAI	C4
2164 Kalia Rd		
Honolulu 96815	1-2-6-003-035	
Kalihi, 2828	8	E2
2828 Kalihi St		
Honolulu 96819	1-1-4-017-023	
Kalihi, 3458	8	C2
3458 Kalihi St		
Honolulu 96819	1-1-4-019-002	
Kalihi Gardens	2	C3
2027/2033 Wilcox Lane		
Honolulu 96819	1-1-2-012-003	
Kalihi Kai Industrial Ctr	2	D4
220 Kalihi St		
Honolulu 96819	1-1-2-006-035	
Kalili Kuoha Ohana	23	E1
William Henry Rd		
Kaneohe 96744	1-4-5-014-002	
Kaluanui	13	B4
*7226 Hawaii Kai Dr		4373
Honolulu 96825	1-3-9-008-059	
Kaluanui Acres	35	D1
53-710 Kam Hwy		
Hauula 96717	1-5-3-009-050	
Kamaaina	DWT	A5
1520 Ward Ave		
Honolulu 96822	1-2-1-039-002	

Condominiums

NAME	MAP	GRID
Kamaaina Hale 3095 Ala Ilima St Honolulu 96818 1-1-1-061-038	Dtl 1	B2
Kamalie Hale 1430 Lusitana St Honolulu 96813 1-2-1-022-016	DWT	B3
Kamehameha Gardens 1218 Farr Ln Honolulu 96819 1-1-3-005-014	2	B4
Kamehameha Hwy,53-866c34 53-866c Kamehameha Hwy Hauula 96717 1-5-3-013-005		D3
Kamehameha Hwy,54-269 54-269 Kamehameha Hwy Hauula 96717 1-5-4-011-006	34	E1,D1
Kamehameha Towers 2004 Houghtailing St Honolulu 96817 1-1-6-018-084	3	A1
Kamuela Hale 712 Kamuela Ave Honolulu 96816 1-2-7-034-040	WAI	A6
Kaneda Courts 409 Iolani Ave Honolulu 96813 1-2-1-021-059	DWT	A4
Kapahulu, 465 465 Kapahulu Ave Honolulu 96815 1-3-1-022-006	WAI	B7
Kapahulu Vista 837 Kapahulu Ave Honolulu 96816 1-3-1-003-022	WAI	A6
Kapalama Gardens 1325 N. School St Honolulu 96822 1-1-6-005-058	3	B1
Kapalama Makai 1514 Dillingham Blvd Honolulu 96817 1-1-5-027-036	2	C4
Kapalama Uka 1519 Kaumualii St Honolulu 96817 1-1-5-027-045	2	C4
Kapili Business Center 4355 Lawehana St Honolulu 96818 1-9-9-071-037	54	F3,4
Kapiolani Banyan 2752 Kaaha St Honolulu 96826 1-2-7-018-030	WAI	A4
Kapiolani Bel-Aire 738 Kaheka St Honolulu 96814 1-2-3-021-015	DWT	B9
Kapiolani Gardens 2439 Kapiolani Blvd Honolulu 96826 1-2-7-019-001	WAI	A3
Kapiolani House 2232 Kapiolani Blvd Honolulu 96826 1-2-7-005-026	WAI	B3
Kapiolani Manor 1655 Makaloa St Honolulu 96814 1-2-3-022-052	WAI	B9
Kapiolani Royale (25) 2474 Kapiolani Blvd Honolulu 96826 1-2-7-014-037	WAI	A3
Kapiolani Terrace 1560 Kanunu St Honolulu 96814 1-2-3-017-013	DWT	B9
Kapiolani Towers (9) 1610 Kanunu St Honolulu 96814 1-2-3-019-067	DWT	B9
Kapiolani Town House (8) 1624 Kanunu St Honolulu 96814 1-2-3-019-065	DWT	B9
Kaualana Manor I 1941 Church Ln Honolulu 96826 1-2-7-027-025	5	C1,2
Kauhale 99-070 Kauhale St Aiea 96701 1-9-9-040-052	53	D4
Kauhale Beach Cove 45-180 Mahalani Pl Kaneohe 96744 1-4-5-003-002	23	E2
Kauiokahaloa Iki 3030 Lowrey Ave Honolulu 96822 1-2-9-027-054	10	F3
Kaumualii Park 1506 Kaumualii St Honolulu 96817 1-1-5-026-030	2	C4
Kawaihae Crescent East 486 Kawaihae St Honolulu 96825 1-3-9-030-065	Dtl 13	B3
Kawaihae Crescent West 290 Kawaihae St Honolulu 96825 1-3-9-034-064	Dtl 13	C2
Ke Aina Kai Twnhs I&II 91-1051 Keoneula Blvd Ewa 96706 1-9-1-012-042	76	F1
Ke Kumulani 35 Kilepa Pl Aiea 96701 1-9-8-060-031	53	D2
Ke Kumulani II 37 Kilepa Pl Aiea 96701 1-9-8-060-032	53	D2
Ke Kumulani III 37 Kilepa Pl Aiea 96701 1-9-8-060-033	53	D2
Ke Kumulani IV 16 Killepa Pl Aiea 96712 1-9-8-060-034	53	D2
Kealani 2533 Ala Wai Blvd Honolulu 96815 1-2-6-025-001	WAI	B6,C6
Kealoha Arms 1658 Liholiho St Honolulu 96822 1-2-7-029-019	Dtl 4	B2
Kemoo By The Lake 1830 Wilikina Dr Wahiawa 96786 1-7-3-012-014	59	D4
Keolu Summit 1460 Aunauna St Kailua 96734 1-4-2-097-048	25	F4
Keoni Ana 430 Keoniana St Honolulu 96815 1-2-6-015-050	WAI	C3
Kewalo, 1212 1412 Kewalo St Honolulu 96822 1-2-4-020-015	Dtl 4	C2
Kewalo, 1436 1436 Kewalo St Honolulu 96822 1-2-4-020-011	Dtl 4	C2
Kewalo Gardens 1503 Liholiho St Honolulu 96822 1-2-4-020-009	Dtl 4	B2
Kewalo Hale 1526 Kewalo St Honolulu 96822 1-2-4-020-006	Dtl 4	B2,C2
Kihapai, 75 75 Kihapai St Kailua 96734 1-4-3-057-070	24	D4
Kihapai Place, 725 725 Kihapai Pl Kailua 96734 1-4-3-058-044	24	D4
Kilea Pl, 102 102 Kilea Pl Wahiawa 96786 1-7-5-023-001	48	D4
Kinau, 1040 1040 Kinau St Honolulu 96814 1-2-4-013-033	DWT	A6
Kinau, 1073 1073 Kinau St Honolulu 96814 1-2-4-013-015	DWT	A6
Kinau, 1112 1112 Kinau St Honolulu 96814 1-2-4-012-012	DWT	A6
Kinau, 1134 1134 Kinau St Honolulu 96814 1-2-4-012-010	DWT	A7
Kinau Lanais 775 Kinalau Pl Honolulu 96813 1-2-1-040-003	DWT	B5
Kinau Regent 1314 Kinau St Honolulu 96813 1-2-4-011-028	DWT	A7
Kinau Terrace 1032 Kinau St Honolulu 96814 1-2-4-013-073	DWT	A6
Kinau Villa 827 Kinau St Honolulu 96813 1-2-1-041-024	DWT	B5,B6
King Kalani 303 Liliuokalani Ave Honolulu 96815 1-2-6-025-048	WAI	C6
King Manor 818 So King St Honolulu 96813 1-2-1-042-001	DWT	C5
Kings Gate (48) 2718 Kuilei St Honolulu 96826 1-2-7-017-005	5	C1
Kipapa Acres 94-500 Kamehameha Hwy Waipio 96789	61	D4
Ko Olina Fairways Lot 4594, Ko Olina Kapolei 96707 1-9-1-056-014	97	C4
Kokea Gardens (12) 1201 Kokea St Honolulu 96817 1-1-6-002-096	3	B1,C1
Koko Head Villa 233 Kawaihae Pl Honolulu 96825 1-3-9-035-012	Dtl 13	C3
Koko Isle 105 Koko Isle Cir Honolulu 96825 1-3-9-008-004	13	D4
Kon Tiki 234 Ohua Ave Honolulu 96815 1-2-6-025-022	WAI	C6
Konane Kai 68-151 Au St Waialua 96791 1-3-8-011-042	67	B3
Koolau Vista 350 Aoloa St Kailua 96734 1-4-2-001-045	25	D1
Kuahelani Apartments 95-058 Hokuiwa St Mililani Town 96789 1-9-5-001-007	61	D3
Kuahine (121) 2328 Seaview Ave Honolulu 96822 1-2-8-016-026	4	B4
Kuakini Medical Plaza (1) 347 N Kuakini St Honolulu 96817 1-1-7-017-028	3	B3
Kuakini Physicians Twr 347 N Kuakini St Honolulu 96817 1-1-7-017-002	3	B2
Kuakini Terrace 412 N Kuakini St Honolulu 96817 1-1-7-016-032	3	B3
Kuani Hillside 94-1253/55/57 Waipahu 96797 1-9-4-115-001	63	C2
Kuapa Isle 503 Opihikao Pl Honolulu 96825 1-3-9-031-002	Dtl 13	B3
Kuhale Kapahulu (42) 1023 Kapahulu Ave Honolulu 96816 1-3-2-007-003	5	C2
Kuhio Courte 2170 Kuhio Avenue Honolulu 96815 1-2-6-017-051	WAI	C4
Kuhio At Waikiki, 2465 2465 Kuhio Ave Honolulu 96815 1-2-6-023-072	WAI	C5
Kuhio Lani 2415 Kuhio Ave Honolulu 96815 1-2-6-023-067	WAI	C5
Kuhio Plaza 2442 Kuhio Ave Honolulu 96815 1-2-6-024-014	WAI	C5
Kuhio Village I 2463 Kuhio Ave Honolulu 96815 1-2-6-023-050	WAI	C5
Kuhio Village Ii 2450 Prince Edward St Honolulu 96815 1-2-6-023-045	WAI	C5
Kuilei Gardens 909 University Ave Honolulu 96826 1-2-7-016-006	WAI	A3
Kuilima Estates 57-101 Kuilima Dr Kahuku 96731 1-2-7-001-029	29	B2
Kuilima Estates East 57-077 Eleku Kuilima Pl Kahuku 96731 1-5-7-001-027	29	B2
Kukui Plaza 50 S Beretania St Honolulu 96813 1-2-1-004-040	DWT	B2,C2

Dtl = Detail Map (located after Map 99)

Condominiums

NAME	MAP	GRID
Kulalani Village	86	D2
N/A Kapolei 96707 1-9-1-016-023		
KulaLei @ Ewa	63	
Waikele 96797 1-		
Kulana Knolls Ph I-II	73	C3
94-495 Kupuohi St.* Waipahu 96797 1-9-4-002-051*		
Kulanui Hale	5	C2
2860 Waialae Ave Honolulu 96826 1-2-8-027-005		
Kuleana Streamside	11	E1
2556 Palolo Place PR#4001 Honolulu 96816 1-3-4-012-025		
Kuliouou Circle	Dtl 13	C1
480-506 Kuliouou Rd Honolulu 96821 1-3-8-010-002		
Kuliouou Kai	13	E2
6105 6133 Summer St Honolulu 96821 1-3-8-003-009		
Kuliouou Valley Vistas	12, Dtl 13	A4,B1
Papahei/Kaeleku Pl Honolulu 96821 1-3-8-018-001		
Kuliouou Valley Vistas II	12,Dtl 13	A4
Kaeleloi Pl/ Papahehi Pl Honolulu 96821 1-3-8-018-001		
Kumelewai Court Ph I,II	50	F1
95-1030 Ainamakua Dr Mililani 96789 1-9-5-049-004		
Kumelewai Gardens (Ph I,II)	50	F1
95-1005 Ainamakua Dr Mililani 96789 1-9-5-049-009		
Kunawai Terrace	3	B2
647 Kunawai Ln Honolulu 96817 1-1-7-040-002		
Kunia Gardens	74	C2
94-039 Waipahu St Waipahu 96797 1-9-4-047-023		
Kunia Palms	74	C2
94-010 Leolua St Waipahu 96797 1-9-4-047-019		
Kunia Terrace	74	C2
94-049 Waipahu St Waipahu 96797 1-9-4-047-024		
Kupono Hale	8	E2
2671a Anuu Pl Honolulu 96819 1-1-4-005-002		
Kupono I	62	C4
Waipio Uka St Waipahu 96797 1-9-4-115-034		
Kupono II	62	C4
Waipio Uka St Waipahu 96797 1-9-4-115-041		
Kuulako, Ph I-III	50	E1
95-1037 Kuauli St* Mililani 96789 1-9-5-049-029*		

L

NAME	MAP	GRID
La Casa	WAI	C3
2092 Kuhio Ave Honolulu 96815 1-2-6-016-009		
La Pietra	WAI	D8
2933 Poni Moi Rd Honolulu 96815 1-3-1-029-033		
Laie Oceanview Homes	33	C1
55-081 Naupaka St Laie 96762 1-5-5-010-012		
Lake View	25	F2
1220 Akipohe St Honolulu 96818 1-4-2-004-038		
Lakecrest, The	Dtl 1	A2
1147 Ala Napunani St Honolulu 96818 1-1-1-065-005		
Lakeshore Court	Dtl 1	C1
941 Ala Lilikoi St Honolulu 96818 1-1-1-059-025		
Lakeshore Tower, The	Dtl 1	A2,B3
2920 Ala Ilima St Honolulu 96818 1-1-1-062-019		
Lakeside Coronet	Dtl 1	C2
3230 Ala Ilima St Honolulu 96818 1-1-1-059-020		
Lakeside Holiday	Dtl 1	B2
2988 Ala Ilima St Honolulu 96818 1-1-1-062-013		
Lakeside Manor	Dtl 1	B2
3030 Ala Ilima St Honolulu 96818 1-1-1-058-002		
Lakeside West	Dtl 1	B2
909 Ala Nanala St Honolulu 96818 1-1-1-058-011		
Lakeview, 133	60	C1
133 Lakeview Cir Wahiawa 96786 1-7-3-008-058		
Lakeview Circle, 27	60	C1
27 Lakeview Cr Wahiawa 96786 1-7-3-008-018		
Lakeview Gardens	Dtl 1	A2
1121 Ala Napunani St Honolulu 96818 1-1-1-065-001		
Lakeview Plaza	Dtl 1	C1
955 Ala Lilikoi St Honolulu 96818 1-1-1-059-026		
Lakeview Royal	Dtl 1	B2,B3
801 Ala Nioi Street Honolulu 96818 1-1-1-061-015		
Lakeview Sands	Dtl 1	A2
1099 Ala Napunani St Honolulu 96818 1-1-1-062-051		
Lakeview Terrace	Dtl 1	A3
2889 Ala Ilima St Honolulu 96818 1-1-1-062-005		
Lakewood	Dtl 1	B1
1005,1025 Ala Lilikoi St Honolulu 96818 1-1-1-057-017		
Lalawai Hale	48	F3
1015 Aheahe Ave Wahiawa 96786 1-7-1-007-049		
Lalea @ Hawaii Kai	13, Dtl 13	B4
7080* Hawaii Kai Dr Honolulu 96825 1-3-9-008-042		
Laniakea Apts	WAI	C2
369 Hobron Ln Honolulu 96815 1-2-6-012-032		
Lapaolu, Aiea Heights	53	A4
99-1307 Aiea Heights Dr Aiea 96701 1-9-9-007-002		
Lauiki, 541	WAI,5	B3,D1
541 Lauiki PR#3698 Honolulu 96826 1-2-7-013-029		
Laulima I	54	E1
99-030 Upapalu St Aiea 96701 1-9-9-044-019		
Leahi Estates	WAI	E9
3222 Diamond Head Rd Honolulu 96815 1-3-1-035-002		
Lehua, 936	64	B2
936 Lehua Ave Pearl City 96782 1-9-7-021-016		
Lehua Hale	64	B2
906 Lehua Ave Pearl City 96782 1-9-7-021-006		
Lehua Manor	Dtl 1	B3
2929 Ala Ilima St Honolulu 96818 1-1-1-062-009		
Lehua Nani	64	B2
950 Lehua Ave Pearl City 96782 1-9-7-021-020		
Leilehua	DWT	A3
112 S School St Honolulu 96813 1-2-2-002-091		
Leilehua Homes	49	D1
1973 Alai Pl Wahiawa 96786 1-7-5-010-001		
Leisure Heritage Apts	WAI	B6,C6
311 Ohua Ave Honolulu 96815 1-2-6-025-015		
Lele Pono	53	E3
98-099 Uao Pl Aiea 96701 1-9-8-039-009		
Leolua Gardens	74	C2
94-054 Leolua St Waipahu 96797 1-9-4-047-017		
Leolua Regent	74	C2
94-246 Leoku St Waipahu 96797 1-9-4-047-013		
Leolua Vista	74	C2
94-030 Leolua St Waipahu 96797 1-9-4-047-018		
Liholiho, 1616	Dtl 4	C2
1616 Liholiho St Honolulu 96822 1-2-4-029-026		
Liholiho Regency I (83)	Dtl 4	C2
1504 Liholiho St Honolulu 96822 1-2-4-020-045		
Liholiho Townhouses (140)	Dtl 4	B2
1520 Liholiho St Honolulu 96822 1-2-4-020-042		
Likini Gardens	Dtl 1	B2
5240 Likini St Honolulu 96818 1-1-1-058-030		
Likini West	Dtl 1	B2
5122 Likini St Honolulu 96818 1-1-1-059-003		
Liliha Medical Bldg (24)	3	B2
1712 Liliha St Honolulu 96817 1-1-7-035-002		
Liliha Square	3	C2
1425 Liliha St Honolulu 96817 1-1-7-023-008		
Lilikoi, The	Dtl 1	C2
Ala Ilima Honolulu 96818 1-1-1-059-021		
Lilipuna Condominium	15	B4
45-315 Lilipuna Rd Kaneohe 96744 1-4-6-002-024		
Liliuokalani Gardens	WAI	B6,C6
300 Wai Nani Way Honolulu 96813 1-2-6-028-049		
Liliuokalani Plaza	WAI	C5,C6
220 Liliuokalani Ave Honolulu 96815 1-2-6-024-010		
Lime Tree	WAI	B2
2015 Lime St Honolulu 96826 1-2-7-003-051		
Liolio	63	C2
94-872a Lelepua St Waipahu 96797 1-9-4-103-003		
Liona,1545	DWT	A8
1545 Liona St Honolulu 96814 1-2-3-018-076		
Lofts by Gentry, Ph A,B	75	E3
Leleoi Pl, Leleoi St, Puni Pl Ewa Beach 96706 1-9-1-010-019		
Lombard Way, Ph A	75	E3
Hoomaka St PR#4012 Ewa 96706 1-9-1-102-023		
Lombard Way, Ph B	75	E3
91-1044* Hoomaka St PR#4030 Ewa 96706 1-9-1-102-024		
Lombard Way, Ph G,H	75	E3
91-1037A* Hoomaka St PR#4144,4134 Ewa 96706 1-9-1-102-050		
Lualualei-1	95	E2
Lualualei Waianae 96792 1-8-7-033-012		
Luana Paleka Cottages	23	F1
Luana Pl/Paleka Rd Kaneohe 96744 1-4-5-020-003		
Lukepane Court	WAI	A5
Lukepane Ave Honolulu 96816 1-2-7-035-110		
Lukepane Gardens	WAI	A5
1228 Lunalilo St Honolulu 96822 1-2-7-033-005		
Lukepane Hale	WAI	A5
727 Lukepane Ave Honolulu 96816 1-2-7-035-109		
Luna-Liho Towers	Dtl 4	C2
1415 Liholiho St Honolulu 96822 1-2-4-020-019		
Lunalilo Courte	DWT	A6
1114 Lunalilo St Honolulu 96822 1-2-4-019-041		
Lunalilo Gardens	DWT	A7
1144 Lunalilo St Honolulu 96822 1-2-4-019-038		
Lunalilo Tower	DWT	B5
2100 Lunalilo St Honolulu 96813 1-2-1-040-037		

Condo-Index   **DWT**= Downtown Pull out Map   C8   **WAI** = Waikiki Pull out Map

Condominiums

NAME	MAP	GRID
Lusitana 1882/1888	3	B4
1882 Lusitana St		
Honolulu 96813	1-2-2-008-057	
Lusitana Gardens	DWT	B4
1401 Lusitana St		
Honolulu 96813	1-2-1-021-001	
Lusitana Hale	DWT	A3
1469 Lusitana St		
Honolulu 96813	1-2-1-021-017	
Lynwyd	3	B3
336 N Kuakini St		
Honolulu 96817	1-1-7-015-006	

M

NAME	MAP	GRID
Magellan, The	DWT	A4
410 Magellan Ave		
Honolulu 96813	1-2-1-021-045	
Mahele III Aina	10	F2
2817 Manoa Rd		
Honolulu 96822	1-2-9-019-030	
Mahi Ko At Waikele	63	F2
Manager Dr		
Waipahu 96797	1-9-4-007-032	
Mahinui Gardens	17	B1,2
45-510a Mahinui Rd		
Kaneohe 96744	1-4-5-036-023	
Mai Hale	WAI	A4
2618 Maunawai Pl		
Honolulu 96816	1-2-7-025-018	
Maile Apartments	WAI	A6
727 Makaleka Ave		
Honolulu 96816	1-2-7-034-014	
Maile Sky Court	WAI	C3
2058 Kuhio Ave		
Honolulu 96815	1-2-6-016-048	
Maile Terrace	Dtl 4	C3
1323 Makiki St		
Honolulu 96814	1-2-4-009-008	
Maile Tower	Dtl 4	B1
1095 Spencer St		
Honolulu 96822	1-2-4-016-014	
Maili Cove	94	E3
87-561 Farrington Hwy		
Waianae 96792	1-8-7-028-017	
Makaha Beach Cabanas	92	E3
84-965 Farrington Hwy		
Waianae 96792	1-8-4-004-014	
Makaha Shores	92	E2
84-265 Farrington Hwy		
Waianae 96792	1-8-4-001-005	
Makaha Surfside	92	E4
85-175 Farrington Hwy		
Waianae 96792	1-8-5-017-008	
Makaha Valley Plantation	92	D1
Kili Dr		
Waianae 96792	1-8-4-002-049	
Makaha Valley Towers	92	D1
(Makaha Valley)		
Waianae 96792	1-8-4-002-010	
Makaha Village	92	F1
84-510 Farrington Hwy		
Waianae 96792	1-8-4-018-007	
Makakilo Cliffs	85	D1,2
End Of Panana St		
Ewa Beach 96706	1-9-2-019-048	
Makakilo Gardens II	85	F3
92-731 Makakilo Dr		
Ewa Beach 96706	1-9-2-019-012	
Makakilo Gardens III	85	F3
92-783 Makakilo Dr		
Ewa Beach 96706	1-9-2-019-013	
Makakilo Hale I	85	E2
92-1251 Panana St		
Ewa Beach 96706	1-9-2-019-020	
Makakilo Hale II	85	E2
92-1249 Panana St		
Ewa Beach 96706	1-9-2-019-021	
Makakilo Mala	85	F2
92-830 Kinohi Pl		
Ewa Beach 96706	1-9-2-019-016	
Makaleka, 730	WAI	A6
730 Makaleka St		
Honolulu 96816	1-2-7-035-013	

NAME	MAP	GRID
Makani Kai Marina	23	E2
45-395 Wailele Rd		
Kaneohe 96744	1-4-5-002-001	
Makaua Shores	36	B4
51-529 Kam Hwy		
Kaaawa 96730	1-5-1-003-002	
Makaua Village	36	C3
51-636 Kam Hwy		
Kaaawa 96730	1-5-1-005-004	
Makiki Apts	Dtl 4	B2
1122 Wilder Ave		
Honolulu 96822	1-2-4-030-052	
Makiki Bel Aire	Dtl 4	B3
1543 Makiki St		
Honolulu 96822	1-2-4-009-002	
Makiki Cliffs	Dtl 4	C1
1010 Maunaihi Pl		
Honolulu 96822	1-2-4-016-036	
Makiki Cliffside	Dtl 4	B1
1060 Spencer St.		
Honolulu 96822	1-2-4-016-020	
Makiki Colony	Dtl 4	B3
1620 Keeaumoku St		
Honolulu 96822	1-2-4-025-022	
Makiki Courte	DWT	A7
1228 Lunalilo St		
Honolulu 96813	1-2-4-020-054	
Makiki Crescent	Dtl 4	A3
1418 Makiki St		
Honolulu 96822	1-2-4-022-003	
Makiki East	Dtl 4	C2
1127 Davenport St		
Honolulu 96822	1-2-4-019-029	
Makiki Heights	4	A2
2667 Tantalus Dr		
Honolulu 96813	1-2-5-009-019	
Makiki Hillside	Dtl 4	A3
1821 Keeaumoku St		
Honolulu 96822	1-2-4-024-011	
Makiki Holiday	Dtl 4	B3
1722 Makiki St		
Honolulu 96822	1-2-4-024-013	
Makiki Iki	Dtl 4	B2
1616 Kewalo St		
Honolulu 96822	1-2-4-029-010	
Makiki Kai	Dtl 4	C3
1317 Makiki St		
Honolulu 96822	1-2-4-010-018	
Makiki Manor	Dtl 4	B2
1130 Wilder Ave		
Honolulu 96822	1-2-4-030-051	
Makiki Palms	Dtl 4	C2
1505 Kewalo St		
Honolulu 96822	1-2-4-021-040	
Makiki Park Place	Dtl 4	B3,C3
1517 Makiki St		
Honolulu 96822	1-2-4-009-003	
Makiki Parkside	Dtl 4	C2,C3
1432 Keeaumoku St		
Honolulu 96814	1-2-4-021-063	
Makiki Plaza	Dtl 4	B2
1561 Pensacola St		
Honolulu 96822	1-2-4-019-014	
Makiki Royal	Dtl 4	B3
1310 Heulu St		
Honolulu 96822	1-2-4-025-073	
Makiki Towers	Dtl 4	B3
1617 Keeaumoku St		
Honolulu 96822	1-2-4-024-029	
Makiki Vista	DWT	A7
1155 Hassinger St		
Honolulu 96822	1-2-4-019-034	
Makiki West	WAI	A6
1036 Green St		
Honolulu 96822	1-2-4-017-008	
Makiki Winds	Dtl 4	B2
1642 Kewalo St		
Honolulu 96822	1-2-4-029-003	
Makikian, The	Dtl 4	B2
1190 Wilder Ave		
Honolulu 96822	1-2-4-030-092	
Makikilani Plaza	Dtl 4	C1
1560 Thurston Ave		
Honolulu 96822	1-2-4-016-005	

NAME	MAP	GRID
Malanai Iki	85	C4
91-1050 (-1081) Oaniani St.		
Kapolei 96707	1-9-1-016-023	
Manai Hale	23	F1
45-697 Kam Hwy		
Kaneohe 96744	1-4-5-050-026	
Manoa East	10	F2
East Manoa Rd		
Honolulu 96822	1-2-9-021-066	
Manoa Estates	10	C2
3577 Pinao St		
Honolulu 96822	1-2-9-052-001	
Manoa Hillside Estates	5,10	A1,F3
2916 Kalawao St		
Honolulu 96822	1-2-9-024-001	
Manoa Tei	10	D2
3430 Keahi Pl		
Honolulu 96822	1-2-9-056-031	
Manoa Village	10	F2
2939e Manoa Rd		
Honolulu 96822	1-2-9-026-005	
Manoalani	Dtl 4	B4
1629 Wilder Ave		
Honolulu 96822	1-2-8-012-061	
Marco Polo	WAI	B3
2333 Kapiolani Blvd		
Honolulu 96826	1-2-7-004-001	
Marina Palms	Dtl 13	C2
6226 Kawaihae Pl		
Honolulu 96825	1-3-9-034-059	
Marina Towers	WAI	C2
1645 Ala Wai Blvd		
Honolulu 96815	1-2-6-013-018	
Marine Surf Waikiki	WAI	C4
364 Seaside Ave		
Honolulu 96815	1-2-6-019-001	
Mariner's Village	Dtl 13	A3
598 Hahaione St		
Honolulu 96825	1-3-9-070-008	
Mariner's Village II	Dtl 13	A3
595 Hahaione St		
Honolulu 96825	1-3-9-070-007	
Matlock, 1220	Dtl 4	C3
1220 Matlock Av		
Honolulu 96814	1-2-4-011-070	
Matlock Hale	DWT	A7
1326 Keeaumoku St		
Honolulu 96814	1-2-4-011-056	
Mauka Iki Apts	Dtl 1	B3
3015 Ala Napuaa Pl		
Honolulu 96818	1-1-1-061-009	
Mauna Luan	Dtl 13	A3
501 Hahaione St		
Honolulu 96825	1-3-9-007-004	
Maunaihi Apartments	Dtl 4	B1,C1
1025 Maunaihi Place		
Honolulu 96822	1-2-4-016-037	
Maunaihi Terrace	Dtl 4	B1
1031 Maunaihi Place		
Honolulu 96822	1-2-4-016-023	
Mawaena Kai, O Hawaii Kai I-III	Dtl 13	B4
7007 Hawaii Kai Dr		
Honolulu 96825	1-3-9-008-031	
Mccully Villa	4	C4
2121 Algaroba St		
Honolulu 96826	1-2-7-007-055	
Meheula Hale Patio Hms	61	D2
94-057 Heahilele St		
Mililani Town 96789	1-9-4-005-037	
Melelani Apartments	Dtl 1	B3
3033 Ala Napuaa St		
Honolulu 96818	1-1-1-061-011	
Meridian East	25	D1
14 Aulike St		
Kailua 96734	1-4-3-054-013	
Mililani Gardens Hms Unit I	61	B3
95-455 Kuahelani		
Mililani Town 96789	1-9-5-001-045	
Mililani Gardens Hms Unit II	61	B3
Kuahelani Av		
Mililani Town 96789	1-9-5-001-044	
Mililani Manor (1)	61	B2
95-146 Kipapa Dr		
Mililani Town 96789	1-9-5-021-005	

Dtl = Detail Map (located after Map 99)

Condominiums

NAME	MAP	GRID	NAME	MAP	GRID	NAME	MAP	GRID
Mililani Parkway Ph I 94-719 Meheula Pkwy Mililani 96789	61,62 1-9-4-138-003	D4,1	Moorings 6370 Hawaii Kai Dr Honolulu 96825	Dtl 13 1-3-9-029-076	C3	Newtown Villa I 98-569 Kiliohu Lp Aiea 96701	53 1-9-8-060-018	E2
Mililani Parkway Ph II 94-719 Meheula Pkwy Mililani 96789	61,62 1-9-4-138-002	D4,1	Mott-Smith Laniloa 1717 Mott-Smith Dr Honolulu 96822	Dtl 4 1-2-4-028-005	B2	Newtown Villa II 98-404 Kilihea Way Aiea 96701	53 1-9-8-060-019	E2
Mililani Parkway Ph III Meheula Pkwy/Keaoopua St Mililani 96789	61,62 1-9-4-138-004	D4,1	Mountainview Terrace 46-260 Kahuhipa St Kaneohe 96744	15 1-4-6-031-011	C4	Nihi Gardens 3031 Nihi St Honolulu 96819	8 1-1-4-025-019	E3
Mililani Parkway Ph IV 94-402 Keaoopua St Mililani 96789	62 1-9-4-138-001	D1	Mt Terrace 250 Kawaihae St Honolulu 96825	Dtl 13 1-3-9-035-013	C2	Niihau Apartments 247 Beach Walk Honolulu 96815	WAI 1-2-6-003-013	D4
Mililani Pinnacle Ph I 95-305 Ualalehu St Mililani 96789	61 1-9-5-047-001	E3	**N**			Nob Hill I 94-059 Anania Dr Mililani Town 96789	61 1-9-4-005-028	C4
Mililani Pinnacle Ph II 95-195 Waioleka St Mililani 96789	61 1-9-5-047-002	E3	Na Hale Kumu 55-568 Naniloa Lp Laie 96762	32 1-5-5-006-005	E4	Nob Hill II 94-100 Anania Dr Mililani Town 96789	62,61 1-9-4-005-029	C1,4
Mililani Point 95-349 Kauhelani Ave Mililani 96789	61 1-9-5-001-047	B3	Nahalekeha Onikiniki Pl/Way Aiea 96701	53 1-9-8-011-010	D3	Nob Hill III 94-196 Anania Dr Mililani Town 96789	62 1-9-4-005-030	C1
Mililani Terrace Lanikuhana Av Mililani Town 96789	61 1-9-5-034-086	B3	Nahoa Apartments 95-021 Kuahelani Ave Mililani Town 96789	61 1-9-4-005-034	C3	Nob Hill IV 94-1486 Lanikuhana Mililani Town 96789	62 1-9-4-005-035	C1
Mililani Townhouse 95-601 Kipapa Dr Mililani Town 96789	61 1-9-5-017-028	B3	Nahua, 444 444 Nahua St Honolulu 96815	WAI 1-2-6-021-049	C4,C5	Northbrook 95-2027 Waikalani Wahiawa 96786	61 1-9-5-012-030	C1
Miller, 1547 1547 Miller St Honolulu 96813	DWT 1-2-1-038-012	A4	Nakoo Condo Pjct, 2638 2638 Nakookoo St Honolulu 96826	WAI 1-2-7-012-005	A4	Northpointe, Ph I-II 95-1001* Kaapeha St Mililani 96789	50 1-9-5-049-035	E1
Miller, 1617 1617 Miller St Honolulu 96813	DWT 1-2-2-004-060	A4	Nakoo'koo, 2729(99) 2729 Nakookoo St Honolulu 96826	WAI 1-2-7-018-022	A4	Northpointe @ Mililani, Ph I 50 95-1001 -1009 Kaapeha St (odd) Mililani 96789	 3217 1-9-5-049-049	D2
Miller Plaza 1517 Miller St Honolulu 96813	DWT 1-2-1-037-028	B4	Nalanul Apts 636 Nalanui St Honolulu 96817	3 1-1-7-035-045	B2	Nuuanu, 1634 (2) 1634 Nuuanu Ave Honolulu 96817	3 1-1-7-009-013	C3
Miller Terrace 502 Captain Cook Ave Honolulu 96813	DWT 1-2-1-037-027	B4	Nalanui Hale 633 Nalanui St Honolulu 96817	3 1-1-7-035-014	B2	Nuuanu, 2033 (15) 2033 Nuuanu Av Honolulu 96817	3 1-2-2-010-023	B3
MJJ Apartments 1720 Young St Honolulu 96826	Dtl 4 1-2-8-001-033	C4	Nalu Nani Court 84-850 Farrington Hwy Waianae 96792	92 1-8-4-016-002	F2	Nuuanu Brookside (40) 55 S Judd St Honolulu 96817	3 1-2-2-010-035	B3
Moanalua Estates 1745 Ala Amoamo St Honolulu 96819	1 1-1-1-032-001	A2	Namahana, 417 (122) 417 Namahana St Honolulu 96815	WAI 1-2-6-016-051	C3	Nuuanu Hillside 29 S Judd St Honolulu 96817	9 1-2-2-010-024	E2
Moanalua View Estates 2168 Maha Place Honolulu 96819	1 1-1-1-038-095	B2	Namahana Terrace 448 Namahana St Honolulu 96815	WAI 1-2-6-015-013	C3	Nuuanu Palms 50 Bates St Honolulu 96817	3 1-1-7-012-002	B3
Moanalua Village 3410 Moanalua Rd Honolulu 96819	7,54 1-1-1-012-036	F1,B4	Nanea 1863 Kalakaua Ave Honolulu 96815	WAI 1-2-6-012-004	C2	Nuuanu Park Place 1720 Huna Pl Honolulu 96817	3 1-1-7-019-021	B3
Moiliili Gardens 2760 Kahoaloha Ln Honolulu 96826	5 1-2-7-017-031	C1	Nani Koolau 46-232 Kahuhipa St Kaneohe 96744	15 1-4-6-031-010	C4	Nuuanu Parkside 2047 Nuuanu Ave Honolulu 96817	3 1-2-2-010-024	B3
Mokulani 1716 Keeaumoku St Honolulu 96822	Dtl 4 1-2-4-025-067	B3	Nanihala 1099 Green St Honolulu 96822	DWT 1-2-4-017-051	A6	Nuuanu Streamside (18) Waikahalulu Lane Honolulu 96813	3 1-1-7-009-039	B3
Mokuleia Beach Apts 68-051 Akule St Waialua 96791	67 1-6-8-011-027	B3	Naniwa Gardens 6750 Hawaii Kai Dr Honolulu 96825	Dtl 13 1-3-9-070-002	A3,A4	Nuuanu Terrace (39) 2050 Nuuanu Ave Honolulu 96817	3 1-1-7-012-012	B3
Mokuleia Beach Colony 68-615 Farrington Hwy Waialua 96791	67 1-6-8-009-001	F1	Napali Gardens 47-537 Luluku Rd Kaneohe 96744	16 1-4-5-039-001	B4	Nuuanu Towers (36) 2055 Nuuanu Ave Honolulu 96817	3 1-2-2-010-025	B3
Mokuleia Condominium 68-077 Au St Waialua 96791	67 1-6-8-011-054	B3	Napua Point 115 Maunalua Ave Honolulu 96821	13 1-3-9-007-006	D2	Nuuanu Villas 200 Bates St Honolulu 96817	3 1-1-7-013-010	A3,B3
Mokuleia Country Homes 68-047 Apuhihi St Waialua 96791	67 1-6-8-011-014	B3	Naupaka 68-099 Au Street Waialua 96791	67 1-6-8-011-051	B3	Nuuanu Woods Nuuanu/Coelho Wy Honolulu 96817	9,3 1-1-8-006-019	F1,A3
Mokuleia Hale 68-025 Apuhihi St Waialua 96791	67 1-6-8-011-028	B3	Nauru Tower 1330 Ala Moana Blvd Honolulu 96814	DWT 1-2-3-006-003	D8	**O**		
Mokuleia Sands 68-055 Akule St Waialua 96791	67 1-6-8-011-026	B3	Nehoa, 1516 (143) 1516 Nehoa St Honolulu 96822	Dtl 4 1-2-5-001-009	A3	Oahu Surf I 419 Keoniana St Honolulu 96815	WAI 1-2-6-015-026	C3
Mokuleia Shores 68-041 Waialua Beach Rd Waialua 96791	67 1-6-8-011-001	B3	Nehoa Park Estate, The 1303 Nehoa Ave Honolulu 96822	Dtl 4 1-2-4-025-006	A3	Oahu Surf II 439 Keoniana St Honolulu 96815	WAI 1-2-6-015-030	C3
Mokuleia Surf 68-101 Waialua Beach Rd Waialua 96791	67 1-6-8-011-007	B3	Nenehiwa Gardens 47-669 Melekula Rd Kaneohe 96744	40 1-4-7-046-037	F4	Ocean View 1614 Emerson St Honolulu 96813	DWT 1-2-2-004-020	A5
Monte Vista 2479 Ala Wai Blvd Honolulu 96815	WAI 1-2-6-024-079	B5,C5	Newton Meadows 98-633 Kilinoe St Aiea 96701	53 1-9-8-011-005	D2	Ocean Vista 3033 Ala Ilima St Honolulu 96818	Dtl 1 1-1-1-061-032	B2

Condo-Index **DWT**= Downtown Pull out Map **WAI** = Waikiki Pull out Map

Condominiums

NAME	MAP	GRID
Oceanside Manor	WAI	A8
3015 Kalakaua Ave		
Honolulu 96815	1-3-1-033-010	
Ode Hacienda	WAI	C6
320 Ainakea Way		
Honolulu 96815	1-2-6-028-035	
Ode Rancho	Dtl 4	C2
1447 Kewalo St		
Honolulu 96822	1-2-4-021-039	
Ohana Kewalo	Dtl 4	C2
1508 Kewalo St		
Honolulu 96822	1-2-4-020-008	
Ohua, 250	WAI	C6
250 Ohua Ave		
Honolulu 96815	1-2-6-025-021	
Ohualani	WAI	B6,C6
320 Ohua Ave		
Honolulu 96815	1-2-6-025-017	
Olaloa (Mililani Mauka)	50	F1
N/A		
Mililani 96789	1-9-5-002-001	
Olaloa Project I,II,III	61,50	A1,D2
Mililani Mauka		
Mililani 96789	1-9-5-002-001	
Olanani	17	B1
45-539 Mokulele Dr	PR#3748	
Kaneohe 96744	1-4-5-085-033	
Olohana Terrace	WAI	C3
427 Olohana St		
Honolulu 96815	1-2-6-016-017	
Olokele, 855	5	C2
855 Olokele Ave		
Honolulu 96816	1-2-7-033-019	
Olu Hale Kanoa (5)	3	C2
750 Kanoa St		
Honolulu 96817	1-1-7-031-050	
One Archer Lane	DWT	C5
801 S. King St		
Honolulu 96813	1-2-1-044-041	
One Kalakaua Senior Lvg	DWT	A8
1314 Kalakaua Ave		
Honolulu 96826	1-2-2-005-020	
Ono Vista	67	B3
68-090 Au St		
Waialua 96791	1-6-8-011-058	
Opua Hale Patio Homes	62	D1
94-435 Keaoopua St		
Mililani Town 96789	1-9-4-091-043	
Outrigger At Kailua Beach	25	C3
481/485 Kawailoa Rd		
Kailua 96734	1-4-3-010-031	

P

NAME	MAP	GRID
Pae Ko Gardens	86	E1
Kapolei 96707	1-9-1-016-035	
Pacific Gardens	2	C4
1711 Winant St		
Honolulu 96817	1-1-5-026-001	
Pacific Grand (11)	DWT	B9
747 Amana St		
Honolulu 96814	1-2-3-021-025	
Pacific Heights Park Pl.	3	A4
1000 Kaola Way		
Honolulu 96813	1-2-2-019-020	
Pacific International	WAI	B6,C6
2509 Ala Wai Blvd		
Honolulu 96815	1-2-6-025-040	
Pacific Islander	WAI	C5
249 Kapili St		
Honolulu 96815	1-2-6-024-041	
Pacific Manor	WAI	B5
785 Kinau St		
Honolulu 96814	1-2-1-041-013	
Pacific Monarch	WAI	C5
142 Uluniu Ave		
Honolulu 96815	1-2-6-023-056	
Pacific Palms	WAI	C4
441 Lewers St		
Honolulu 96815	1-2-6-020-069	
Pacific Village	53	E3
98-325 Ualo St		
Aiea 96701	1-9-8-039-004	

NAME	MAP	GRID
Pacific Village Annex	53	E3
98-309 Ualo St		
Aiea 96701	1-9-8-039-012	
Pahikaua Estates	23	F3
45-270 Pahikaua St		
Kaneohe 96744	1-4-5-084-047	
Pahoa 3458	5	C4
3458 Pahoa Ave		
Honolulu 96816	1-3-2-013-023	
Pakalana	Dtl 4	C2
1571 Piikoi St		
Honolulu 96822	1-2-4-020-040	
Palani Hale	WAI	A6
708 Palani Ave		
Honolulu 96816	1-2-7-034-029	
Palani Manor	WAI	A6
727 Palani Ave		
Honolulu 96816	1-2-7-034-033	
Palani Vista	WAI	A6
738 Palani Ave.		
Honolulu 96816	1-2-7-039-004	
Palehua Gardens	85	E2
92-971 Makakilo Dr		
Ewa Beach 96707	1-9-2-019-025	
Palehua Hale	85	E2
Makakilo Dr		
Ewa Beach 96707	1-9-2-019-032	
Palehua Hillside Ph I-III	85	D1
92-1210 Makakilo Dr		
Ewa Beach 96707	1-9-2-019-039	
Palehua Nani Ph I-III	85	D1
92-1226 Makakilo Dr		
Ewa Beach 96707	1-9-2-019-045	
Palehua Townhouses	85	E2
Makakilo Dr		
Ewa Beach 96707	1-9-2-020-071	
Palehua View Ests Ph I,II	84	D4
92-1376 Kuamu St		
Ewa Beach 96707	1-9-2-019-037	
Palehua Villas Ph I-IV	85	E2
92-1120 Panana		
Ewa Beach 96707	1-9-2-019-024	
Palm Court	75	F2
Puamae'ole St		
Ewa Beach 96706	1-9-1-000-000	
Palm Courte IIB, IIC, IID	75	F3
Puamaiole St.		
Ewa Beach 96706	1-9-1-012-033	
Palm Drive	WAI	C8
940 12th Ave		
Honolulu 96816	1-3-2-019-027	
Palm Grove	94	E3
Lualualei		
Waianae 96792	1-8-7-005-011	
Palm Villas	75	E,F2
Puamae'ole St		
Ewa Beach 96706	1-9-1-050-000	
Palms	WAI	C5
931 Nahua St		
Honolulu 96815	1-2-6-021-020	
Palo Alto	Dtl 4	C3
1521 Punahou St		
Honolulu 96822	1-2-8-012-049	
Palolo Gardens	11	F1
2140 10th Ave		
Honolulu 96816	1-3-4-003-006	
Palolo Valley Gardens	11	E1
2275 A-E Palolo Ave		
Honolulu 96816	1-3-4-005-016	
Pan Pacific	5	C2
922 Kapahulu Ave		
Honolulu 96816	1-2-7-031-016	
Park At Pearlridge, The	53	E4
98-501 Koauka Lp		
Aiea 96701	1-9-8-012-079	
Park Surf	WAI	D6
124 Kapahulu Ave		
Honolulu 96815	1-2-6-027-033	
Park Tower	DWT	A5
625 Iolani Ave		
Honolulu 96813	1-2-1-038-008	
Parkglen @ Waikele	63	F2
94-600 Lumiaina St.		
Waipahu 96797	1-9-4-007-017(-032)	

NAME	MAP	GRID
Parkland Gardens	WAI	A4
2718-J Waiaka Rd		
Honolulu 96826	1-2-7-017-006	
Parkside, The	3	B4
1870 Lusitana St		
Honolulu 96813	1-2-2-008-058	
Parkside Terrace	Dtl 1	C1,C2
925 Ala Lilikoi St.		
Honolulu 96813	1-1-1-059-024	
Parkside Tower	WAI	A2
2222 Citron St		
Honolulu 96826	1-2-7-007-031	
Parkview Apartments	WAI	C6
240 Makee St		
Honolulu 96815	1-2-6-028-019	
Parkview At Waikele	63	E2
94-217 Lumiaina Pl		
Waipahu 96797	1-9-4-007-051	
Parkview Village Condo	73	C4
94-668 Kupuna Lp		
Waipahu 96797	1-9-4-107-100	
Parkway Phase A	17	A2
45-409 Mokulele Dr		
Kaneohe 96744	1-4-5-103-005	
Parkway Phase B-1	17	A2
45-167 Kumakua Pl		
Kaneohe 96744	1-4-5-106-033	
Parkway Phase C-1	17	B1
45-451 Mokulele Dr		
Kaneohe 96744	1-4-5-103-008	
Parkway Phase C-2	17	B1
45-450 Opuhea Pl		
Kaneohe 96744	1-4-5-103-001	
Pat's At Punaluu	35	D2
53-567 Kam Hwy		
Hauula 96717	1-5-3-008-002	
Pauahi Gardens	2	C4
617/623 Mcneill St		
Honolulu 96817	1-1-5-027-042	
Pauoa Rd, 1942/1946 (17)	3	B3
1942 & 1946 Pauoa Rd		
Honolulu 96813	1-2-2-010-014	
Pavilion At Waikiki, The	WAI	C2
1925 Kalakaua Ave		
Honolulu 96815	1-2-6-007-006	
Pawaa Gardens	DWT	A9
1617 Young St		
Honolulu 96826	1-2-8-001-025	
Pearl City Business Plz	64	B2
803 Kamehameha Hy		
Pearl City 96782	1-9-7-034-002	
Pearl Harbor Gardens	74	A3
94-125 Pahu St		
Waipahu 96797	1-9-4-011-001	
Pearl Harbor View	74	B2
94-133 Pupupuhi St		
Waipahu 96797	1-9-4-039-097	
Pearl Horizons Ph I,II,III	53	F3
98-640 Moanalua Lp		
Aiea 96701	1-9-8-011-037	
Pearl Kai Terrace	64	B2
834 Lehua Ave		
Pearl City 96782	1-9-7-020-021	
Pearl Manor Apartments	53	F3
98-120 Lipoa Pl		
Aiea 96701	1-9-8-014-009	
Pearl One	53	D4
98-500 Koauka Lp		
Aiea 96701	1-9-8-030-053	
Pearl Regency	53	E3
98-402 Koauka Lp		
Aiea 96701	1-9-8-039-002	
Pearl Ridge Terraces	53	F3
98-729 Moanalua Lp		
Aiea 96701	1-9-8-010-001	
Pearl Two	53	D3
98-410 Koauka Lp		
Aiea 96701	1-9-8-039-013	
Pearlridge Gardens & Tws	53	E3
98-1031 Moanalua Rd		
Aiea 96701	1-9-8-039-003	
Pearlridge Square	53	E3
98-288 Kaonohi St		
Aiea 96701	1-9-8-039-005	

Dtl = Detail Map (located after Map 99)

Condominiums

NAME	MAP	GRID
Pele Apartments	DWT	A4
402 Iolani Ave		
Honolulu 96813	1-2-2-004-025	
Pele St, 1515	DWT	A4
1515 Pele St		
Honolulu 96813	1-2-1-021-005	
Penakii	63	C1
94-1186 Kipa'a Pl		
Waipahu 96797	1-9-4-115-006	
Peninsula @ Hawaii Kai Ph I	13	C4
7105 Wailoa St		
Honolulu 96825	1-3-9-008-016	
Pensacola, 1525	Dtl 4	C2
1525 Pensacola St		
Honolulu 96822	1-2-4-019-025	
Pensacola Gardens	Dtl 4	C1
1524 Pensacola St		
Honolulu 96822	1-2-4-018-007	
Pensacola Vista	Dtl 4	B1
1562 Pensacola St.		
Honolulu 96822	1-2-4-018-003	
Piikoi, 1650	Dtl 4	B2
1650 Piikoi St		
Honolulu 96822	1-2-4-030-058	
Piikoi Atrium	DWT	A7
1441 Piikoi St		
Honolulu 96822	1-2-4-020-059	
Piikoi Hale	Dtl 4	C2
15212 Piikoi St		
Honolulu 96822	1-2-4-019-019	
Piikoi Medical Clinic	DWT	B7
1024 Piikoi St		
Honolulu 96822	1-2-4-003-001	
Piikoi Plaza	DWT	B7
725 Piikoi St		
Honolulu 96814	1-2-3-014-059	
Piikoi Tower	Dtl 4	C2
1556 Piikoi St		
Honolulu 96822	1-2-4-019-003	
Piikoi Villa	Dtl 4	C2
1452 Liholiho St		
Honolulu 96822	1-2-4-020-046	
Pikake Manor	Dtl 1	B2
3148 Ala Ilima St		
Honolulu 96818	1-1-1-058-010	
Pine Knoll Villas	61	B2
95-710 Kipapa Dr		
Mililani Town 96789	1-9-5-023-003	
Plantation View Hale	74	B2
94-249 Waikele Rd		
Waipahu 96797	1-9-4-010-038	
Plantation Villa	63	E4
94-102 Kahuamoku St		
Waipahu 96797	1-9-4-017-042	
Plaza At Century Court	WAI	A4
2542 Date St		
Honolulu 96826	1-2-7-022-003	
Plaza Hawaii Kai	Dtl 13	A4
6770 Hawaii Kai Dr		
Honolulu 96825	1-3-9-070-001	
Plaza Landmark	Dtl 1	B2
5333 Likini St		
Honolulu 96818	1-1-1-065-037	
Pleasanton	Dtl 4	B4
1710 Punahou St		
Honolulu 96822	1-2-4-023-013	
Plumeria Hale	WAI	A4
2630 Kapiolani Blvd		
Honolulu 96826	1-2-7-018-036	
Poha Kea Point IIIIncr I-V	15,23	A4,D1
46-149 Meheanu Lp		
Kaneohe 96744	1-4-6-001-054	
Poha Kea Point IV Incr I-IV	15,23	A4,D1
Lilipuna Rd		
Kaneohe 96744	1-4-5-001-060	
Poha Kea Point IV-A Incr I-II	23	D1
Lilipuna Rd		
Kaneohe 96744	1-4-6-001-002	
Pohaku, 1555	3	B1
1555 Pohaku St		
Honolulu 96817	1-1-6-006-036	
Poinciana Manor	25	D2
1015 Aoloa Pl		
Kailua 96734	1-4-2-001-048	
Pokai Bay Beach Cabanas	93	E2
85-933 Bay View Dr		
Waianae 96792	1-8-5-008-038	
Pokai Bay Marina	95	E3
85-003 Pokai Bay St		
Waianae 96792	1-8-5-008-001	
Poki,1814	Dtl 4	B4
1814 Poki St		
Honolulu 96822	1-2-4-023-017	
Polynesian Sunset I	DWT	A5
904 Lunalilo St		
Honolulu 96822	1-2-4-014-009	
Pomaikai	WAI	D2
1804 Ala Moana Blvd		
Honolulu 96815	1-2-6-012-007	
Prince David Apts	Dtl 4	C2
1539 Piikoi St		
Honolulu 96822	1-2-4-020-065	
Prince Lunalilo Condo	DWT	A6
1074 Lunalilo St		
Honolulu 96822	1-2-4-017-048	
Princess Kealoha	Dtl 4	B3
1331 Heulu St		
Honolulu 96822	1-2-4-025-039	
Princess Leilani	DWT	B9
1651 Kanunu St		
Honolulu 96814	1-2-3-021-020	
Promenade	WAI	C4
423 Kaiolu St		
Honolulu 96815	1-2-6-017-006	
Prospect, 1011	Dtl 4	B1
1011 Prospect St		
Honolulu 96822	1-2-4-016-043	
Prospect, 965	Dtl 4	C1
965 Prospect St		
Honolulu 96822	1-2-4-015-030	
Prospect, 949	DWT	A5
949 Prospect St		
Honolulu 96822	1-2-4-015-043	
Prospect Estates, The	Dtl 4	B1
982 Prospect St		
Honolulu 96822	1-2-2-004-001	
Prospect Park, The	Dtl 4	B1
960/980 Prospect St		
Honolulu 96822	1-2-4-004-003	
Prospect Tower	DWT	A5
927 Prospect St		
Honolulu 96822	1-2-4-015-017	
Pua Leahi Apts	WAI	C8
3071 Pualei Cr		
Honolulu 96815	1-3-1-026-038	
Puana Malu	Dtl 1	B3
2949 Ala Ilima St		
Honolulu 96818	1-1-1-061-002	
Pulelehua	Dtl 4	B4
1624 Dole St		
Honolulu 96822	1-2-8-012-058	
Pulua	63	C1
Oli Loop		
Waipahu 96797	1-9-4-117-059	
Pumehana	WAI	A1
1820 Waiola St		
Honolulu 96826	1-2-3-029-047	
Punahala	Dtl 4	B4
1615 Wilder Ave		
Honolulu 96822	1-2-8-012-050	
Punahou, 1425	Dtl 4	B4
1425 Punahou St		
Honolulu 96822	1-2-8-012-037	
Punahou, 802	WAI	B1
802 Punahou St		
Honolulu 96822	1-2-3-023-025	
Punahou, 900	DWT	A9
900 Punahou St		
Honolulu 96822	1-2-3-036-013	
Punahou Chalet	Dtl 4	B4
1521 Alexander St		
Honolulu 96822	1-2-8-013-099	
Punahou Cliffs (106)	Dtl 4	B3
1517 Wilder Ave		
Honolulu 96822	1-2-4-008-005	
Punahou Gardens (155)	Dtl 4	B3
1550 Wilder Ave		
Honolulu 96822	1-2-4-023-033	
Punahou Manor	Dtl 4	B4
1805 Poki St		
Honolulu 96822	1-2-4-023-005	
Punahou Palms (102)	Dtl 4	B3
1808 Punahou St		
Honolulu 96822	1-2-4-023-004	
Punahou Park Place	Dtl 4	C2
1531 Makiki St		
Honolulu 96822	1-2-4-009-020	
Punahou Parkside	Dtl 4	B3
1561 Wilder Ave		
Honolulu 96822	1-2-4-008-008	
Punahou Regency	Dtl 4	C4
1114 Punahou St		
Honolulu 96814	1-2-4-006-001	
Punahou Royale	Dtl 4	B3
1541 Dominis St		
Honolulu 96814	1-2-4-023-026	
Punahou Surf	Dtl 4	B4
1513 Spreckels St		
Honolulu 96822	1-2-8-012-059	
Punahou Tower	Dtl 4	B4
1617 Dole St		
Honolulu 96822	1-2-8-012-036	
Punahou Vista	Dtl 4	B4
1635 Dole St		
Honolulu 96822	1-2-8-012-043	
Punahou-Wilder	Dtl 4	B4
1535 Wilder Ave		
Honolulu 96822	1-2-8-012-051	
Punaluu Kai		
53-524 Kamehameha Hwy		
Punaluu 96717	1-5-3-006-035	
Punchbowl Place	DWT	A3
255 Huali St		
Honolulu 96813	1-2-2-003-011	
Punchbowl Plaza	DWT	A4
1611 Miller St		
Honolulu 96813	1-2-2-004-062	
Pupuole Center	74	B2
94-200 Pupuole St		
Waipahu 96797	1-9-4-049-029	
Pupupuhi Hale	74	B2
94-119 Pupupuhi St		
Waipahu 96797	1-9-7-039-102	
PuuPlace, 2056	48	C4
2056 Puu Pl		
Wahiawa 96786	1-7-5-014-058	
Puu Iki	15	B4
46-001 Puulena St		
Kaneohe 96744	1-4-6-002-039	
Puualii Phase I Incr I-V	15	B4
Puulena St		
Kaneohe 96744	1-4-6-002-036	
Puualii Phase II Incr I,II	15	B4
Ki'owai St		
Kaneohe 96744	1-4-6-002-031	
Puuhale Gardens	2	C3
835 Puuhale Rd		
Honolulu 96819	1-1-2-001-049	
Puuiki Beach	67	B3
68-078 Au St		
Waialua 96791	1-6-8-011-057	
Puuiki Hale	67	B3
68-077 Au St		
Waialua 96791	1-6-8-011-054	
Puuiki Park Village I	67	B3
68-1,3,9,27 Waialua Beach Rd		
Haleiwa 96712	1-6-8-011-055	
Puuiki Park Village II	67	B3
68-57,63,65,67 Au St		
Haleiwa 96712	1-6-8-011-055	
Puuiki Park Village III	67	B3
68-069 Au St		
Waialua 96791	1-6-8-011-081	

Q

NAME	MAP	GRID
Queen Emmalani Twr (37)	DWT	D4,D5
600 Queen St		
Honolulu 96813	1-2-1-048-008	
Queen Victoria, The	DWT	A6,B6
1080 S.Beretania St		
Honolulu 96814	1-2-4-013-003	

Condo-Index   DWT= Downtown Pull out Map   C12   WAI = Waikiki Pull out Map

Condominiums

NAME	MAP	GRID
Queen's Court @ Kapio. Pk 3002 Hibiscus Dr Honolulu 96815	WAI 1-3-1-034-021	E9

R

NAME	MAP	GRID
Rainbow Place (28) 2873 Kuilei St Honolulu 96826	5 1-2-7-017-002	C1
Rainbow Series-Kauhale Waipio 94-1210 Mohalu Lp Waipahu 96797	74 1-9-4-115-017	B2
Rainbow Series-Kuola Ph I-III Oli Lp/Ukee St Waipahu 96797	63 1-9-4-115-015	D1
Rainbow Terrace (53) 2875 S King St Honolulu 96826	5 1-2-7-027-028	C1
Regency Ala Wai 454 Namahana St Honolulu 96815	WAI 1-2-6-015-012	B3,C3
Regency At Kahala 4340 Pahoa Ave Honolulu 96816	6 1-3-5-016-016	B2
Regency Park 3138 Waialae Ave Honolulu 96816	5 1-3-3-001-007	B3
Regency Tower 2525 Date St Honolulu 96826	WAI 1-2-7-019-015	A4
Richard Lane, 1214 1214 Richard Lane Honolulu 96819	2 1-1-3-009-019	B3
Richard Lane, 1260 1260 Richard Lane Honolulu 96819	2 1-1-3-039-002	B3
Ridge At Launani Valley 95-510 Wikao St Mililani 96789	50 1-9-5-002-006	F1
Ridgecrest-Melemanu Wdlnds 95-2056 Waikalani Wahiawa 96786	61 1-9-5-012-028	C1
Ridgeway-Unit A 98-665 Kaonohi St Aiea 96701	53 1-9-8-011-048	D2
Ridgeway-Unit B I 98-911 Kaonohi St Aiea 96701	53 1-9-8-011-052	C3
Ridgeway-Unit B II 98-775 Kaonohi St Aiea 96701	53 1-9-8-011-041	C3
Ridgeway-Unit C 98-755 Iho Place Aiea 96701	53 1-9-8-011-049	C3
Ridgeway-Unit D 98-602 Kaonohi St Aiea 96701	53 1-9-8-011-050	C2
Rose At Lusitana 1442 Lusitana St Honolulu 96813	DWT 1-2-1-022-004	B4
Rose Terrace 1687 Pensacola St Honolulu 96822	Dtl 4 1-2-4-030-075	B2
Royal Aloha 1909 Ala Wai Blvd Honolulu 96815	WAI 1-2-6-014-026	C2
Royal Capitol Plaza (32) 876 Curtis Honolulu 96813	DWT 1-2-1-047-002	D5
Royal Court 920 Ward Ave Honolulu 96814	DWT 1-2-1-044-033	C6
Royal Garden-Makiki 1711 Makiki St Honolulu 96822	Dtl 4 1-2-4-023-076	B3
Royal Iolani 581 Kamoku St Honolulu 96826	WAI 1-2-7-020-009	A4
Royal Ko Olina 92-149 Waipahe Pl Ewa Beach 96707	97,98 1-9-1-057-014	E4,1
Royal Kuhio (80) 2240 Kuhio Ave Honolulu 96815	WAI 1-2-6-020-058	C4

NAME	MAP	GRID
Royal Lunalilo 926 Lunalilo St Honolulu 96822	DWT 1-2-4-014-005	A6
Royal Manoa 1603 Dole St Honolulu 96822	Dtl 4 1-2-8-012-029	B4
Royal Queen Emma 222 Vineyard St Honolulu 96813	DWT 1-2-1-019-010	B3
Royal Towers 5180 Likini St Honolulu 96818	Dtl 1 1-1-1-058-009	B2
Royal Vista 1022 Prospect St Honolulu 96822	Dtl 4 1-2-2-005-004	CB1
Rycroft Manor 1129 Rycroft St Honolulu 96814	DWT 1-2-3-010-011	B7

S

NAME	MAP	GRID
Sakura 2029 Nuuanu Ave Honolulu 96817	3 1-2-2-010-022	B3
Salt Lake, 3388 3388 Salt Lake Blvd Honolulu 96818	1 1-1-1-017-005	E2
Salt Lake Manor 2977 Ala Ilima St Honolulu 96818	1 1-1-1-061-024	D2
Sandalwood 910 Ahana St Honolulu 96814	DWT 1-2-3-018-029	B8
Scandia 204 Makee Rd Honolulu 96815	5 1-2-6-027-002	E2
Scandia Towers 155 Paokalani Ave Honolulu 96815	WAI 1-2-6-027-026	C6
Scenic Towers 796 Isenberg St Honolulu 96826	WAI 1-2-7-006-007	A2,A3
Sea View 1002-A Prospect St Honolulu 96822	Dtl 4 1-2-2-004-059	B1
Seashore 2450 Koa Ave Honolulu 96815	WAI 1-2-6-023-018	C5
Seaside Suites 440 Seaside Ave. Honolulu 96815	WAI 1-2-6-020-001	C4
Seaside Towers (79) 435 Seaside Ave Honolulu 96815	5 1-2-6-021-025	D1
Shangri-La 44-672 Kahinani Pl Kaneohe 96744	24 1-4-4-013-033	D1
Sherry Waikiki I 324 Lewers St Honolulu 96815	WAI 1-2-6-018-007	C4
Sherry Waikiki II 324 Lewers St Honolulu 96815	WAI 1-2-6-018-083	C4
Shores @ Suncrest, 91-1008* Huliau Street Ewa 96706	3&4 75 1-9-1-152-022	PR#3948
Sierra Gardens 3324 Sierra Dr Honolulu 96816	5 1-3-3-005-013	B4
Six Twenty Sheridan 620 Sheridan St Honolulu 96814	DWT 1-2-3-015-018	C8
Sixteen Regents 2326/2334 Kapiolani Blvd Honolulu 96826	WAI 1-2-7-005-001	B3
Sky Tower Apts 1515 Ward Ave Honolulu 96815	DWT 1-2-4-015-021	A5
Sovereign 1760 So Beretania St Honolulu 96822	Dtl 4 1-2-8-011-016	C4
Spencer House 1035 Spencer St Honolulu 96822	DWT 1-2-4-016-008	A6

NAME	MAP	GRID
Spencer Terrace 724 Spencer St Honolulu 96813	DWT 1-2-1-039-026	A5
Spreckels Street West 1520 Spreckels St Honolulu 96822	Dtl 4 1-2-8-012-054	B4
Spruce Ridge Villas 94-1095 Anania Circle Mililani Town 96789	61 1-9-4-061-108	C4
Streamside @ Launani Vly Wikao St Mililani 96789	60 1-9-5-002-023	A4
Su Casa 94-245 Leowahine St Waipahu 96797	74 1-9-4-028-026	B2
Summer Palace 1848 Kahakai Dr Honolulu 96814	WAI 1-2-3-036-020	C1
Summer Villa 737 Olokele St Honolulu 96816	WAI 1-2-7-035-017	A5
Summit At Kaneohe Bay 45-175 Lilipuna Rd. Kaneohe 96744	23 1-4-5-045-033	D1
Sun Hala 754 Ekela Ave Honolulu 96816	WAI 1-2-7-035-015	A6
Sun Rise Ph All Hanapouli Cir Ewa Beach 96706	75 1-9-1-061-007	F3
Sun Terra Kaahupahau St Ewa Beach 96706	75 1-9-1-070-	F4
Sun Terra on the Park Kahiuka St Ewa Beach 96706	75 1-9-1-	F3
Suncrest, Ph A & B Laulauna St & Huliau St Ewa 96706	75 PR#3782 1-9-1-102-012	
Suncrest Model Cmplx 91-1024 Huliau St (#40) Ewa 96706	75 PR#4022 1-9-1-102-013	
Sunpoint, Ph I-III 94-1352* Kulewa Loop Waipahu 96797	62 1-9-4-115-037*	C4
Sunset Beach Vista 59-043 Huelo St Haleiwa 96712	41 1-5-9-001-080	C2
Sunset Lakeview 3215 Ala Ilima St Honolulu 96818	Dtl 1 1-1-1-060-012	C2
Sunset Paradise 68-172 Au St Waialua 96791	67 1-6-8-011-033	B3
Sunset Paumalu Estate 59-001 Holawa St Haleiwa 96712	41 1-5-9-001-023	C2
Sunset Shores 68-121 Au St Waialua 96791	67 1-6-8-011-046	B3
Sunset Towers 419 Atkinson Dr Honolulu 96814	WAI 1-2-3-036-001	C1
Surfview 8018 Lunalilo St Honolulu 96822	DWT 1-2-4-017-005	A6

T

NAME	MAP	GRID
Tan Apartments 1718 Young St Honolulu 96826	Dtl 4 1-2-8-001-034	C4
Tantalus Vista 1620 Kewalo St Honolulu 96822	Dtl 4 1-2-4-029-009	B2
Tengan Terrace Laelae Way/Kuapahaku Dr Honolulu 96819	8 1-1-4-017-036	D2
Terrace Apartments 2450 Date St Honolulu 96826	WAI 1-2-7-015-035	A3
Terrace Lanai Kawaihae St Honolulu 96813	Dtl 13 1-3-9-030-052	B2

Dtl = Detail Map (located after Map 99)

C13

Condo-Index

Condominiums

NAME	MAP	GRID
Terrace Towers 2440 Date St Honolulu 96826	WAI 1-2-7-015-004	A3
Terraces @ Launani Vly 95-920 Wikao St Mililani 96789	60 1-9-5-002-023	A4
Terrazza, Ph I *91-1470 Keaunui Drive Ewa Beach 96706	75 1-9-1-010-048	E3 4395
Terrazza Green St Honolulu 96813	DWT 1-2-1-	A6
Thomas Square Ctr 846 S Hotel St Honolulu 96813	DWT 1-2-1-042-020	B5
Three Regents 5095 Likini St Honolulu 96818	Dtl 1 1-1-1-057-002	B1
Thurston, 1590 1590 Thurston Ave Honolulu 96822	Dtl 4 1-2-4-016-002	B1
Tiare Apartments 1735 Dole St Honolulu 96822	Dtl 4 1-2-8-012-008	B4
Top Of The Hill 3370 Salt Lake Blvd Honolulu 96818	1 1-1-1-017-001	E2
Townhomes At Pearlridge 98-282 Kaonohi St Pearl City 96782	53 1-9-8-039-007	E3
Townhouse, The 1415 Victoria St Honolulu 96822	DWT 1-2-4-017-056	A6
Tradewinds Plaza 2572 Lemon Rd Honolulu 96815	WAI 1-2-6-027-020	C6
Tree House 337 Lewers St Honolulu 96815	WAI 1-2-6-019-035	C4
Tropic Gardens 1908 Kilauea Ave Honolulu 96816	6 1-3-5-017-018	B2
Tropics @ Waikele,I-III Paiwa St Waipahau 96797	63 1-9-4-007-066*	E1
Tropicana Manor Moanalua 851 Ala Lilikoi St Honolulu 96815	Dtl 1 1-1-1-060-013	C2
Tropicana Village Aiea-2 & 3 Kaonohi St Honolulu 96816	53 1-9-8-040-002	D2
Tropicana Village-Makai 1371 Hunakai St Aiea 96701	6 1-3-5-017-029	B2
Tropicana West 94-207 Waipahu St Waipahu 96797	74 1-9-4-047-005	B2
Twenty One Hundred 2100 Date St Honolulu 96826	WAI 1-2-7-002-030	A2
Twin Towers 2085 Ala Wai Blvd Honolulu 96815	WAI 1-2-6-016-001	B3,C3

U

NAME	MAP	GRID
Uke'e Industrial Court 94-529 Ukee St Mililani 96797	62 1-9-4-099-007	D3
Uke'e Plaza 94-340 Ukee St Waipahu 96797	62 1-9-4-127-010	C4
Uluniu Urban 320 & 328 Uluniu St Kailua 96734	23 1-4-5-052-009	F2
Union Plaza 1737 S King St Honolulu 96826	WAI 1-2-8-001-050	A1
University, 727 727 University Ave Honolulu 96826	WAI 1-2-7-015-027	A3
University Court 1914 University Ave Honolulu 96822	WAI 1-2-8-016-025	A3
University Gardens (49) 908/918 University Ave Honolulu 96826	5 1-2-7-016-032	C1
University Plaza (50) 2626 Kuilei Lane Honolulu 96826	5 1-2-7-016-002	C1
University Towers 1026 Kalo Pl Honolulu 96826	5 1-2-8-024-014	C1
University Villa 1025 Kalo Pl Honolulu 96826	5 1-2-8-024-028	C1
Uraku Tower, Hawaii 1341 Kapiolani Blvd Honolulu 96814	DWT 1-2-3-009-019	C8

V

NAME	MAP	GRID
Valley Estates Ahuimanu Rd Kaneohe 96744	40 1-4-7-055-011	D3
Valley Homes Kili Dr Makaha 96792	92 1-8-4-002-064	E,D1
Valley Park Place (23) 2431 Pauoa Rd Honolulu 96813	3 1-2-2-016-002	A4
Valley View Estates Hui Iwa St Kaneohe 96744	40 1-4-7-004-039	D,C4
Valley View Terrace 3097 Kalihi St Honolulu 96819	8 1-1-4-014-007	D2
Valleyview 95-2043 Waikalani Pl Wahiawa 96786	61 1-9-5-012-029	C1
Varsity House 2501 Coyne St Honolulu 96826	4 1-2-8-006-060	C4
Varsity Villa (37) 2649 Varsity Pl Honolulu 96826	5 1-2-8-024-015	C1
Victoria Mansions 1456 Thurston Ave Honolulu 96822	DWT 1-2-4-015-005	A6
Victoria Plaza 1432 Victoria St Honolulu 96822	DWT 1-2-4-015-004	A6
Victoria Towers 1420 Victoria St Honolulu 96822	DWT 1-2-4-014-004	A6
Viewpointe @ Waikele 94-510 Lumiaina St Waipahu 96797	63 PR#4010 1-9-4-007-042	F2
Villa Marina 130 Kawaihae St Honolulu 96825	Dtl 13 1-3-9-035-007	C2
Villa On Eaton Square 400 Hobron Ln Honolulu 96815	WAI 1-2-6-013-014	C2
Village Green 521 Pepeekeo St Honolulu 96825	Dtl 13 1-3-9-038-005	A3
Village Maluhia 1535 Pensacola St Honolulu 96822	Dtl 4 1-2-4-019-010	C2
Village on the Green* Lumiauau St Waipahu 96797	63 1-9-4-007-047	D1,2
Village West 98-300 Kaonohi St Aiea 96701	53 1-9-8-040-006	E2,3
Villages At Waipio, The Waipahu Uka St Waipahu 96797	62 1-9-4-099-073	C4
Vineyard Apts (14) 608 N Vineyard Blvd Honolulu 96817	3 1-1-7-032-026	C2
Vineyard Court 801-819 N. Vineyard Blvd Honolulu 96817	3 1-1-7-	
Vista Del Mar 1015 Ala Napunani St Honolulu 96818	Dtl 1 1-1-1-062-001	A3

W

NAME	MAP	GRID
Wahiawa Medical Bldg 302 California Ave Wahiawa 96786	60 1-7-3-004-036	B1
Waialae Gardens Hunakai St Honolulu 96816	6 1-3-5-017-035	B1
Waialae Place 2845 Waialae Ave Honolulu 96826	5 1-2-7-028-003	C2
Waialae Residence, The 2860 Waialae Rd Honolulu 96826	5 1-2-8-027-005	C2
Waiau Garden Court 98-1461 Kamahao St Pearl City 96782	53 1-9-8-059-003	F1
Waiau Garden Villa Ph I 98-830 Noelani St Pearl City 96782	53 1-9-8-059-031	F1
Waiau Garden Villa Ph II 98-830 Noelani St Pearl City 96782	53 1-9-8-059-004	F1
Waiau Garden Villa Ph III 98-830 Noelani St Pearl City 96782	53 1-9-8-059-004	F1
Waiau Garden Villa Ph IV 98-830 Noelani St Pearl City 96782	53 1-9-8-059-004	F1
Waiau Garden Villa Ph V 98-830 Noelani St Pearl City 96782	53 1-9-8-059-004	F1
Waiau Garden Villa Ph VI 98-830 Noelani St Pearl City 96782	53 1-9-8-059-004	F1
Waiau Gardens Kai, Unit A 98-441 Hookanike St Pearl City 96782	53 1-9-8-059-001	F1
Waiau Gardens Kai, Unit B 98-1399 Nola St Pearl City 96782	53 1-9-8-059-002	F1
Waiau Gardens Kai, Unit D 98-501 Kamahao Pl Pearl City 96782	53 1-9-8-059-005	F1
Waiau Gardens Kai, Unit E 98-1428 Koaheahe St Pearl City 96782	53 1-9-8-059-007	F1
Waiau Gardens Kai, Unit G-I64 98-1289 Hoohiki Pl Pearl City 96782	1-9-8-059-023	A2
Waiau Gardens Kai, Unit G-II 98-930 Noelani St Pearl City 96782	53 1-9-8-059-008	F1
Waihona Industrial Ctr 96-1407 Waihona St Pearl City 96782	63 1-9-6-008-025	B3
Waikalani Woodlands 95-269 Waikalani Dr Wahiawa 96786	61 1-9-5-013-028	D2
Waikalani Woodlands Ph II Waikalani Dr Wahiawa 96786	61 1-9-5-013-029	D2
Waikalua Bayside Ests 45-079w Waikalua Rd Kaneohe 96744	23 1-4-5-005-001	E2
Waikiki Banyan (41) 201 Ohua Ave Honolulu 96815	WAI 1-2-6-025-005	C6
Waikiki Beach Tower 2470 Kalakaua Ave Honolulu 96815	WAI 1-2-6-023-008	C5
Waikiki Beachside (70) 2556 Lemon Rd Honolulu 96815	WAI 1-2-6-027-023	C6
Waikiki Cove 2118 Kuhio Ave Honolulu 96815	WAI 1-2-6-017-038	C3
Waikiki Grand Hotel 134 Kapahulu Ave Honolulu 96815	WAI 1-2-6-027-031	C6
Waikiki Holiday 450 Lewers St Honolulu 96815	WAI 1-2-6-017-028	B4,C4

Condo-Index   DWT= Downtown Pull out Map   C14   WAI = Waikiki Pull out Map

Condominiums

NAME	MAP	GRID
Waikiki Imperial	WAI	C6
225/231 Liliuokalani Ave		
Honolulu 96815	1-2-6-025-032	
Waikiki Lanais	WAI	C5
2452 Tusitala St		
Honolulu 96815	1-2-6-024-069	
Waikiki Landmark	WAI	C2
1888 Kalakaua Ave		
Honolulu 96815	1-2-6-014-039	
Waikiki Malia	WAI	C4
2211 Kuhio Ave		
Honolulu 96815	1-2-6-019-021	
Waikiki Park Heights	WAI	C5
2441 Cleghorn St		
Honolulu 96815	1-2-6-024-024	
Waikiki Parkway	WAI	B1
1660 Kalakaua Ave		
Honolulu 96815	1-2-3-023-006	
Waikiki Royal	WAI	C4
255 Beach Walk		
Honolulu 96815	1-2-6-003-014	
Waikiki Sand Villa	WAI	B5,C5
2375 Ala Wai Blvd		
Honolulu 96815	1-2-6-021-011	
White Pearl Apts	53	F3
98-142 Lipoa Pl		
Aiea 96701	1-9-8-014-016	
Waikiki Shore	WAI	D4
Kalia Rd		
Honolulu 96815	1-2-6-004-012	
Waikiki Skytower	WAI	C5
2410 Cleghorn St		
Honolulu 96815	1-2-6-024-053	
Waikiki Sunset	WAI	C6
229 Paoakalani Ave		
Honolulu 96815	1-2-6-028-011	
Waikiki Townhouse	WAI	C5
2421 Tusitala St		
Honolulu 96815	1-2-6-024-059	
Wailana	WAI	C2
1860 Ala Moana Blvd		
Honolulu 96815	1-2-6-012-002	
Wailehua Apartments	23	E2
47-116 Wailehua Rd		
Kaneohe 96744	1-4-7-058-008	
Wailuna I	53	F2
98-1692a Kaahumanu St		
Pearl City 96782	1-9-8-002-035	
Wailuna I-A	53	F2
98-1736 Kaahumanu St		
Pearl City 96782	1-9-8-002-034	
Wailuna I-B	52	D4
98-1729 Kaahumanu St		
Aiea 96701	1-9-8-002-039	
Wailuna I-C	52	D4
Kaahumanu St		
Aiea 96701	1-9-8-002-038	
Wailuna II	52	D4
98-1777 Kaahumanu St		
Aiea 96701	1-9-8-002-044	
Wailuna II-A	52	D4
Kaahumanu St		
Aiea 96701	1-9-8-002-049	
Waimalu Park	53	F2
98-310 Kam Hwy		
Aiea 96701	1-9-8-008-002	
Waimanu, 1133	DWT	D7
1133 Waimanu St		
Honolulu 96814	1-2-3-004-025	
Waiola, 2024	WAI	A2
2024 Waiola St		
Honolulu 96826	1-2-7-001-015	
Waiola St, 1808 (114)	WAI	A1
1808 Waiola St		
Honolulu 96826	1-2-3-029-050	
Waipahu Commerical Ctr	74	B2
94-150 Leoleo St		
Waipahu 96797	1-9-4-048-062	
Waipahu Knolls	63	F3
Hapapa & Paiwa		
Waipahu 96797	1-9-4-002-040	
Waipahu Parkview Apts	74	A2
94-494 Farrington Hwy		
Waipahu 96797	1-9-4-025-012	

NAME	MAP	GRID
Waipehe Apartments	60	A1
235 Koa St		
Wahiawa 96786	1-7-4-007-012	
Waipio Gardens	61	C2
95-024 Waihau St		
Wahiawa 96786	1-9-5-009-041	
Waipiolani	61	C2
95-023 Waihau St		
Wahiawa 96786	1-9-5-009-039	
Waipuna	WAI	C2
469 Ena Rd		
Honolulu 96815	1-2-6-013-002	
Walina	WAI	C5
435 Walina St		
Honolulu 96815	1-2-6-021-050	
Ward Kinau	DWT	B5
824 Kinau St.		
Honolulu 96813	1-2-1-040-001	
Ward Lanai, The	DWT	A5
1443 Ward Ave		
Honolulu 96822	1-2-4-015-008	
Ward Villa	DWT	A5
1440 Ward Ave		
Honolulu 96822	1-2-1-039-009	
Waterfront Towers	DWT	E4
415 & 425 South St		
Honolulu 96813	1-2-1-054-022	
Waterpark Towers	DWT	E4
555 South St		
Honolulu 96813	1-2-1-030-001	
West Loch Fairways Twn	74	D,E4
Honouliuli St		
Ewa Beach 96706	1-9-1-066-072	
Westbury	WAI	D1,D2
1700 Ala Moana Blvd		
Honolulu 96815	1-2-6-011-008	
Westview @ Makakilo Hts, (I)	85	E1,F2
92-1175 Palahia St.*		
Kapolei 96707	1-9-2-019-056*	
Westview Plaza	DWT	A5
1516 Ward Avenue		
Honolulu 96822	1-2-1-039-004	
White Pearl Apts	53	F3
98-142 Lipoa Pl		
Aiea 96701	1-9-8-014-016	
Wilder, 1001	Dtl 4	B1
1001 Wilder Ave		
Honolulu 96822	1-2-4-016-046	
Wilder, 1010	Dtl 4	B
1010 Wilder Ave		
Honolulu 96822	1-2-4-031-002	
Wilder, 1015 (161)	Dtl 4	B1
1015 Wilder Ave		
Honolulu 96822	1-2-4-016-015	
Wilder, 1111	Dtl 4	B2
1111 Wilder Ave		
Honolulu 96822	1-2-4-019-015	
Wilder, 1330	Dtl 4	B2
1330 Wilder Ave		
Honolulu 96822	1-2-4-025-026	
Wilder, 999	Dtl 4	B1
999 Wilder Ave		
Honolulu 96822	1-2-4-016-045	
Wilder At Piikoi (144)	Dtl 4	B2
1201 Wilder Ave		
Honolulu 96822	1-2-4-020-037	
Wilder Hale (68)	Dtl 4	B2
1210 Wilder Ave		
Honolulu 96822	1-2-4-029-028	
Wilder House	Dtl 4	B2
1114 Wilder Ave		
Honolulu 96822	1-2-4-030-053	
Wilder Regents	Dtl 4	B2
1121 Wilder Ave		
Honolulu 96822	1-2-4-019-017	
Wilder Terrace (34)	Dtl 4	B2
1137 Wilder Ave		
Honolulu 96822	1-2-4-019-069	
Wilder Tower (36)	Dtl 4	B3
1325 Wilder Ave		
Honolulu 96822	1-2-4-021-057	
Wilder-Keeaumoku Apts (86)	Dtl 4	B3
1335 Wilder Ave		
Honolulu 96822	1-2-4-021-001	

NAME	MAP	GRID
Wiliwili, 778	WAI	A2
778 Wiliwili St		4260
Honolulu 96826	1-2-7-002-014	
Wiliwili Vista	WAI	B2
747 Wiliwili St		
Honolulu 96826	1-2-7-003-012	
Wilola Apartments	Dtl 4	B2
1605 Pensacola St		
Honolulu 96822	1-2-4-030-054	
Windsor Regency	Dtl 4	
1534 Magazine St		
Honolulu 96822	1-2-4-015-039	
Windsurfer	25	C2
445 Kawailoa Rd		
Kailua 96734	1-4-3-010-052	
Windward Acres	15	C4
46-261 Kahuhipa St		
Kaneohe 96744	1-4-6-031-017	
Windward Cove	25	D2
1000 Aoloa Pl		
Kailua 96734 1-4-2-001-050		
Windward Estates	15	C4
46-078 Emepela Pl		
Kaneohe 96744	1-4-6-031-022	
Windward Harbour	25	D2
1030 Aoloa Pl		
Kailua 96734 1-4-2-001-049		
Windward Passage	25	D1
322 Aoloa St		
Kailua 96734 1-4-2-001-046		
Windward Villa I	16	A3
45-840 Anoi Rd		
Kaneohe 96744	1-4-5-068-066	
Windward Villa II	23	F1
45-841 Anoi Rd		
Kaneohe 96744	1-4-5-068-059	
Woodlands The	9	C1
3900 Waokanaka St		
Honolulu 96817	1-1-9-005-003	
Woodlawn Terrace	61	D2
95-009 Waikalani Dr		
Wahiawa 96786	1-9-5-012-018	
Woodrose, The	DWT	B8,B9
780 Amana St		
Honolulu 96814	1-2-3-021-032	
Woodwinds	59	D4
1600 Wilikina Dr		
Wahiawa 96786	1-7-3-011-004	

Y

NAME	MAP	GRID
Yacht Club Knolls	23,24	B4,1
44-354 Kaneohe Bay Dr		
Kaneohe 96744	1-4-4-012-004	
Yacht Club Terrace	24	C1
Kaneohe Bay Dr		
Kaneohe 96744	1-4-4-012-064	
Yacht Harbor Towers	WAI	D1
1600 Ala Moana Blvd		
Honolulu 96815	1-2-3-036-039	
Young St, 1448	DWT	A8
1448 Young St		
Honolulu 96814	1-2-4-05-031	
Young St, 1450	DWT	A8
1450 Young St		
Honolulu 96814	1-2-4-05-021	
Young St, 1635 (113)	DWT	A8
1635 Young St		
Honolulu 96814	1-2-8-001-027	
Young St Comm. Bldg	DWT	A9
1436 Young St		
Honolulu 96814	1-2-4-005-022	

Dtl = Detail Map (located after Map 99)

CLUSTERS   COOPS

CLUSTERS

NAME	MAP	GRID
Ahuimanu Woodlands Ahuimanu Rd Kaneohe 96744 1-4-7-005-060	40	F3
Aina Malia Ahuimanu Rd Kaneohe 96744 1-4-7-032-013	40	E3
Ainamalu 3747 Diamond Head Rd Honolulu 96816 1-3-1-039-004	6	E2
Alii Cluster Park Ahai Nani Pl Kaneohe 96744 1-4-6-008-005	15	B3
Auhou Gardenster Ahuimanu Rd Kaneohe 96744 1-4-7-005-060	40	F3
Bay Drive Cluster 44-133 Kauinoeha Pl Kaneohe 96744 1-4-4-017-025	24	C1
Country Place Kapehe St Kaneohe 96744 1-4-7-055-038	40	D3
Hale Kai & Racquet Club 838 N Kalaheo Av Kailua 96734 1-4-3-021-018	24	A3,B3
Hapapa Gardens Cluster Hapapa St/Mahoe St Waipahu 96797 1-9-4-002-012	63	F3
Hauula Cluster Kamehameha Hwy Hauula 96717 1-5-4-003-003	33	E4
I-Lana-Wai (Nuuanu Gardens) 3939 Nuuanu Pali Dr Honolulu 96817 1-2-2-003-040	9	C2
Iwi Way Maunalani Heights Honolulu 96816 1-3-3-022-026	5	A4
Kahala Pacifica 1344 Hoakoa Pl Honolulu 96821 1-3-5-024-007	6	A2
Kaneohe Woods Apuakea St Kaneohe 96744 1-4-5-037-041	17	C1
Kaopa IV Akaakoa St Kailua 96734 1-4-2-004-001	19,25	A2,F4
Kaulana I & II Ukee St/Oli Lp Waipahu 96797 1-9-4-005-013	62	D4
Kaulana III & IV Ukee & Waipio Uka St Waipahu 96797 1-9-4-006-013	62	D4,C4
Kokokahi Bay View Ests 45-067 Kaneohe Bay Dr Kaneohe 96744 1-4-5-104-048	23	E4
Laulea Waipio Waipahu 96797 1-9-4-116-000	63,62	C1,C4
Lelepua Phase II Leomana Way/Place Waipahu 96797 1-9-4-097-070	63	D2
Makaha Reef 84235 Farrington Hwy Waianae 9679 1-8-4-001-007	91	F4
Manoa Woodlands Waakaua St Honolulu 96822 1-2-9-075-043	10	C2
Marigold Villa 1750 Walea St Wahiawa 96786 1-7-5-007-010	49	D1
Mikilana Phase I Mikilana Pl Waipahu 96797 1-9-4-111-000	63	C1
Mikilana Phase II Manino/Polinahe Pl Waipahu 96797 1-9-4-112-000	63	C3,C1
Mililani Town 35 Kikiula/Kuanailo Lp Mililani Town 96789 1-9-4-088-000	61	E4
Mililani Town Mf-41 Mililani Town Mililani Town 96789 1-9-4-000-000	62	E1

NAME	MAP	GRID
Mililani Town Unit 36 Kuahealani Av Mililani Town 96789 1-9-5-001-063	61	A3
Mililani Town Unit 38 Kealakaa St Mililani Town 96789 1-9-4-005-000	62	E1
Mililani Town Unit 40 Makapipipi St Mililani Town 96789 1-9-4-005-049	62	D2
Mililani Town Unit 42 Apele St Mililani Town 96789 1-9-4-105-000	61,62	D4,D1
Mililani Town Unit 43 Lanikuhana Av Mililani Town 96789 1-9-4-110-000	61	E4
Mililani Town Unit 44 Keaolani St Mililani Town 96789 1-9-4-108-000	61	D4
Mililani Town Unit 48 Kuahelani Av Mililani Town 96789 1-9-5-001-016	61	A3
Mililani Town Unit 51 Kuahelani St Mililani Town 96789 1-9-5-001-063	61	A3
Mililani Town Unit 53a, B Lanikuhana Av Mililani Town 96789 1-9-5-001-008	61	A4
Nohea Waipio Waipahu 96797 1-9-4-119-000	62,63	C4,C1
Paani Cluster Waipio Uka St Waipahu 96797 1-9-4-006-012	63	C1
Palehua Heights I Hookomo/Hookeha St Ewa Beach 96707 1-9-2-022-000	84,85	D1,E1
Palehua Heights II Hunekai St Ewa Beach 96707 1-9-2-023-000	84,85	D1,E1
Palehua Heights II Phs 3,4,5 Makakilo Dr Ewa Beach 96707 1-9-2-023-000	84,85	D1,E1
Pihanakalani 45519 Mokuele Dr Kaneohe 96744 1-4-5-038-128	17	B1
Puahi Pulai/Moolelo Pl Waipahu 96797 1-9-4-006-012	63,62	C1,C4
Queen's Point Makaaoa Pl Honolulu 96825 1-3-9-093-118	22	E3,F3
Waikele Estates Waikele Lp Waipahu 96797 1-9-4-027-000	74	B2
Westwood 696/712 Kihapai St Kailua 96734 1-4-3-067-053	24	D3
Whitmore Village Cluster Ihiiihi Wahiawa 96786 1-7-1-002-006	48	F2
Woodridge Alawiki St Kaneohe 96744 1-4-7-004-003	40	D3
Woodridge At Ahuimanu Ala Wiki St Kaneohe 96744 1-4-7-004-035	40	E3

COOPS

NAME	MAP	GRID
Alii Inc, The 135 Uluniu Ave Honolulu 96815 1-2-6-023-020	WAI	C5
Atkinson Towers Inc 419 Atkinson Dr Honolulu 96814 1-2-3-036-038	WAI	C1
Beachside Apts Inc 423429 Kanekapolei St Honolulu 96815 1-2-6-021-076	WAI	C5
Beretania Hale, Ltd 1729 S Beretania St Honolulu 96826 1-2-8-001-049	4	C3
Canal Classic Inc 2621 Laau St Honolulu 96826 1-2-7-021-003	WAI	A4
Capri Apartments (90) 2412 Koa Ave Honolulu 96815 1-2-6-023-074	WAI	C5
Colony Surf, Ltd 2895 Kalakaua Ave Honolulu 96815 1-3-1-032-010	WAI	E7
Coolidge Apts, Ltd (127) 733 Coolidge St Honolulu 96826 1-2-7-011-056	WAI	A3
Coral Strand Ltd 2979 Kalakaua Ave Honolulu 96815 1-3-1-032-003	WAI	E8
Diamond Head Alii Corp 3027 Pualei Cr Honolulu 96815 1-3-1-026-031	WAI	C8
Diamond Head Ambassador Htl 2957 Kalakaua Ave Honolulu 96815 1-3-1-032-026	WAI	E7,E8
Diamond Head Apts, Ltd 2969 Kalakaua Ave Honolulu 96815 1-3-1-032-004	WAI	E8
Diamond Head Hale Corp 3131 Pualei Cr Honolulu 96815 1-3-1-026-045	WAI	C8
Diamond Head Surf Corp 3810 Leahi Av Honolulu 96815 1-3-1-026-029	WAI	D8,C8
Diamond Head Terr Corp 3121 Pualei Cr Honolulu 96815 1-3-1-026-043	WAI	C8
Diana Apartments, Inc 2558 Laau St Honolulu 96826 1-2-7-021-013	WAI	A4
Dole Terrace Apts, Ltd 1612 Dole St Honolulu 96822 1-2-8-012-088	WAI	B4
Driftwood Hotel, Inc 1696 Ala Moana Blvd Honolulu 96815 1-2-6-011-020	WAI	D1
Hale Hui, Ltd 2406 Kuhio Ave Honolulu 96815 1-2-6-024-021	WAI	
Hale Laau I, Ltd 2615 Laau St Honolulu 96826 1-2-7-021-005	WAI	A4
Hale Laau II, Ltd 2605 Laau St Honolulu 96826 1-2-7-021-006	WAI	A4
Hawaiian Ebbtide Hotel, Inc (69) 159 Kaiulani Ave Honolulu 96815 1-2-6-023-064	WAI	C5
Hawaiian Prince Apts,Ltd (78) 410474 Nahua St Honolulu 96815 1-2-6-021-104	WAI	C5
Iolani Banyan 2565 Laau St Honolulu 96826 1-2-7-021-007	WAI	A4,B4
Iolani Gardens Inc 2614 Laau St Honolulu 96826 1-2-7-021-020	WAI	A4,A5
Kahala Garden Apts Inc 1228 Hunakai St Honolulu 96813 1-3-5-016-002	6	B2
Kainalu Apartments 2801 Coconut Ave Honolulu 96815 1-3-1-033-001	WAI	E8
Kaiolu St, 411 411 Kaiolu St Honolulu 96815 1-2-6-017-053	WAI	C4
Kaipuu Inc 764 Kaipuu St Honolulu 96826 1-2-7-022-036	WAI	A4
Kalia Inc 425 Ena Rd Honolulu 96815 1-2-6-012-001	WAI	C2
Kapiolani Co-Op Inc. 2511 2511 Kapiolani Blvd Honolulu 96826 1-2-7-022-005	WAI	A4
Kuhio Ebbtide Hotel Inc 2462 Kuhio Ave Honolulu 96815 1-2-6-024-003	WAI	C5
Laau Gardens Inc 2609 Date St Honolulu 96815 1-2-7-021-028	WAI	

PUDS

NAME	MAP	GRID	NAME	MAP	GRID
Lani Home Inc 2563 Date St Honolulu 96826	WAI 1-2-7-021-014		Keystone (Kahakai Nani) Walolu St Waianae 96792	95 1-8-7-007-004	D2
Makikian, Ltd 1190 Wilder Av Honolulu 96822	Dtl 4 1-2-4-030-092	B2	Kukilakila Phases I & Ii 42-515 Keolu Dr Kailua 96734	25 1-4-2-093-000	E2
Oahuan Ltd 1700 Makiki St Honolulu 9682	Dtl 4 1-2-4-024-066	B3	Lanikuhana Patio Hms Lanikuhana Pl Mililani Town 96789	62 1-9-4-079-000	D1
Oahuan Tower Ltd 1710 Makiki St Honolulu 96822	Dtl 4 1-2-4-024-001	B3	Laulea Townhouses Kipapa Dr Mililani Town 96789	61 1-9-5-026-000	B2
Princess Ann Apts Inc 2639 Laau St Honolulu 96826	WAI 1-2-7-021-001	A4	Mariner's Village III Ph I Waioli Pl/Wainina St Honolulu 96825	21 1-3-9-077-000	F4
Punahou Arms Inc 1503 Punahou St Honolulu 96822	Dtl 4 1-2-8-012-047	B4	Mariner's Village III Ph II Wahina/Awawamalu St Honolulu 96825	21 1-3-9-078-000	F4
Punahou Terrace Ltd 1630 Makiki St Honolulu 96822	Dtl 4 1-2-4-024-023	B3	Mariner's Village III Ph III Kamiloiki Vly 3 & 4 Honolulu 96825	21 1-3-9-078-054	E4
Queen Emma Apts Inc 417 Kanekapolei St Honolulu 96815	WAI 1-2-6-021-075	C5	Mililani Town Unit 34 Kealohi St/Place Mililani Town 96789	62 1-9-4-084-074	E2
Rosalei Ltd 445 Kaiolu St Honolulu 96815	WAI 1-2-6-017-004	B4	Noholoa Hale Noholoa Ct Mililani Town 96789	62 1-9-4-065-000	C1
Sans Souci Inc 2877 Kalakaua Ave Honolulu 96815	WAI 1-3-1-032-007	E7	Palehua View Estates Kuamu St Ewa Beach 96706	84 1-9-2-003-002	D4
Seabreeze Apartments Inc 3065 Kalakaua St Honolulu 96815	WAI 1-3-1-033-059	E8	Puu Heleakala Incr I-V Helelua Street Waianae 96792	95 1-8-7-036-000	D4
Tahitienne Inc 2997 Kalakaua Ave Honolulu 96815	WAI 1-3-1-032-001	E8	Village Park Ph I Kunia Rd Kunia 96759	73,74 1-9-4-002-000	B1,C1
Terraza Ltd 1020 Green St Honolulu 96822	DWT 1-2-4-017-006	A6	Village Park Ph II & IV Kunia Rd Kunia 96759	73,74 1-9-4-106-000	B4,C4
Tiki Apts Inc 345 Royal Hawaiian Ave Honolulu 96815	WAI 1-2-6-019-016	C4	Waianae Model Comty 'ulu Wehi Ala Akau St Waianae 96792	93 1-8-5-025-001	D1
Tradewinds Hotel, Inc. 1720 Ala Moana Blvd Honolulu 96815	WAI 1-2-6-011-014	D1	Wilikina Apartments 72 Wilikina Dr Wahiawa 96786	60 1-7-3-009-003	C1
Tropic Seas Inc 2943 Kalakaua Ave Honolulu 96815	WAI 1-3-1-032-030	E8			
Wai-Kai Inc 362 Hobron Ln Honolulu 96815	WAI 1-2-6-011-002	C2			
Waikiki Regent Apts Inc 441 Kanekapolei St Honolulu 96815	WAI 1-2-6-021-109	C5			
Waikiki Shores, Inc. 2161 Kalia Rd Honolulu 96815	WAI 1-2-6-004-012	D4			

PUDS

NAME	MAP	GRID
Banyan Tree Phase I & II Waimanalo 96795	20 1-4-1-032-001	B1
Bayview Villa Lilipuna Rd Kaneohe 96744	15,23 1-4-5-045-033	A4,D1
Fairway Village Twnhs Kanoea St/Hokuiwa St Mililani Town 96789	61 1-9-5-028-000	D3
Haiku Villa Kahuhipa St Kaneohe 96744	15,16 1-4-6-032-001	I6,A2
Hidden Valley Estates California Ave Wahiawa 96786	49 1-7-5-015-001	C1
Hokualii Hale Hokualii St Mililani Town 96789	62 1-9-4-070-000	C1
Kaholo Hale Kaholo St/Kapuahi St Mililani Town 96789	62 1-9-4-069-000	C1
Kealohi Hale Patio Hms Kealoni St Mililani Town 96789	62 1-9-4- 94- 0	E1,2

Dtl = Detail Map (located after Map 99)

HOTELS

NAME	MAP	GRID
Ala Moana Hotel	WAI	C1
410 Atkinson Dr	955-4811	
Hotel HHA/HVB ♦♦♦		(1169)
Ala Wai King Hotel	WAI	B3
2003 Ala Wai Blvd	951-3300	
Hotel		
Alana Waikiki Hotel	WAI	C2
1956 Ala Moana Blvd	941-7275	
Hotel HHA/HVB ♦♦♦♦		(311r)
Aloha Punawai	WAI	C3,C4
305 Saratoga Rd	923-5211	
Hotel		
Aloha Surf Hotel	WAI	C5
444 Kanekapolei St	923-0222	
Hotel HHA		(200r)
Ambassador Htl of Wai	WAI	C3
2040 Kuhio Ave	941-7777	
Hotel HHA		(150r)
Aston at the Waikiki Banyan	WAI	C6
201 Ohua Ave	922-0555	
Condo HHA/HVB		(300r)
Aston at the Waikiki Shore	WAI	D4
2161 Kalia Rd	926-4733	
Condo HHA/HVB		(88r)
Aston Coral Reef	WAI	C4
2299 Kuhio Ave	922-1262	
Hotel HHA		(247r)
Aston Island Colony	WAI	B4,C4
445 Seaside Ave	923-2345	
Hotel HHA/HVB		(347r)
Aston Waikiki Bch Twr	WAI	C5
2470 Kalakaua Ave	926-6400	
Hotel/Condo HHA/HVB ♦♦♦♦		(97r)
Aston Waikiki Bchsd	WAI	C5
2452 Kalakaua Ave	931-2100	
Hotel HHA		(79r)
Aston Waikiki Circle	WAI	C5
2464 Kalakaua Ave	923-1571	
Hotel HHA/HVB		(104r)
Aston Waikiki Sunset	WAI	C6
229 Paoakalani Ave	922-0511	
Hotel/Condo HHA/HVB ♦♦♦		(320r)
Aston Waikiki Terrace	WAI	C3
2045 Kalakaua Ave	946-6525	
Hotel HHA/HVB		(250r)
Best Western Plaza Htl	WAI	D4
200 Lewers St	922-6424	
Hotel HHA		(270r)
Big Surf	WAI	D1
1690 Ala Moana Blvd	946-6525	
Hotel		
Breakers, The	WAI	C4
250 Beachwalk	923-3181	
Hotel/Low-rise HHA/HVB		(64r)
Chateau Waikiki	WAI	C2
411 Hobron Ln	946-3677	
Hotel/Condo		
Coconut Plaza	WAI	B4,C4
450 Lewers St		
Hotel HHA/HVB		(80r)
Colony Pacific Monarch	WAI	C5
142 Uluniu Ave	923-9805	
Hotel/Apt ♦♦		
Continental Surf Hotel	WAI	C5
2426 Kuhio Ave	922-2803	
Hotel		
Coral Reef	WAI	C4
Kuhio Ave		
Hotel		
Coral Seas Htl-Outrigger	WAI	D4
250 Lewers St	923-3881	
Hotel		
Coral Surf	WAI	C6
2584 Lemon Rd		
Hotel/Condo		
Diamond Head Beach	WAI	E8
2947 Kalakaua Ave	922-1928	
Hotel/Condo		
Discovery Bay	WAI	D2
1778 Ala Moana Blvd		
Hotel/Condo		
Edmunds Hotel Apts.	WAI	C5
2411 Ala Wai Blvd	923-8381	
Studio/Kitchen		
Ewa Hotel Waikiki	WAI	C6
2555 Cartwright Rd	922-1677	
Hotel		
Executive Centre Hotel	DWT	C2-3
1088 Bishop St	539-3000	
Hotel/Condo HHA		(102r)
Foster Tower	WAI	C6
2500 Kalakaua Ave	923-6883	
Condo HVB		
Hale Koa Hotel (Military)	WAI	D3
2055 Kalia Rd		
Hotel HHA/HVB		(416r)
Hale Pua Nui Hotel Apt	WAI	D4
228 Beachwalk	923-9693	
Hotel/Condo		
Hale Waikiki Apt Hotel	WAI	C5
2410 Koa Ave	923-9012	
Hotel		
Halekulani Hotel	WAI	D4
2199 Kalia Rd	923-2311	
Hotel HHA/HVB ♦♦♦♦♦		(456r)
Hawaii Polo Inn	WAI	D1
1696 Ala Moana Blvd	949-0061	
Hotel HHA/HVB		(56r)
Hawaii Prince Hotel	WAI	D1
100 Holomoana St	956-1111	
Hotel HHA/HVB ♦♦♦♦		(521r)
Hawaiian King	WAI	C4
417 Nohonani St	922-3894	
Hotel		
Hawaiian Monarch	WAI	B2,C2
444 Niu St	949-3911	
Hotel HHA/HVB		(240r)
Hawaiian Regent	WAI	C6
2552 Kalakaua Ave	800-367-5370	
Hotel HHA/HVB		(1344)
Hawaiian Waikiki Bch	WAI	C6,D6
2570 Kalakaua Ave	922-2511	
Hotel HHA/HVB		(636r)
Hawaiiana Hotel	WAI	D4
260 Beach Walk	923-3811	
Hotel HHA		(95r)
Hilton Hawaiian Village	WAI	D2
2005 Kalia Rd	949-4321	
Complex ♦♦♦♦		(2523)
Hilton Turtle Bay	29	C1
Kuilima Dr, Kahuku	293-8811	
Hotel/Golf/Tennis		
Holiday Inn Hon Airport	1	F3
3401 N. Nimitz Hwy	836-0661	
Hotel Near Honolulu Airport HHA		(306r)
Holiday Inn Waikiki	WAI	D2
1830 Ala Moana Blvd	955-1111	
Hotel HHA/HVB		(200r)
Holiday Isle	WAI	C4
270 Lewer St	923-0777	
Hotel HVB		
Holiday Surf Apt	WAI	C4,B4
2303 Ala Wai Blvd	923-8488	
Hotel/Condo		
Honolulu Prince	WAI	C5
415 Nahua St	922-1616	
Hotel HVB		
Hotel Honolulu	WAI	C4
376 Kaiolu St	926-2766	
Hotel		
Hyatt Regency Waikiki	WAI	C5
2424 Kalakaua Ave	923-1234	
Hotel HHA/HVB ♦♦♦♦		(1234)
Ihilani Resort & Spa	97	E3
92-1001 Olani St	676-0079	
Hotel/Golf		(387r)
Ilikai Hotel Nikko Wai	WAI	D2
1777 Ala Moana Blvd	949-3811	
Hotel HHA/HVB ♦♦♦		(781r)
Ilikai Marina	WAI	D1
1765 Ala Moana Blvd	949-3811	
Hotel HVB		
Ilima Hotel	WAI	C4
445 Nohonani St	923-1877	
Apt Htl HHA/HVB ♦♦♦		(99r)
Imperial Hawaii Resort	WAI	D4
200 Lewers St	923-1827	
Htl/Condo		
Imperial Hawaii Resort	WAI	D4
205 Lewers St	921-7561	
Htl/Condo HHA		(55r)
Inn on the Park	WAI	C2
1920 Ala Moana Blvd	946-8355	
Hotel/Condo HHA		(90r)
Island Colony	WAI	C4
445 Seaside Ave	923-2345	
Hotel/Condo HVB		
Kahala Mandarin Oriental	6	B4
5000 Kahala Ave	739-8886	
Hotel HHA		(370r)
Kai Aloha Aptartment	WAI	C4
235 Saratoga Rd	923-6723	
Hotel/Condo		
Kaimana Villa	WAI	C6
Kuhio Ave		
Hotel/Condo		
Kaulana Kai	WAI	C5
2425 Kuhio Ave	922-7777	
Hotel/Apt HHA/HVB TLA Approv		(90r)
Kuhio Banyan	WAI	C4
2310 Kuhio Ave	923-5887	
Hotel		
Kuhio Suites, The	WAI	C4
2240 Kuhio Ave	924-2922	
Lux Condo/Hotel		
Kuhio Village Resort	WAI	C5
2463 Kuhio Ave	926-0641	
Hotel/Condo		
Lealea Hale Apt	WAI	C5
2423 Cleghorn St	922-1726	
Hotel		
Liliuokalani Gardens	WAI	C6
300 Wai Nani Way	926-3636	
Hotel		
Malihini Hotel	WAI	C4
217 Saratoga Rd	923-9644	
Hotel		
Marine Surf-Waikiki	WAI	C4
364 Seaside Ave	923-0277	
Hotel/Condo HHA		(100r)
Miramar At Waikiki	WAI	C5
2345 Kuhio Ave	922-2077	
Hotel/Condo HHA		(358r)
Nakamura	DWT	
1140 S King St	593-9951	
Hotel		
New Otani Kaimana Bch	WAI	E7
2863 Kalakaua Ave	923-1555	
Hotel HHA/HVB		(125r)
Ocean Resort Htl Wai	WAI	C6
175 Paoakalani Ave	922-3861	
Hotel HHA/HVB		(255r)
Ohualani	WAI	B6
320 Ohua Ave		
Hotel/Condo		
Outrigger Ala Wai Twr	WAI	D1
1700 Ala Moana Blvd	942-7722	
Hotel HHA/HVB		(167r)
Outrigger Coral Seas	WAI	D4
250 Lewers St	923-3881	
Hotel HHA/HVB ♦		(109r)
Outrigger East	WAI	C5
150 Kaiulani Ave	922-5353	
Hotel HHA/HVB ♦♦♦		(440r)
Outrigger Edgewater	WAI	D4
2168 Kalia Rd	922-6424	
Hotel		(184r)
Outrigger Hobron	WAI	D2
343 Hobron Lane	942-7777	
Hotel/Condo HHA/HVB		(570r)
Outrigger Maile Sky Crt	WAI	C3
2058 Kuhio Ave	947-2828	
Hotel/Condo HHA/HVB		(508r)
Outrigger Malia	WAI	C4
2211 Kuhio Ave	923-7621	
Hotel/Condo HHA/HVB ♦♦		(325r)
Outrigger Prince Kuhio	WAI	C6
2500 Kuhio Ave	922-0811	
Hotel HHA/HVB		(620r)

Condo-Index DWT= Downtown Pull out Map WAI = Waikiki Pull out Map

HOTELS

NAME	MAP	GRID
Outrigger Reef on the Bch	WAI	D4
2169 Kalia Rd	923-3111	
Hotel HHA/HVB		(883r)
Outrigger Reef Lanais	WAI	C4
225 Saratoga Pl	923-3881	
Hotel HHA/HVB		
Outrigger Reef Towers	WAI	D4
227 Lewers St	924-8844	
Hotel HHA/HVB		(480r)
Outrigger Royal Islander	WAI	D4,D3
2164 Kalia Rd	922-1961	
Hotel HHA/HVB		(100r)
Outrigger Seaside Suites	WAI	C4
Seaside Ave		
Hotel/Condo		
Outrigger Surf	WAI	C4
2280 Kuhio Ave	922-5777	
Hotel HHA/HVB		(250r)
Outrigger Village	WAI	D4
240 Lewers St	923-3881	
Hotel HHA/HVB		(338r)
Outrigger Waikiki	WAI	C4,C5
2335 Kalakaua Ave	923-0711	
Hotel HHA/HVB ♦♦♦		(523r)
Outrigger Waikiki Surf East	WAI	C4
422 Royal Hawn Ave	923-7671	
Hotel HVB		
Outrigger Waikiki Surf	WAI	C4
2200 Kuhio Ave	923-7671	
Condo/Hotel HHA/HVB		(286r)
Outrigger Waikiki Surf West	WAI	C4
412 Lewers St	923-7671	
Hotel HVB		
Outrigger Waikiki Tower	WAI	D4
200 Lewers St	922-6424	
Hotel HHA/HVB		(439r)
Outrigger West	WAI	C5
2330 Kuhio Ave	922-5022	
Hotel HHA/HVB		(370r)
Pacific Beach	WAI	C5
2490 Kalakaua Ave	922-1233	
Hotel	♦♦♦	
Pacific Grand	DWT	B9
747 Amana St		
Hotel/Condo		
Pacific Islander	WAI	C5
249 Kapili St		
Hotel/Condo		
Pacific Marina Inn	1	D4
2628 Waiwai Loop	836-1131	
Hotel Near Honolulu Airport		
Pagoda Hotel & Terrace	DWT	B8
1525 Rycroft St	941-6611	
Hotel		
Plaza Hotel	1	E3
3253 N. Nimitz Hwy	836-3636	
Hotel Near Honolulu Airport		
Park Plaza Waikiki	WAI	D2
1956 Ala Moana	941-7275	
Hotel/Condo		
Park Shore	WAI	D6
2586 Kalakaua Ave	923-0411	
Hotel HVB		
Pleasant Holiday Isle	WAI	C4
270 Lewers St	923-0777	
Hotel		
Prince Edward Hotel	WAI	C5
Prince Edward		
Hotel		
Princess Kaiulani	WAI	C5
120 Kaiulani Ave		
Hotel		
Queen Kapiolani Hotel	WAI	C6
150 Kapahulu Ave	922-1941	
Hotel/Condo HHA/HVB		(313r)
Royal Garden At Waikiki	WAI	B3,C3
440 Olohana St	943-0202	
Hotel/Condo HHA/HVB		(220r)
Royal Grove Hotel	WAI	C5
151 Uluniu Ave	923-7691	
Hotel/Condo HHA/HVB		(80r)
Royal Hawaiian, The	WAI	D4
2259 Kalakaua Ave	923-7311	
Hotel HHA/HVB		(526r)

NAME	MAP	GRID
Schrader's Wind Marine	40	C1
47-039 Lihikai Drive	239-5711	
Kaneohe		
Sheraton Moana Surfridr	WAI	C5
2365 Kalakaua Ave	922-3111	
Hotel HVB ♦♦♦		(790r)
Sheraton Princess Kaiulani	WAI	C5
120 Kaiulani Ave	922-5811	
Hotel HVB		(1120)
Sheraton Royal Hawaiian	WAI	D4
2259 Kalakaua Ave	923-7311	
Hotel HVB		
Sheraton Waikiki Hotel	WAI	D4
2255 Kalakaua Ave	922-4422	
Hotel HVB		(1705)
Tradewinds Plaza	WAI	C6
2572 Lemon Rd		
Condo/Hotel HVB		
Turtle Bay Condos	29	C1
P.O. Box 248, Kahuku	293-2800	
Condo/Studios		
Turtle Bay Hilton Golf&Ten	29	C1
Kuilima Dr, Kahuku	293-8811	
Hotel		(485r)
Waikiki Banyan	WAI	C6
201 Ohua Ave		
Hotel/Condo		
Waikiki Beachcomber	WAI	C4
2300 Kalakaua Ave	922-4646	
Hotel/Condo		(492r)
Waikiki Gateway	WAI	C3
2070 Kalakaua Ave	955-3741	
Hotel/Condo HVB		(180r)
Waikiki Grand	WAI	C6
134 Kapahulu Ave	923-1511	
Hotel/Condo		(65r)
Waikiki Hana	WAI	C5
2424 Koa Ave	926-8841	
Hotel/Condo		
Waikiki Joy	WAI	C4
320 Lewers St	923-2300	
Hotel		
Waikiki Parc	WAI	D4
2233 Helumoa Rd	921-7272	
Hotel HVB ♦♦♦♦		(298r)
Waikiki Park Heights	WAI	C5
2441 Cleghorn		
Hotel/Condo		
Waikiki Parkside	WAI	D2
1850 Ala Moana Blvd	955-1567	
Hotel/Condo HVB ♦♦		(250r)
Waikiki Prince	WAI	C5
2431 Prince Edward St	922-1544	
Hotel HVB		
Waikiki Resort	WAI	C5
2460 Koa Ave	922-4911	
Hotel		
Waikiki Royal Suites	WAI	C4
255 Beach Walk	926-5641	
Hotel/Condo HVB		
Waikiki Sand Villa	WAI	B5,C5
2375 Ala Wai Blvd	922-4744	
Hotel		
Waikiki Shore	WAI	D4
2161 Kalia Rd	926-4733	
Hotel/Condo		
Waikiki Sunset	WAI	C6
229 Paoakalani Ave	922-0511	
Hotel/Condo		
Waikiki Surfside	WAI	C5
Kuhio Ave		
Hotel		
Waikiki Terrace	WAI	C3
2045 Kalakaua Ave	955-6000	
Hotel ♦♦♦		
Waikikian On The Beach	WAI	D2
1811 Ala Moana Blvd	949-5331	
Hotel		
Waipuna	WAI	C2
464 Ena Rd	955-5450	
Hotel/Condo		
White Sands Waikiki Club	WAI	C4
431 Nohonani St	923-7336	
Hotel		

HOTEL KEY

HVB = Member of Hawaii Visitors Bureau
HHA = Member of Hawaii Hotel Association
♦ = AAA Rating
(#r) = number of rooms
Area code = (808) unless noted otherwise.

Dtl = Detail Map (located after Map 99)

Condo-Index

BED & BREAKFAST

B&B's

NAME	MAP	GRID
0.58 G. BRIDGES	9	D2
3242 Kaohinani Dr 595-7622		
Honolulu,96817 1-2-2-050-011		
1.03 M. CADE	4	A4
2651 Terrace Dr 988-6333		
Honolulu,96822 1-2-9-015-036		
1.05 J. TROTTER	5	E4
3240 Noela St 923-3360		
Honolulu,96815 1-3-1-027-020		
2.00 D. McNEIL	12	D4
5632 Kawaikui St 395-3006		
Honolulu,96821 1-3-7-006-022		
3.00 J. BRUCKMAN	13	C3
601 Kumukahi Pl 395-3006		
6.00 A. HAYWARD	20	A4
41-926 Laumilo St 259-8646		
Waimanalo,96795 1-4-1-006-004		
6.03 R. STODDEN	20	A4
41-962 Laumilo St 259-5249		
Waimanalo,96795 1-4-1-006-063		
7.00 R. MILLER	20	A4
41-973 Laumilo St N/A		
Waimanalo,96795 1-4-1-007-001		
8.00 B. LEONARD	19	B4
41-585 Flamingo St N/A		
Waimanalo,96795 1-4-1-018-011		
8.05 V. FINE	18	B3
1042 Maunawili Lp 261-5521		
Kailua,96734 1-4-2-007-010		
9.00 S. PRICE	25	C2
127 Kakahiaka St 263-3634		
Kailua,96734 1-4-2-018-058		
11.00 B. MARTZ	25	D2
395 Auwinala Rd 261-0316		
Kailua,96734 1-4-2-019-037		
13.00 E. SASAKI	25	C2
237 Awakea Rd 262-9545		
Kailua 96734 1-4-2-020-024		
14.05 F. VADOVICH	25	C2
232 Awakea Rd 261-5174		
Kailua 96834 1-4-2-020-040		
15.00 J. EMMERSON	25	E1
1123 Uluopihi Lp 262-5152		
Kailua 96734 1-4-2-033-011		
16.00 W. WILSON	25	D3
570 Wanaao Rd 262-7865		
Kailua 96734 1-4-2-041-009		
17.00 W. NOEL	25	D3
771 Wanaao Rd 261-0771		
Kailua 96734 1-4-2-049-018		
19.00 L. WOODEN	25	C3
515 Paumakua Pl 262-0485		
Kailua 96734 1-4-2-054-040		
21.00 D. SHIRLEY	25	D2
348 Awakea Rd 261-5503		
Kailua,96734 1-4-2-091-032		
22.00 B. HIGH	25	D2
336 Awakea Rd 262-8540		
Kailua,96734 1-4-2-091-033		
23.05 B. BAHNSEN	26	C1
1365 Aalapapa Dr 262-9119		
Kailua,96734 1-4-3-004-030		
24.00 L. CHRISTENSEN	26	C1
1369 Mokolea Dr 263-4093		
Kailua,96734 1-4-3-004-047		
25.00 G. SMITH	26	C1
1371 Kehaulani Dr N/A		
Kailua,96734 1-4-3-004-084		
26.00 H. MAXEY	26	C1
1227 Mokulua Dr 261-1059		
Kailua,96734 1-4-3-005-018		
26.03 R. CARROL	25	C4
1221 Aalapapa Dr 261-3563		
Kailua,96734 1-4-3-005-029		
27.00 M. McSHANE	25	B4
1212 Mokulua Dr 261-5462		
Kailua,96734 1-4-3-005-054		
29.00 R. ROVIN	25	C4
150 Kuailima Dr 262-6371		
Kailua,96734 1-4-3-006-043		

NAME	MAP	GRID
30.00 M. HICKOK	25	C4
1060 Aalapapa Dr 262-5445		
Kailua,96734 1-4-3-006-101		
31.00 E. ALLERSTORFER	25	B3
867 Mokulua Dr 261-4361		
Kailua,96734 1-4-3-008-030		
32.00 P. BRASSER	25	B3
134 Kaelepulu Dr 262-0189		
Kailua,96734 1-4-3-008-033		
33.00 N. WIEDERHOLT	25	B3
855 Aalapapa Dr 262-6464		
Kailua,96734 1-4-3-008-072		
36.00 S. BRYSON	25	C3
481A Kawailoa Rd 262-6339		
Kailua,96734 1-4-3-010-032		
36.03 E. PALMER	25	C1
156C N Kalaheo Av 262-9780		
Kailua,96734 1-4-3-015-024		
37.00 H. DIMOND	24	B3
562D N Kalaheo Av 262-2830		
Kailua,96734 1-4-3-018-016		
37.04 C HIATT	24	B3
562A N Kalaheo Av 263-4627		
Kailua,96734 1-4-3-018-017		
38.00 S. DOWLING	24	B4
460 N Kalaheo Ave 261-2548		
Kailua 96734 1-4-3-018-039		
39.00 M. KNYSH	24	B4
33 Pilipu Pl 261-8736		
Kailua 96734 1-4-3-018-045		
40.00 H. HODGE	24	B4
20 Pilipu Pl 262-4913		
Kailua 96734 1-4-3-018-048		
40.07 W. COOPER	24	B4
361 N Kalaheo Ave 261-3593		
Kailua 96734 1-4-3-026-030		
41.00 E. FERA	24	C4
126 Kaluamoo St 262-8570		
Kailua,96734 1-4-3-026-033		
41.03 A. BORGIOLI	24	C4
123A Kaimi St 262-0839		
Kailua,96734 1-4-3-026-054		
44.00 D. PATTERSON	25	D2
362 Kailua Rd 261-1693		
Kailua 96734 1-4-3-071-011		
46.00 H. SHEFFIELD	25	C1
131 Kuulei Rd 262-0721		
Kailua,96734 1-4-3-072-004		
47.00 J. VAN RYSIN	25	C2
172 Kuumele Pl 261-2227		
Kailua,96734 1-4-3-073-024		
48.00 F. FOWLER	25	C1
155 Kuupua St 263-4122		
Kailua,96734 1-4-3-074-056		
49.00 R. PETERSON	24	C3
362 Kailua Rd 262-2212		
Kailua 96734 1-4-3-078-018		
50.00 C. ISAACS	24	B3
153 Kailuana Pl 262-0016		
Kailua,96734 1-4-3-083-024		
51.00 A. HOWELL	24	A2
76 Kailuana Pl 261-2552		
Kailua,96734 1-4-3-083-067		
52.00	23	D4
Kaneohe,96744 1-4-4-005-043		
53.00 I. HEDEMANN	23	D4
44-623/A Kaneohe Br 235-2213		
Kaneohe,96744 1-4-4-016-010		
54.00 B. RAY	24	C1
44-491 Kaneohe Dr 235-5214		
Kaneohe,96744 1-4-4-022-026		
55.00 M. WARMAN	24	A2
804 Mokapu Rd 254-4234		
Kailua,96734 1-4-4-023-003		
55.05 H. GOEBERT	28	F2
684 Kaimalino St 254-1680		
Kailua,96734 1-4-4-023-025		
56.00 R. MORRISON	28	F2
656 Old Mokapu Rd 254-2920		
Kailua,96734 1-4-4-024-008		
57.00 B. HEARST	28	F2
735 Nunu St 254-2767		
Kailua,96734 1-4-4-025-021		

NAME	MAP	GRID
58.03 E. PHILLIPS	23,24	C4,C1
44-430 Kaneohe Bay Dr		N/A
Kaneohe,96744 1-4-4-035-013		
60.00 C. PICO	23	C4
44-002 Hulakai Pl N/A		
Kaneohe,96744 1-4-4-037-048		
62.00 T. COFFEY	28	F3
572 Kaimalino St 254-1101		
Kailua,96734 1-4-4-039-012		
63.00	28	F3
574 Kaimalino St N/A		
Kailua,96734 1-4-4-039-014		
64.00 *G. A. MORRIS*	*23*	*D2*
♦♦♦♦ 45-302 Puulokо Pl 235-4214 see ad in back of book		
Kaneohe,96744 1-4-5-053-053		
64.03 F. PASCAL	23	F3
45-722 Lanipola Pl N/A		
Kaneohe,96744 1-4-5-056-011		
65.00 D. MUNRO	15	B2
46-251 Ikiiki St 235-1124		
Kaneohe,96744 1-4-6-007-059		
67.05 L. FRASIER	36	B4
51-054 Olohu Rd N/A		
Kaaawa,96730 1-5-1-014-016		
67.11 G. QUINN	41	F3
59-461 Ke Waena Rd 638-7837		
Haleiwa,96712 1-5-9-003-036		
69.00 N. THOMSEN	41	E3
59-420 Kam Hwy 638-7947		
Haleiwa,96712 1-5-9-005-016		
70.00 C. TRUMMEL	52	D1
2267 Auhuhu St 455-2750		
Pearl City,96782 1-9-7-059-107		
70.03 E. SMITH	53	B3
98-1049 Mahola Pl N/A		
Aiea,96701 1-9-8-044-006		

B&B KEY

♦ All Bed & Breakfast listings shown with a locator number have been registered with the City & County of Honolulu.

♦ All B&B & Hostel telephone numbers have an 808 area code (unless otherwise noted).

MISC. B&B LISTINGS

A-5 STAR B&B	235-8235
	or 800-235-5214
AFFORD.PARADISE B&B	261-1693
AKAMAI B&B	261-2227
ALII B&B	262-9545
ALL ISLAND B&B	263-2342
	or 800-524-0344
ALOHA B&B	949-7878
AMERICAN INT'L B&B	941-0111
B&B HAWAII	822-7771
	or 800-733-1632
B&B HAWAIIAN ISL.	822-7771
	or 800-733-1632
B&B MANOA	988-6333
B&B PILLOWS IN PARAD.	262-8540
B&B PLANTATION HSE	637-4988
BACKPACKERS	638-7838
BARKER'S B&B	262-9777
FAIRWAY VIEW B&B	263-6439
MANOA VALLEY INN	947-6019
PACIFIC HAWAII B&B	486-8838
PACIFIC ISLANDS RES	262-8133
SAND SEA VAC. RENTAL	593-9070
SHARON'S SERENITY	262-5621

YOUTH HOSTEL

NAME	MAP	GRID	NAME	MAP	GRID	NAME	MAP	GRID

🏠 HOSTELS

BACKPACKERS
59-788 Kam Hwy 638-7838
Haliewa, 96712

BRECK'S ON THE BEACH
59-043 Huelo St 638-7873
Haliewa, 96712

HAWAII POLO INN
1696 Ala Moana 949-0061
Honolulu, 96814

HAWAIIAN SEASIDE HOSTEL
924-3306

HOSTELLING INTERNATIONAL-HONOLULU
(HVB) 2323A Sea View Av 946-0591
Honolulu, 96822

HOSTELLING INTERNATIONAL-WAIKIKI
(HVB) 2417 Prince Edward 926-8313
Honolulu, 96815

INTER-CLUB HOSTEL WAIKIKI
2413 Kuhio Ave 924-2636
Honolulu, 96815

ISLAND HOSTEL
1946 Ala Moana 942-8748
Honolulu, 96814

POLYNESIAN HOSTEL
2584 Lemon Rd #100 922-1340
Honolulu, 96815

SHOWER TREE, THE
3085 N. Nimitz Hwy 839-1386
Honolulu, 96819

WAIKIKI BEACHSIDE HTL & BOARDING HM
2556 Lemon Rd #101 923-9566
Honolulu, 96815

YWCA OF O'AHU
1566 Wilder Av 941-2231
45-035 Kaneohe Bay Dr (247-2124)

BED & BREAKFAST

Dtl = Detail Map (located after Map 99)

Condo-Index

Hawaii's Best
BED & BREAKFASTS

Condominium Index

The Kaneohe Bay B&B

You can't get much closer to the blue Pacific than this B&B right on the bay. No matter that the guest bedroom and bath are small-they open out to a spacious pool/jacuzzi deck and covered TV lounge with comfy leather couches.

Breakfast is served in the guest lounge overlooking the bay. It would be easy to forego a day of exploring in favor of just relaxing and enjoying this lovely setting. $125 (min 2-nt stay).

see map 23

Kaneohe Bay B&B
45-302 Puuloko Place
Kaneohe
Oahu Hawaii 96744
Phone: 808.235.4214

*20 minutes from Honolulu Airport, on H3 Freeway Kaneohe bound.
(See map 1 & 54 from Airport to Kaneohe and map 23 for directions once in Kaneohe town.)

See us in "Complete Idiot's Travel Guide-Hawaii"

For more information call or visit our website at www

Hawaii's Best
BED & BREAKFASTS

(From US Mainland & Canada) 800-262-9912
(Ph) 808-885-4550 (Fax) 808-885-0559
(E-Mail) bestbnb@aloha.net (Web) www.bestbnb.com

*Rates are daily, subject to change without notice, and do not include 11.416% Hawaii state taxes. Rates and conditions may very during major holiday periods.
*50% deposit by personal check required at time of reservation. Full payment due 45 days prior to scheduled arrival.
*Required deposit and/or prepayment accepted by personal check. Discover, Visa, or Mastercard
*Cancellation policies apply.

Miscellaneous Index

CITIES—SCHOOLS—PARKS—BEACHES—B & B'S
POINTS OF INTEREST—SHOPPING CENTERS
ETC...

Cities, Towns, Subdivisions

CITIES & SUBDIVISIONS

NAME	AREA	ZIP	MAP
Ahuimanu	Kaneohe	96744	40
Ahuimanu Hills	Kaneohe	96744	40,15
Aiea	**Aiea**	**96701**	**54**
Aiea Heights	Aiea	96701	54,53
Aiea Homesteads	Aiea	96701	54,53
Aikahi	Kailua	96734	24,28
Aina Haina	Honolulu	96821	12
Ainakoa	Honolulu	96821	6,11
Alewa Heights	Honolulu	96817	8,9
Aliamanu	Honolulu	96818	54,1
Alii Shores	Kaneohe	96744	15
Barbers Point/Kalaeloa	Ewa Beach	96706	99
Clubview Hills	Kaneohe	96744	40
Crestview	Waipahu	96797	63
Downtown	**Honolulu**	**96813-814**	**3**
Enchanted Lakes	Kailua	96734	25
Ewa	Ewa Beach	96706	76,86
Ewa Beach	**Ewa Beach**	**96706**	**76**
Fernandez Village	Ewa Beach	96706	75
Foster Village	Honolulu	96818	54
Ft.Shafter	Honolulu	96819	1,2,7
Gentry Waipio	Waipahu	96797	63,62
Hahaione Valley	Honolulu	96825	13
Haiku Plantations	Kaneohe	96744	15
Haiku Valley	Kaneohe	96744	15
Halawa Aiea	Aiea	96701	54
Halawa Heights	Aiea	96701	54
Haleiwa	**Haleiwa**	**96712**	**55,56**
Halekou	Kaneohe	96744	16,17
Hauula	**Hauula**	**96717**	**33,34**
Hawaii Kai	**Honolulu**	**96825**	**13,14**
Hawaii Loa Ridge	Honolulu	96821	12
Heeia	Kaneohe	96744	15
Heeia Kea	Kaneohe	96744	15,40
Honouliuli	Ewa Beach	96706	74
Hoomako Village	Waipahu	96797	63
Iroquois Pt	Ewa Beach	96706	76
Iwilei	Honolulu	96817	3
Kaaawa	**Kaaawa**	**96730**	**36,37**
Kaalaea	Kaneohe	96744	39
Kaalakai Valley	Honolulu	96825	13
Kaena Point	Waialua	96791	88
Kahala	Honolulu	96816	6
Kahaluu	Kaneohe	96744	39,40
Kahana	Hauula	96717	36
Kahana Bay	Hauula	96717	36
Kahe Point	Waianae	96792	97
Kahuku	**Kahuku**	**96731**	**30-32**
Kailua	**Kailua**	**96734**	**25,28**
Kailua Heights	Kailua	96734	25
Kaimuki	Honolulu	96816	5,6
Kakaako	Honolulu	96816	3,4
Kalaeloa Comm. Dev. Dist	Ewa Beach	96706	99
Kalaheo	Kailua	96734	24
Kalama Valley	Honolulu	96825	22
Kalihi	Honolulu	96819	8,2
Kaneohe	**Kaneohe**	**96744**	**16,17**
Kapahulu	Honolulu	96815	5
Kapalama	**Honolulu**	**96817-819**	**2**
Kapolei	**Ewa Beach**	**96707**	**86,98**
Kapunahala	Kaneohe	96744	16
Kawailoa	Haleiwa	96712	44,55
Kawainui	Kailua	96734	24
Kawela Bay	Kahuku	96731	29
Keaalu	Kaneohe	96744	23,24
Keaau	Waianae	96792	90,91
Keapuka	Kaneohe	96744	16
Keolu Hills	Kailua	96734	25,26
Kewalo	Honolulu	96813	4
Kipapa	Mililani	96789	61
Kokokahi	Kaneohe	96744	23
Ko Olina	Kapolei	96707	97,98
Kuliouou Hmstds	Honolulu	96821	13
Kunia	**Kunia**	**96759**	**71**
Laie	**Laie**	**96762**	**32,33**
Lanikai	Kailua	96734	25,26
Lihi Lani	Haleiwa	96712	41
Lower Village Ewa	Ewa Beach	96706	74
Lualualei Hmstds	Waianae	96792	95
Mahinui	Kaneohe	96744	17
Maili	Waianae	96792	94
Makaha	Waianae	96792	92
Makakilo	Ewa Beach	96707	85
Makalapa	Honolulu	96818	54
Makiki	**Honolulu**	**96822,826**	**4**
Makiki Heights	Honolulu	96813	4
Makua	Waianae	96792	90
Manana	Pearl City	96782	63,64
Manoa	Honolulu	96822	4,10
Mapunapuna	Honolulu	96819	1,2
Maunalani Heights	Honolulu	96816	11
Maunawili	Kailua	96734	18
Mccully	Honolulu	96826	4
Mililani Mauka	Mililani	96789	50
Mililani Town	**Mililani**	**96789**	**61,62**
Moanalua	Honolulu	96819	1,2
Moiliili	Honolulu	96826	5
Mokapu	Kaneohe	96744	28

NAME	AREA	ZIP	MAP
Mokuleia	Waialua	96791	67,68
Naalii	Aiea	96701	53
Nanakai Gardens	Ewa Beach	96707	97
Nanakuli	Waianae	96792	95,96
Newtown Villas	Aiea	96701	53
Niu Estates	Honolulu	96821	12,13
Nuuanu Valley	Honolulu	96817	3,9
Ohakea	Kaneohe	96744	23
Olomana	Kailua	96734	18,25
Ontai Agricultural	Waianae	96792	93
Pacific Heights	Honolulu	96817	3,9
Pacific Palisades	Pearl City	96782	52
Palama	Honolulu	96817	3
Palehua	Ewa Beach	96707	84
Palehua East	Ewa Beach	96707	85
Palolo	Honolulu	96816	5,11
Palolo Homesteads	Honolulu	96816	11
Pauoa	Honolulu	96813	3,4
Pawaa	Honolulu	96826	4
Pearl City	**Pearl City**	**96782**	**52,64**
Pearl City Uplands	Pearl City	96782	52
Pearl Harbor	Honolulu	96818	65
Pohakupu	Kailua	96734	24
Portlock	Honolulu	96825	13,14
Punaluu	Hauula	96717	35
Puohala Village	Kaneohe	96744	16,23
Pupukea	Haleiwa	96712	42,43
Puu Pahehua	Ewa Beach	96707	85
Puu Pahu	Kaneohe	96744	15
Puuloa	Ewa Beach	96706	76
Queens Gate	Honolulu	96825	22
Red Hill	Honolulu	96819	54
Renton Village	Ewa Beach	96706	75
Salt Lake	Honolulu	96818	1
Sand Island	Honolulu	96819	2,3
Schofield Barracks	Wahiawa	96786	59,60
Schofield Barracks	Wahiawa	96786	69,70
St.Louis Heights	Honolulu	96816	5
Submarine Base (PH)	Honolulu	96818	54,65
Sunset Beach	Haleiwa	96712	41
Tantalus	Honolulu	96813	4,8
Tenney Village	Ewa Beach	96706	86
Upper Manoa	Honolulu	96822	10
Varona Village	Ewa Beach	96706	86
Village Park	Waipahu	96797	73,74
Waahila	Honolulu	96822	10
Wahiawa	Wahiawa	96786	48,4
Wahiawa	Wahiawa	96786	59,60
Waiahole	Kaneohe	96744	39
Waiahole Hmstds	Kaneohe	96744	39
Waialae-Kahala	**Honolulu**	**96816,821**	**6,12**
Waialae Iki	Honolulu	96821	6,12
Waialae Iki View	Honolulu	96821	11,12
Waialae Nui	Honolulu	96816	11
Waialae Nui Ridge	Honolulu	96816	11
Waialaee Valley	Haleiwa	96712	40
Waialee	Haleiwa	96712	29
Waialua	**Waialua**	**96791**	**67,68**
Waianae	**Waianae**	**96792**	**93**
Waianae Kai	Waianae	96792	93
Waiau	Aiea	96701	52,53
Waiawa	Mililani	96789	51
Waikalua	Kaneohe	96744	23
Waikane	Kaneohe	96744	38
Waikele	Waipahu	96797	63
Waikiki	**Honolulu**	**96815**	**4,5**
Wailuapuhi	Kaneohe	96744	23
Wailupe	Honolulu	96821	12
Waimalu	Aiea	96701	53
Waimanalo	**Waimanalo**	**96795**	**20,21**
Waimanalo Beach	Waimanalo	96795	20
Waimano	Pearl City	96782	52
Waimea	Haleiwa	96712	43,44
Waimea Bay	Haleiwa	96712	43,44
Waipahu	**Waipahu**	**96797**	**63,64**
Waipahu	Waipahu	96797	74
Waipio	Waipahu	96797	62,63
Waipiolani Seaview	Waipahu	96797	63
West Loch	Ewa Beach	96706	74
West Loch Fairways	Ewa Beach	96706	74,75
Wheeler Army Airfield	Wahiawa	96786	60
Whitmore	Wahiawa	96786	48
Wilhelmina Rise	Honolulu	96816	3
Woodlawn	Honolulu	96822	10

State ZIP Codes

96701...Aiea	
96706...Ewa Beach	96717...Hauula
96707...Kapolei	96730...Kaaawa
96712...Haleiwa	96731...Kahuku
96813...Honolulu (Downtown)	96734...Kailua
96814...Honolulu (Kakaako)	96744...Kaneohe
96815...Honolulu (Waikiki)	96759...Kunia
96816...Honolulu (Waialae-Kahala)	96762...Laie
96817...Honolulu (Kapalama)	96782...Pearl City
96818...Honolulu (Aliamanu)	96786...Wahiawa
96819...Honolulu (Kalihi)	96789...Mililani
96821...Honolulu (Waialae Iki)	96791...Waialua
96822...Honolulu (Manoa)	96792...Waianae
96825...Honolulu (Hawaii Kai)	96795...Waimanalo
96826...Honolulu (McCully)	96797...Waipahu

Parks & Playgrounds

PARKS & PLAYGROUNDS

NAME	MAP	GRID
Adams Field	31,32	D4,D1
Ahuimanu Comm. Park		
Aiea Dist Park & Pool	53	D4
Aikahi Comm. Park	24	A1
Aina Haina Playground	12	F3
Aina Koa Playground	6	A2
Aina Moana Rec. Area	4	E3
Ala Moana Park	4	E2
Ala Wai Field	4,5	D4,D1
Alahula Square Park	48,49	D4,1
Alewa Playground	3	A2
Aliamanu Playground	54	C3
Auld Lane Mini Park (4)	3	B1
Auwaiolimu Playground	3	B4
Baker, Archie, Park	4	B2
Beach Walk Triangle Pk(4)	5	E1
Beretania Comm.Park	3	C2,3
Blaisdell, Neal S. Park	53,64	F2,A3
Booth District Park (Gym&Pool)	3	A4
Boy Scout Camp (Pupukea)	42	D2
Canby Field	59	D3
Cannoneer Field	59	E3
Cartwright Field	4	C2
CPC Picnic Grounds	87	B4
Crane Playground	5	C2
Crestview Comm.Park	63	C2
Date Street Mini Park (1)	5	D1
Davis Field (Sb)	60	E1
De Corte Playground	8	F2
Diamond Hd State Monument	5,6	E4,F1
Diamond Head Park "A"	5	F4
Diamond Head Park "B"	5	F4
Diamond Head Tennis Court	5	F3
Dole Playground	3,4	C4,C1
Emma Square Park (3)	3	C4
Enchanted Lake Park	25	D3
Ewa Beach Community Park	76	E3
Ewa Mahiko Park	75,86	F2,A3
Fern Playground	2,1	B4,B3
Fernhurst Ymca	4	B3
Fort Ruger Park	6	E2
Fort Street Mini Park (1)	3	C3
Frank Case Judd Park	4	D4
Gimlet Field	59	D3
Hahaione Neigh. Park	13	B2
Hahaione Park	13	B2
Hahaione Valley Park	13	B2
Haiku Village Park	16	A2
Halawa Dist. Park	54	C2
Haleiwa Park	55	C3,4
Han's L'orange Park	63	F4
Hauula Playground	34	E2
Hawaii Recreation Center	13	C3
Heeia Playground	15	C4
Hoaeae Comm. Park	73	B4
Hoaloha Park	1	D2
Hokuahiahi Neigh. Park	61	D4
Holanialii Neigh. Park	61,62	E4,1
Hon Stadium State Park	4	C4
Honowai Playground	74	C1
Hoomaluhia Park	16,17	C4,D4,1
Ikoloa Rec Center	61	B3
Iliahi Playground	49	C1
Irwin Memorial Park	3	D3
Kaala Playground	60	C1
Kaelepulu Playground	25	C2
Kahala Field	6	B2
Kahaluu Park	40	D1
Kahaluu Park	40	D1
Kahana Valley State Park	36	D3
Kahawai Park (Pvt)	41	F3
Kahi Kani Neigh.Park	48	F2,3
Kahuku District Park	31	E3
Kailua Field	25	D1
Kaimuki Rec Center	5	B4
Kaimuki Reservoir Park	5	C4
Kaiulani Playground	8	F2
Kalaeponoku Playground	5	A2
Kalaheo Playground	24	C3
Kalakaua Rec Center	2	C4
Kalama Valley Park	22	E2
Kalihi Valley Field	2,8	A3,F1
Kalihi Valley Park	8	B3,C3
Kalihi Ymca	2	B4

NAME	MAP	GRID
Kalihi-Uka Park	8	E2
Kalihi-Waena Playground	2	B4
Kalikimaka Kila Mall (2)	3	C3
Kaluapuhi Neigh Park	23	F3
Kamaio Neigh. Park	61	D4
Kamalii Park	3	C3
Kamamalu Playground	3	C4
Kamananui Playground	68	A2
Kamanele Square	4	A4
Kamehameha Field	2	B4
Kamiloiki Neigh. Park	14,21	A1,E4
Kamokila Park	97	B4
Kamole Park	12	F1
Kaneohe Civic Ctr Park	23	F1
Kaneohe Comm. Sr. Ctr.	23	F1
Kaneohe Dist. Park	15,16	D4,A3
Kanewai Field	5	B2
Kanoa St. Mini Park (11)	3	C1
Kaonohi Park	53	C3
Kapaolono Field	5	C4
Kapiolani Regional Park	5	E3
Kapolei Park	86	E1
Kapunahala Playground	16	A3
Kauluwela Playground	3	C3
Kaupuni Neigh. Park	93	A2
Kawainui Comm. Park	24	D3
Kawananakoa Playground	3	B3
Kawao Park	10	E4
Keaahala Playground	23	F2
Keaalu Neigh. Park	24	C1
Keaiwa Meiau State Rec	53	A4
Kealohi Neigh. Park	62	E1,2
Keana Pond (Ymca)	23	E3
Keehi Lagoon Park	1,2	D4,D1
Keoloa Hills Playground	25	F3
Keolu Hills Playground	25	F3
Kilauea Field	6	D2
Kipapa Comm. Park	61	A3
Kipapa Park	61	B2
Koko Head District Park	22,14	F2,B2
Koko Head Playground	13,14	E4,E1
Kuahelani Neigh. Park	62	D1
Kualoa Park	38	C3
Kuhio Ave Mini Park (3)	5	E2
Kuhio Park Terrace Playgd	2	B3
Kuliouou Neigh. Park	13	C1
Kunawai Playground	3	B2
Kupehau Park	8	E2
Laenani Park	40	C1
Lanikila Playground	64	B2
Laukahi Park	12	F1
Leader Field	69	B4
Lehua Playground	64	B2
Leie Playground	54	E1
Maili Playground	93	E2
Makaha Playground	92	F2
Makai Gateway Park	3	E4
Makakilo Comm. Park	85	E1
Makakilo Park	85	F4
Makalapa Park	54	E2
Makiki District Park	4	C2
Makiki St. Mini Park	4	B3
Malaekahana St Rec Area	32	D3
Manana Kai Neigh. Park	63	B4
Manana Neigh. Park	63	A4
Manoa Triangle Park	4	A3
Manoa Valley Field	10	E2
Mauka Lani Neigh. Park	85	E2
Maunalani Playground	11	F2
Maunawili Neigh. Park	18	B3
Maunawili Playground	18	A3
Mccarthy Field	59	E1
Mccully Rec Center	4	C4
Melemanu Park	61	C1
Mililani Dist. Park	61,62	D4,D1
Mililani Neigh. Park	61	C3
Mililani Waena Park	61	B3
Moanaloa Rec. Center	1,2	B2,3 B1
Moanalua Valley Neigh.Pk	7	D2
Moiliili Field	4	C4
Moiliili Triangle Pk (2)	5	C1
Mokauea St Mini Park (1)	2	C4
Mother Waldron Playground	3	E4
Na-Pueo Park	8	E4
Nahele Neigh. Park	52	D4
Napuanani Park	53	B4
Nehu Playground	12	E3
Newton Rec Center	53	E1

Parks & Playgrounds

NAME	MAP	GRID
Newtown Neigh. Park	53	E1
Nimitz Park	99	A4
Niu Valley Park	12	D4
Noholoa Neigh. Park	62	C1
Nuuanu Pali State Park	17	E4
Nuuanu Valley Park	9	E1
Nuuanu Ymca	3	C3
Pacheco Playground	64	B1
Pacific Palisades Entr Pk	52	
Pacific Palisades Playgrd	52	D1
Paki Playground	5	E3
Palama Triangle Mini Park	3	B2
Palolo Valley Field	11	F1
Papakolea Playground	4	A1
Pearl City Kai Plgd.	64	B2
Pearl City Rec Center	64	A1
Pearl Harbor Park	64	A3
Pearl Ridge Park	53	E3
Peter Buck Park (5)	3	B1
Petrie Playground	6	C1
Piikoi St. Mini Park	4	C2
Pohakupu Park	24,25	F4,F1
Princess Kaiulani Square	5	E2
Pukele Playground	5	B3
Puohala Playground	23	E2
Pupuole Street Mini Park	74	A2
Puu Loa Playground	76	E2
Puu Ualakea State Wayside	4	A3
Puunui Playground	8	F4
Ralston Field	60	D1
Redlander Field	59	E4
Richardson Rec.Center	54	E1,F1
Salt Lake Dist. Park	1,54	C,D1,E4
Sand Is.State Rec.Area	3	E2,3
Sheridan Park	4	D2
Sills Field	59	E4
Stevenson Inter. Park	4	B1
Sunset Beach Neigh. Park	41	E3
Tenney Center	86	A3
Thomas Square	4	D1
Upo Helau Park	24	E4
Wahiawa Rec Center	48,60	F4,A1
Wahiawa State Rec.Area	60	A2,B2
Waialae Iki Playground	6	A4
Waialua Rec Center	67,68	A4,A1
Waianae District Park	93	E1
Waianae Park	93	E1
Waianae Pililaau Field	93	D2
Waianae Regional Park	93	E2
Waiau Gardens Kai Park	53	F1
Waiau Neigh. Park	53	F1
Waiau Park	53	F1
Waihee Valley Nature Park	40	F1
Waikiki Gateway Park	4	E4
Waikiki Playground	5	E3
Wailupe Valley Plgd.	12	F2
Waimalu Playground	53	F2
Waimanalo Dist. Park	20	B2
Waimea Falls Park	44	A2
Waipahu Cultural Park	74	A2
Waipahu Field	63	E4
Waipahu Uka Park	63,74	F3,A1
Waipio Neigh Park	62,63	C4,C1
West Loch Park	74	C3
Whitmore Playground	48	F3
Wilcox Mini Park (6)	3	D3
Wilder Ave Mini Park	4	C4
Wilson Playground	6	B2

Beach Parks

NAME	MAP	GRID
Ala Moana Beach Park	4	E2
Aukai Beach Park	34	E2
Aweoweo Beach Park	67	B3
Barbers Point Beach Park	99	E2
Bellows Field Beach Park	25	F3
Camp Erdman (Ymca)	78	F1
Diamond Head Beach Park	6	F1
Duke Kahanamoku Beach	4	E4
Ehukai Beach Park	41	E3
Ewa Beach Park	76	E4
Fort Derussy Beach	4	E4
Haleiwa Alii Beach Park	55	D4
Haleiwa Beach Park	55	C3
Hanauma Bay Beach Park	14	D2
Hauula Beach Park	34	E1
Hawaiian Elec Bch Pk(Pvt)	97	D1
Hukilau Beach	32	D3
Kaaawa Beach Park	37	B2
Kahala Beach	6	D3
Kahana Bay Beach Park	36	D3
Kahe Point Beach Park	97	D1
Kahe "Tracks" Beach Park	96,97	D1,D4
Kailua Beach Park	25	B2
Kaiona Beach	21	C2
Kakela Beach (Kokoloho)	33	E4
Kalaeoio Beach Park	37	B2
Kalama Beach Park	24	B4
Kalanianaole Beach Park	96	D1
Kaneohe Beach Park	23	E3
Kapiolani Park Beach Ctr	5	F3
Kaupo Beach Park	22,21	C1,C4
Kawaikai Beach Park	12	E4
Kawailoa Beach Park	44	F1
Keaau Beach Park	91	E2,E3
Kokee Beach Park	14	F1
Koko Kai Beach Park	14	F1
Kokoloho Beach (Kakela)	33	E4
Kuhio Beach Park	5	E2
Kuilei Cliffs Beach Park	6	F1
Kuliouou Beach Park	13	D2
Laenani Beach Park	40	C1
Laie Beach Park	33	E3
Lualualei Beach Park	93	E3,E4
Maili Beach Park	94	E1
Makaha Beach Park	91	E4
Makaleha Beach Park	67	E1
Makapuu Beach Park	22	C2
Makaua Beach Park	36	B4
Malaekahena Beach	32	D2,D3
Mauna Lahilahi Beach Park	92	F3
Maunalua Bay Beach Park	13	D3
Mokuleia Beach Park	78	B3
Nanakuli Beach Park	95,96	D4,D1,3
Navy Keehi Beach	77	B3
Nimitz Beach Park	99	A4
Ohikilolo Beach Park	90,91	E4,E1
Oneula Beach Park	87	C4
Piliokane Beach	96	D2
Pokai Bay Beach Park	93	E3
Prince Kuhio Beach Park	5	E2
Punaluu Beach Park	35	D4
Pupukea Beach Park	43	A3
Sandy Beach Park	22	F4
Sunset Beach Park	41	D2
Swanzy Beach Park	36	B4
Ulehawa Beach Park	95	E2&D4
Waiahole Beach Park	39	C1
Waialae Beach Park	6	B3
Waialee Beach Park	29	E1,F1
Waikiki Beach Center	5	E2
Wailupe Beach Park	12	F2
Waimanalo Beach	21,20	C1,A4
Waimea Bay Beach Park	43	B4
Wawamalu Beach Park	22	F4
Yokohama Bay Beach	89	D3

Schools High, Inter, Elem

SCHOOLS

NAME	MAP	GRID
Academy of the Pacific (Pvt)	3	A2
Ahuimanu Elem Sch	40	D4
Aiea Elem School	54	D1
Aiea High School	53	D4
Aiea Inter. School	54	C1
Aikahi Elem School	24	A2
Aina Haina School	12	F3
Ala Wai Elem School	5	D1
Aliamanu Elem School	1	E2
Aliamanu Inter School	1	E2
Aliiolani School	5	B3
Anuenue Elem. School	11	A4
Assets School (Pvt)	66	
Barbers Point Elem Sch	98	A4
Benjamin Parker School	23	F1
Bingham Tract Sch (Pvt)	4	C3
Booth Memorial School	5	E3
Campbell James High Sch	76	E2,3
Campbell James Inter	76	E2,3
Castle J.B. High Sch	23,17	F3,A1
Cathedral School (Pvt)	3	B3
Central Inter School	3	C3
Dole Sanford B. Inter Sch	2	A3
Enchanted Lake Elem Sch	25	D3
Epiphany Episcopal Sch	5	C4
Ewa Beach Elem. School	76	F2
Ewa Elem. School	75	F1
Farrington High School	2,3	B4,1
Fern School	2	B3
Hahaione Elem Sch	13	B2
Hale Kula Elem School	59	D3
Haleiwa Elem School	55	E4
Hanahauoli School (Pvt)	4	B2
Hanalani School	62	C1
Hauula Elem School	34	E3
Hawaiian Baptist Acad. (Pvt)	4	B2
Hawaii Sch. for Girls (Pvt)	5	F4
Hawaiian Mission Acad. (H.S.)	4	C1
Hawaiian Miss. Elem. (Pvt)	4	C2
Heeia Elem. School	15	C4
Hickhman Elem. Sch.	65	D4
Highlands Inter. Sch.	64,52	A1,F4
Hoala School (Pvt)	48,60	F4,A1
Hokulani Elem. School	5	B2
Holy Trinity School (Pvt)	13	E1
Holomoa Elementary	75	
Honolulu Waldorf Sch(Pvt)	12	D4
Honolulu Waldorf SchHigh(Pvt)	6	B1,2
Honowai Elem. School	74	C1
Iliahi Elem. School	49	C1
Ilima Inter. School	76	E2
Iolani School (Pvt)	5	D1
Iroquois Pt. Elem. Sch.	76	B4
Island Paradise Sch. (Pvt)	4	C2
Jarret William P. Inter.	5,11	A3,F1
Jefferson Elem School	5	E3
Kaaawa Elem School	37	B2
Kaahumanu School	4	C2
Kaala Elem School	60	B1
Kaelepulu Elem School	25	E2
Kaewai Elem. School	8	F1
Kahala Elem. School	6	B2
Kahaluu Elem. School	40	D1
Kahuku Elem. School	31	E4
Kahuku High Sch.	31	E4
Kailua ChristianElem	24	C4
Kailua Elem. School	25	C1
Kailua High School	25	E1
Kailua Inter. School	25	C1
Kaimiloa Elem. Sch.	76	E2
Kaimuki Christian Sch	5	B4,C4
Kaimuki High Sch.	5	C2
Kaimuki Inter Sch	6	D1
Kainalu Elem Sch	24	B3
Kaiser High School	14	C1
Kaiulani School	3	C2
Kalaheo High School	24	C2
Kalakaua Inter. Sch.	2	C4
Kalani High School	6	A3
Kaleiopuu Elem.	73	B4
Kalihi Elem. School	8	E1
Kalihi Waena School	2	B3
Kalihi-Kai School	2	C4

NAME	MAP	GRID
Kalihi-Uka School	8	F2
Kamaile Elem. Sch.	92,93	E4,E1
Kamehameha Schools (Pvt)	3,8	A1,F3
Kamiloiki Elem. Sch.	14	A1
Kaneohe Elem. Sch.	13	A1
Kanoelani Elem. Sch.	63,C1	
Kapalama School	2	A4
Kapolei Elem School	86	D2
Kapunahala Elem.	16	A3
Kauluwela Sch.	3	C2
Kawananakoa Inter.	3	B3
Keolu Elem. Sch.	25	F3
King Samuel W. Inter.	15	B3
Kipapa School	61	B2
Koko Head Elem. Sch.	13,14	D4,D1
Kuhio School	5	C1
La Pietra Sch for Girls (Pvt)	5	F4
Laie Elem. School	32	D4
Lanakila Baptist Elem Sch	63	E3
Lanakila Baptist Inter & High	86	A3
Lanakila Elem School	3	B2
Lanikai Elem School	25	C3
Le Jardin Academy	24	E4
Lehua Elem. Sch.	64	B2
Leihoku Elem. Sch.	93	D4
Leilehua High Sch.	48	E4
Liholiho Elem.Sch.	5	C4
Likelike School	3	B2
Liliuokalani Elem. Sch.	5	B4
Linapuni Elem School	2	B3
Lincoln Elem School	4	C2
Lunalilo Elem School	4	D3
Lutheran High Sch.	4	C4
Maemae School	3	A3
Maile Elem.Sch.	94	E2
Makaha Elem. Sch.	92	F2,E2
Makakilo Elem. School	85	F3
Makalapa Elem. Sch.	54	E3
Manana Elem. Sch.	63	A3
Manoa School	10	E2
Maryknoll Gade Sch.	4	C3
Maryknoll High Sch. (Pvt)	4	C3
Mauka Lani Elem.	85	E2
Maunawili Elem.	25	F1
McKinley High Sch.	4	D1
Mid-Pacific Institute (Pvt)	4,5	A1,4
Mililani High School	61	B3
Mililani Mauka Elem	50	F1
Mililani Uka Elem.	62	D1
Mililani Waena Elem.	61	B3
Moanalua High Sch.	1	C2
Moanalua Elem. Sch.	1	B3
Moanalua Inter. Sch.	1	B2
Mokapu Elem. Sch.	27	E4
Mokulele Elem. Sch.	66	B2
Momilani Elem. Sch.	52	E3
Nanaikapono Elem.	96	D1
Nanakuli Elem. Sch.	96	C1
Nanakuli High Sch.	96,95	B1,B4
Nanakuli Inter. Sch.	96	B1
Nimitz Chester W.	66	A2
Niu Valley Inter. Sch.	12	D4
Noelani School	5,10	A1,F3
Nuuanu Elem. Sch.	8	E2
Olomana School	18	A4
Our Redeemer Luthern (Pvt)	4	C4
Palisades Elem. Sch.	52	D1
Palolo School	11	F1
Pauoa School	3	B4
Pearl City Elem. Sch.	64	B1
Pearl City High Sch.	52	D3
Pearl City Highlands	64,63	A1,A4
Pearl Harbor Elem.	54,66	F4,A2
Pearl Harbor Kai Elem.	66	A1
Pearl Ridge Elem.	53	E2
Pohakea Elem School	76	F3
Pohukaina Elem School	3	E4
Pope Blanche Elem.	21	D1
Punahou School (Pvt)	4	B3
Puohala Elem. Sch.	23	F2
Puuhale School	2	C3
Radford High School	54	E3
Red Hill Elem. School	54	B4
Redemption Academy	24	C4
Roosevelt High Sch.	4	B1

Misc. Index

Schools

NAME	MAP	GRID
Royal Elem School	3	C4
Sacred Hearts Academy (Pvt)	5	C3
Salt Lake Elem.	1	D1
Scott Alvah A. Elem.	53	D4
Shafter Elem Sch	1	B4
Solomon Elem Sch	70	A1
St. Andrews Priory (Pvt)	3	C4
St. Ann School (Pvt)	15	B3
St. Elizabeth - for Girls (Pvt)	5	A1
St. Francis High School	5	A1
St. John Vianney (Pvt)	25	D3,E3
St. Joseph -Waipahu (Pvt)	74	A2
St. Louis Sch. & H.S. (Pvt)	5	B2
St. Patrick School (Pvt)	5	C3
St. Theresa School (Pvt)	3	B2
Star of the Sea (Pvt)	6	B2
Stevenson Inter Sch	4	B1
Sunset Beach Christian Sch	41	F3
Sunset Beach Elem	41	E3
Trinity Christian School	18	
Trinity Lutheran School	49	E1
University High School	4	B4
Wahiawa Elem Sch	48	E2
Wahiawa Inter Sch	60	A2
Waiahole Elem & Inter	39	C1
Waialae School	6	C1
Waialua Elem. Sch.	68	A1
Waialua High School	68	B2
Waialua Inter. Sch.	68	B2
Waimanalo School	20	A2,B2
Waianae Elem. Sch.	93	D2
Waianae High School	92,93	E4,E1
Waianae Inter. Sch.	93	E1
Waiau Elem. Sch.	53,52	E1,E4
Waikiki School	5	E3
Wailupe Valley Sch.	12	D2
Waimalu Elem. Sch.	53	F2
Waipahu Elem. Sch.	74	A2
Waipahu High School	64,63	E1,E4
Waipahu Inter. Sch.	74	A2
Washington Inter. Sch.	4	C3
Webling, Gus Elem.	54	C1
Wheeler Elem & Inter.	60	C1
Wilson John H. Elem.	6	A2

MILITARY BASES & FACILITIES

NAME	ABREV.	MAP GRID
Air Nat'l Guard Facility		66:E4
Air Station Barbers Point (BP)	Coast Guard	99:A3
Aliamanu Mil. Housing (PH)	Navy	1,54:F1,C4
Army Airfield, Wheeler (WAAF)	Army	60:C2
Barbers Point Army Helicopter Fac	Army	99,87
Barbers Point Naval Air Station (BP)	Navy	99,87:A3,E1
Bellows Air Force Station (BAFB)	Air Force	20,26:A2,E2
Bishop Point	Navy	66:F1
Camp H.M. Smith (CS)	Marine Corps	54:A1
Camp Malakole (CM)		98:E2
Camp Stover Naval Housing	Navy	61:C1
Camp Stover Naval Housing (WAAF)	Navy	60,61:C4,C1
Catlin Park Housing/PH	Navy	1:E2
Comm. Station Honolulu Transmitting	Coast Guard	94:B3
Communication Station Honolulu	Coast Guard	48:C2,C3
Diamond Head Coast Guard (DH)	Coast Guard	6:F1
Diamond Head Mil Res/CDHQ		6:E1
Dillingham Military Reservation	Army	78:C3
Ford Island Army Boat Facility (FI)	Navy	65:B1
Ford Island Army Boat Facility	Army	65:C2
Ford Island Ferry	Navy	65:B1
Fort Armstrong		3:E4
Fort DeRussy Military Reservation	Army	4,5:E4,E1
Fort Kamehameha Military Reservation	Army	66:D4
Fort Ruger Military Reservation	Army	6:D1,D2
Fort Shafter Military Reservation(FS)	Army	1,8:A4,D1
Haiku Naval Reservation	Navy	16:B2
Halawa Housing	Navy	54:D1,D2
Hale Moku Naval Housing/PH	Navy	66:A1
Halsey Terrace Housing/PH	Navy	1:E2
Helemano Military Reservation	Army	47:D4
Hickam Air Force Base (HAFB)	Air Force	66:C3

Military Bases/Hiking Trails

NAME	ABREV.	MAP	GRID
Iroquois Point Housing (IP)	Navy		76:A3
Ka'ala Air Force Station	Air Force		79:B4
Ka'ena Point Military Reservation	Army		88:F1
Ka'ena Point Satellite Tracking Station	Air Force		88:F1
Kaneohe Marine Corps Base Hawaii (MCBH)	Marine Corps	23,24:A1,E1	
Kapalama Military Reservation	Army		2:E4
Koko Head Air Nat'l Guard	Air Force		14:C2
Koko Head Job Corps Ctr			14:C2
Lualualei Naval Reservation (LLL)	Navy		75,81,82,93,94
Lualualei Radio Transmitting	Navy		94:B3
Makalapa Housing (MKL)	Navy		54:F3
Makua Military Reservation	Army		90:C1
Makua Sub-Cable Site	Air Force		90:C1
Manana Housing	Marine Corps		63:B4
Manana Housing	Navy		63:B4
McGrew Point Housing	Navy		53:F4
Miller Park Housing/PH	Navy		1:E3
Moanalua Terrace Housing/PH	Navy		1,54:F1,
Mokule'ia Army Beach	Army		78:D2
Omega Station	Coast Guard		15:F4
Palehua Solar Observ. Research Site	Air Force		96:A3
Pearl Harbor (PH)	Navy		54,65,74
Pearl Harbor Housing	Navy		1,54,65,74
Pearl Harbor Yacht Club	Navy		54:E1
Puuloa Training Facility	Marine Corps		76:C4
Red Hill Housing	Navy		54:C3
Red Hill Housing Area	Coast Guard		54:C3
Schofield Barracks Mil. Reservation (SB)	Army		49,50,60,61
Tripler Army Medical Center(TAMC)	Army		1:A1
US Coast Guard Base-Honolulu	Coast Guard		3:E2
Wahiawa Communication Station	Air Force		48:C3
Waiawa Military Reservation	Army		51:C2
Waikele Naval Magazine	Navy		63:F1
West Loch Naval Magazine (WL)	Navy		75,76
Wheeler Army Airfield (WAAF)	Army		60:C2

HIKING TRAILS

NAME	MAP	GRID
Aiea Loop (not shown)	53	A3
AihualamaTrail (13)	9,10	B4, B1
Diamond Head Trail	6	E1
Hanauma Bay to Blowhole	14	D2
Hauula Loop Trail (1)	34	F2
Hawaiiloa Ridge Trail (1)	12,20	C2,F1
Judd Trail (12)	9	C2
Kahana Valley Trail	36	F3
Kanealole Trail (2)	4,9	A2,F4
Kaunala Trail	42	C3
Kealia Trail (4)	78	D3
Koko Crater Trail	14	C2
Koko Head Trail	14	E2
Kolowalu Trail (15)	10	D3
Kuaokala Access Rd (2)	89	A2
Kuaokala Trail (1)	89	B2
Kuliouou Ridge Trail (3)	12,20	A4,F3
Kuliouou Valley Trail (2)	20	F3
Maakua Gulch Trail (2)	34	F2
Maakua Ridge Trail (3)	34	F3
Makiki Valley Trail (5)	9	E4
Manana Trail (1)	52	A2
Manoa Cliff Trail (8)	9, 10	D4,B1
Manoa Falls Trail (14)	10	B1
Maunalaha Trail (3)	4,9	A2,F4
Maunawili Demonstration Trail	18,2	D1,
Moanalua Trail	7	D2
Mokuleia Access Rd (not shown) (5)	89	
Mokuleia Trail (not shown) (3)	89	
Moleka Trail (7)	10	E1
Nahuina Trail (4)	9	E4
Nuuanu Trail (11)	9	C3
PauoaTrail (10)	9	B4
Puu Ohia Trail (9)	9	C4
Puu PiaTrail (17)	10	C3
Sacred Falls Trail	34	E4
Tantalus Arboretum Trail (1)	9	E3
Ualakaa Trail (6)	10	E1
WaahilaTrail (16)	10	D4
Waimano Trail (2)	52	B3

HIKERS: PLEASE DO NOT GO ON ANY TRAIL WITHOUT RESEARCHING YOUR HIKE FIRST. TAKE ALL THE NECESSARY PRECAUTIONS WHEN HIKING, MANY TRAILS ARE DIFFICULT AND VERY DANGEROUS.

Points of Interest

VISITOR SPOTS — POINTS OF INTEREST

NAME	MAP:GRID	PHONE/NOTES
▲ Ala Moana Shop. Ctr	Dwt:C8	
▲ Aloha Stadium	54:D2	486-9555
▲ Aloha Stadium Flea Mkt	54:D2	W/SAT/SUN 732-9611
▲ Aloha Tower	Dwt:E2	
▲ Aloha Tower Marketplace	Dwt:E2	
▲ Atlantis Submarines	Wai:	(800)548-6262
▲ Battery Randolph Museum	Wai:D3	
▲ Bishop Museum	2:B4	847-3511
▲ Blowhole	14:B3	Scienc Point
▲ Bowfin Park & Pac. Sub.	54:F1	
Cambell Industrial Park	98:E4	
Central Union Church	4:C3	
▲ Chinaman's Hat	38:B3	Famous Site/Swimming
Circuit Courts (Kaahumanu)	Dwt:E4	State Bldg.
▲ Contempory Museum,The	4:A2	
▲ Crouching Lion	36:C3	Rest.&Inn/Famous Site
Damien Museum,The	Wai:C6	
▲ Del Monte Variety Garden	59:B2	Free Open-24hrs
Dept. of Land & Nat. Res.	Dwt:C4	State Bldg.
Dept. of Transportation	Dwt:D4	State Bldg.
▲ Diamond Head Crater	6:E1	Hike to the top
Diamond Head Mem.Pk	6:D1	
Diamond Head Tennis Ctr	Wai:D8	
Dillingham Airfield	78:D2	
District Courts	3:D3	538-5100/5500
▲ Dole Cannery Square	3:D2	523-DOLE
▲ Dole Plantation	59:A1	621-8408
Ewa Sugar Mill	86:A3	
▲ Falls of Clyde	Dwt:E3	
Federal Bldg.	Dwt:D3	
▲ Ford Island Ferry	54:F1	
▲ Foster Botanic Garden	Dwt:B1	
▲ Hanauma Bay	14:D2	Famous Snorkeling Bch
▲ Hanauma Bay "Toiletbowl"	14:D3	Famous Site
Hawaii Children's Museum	3:D2	
Hawaii Ethnic Art Museum	43:A3	
▲ Hawaii Maritime Center	3:E3	536-6373
Hawaii Prince Hotel	4:E3	
Hawaii Raceway Park	98:C4	
▲ Hawaii Theatre	Dwt:C2	528-0506 Box Office
Hawaiian Memorial Park	17:B2	
Hawaiian Railway Society	86:B3	
▲ Hawaiian Waters Adv. Pk	98:A2	Kapolei
▲ Helemano Plantation	47:F3	622-3929 non-profit
▲ Hilo Hattie	3:D2	(800)272-5282
▲ Hilton Dome	Wai:D2	Live Local Entertainment
▲ Honolulu Academy of Arts	Dwt:B6	
▲ Honolulu Hale (City Hall)	Wai:C4	
▲ Honolulu Intn'l Airport	1:F3	
Honolulu Memorial Park	3:A3	
Honolulu Observatory	76:D3	
▲ Honolulu Zoo	Wai:C7	9am-4:30pm 971-7171
Ice Palace	54:E1	
▲ Imax Theatre	Wai:C4	
▲ International Mrkt Place	Wai:C4,5	
▲ Iolani Palace	Dwt:C3	
Jungle River Mini-Golf Vill.	53:E4	
Kahala 8 Plex Theatres	6:B2	
Kam Drive-in Theatres	53:E3	
▲ Kamehameha Statue	Dwt:D3	
Kaneohe Fishing Pier	15:A1	
Kaneohe Yacht Club (pvt)	23:C4	
Kapiolani Bandstand	Wai:D7	
▲ Kawaiahao Church	Dwt:D4	
Kodak Hula Show	Wai:D7	T-TR 10-11:15am
Koko Head Rifle Range	14:C2	
Korean Vietnam Memorial	3:D4	
▲ Kualoa Ranch & Activties	38:C2	(800)231-7321
✱ Kukaniloko (Birthing Stones)	59:B4	Birthplace of Alii's
▲ Liliuokalani Gardens	Dwt:A1	
Lunalilo Home	14:C1	
▲ Lyon Arboretum	10:C1	988-3177
Magic Island	Dwt:D9	
▲ Makapuu Lighthouse	22:B4	Scenic Point
Makiki Cemetery	4:B1	
▲ Matsumoto Shave Ice	55:D4	Famous Local Shave Ice
Mililani Memorial Park	62:A2	
▲ Mission Houses Museum	Dwt:C3	
Moanalua Gardens	1:B3	
Mormon Temple	32:D4	
▲ Maui Divers' Jewelry Ctr		949-6729
▲ Natatorium War Memorial	5:F3	
National Cemetary	3,4:B4,B1	
Navatek I	Dwt:E2	tours daily 924-1515
Neal S. Blaisdell Center	4:D1	
Nuuanu Cemetery	3:A3	
Oahu Cemetery	3:A3	
Pacific Aerospace Museum	3:D3	
▲ Pahua Heiau	13:A4	
▲ Pali Lookout	17:E4	Famous Scenic Point
▲ Paradise Cove Luau Park	97:E3	
▲ Pineapple Variety Garden	59:B2	Del Monte
▲ Polynesian Cultural Ctr	33:D2	(800)367-7060
▲ Punchbowl Nat'l Cem	3:B4	
Puu O Mahuka Heiau	43:A4	
▲ Queen Emma Sum. Plc	9:E1	
Rainbow Stadium (UH)	5:B1	
Roman Catholic Mis. Cem	4:D1	
▲ Royal Hawaiian Shop Ctr	Wai:C4	
▲ Royal Mausoleum	3:A3	
▲ Sacred Falls Park/Trail	34:E4	& 2 hr. hiking trail to waterfall
Saint Andrews Church	Dwt:C3	
▲ Sea Life Park	22:C2	(800)767-8046
▲ Stadium, Aloha	54:D2	486-9555
▲ State Capital	Dwt:C3	
State Dept. of Health	Dwt:C4	
Turtle Bay Hilton	29:B1	
▲ USS Arizona Mem. Mus	54:F2	
▲ USS Arizona Memorial	65:B2	422-0561
▲ USS Bowfin Submarine	65:B2	423-1341
▲ USS Utah Memorial	65:C1	
▲ Valley of the Temples	15:D1	
▲ Wahiawa Botanic Garden	48:E4	
Waialee Livestock Res.	29:F1	
Waialua Sugar Mill	68:A1	
▲ Waikele Factory Stores	63:E2	
▲ Waikiki Aquarium	Wai:E7	923-9741
Waikiki Bandshell	Wai:C7	
Waikiki Shell	Wai:C7	
▲ Waikiki Theatre III	Wai:C4	
Waikiki Theatres I & II	Wai:C4	
Waikiki Yacht Club (pvt)	Wai:D1	
▲ Waimanalo Heiau	20:D2	
▲ Waimea Beach Park	44:A2	Winter Waves - Summer Swim
▲ Waimea Valley &Adv Pk	44:A2	638-8511
Waipahu Sugar Mill	63:F4	
Washington Place	Dwt:C3	Gov's Residence
▲ Washington Statue	41:D3	
▲ Wildlife Museum	3:C1	
▲ Wyland Art Galleries		(800)992-7498
▲ Ward Centre Shops	Dwt:D7	
▲ Ward Warehouse Shops	Dwt:E6	

Misc. Index

Boat Facility Info/Coleges/Fire

BOAT FACILITY INFORMATION

NAME	OWNERSHIP	CITY	# RAMPS	HARBOR	MAP	GRID
Ala Wai	State	Honolulu	2	Yes	4	E3
Barbers Point Harbor	County	Ewa Beach	0	Yes	98	E1,2
Coconut Island	Private	Kaneohe	0	Yes	23	C1
Haleiwa	State	Haleiwa	3	Yes	55	D4
Hawaii Kai Marina	Private	Honolulu	7	Yes	13	D4
Hawaii Yacht Club	Private	Honolulu	0	Yes	4	E3
Heeia-Kea	State	Kaneohe	3	Yes	15	A1
Hickam Harbor	Federal	Honolulu	1	Yes	66	E4
Honolulu Harbor	State	Honolulu	0	Yes	2,3	E2
Kahana Bay	State	Hauula	1	No	36	D3
Kailua	County	Kailua	1	No	25	B2
Kaneohe (MCAB)	Federal	Kaneohe	1	Yes	27	F3
Kaneohe Yacht Club	Private	Kaneohe	0	Yes	24	C1
Keehi Lagoon	State	Honolulu	3	Yes	2	E3,4
Ko Olina Marina	Private	Kapolei	1	Yes	98	E1
Kewalo Basin	State	Honolulu	0	Yes	4	E1
Makani Kai Marine	Federal	Kaneohe	0	Yes	23	D2
Maunalua Bay	State	Honolulu	1	No	13	D3
Pokai Bay	State	Waianae	0	Yes	93	E3
Rainbow Bay Marina	Federal	Honolulu	1	Yes	54	E1
Wahiawa Reservoir	County	Wahiawa	1	No	60	B2
Waianae	State	Waianae	7	Yes	93	E1
Waikiki Yacht Club	Private	Honolulu	0	Yes	4	E3

COLLEGES/UNIVERSITIES

Name	Address	City	Zip	Phone	Map	Grid
Brigham Young University	55-220 Kulanui St	Laie	96762	(808) 293-3211	33	D1
Chaminade University Of Honolulu	3140 Waialae Ave	Honolulu	96816	735-4711	5	B2
Hawaii Pacific University	1060 Bishop St	Honolulu	96813	544-0221	3	D3
Hawaii Pacific University	1164 Bishop St	Honolulu	96813	544-0249	3	D3
Hawaii Pacific University	1166 Fort St. Mall	Honolulu	96813	544-0202	3	D3
Hawaii Pacific University	1188 Fort St. Mall	Honolulu	96813	544-0230	3	D3
Hawaii Pacific University-Hawaii Loa Campus	45-045 Kam Hwy	Kaneohe	96744	235-3641	17	B4
Honolulu Comm College Aviation Annex	402 Aokea Pl	Honolulu	96819	833-2977	66	A4
Honolulu Community College	874 Dillingham Blvd	Honolulu	96817	845-9211	3	C1
Kapiolani Comm College, Diamond Hd Campus	4303 Diamond Head Rd	Honolulu	96816	734-9111	6	D1
Kapiolani Community College	620 Pensacola St	Honolulu	96814	531-4654	4	D2
Leeward Community Jr College	96-045 Ala Ike	Pearl City	96782	455-0011	63,64	C4,C1
University of Hawaii-Manoa Campus	2569 Dole St	Honolulu	96822	948-8111	4,5	B4,B1
University Of Hawaii-West Oahu	96-043 Ala Ike	Pearl City	96782	456-5921	63,64	C4,C1
Windward Community College	45-720 Keaahala Rd	Kaneohe	96744	235-0077	16	B2

FIRE STATIONS

#	Name	Address	City	Zip	Phone	Map	Grid
10	Aiea	98-1239 Ulune Street	Aiea	96701	(808) 487-7524	53	D4
19	Aikahi	45 Kaneohe Bay Drive	Kailua	96734	254-3675	24	A2
40	Aircraft	Hon.Airport 421 Aowena Pl.	Honolulu	96819	523-4337	1	E4
01	Central	104 South Beretania St.	Honolulu	96813	523-4340	3	C3
24	Ewa Beach	91-832 Pohakupuna Rd.	Ewa Beach	96706	689-6111	76	F3
15	Hauula	54-064 Kamehameha Hwy	Hauula	96717	293-5677	34	E2
34	Hawaii Kai	515 Lunalilo Home Road	Honolulu	96825	395-2108	13,14	C4,C1
21	Kaaawa	51-518 Kamehameha Hwy	Kaaawa	96730	237-8125	36	B4
37	Kahaluu	47-304 Waihee Road	Kaneohe	96744	239-6669	40	D1
13	Kahuku	56-460 Kamehameha Hwy	Kahuku	96731	293-5005	31	E3
18	Kailua	211 Kuulei Road	Kailua	96734	262-4377	25	C1
05	Kaimuki	971 Koko Head Avenue	Honolulu	96816	523-4669	5	C4
09	Kakaako	555 Queen Street	Honolulu	96813	523-4837	3	D4
06	Kalihi	1742 North King Street	Honolulu	96819	523-4609	2	C4
31	Kalihi Kai	1334 Nimitz Highway	Honolulu	96817	523-4879	2	D4
32	Kalihi Uka	1861 Kamehameha Iv Rd.	Honolulu	96817	523-4876	2	A3
17	Kaneohe	45-910 Kamehameha Hwy	Kaneohe	96744	235-4417	23	F1
04	Kuakini	601 North Kuakini Street	Honolulu	96817	523-4549	3	B2
35	Makakilo	92-885 Makakilo Drive	Ewa Beach	96706	672-3009	85	E2
03	Makiki	1202 Wilder Avenue	Honolulu	96822	523-4284	4	C2
22	Manoa	2850 East Manoa Road	Honolulu	96822	523-4992	10	F2
29	McCully/Moiliili	2425 Date Street	Honolulu	96826	523-4335	5	D1
36	Mililani Waipio	95-269 Kipapa Drive	Wahiawa	96789	623-0023	61	C3
30	Moanalua	2835 Ala Ilima Street	Honolulu	96818	523-4407	1	D1
08	Mokulele	890 Valkenburgh Street	Honolulu	96818	422-1991	66	A3
28	Nanakuli	89-334 Nanakuli Avenue	Waianae	96792	668-7411	96	D1
25	Nuuanu	115 Wyllie Street	Honolulu	96817	523-4225	3	A3
39	Olomana	42-510 Kalanianaole Hwy	Kailua	96734	261-8016	25	F2
33	Palolo	3345 Kiwila Street	Honolulu	96816	523-4052	11	F3
02	Pawaa	1610 Makaloa Avenue	Honolulu	96814	523-4204	4	D3
20	Pearl City	886 First Street	Pearl City	96782	455-3931	64	B2
11	Sunset Beach/Pupukea	59-719 Kamehameha Hwy	Haleiwa	96712	638-8222	43	A3
16	Wahiawa	640 California Avenue	Wahiawa	96786	621-8141	60	A1
14	Waialua/Haleiwa	66-420 Haleiwa Road	Haleiwa	96712	637-4222	55,56	E4,E1
26	Waianae	85-645 Farrington Hwy	Waianae	96792	696-3344	93	E2
38	Waiau	98-1109 Komo Mai Drive	Pearl City	96782	455-3731	52	E4

Fire Stations/Golf

	NAME	ADDRESS	CITY	ZIP	PHONE	MAP	GRID
07	Waikiki/Kapahulu	381 Kapahulu Avenue	Honolulu	96815	523-4684	5	E3
23	Wailupe	5046 Kalanianaole Hwy	Honolulu	96821	373-2738	12	F2
27	Waimanalo	41-1301 Kalanianaole Hwy	Waimanalo	96795	259-7700	20	A2
12	Waipahu	94-121 Leonui Street	Waipahu	96797	677-3211	63	F4
41	Waterfront	111 North Nimitz Hwy Pier 15	Honolulu	96817	523-4080	3	D3

⛳ GOLF COURSES

	NAME	ADDRESS	CITY	ZIP	PHONE	MAP	GRID
	10th Puka (HAFB) Area 61 (Mil)	McCleland St. Bldg. 2105	Honolulu	96818	(808) 449-2093	66	C2
	Ala Wai Golf Course (Municipal)	404 Kapahulu Ave	Honolulu	96815	733-7387*	5	D2
	Barbers Point Golf Course (Mil)	E. Hanson Rd. Bldg. 1048	Ewa Beach	96706	682-5662	87	B1
	Bay View Golf Center	45-285 Kaneohe Bay Dr	Kaneohe	96744	247-0451	23	F3
	Ewa Beach Intn'l Golf Club	91-050 Ft. Weaver Rd.	Ewa Beach	96706	689-8351	76	C2,3
	Ewa Villages (Municipal)	Park Row St	Ewa	96706	681-0220*	86	A2
	Ford Island Pitch & Putt Course (Mil)	Princeton Pl. Bldg. 428	Honolulu	96818	N/A	65	B1
	Fort Shafter Golf Course (Mil)	Morton Dr. Bldg. S-716	Honolulu	96819	438-9587	1,2	A1,3
	Hawaii Country Club	94-1211 Kunia Rd	Kunia	96759	621-5654	72	B2
	Hawaii Kai Champ Golf Course(Pub)	8902 Kalanianaole Hwy	Honolulu	96825	395-2358	22	E3
	Hawaii Kai Executive Golf Course (Pub)	8902 Kalanianaole Hwy	Honolulu	96825	395-2358	22	E3
	Hawaii Prince Golf Club (Pub)	91-1200 Fort Weaver Rd	Ewa Beach	96706	944-4567	76	E1
	Hickam (Mil)	McCleland St. Bldg. 2105	Honolulu	96818	449-2093	66	C2
	Honolulu Intn'l Country Club (Pvt)	1690 Ala Puumalu St	Honolulu	96818	833-4541	1	C1
	Kahuku Golf Course (Pub)	Kahuku	Kahuku	96731	293-5842*	31	D3
	Kalakaua Golf Course (SB) (Mil)	Hewitt St. Bldg. 1285	Wahiawa	96786	655-9833	59	E4
	Kapolei Golf Course (Pub)	91-701 Farrington Hwy	Kapolei	96707	674-2227	86	C2
	Klipper Golf Course (MCBH) (Mil)	Manning St. Bldg 3088	Kailua	96734	254-1745	27	D3
4	Ko Olina Golf Course	92-1220 Aliinui Dr	Kapolei	96707	676-5300	97,98	D4,D1
1	Koolau Golf Course (Pvt)	45-550 Kionaole Rd	Kaneohe	96744	236-4653	17	D3
	Leilehua Golf Course (SB) (Mil)	Bldg. T6505	Wahiawa	96786	622-1776	60	A3
	Luana Hills Country Club (Semi-Pvt)	Auloa Rd	Kailua	96734	262-2139	18	C4
	Makaha Resort West Golf Course	84-626 Makaha Valley Rd	Waianae	96792	695-9544	92	D2
	Makaha Valley Country Club (Pub) driv. range	84-627 Makaha Valley Rd	Waianae	96792	695-9578	92	D2
	Mamala Bay Golf Course (HAFB) (Mil)	Worcester Ave. Bldg. 3572	Honolulu	96818	449-6490	66,77	D4,C1
	Mid-Pacific Country Club (Pvt)	266 Kaelepulu Dr	Kailua	96734	262-8161	25	C3
	Makakilo Golf Club (Pending)		Makakilo	96707	N/A	85	C3
	Mililani Golf Club (18 hole/Champ)	95-176 Kuahelani Ave	Mililani	96789	623-2222	61	D2
	Moanalua Golf Club (Pvt)	1250 Ala Aolani St	Honolulu	96819	839-2311	54	A4
	Navy Marine Golf Course (Mil)	Valkenburgh St. Bldg. 43	Honolulu	96818	471-0142	1,66	F1,A3
	Newtown Driving Range	98-330Kaahele St.	Aiea	96701	487-1553	53	E2,F2
	Oahu Country Club (Pvt)	150 Country Club Rd	Honolulu	96817	595-6331	9	E1
	Olomana Golf Links(Pub) driv. range	41-1801 Kalanianaole Hwy	Waimanalo	96795	259-7926	26,19	F1,A4
	Pali Golf Course (Municipal)	45-050 Kam Hwy	Kaneohe	96744	266-7612*	17	C3
5	Pearl Country Club	98-535 Kaonohi St	Aiea	96701	487-3802	53	D3
	Royal Kunia Country Club (18 hole/Champ)		Kunia	96797	671-7885	73	B2
2	Sheraton Makaha Golf Course	84-626 Makaha Valley Rd	Waianae	96792	695-9544	92	D2
	Ted Makalena Golf Course	Waipio Point Access Rd	Waipahu	96797	675-6052*	64	E1
3	The Links @ Kuilima (27 hole/Champ)	57-091 Kam Hwy	Kuilima	96731	293-8574	29	B2
	Turtle Bay Hilton Country Club	57-091 Kam Hwy	Kuilima	96731	293-5225	29	C2
	Waialae Country Club (Pvt)	4997 Kahala Ave	Honolulu	96816	734-2151	6	B3
	Waikele Golf Club (18 hole/par 72)	94-200 Paioa Place	Waikele	96797	676-9000	63	E2
	West Loch Golf Course (Municipal)	91-1126 Okupe St	Ewa Beach	96706	671-2292*	74	D3

Hardest Ranked Courses 1-5

Note: For Municipal Course Reservations call 808-296-2000
*phone for cashier at municipal golf course/ call: 296-2000 for course reservations.

✚ HOSPITALS/CLINICS

NAME	ADDRESS	CITY	ZIP	PHONE	MAP	GRID
CASTLE MEDICAL CENTER	640 Ulukahiki Street	Kailua	96734	(808) 263-5500	24	F4
HALE MOHALU HOSP AT LEAHI	3650 Maunalei Avenue	Pearl City	96782	734-0221	64	B2
HAWAII STATE HOSPITAL	45-710 Keaahala Road	Kaneohe	96744	247-2191	15,16	D4,A2
KAHI MOHALA	91-2301 Fort Weaver Rd	Ewa Beach	96706	671-8511	64	A2
KAHUKU HOSPITAL	56-117 Pualalea St	Kahuku	96731	293-9221	31	E3
KAISER PERMANENTE:						
Kaiser-HAWAII KAI CLINIC	333 Keahole Street	Honolulu	96825	396-3700	13	D3
Kaiser-HONOLULU CLINIC	1010 Pensacola Street	Honolulu	96814	593-2950	4	C2
Kaiser-KAHUKU CLINIC	56-700 Kam Hwy	Kahuku	96731	293-4600	31	E3
Kaiser-KAILUA CLINIC	201 Hamakua Drive	Kailua	96734	262-3400	25	D1
Kaiser-KAPOLEI CLINIC	890 Kamokila St	Kapolei	96707	674-2992	86	F1
Kaiser-KOOLAU CLINIC	45-602 Kamehameha Hwy	Kaneohe	96744	235-7100	16	A4
Kaiser-MENTAL HEALTH SVC	1441 Kapiolani Blvd	Honolulu	96814	945-7696	4,DWT	D3,C9
Kaiser-MILILANI CLINIC	95-660 Lanikuhana Ave	Mililani	96789	625-4200	61	B4
Kaiser-MOANALUA HOSPITAL	3288 Moanalua Road	Honolulu	96819	834-5333	1	B1
Kaiser-NANAKULI CLINIC	87-217 St. John's Road	Maili	96792	696-0400	94	E3
Kaiser-PUNAWAI CLINIC	94-235 Leoku Street	Waipahu	96797	671-5888	74	C2
KAPIOLANI MEDICAL CENTER:						
Kapiolani-PALI MOMI	98-1079 Moanalua Rd	Aiea	96701	486-6000	53	E3
Kapiolani-WOMEN & CHILD.	1319 Punahou Street	Honolulu	96826	983-6000	4	C3
KUAKINI MEDICAL CENTER	347 North Kuakini Street	Honolulu	96817	536-2236	3	B3
LEAHI HOSPITAL	3675 Kilauea Avenue	Honolulu	96816	733-8000	5	D4
QUEEN'S MEDICAL CENTER	1301 Punchbowl Avenue	Honolulu	96813	538-9011	3	C4
QUEEN'S HEALTH CARE:						
Queen's-ALA MOANA CLINIC	1860 Ala Moana Blvd	Honolulu	96815	943-1111	4,WAI	E ,D2
Queen's-HAWAII KAI CLINIC	377 Keahole	Honolulu	96825	396-6675	13	D3
Queen's-KAPOLEI CLINIC	91-525 Farrington Hwy	Kapolei	96707	674-0909	86	F1
Queen's-MILILANI CLINIC	95-720 Lanikuhana Ave	Mililani	96789	623-3830	61	B4

Hospitals/Police/Post Office

NAME	ADDRESS	CITY	ZIP	PHONE	MAP	GRID
REHAB HOSPITAL OF THE PACIFIC						
Rehab-AIEA	98-1005 Moanalua Rd	Aiea	96701	(808) 486-8000	53	E3
Rehab-HAWAII KAI	333 Keahole St. #102	Honolulu	96825	396-2866	13	D3
Rehab-MILILANI	95-720 Lanikuhana Ave, #140	Mililani Town	96789	625-5545	61	B3
Rehab-NUUANU	226 N. Kuakini St	Honolulu	96817	531-3511	3	B3
Rehab-QUEEN'S	1329 Lusitana Street	Honolulu	96813	533-1307	3,DWT	C4,B4
Rehab-ST. FRANCIS WEST	91-2135 Fort Weaver Rd, #150	Ewa Beach	96706	678-9488	74	D3
SHRINERS HOSPITAL	1310 Punahou Street	Honolulu	96826	941-4466	4	C3
ST FRANCIS HOSPICE (Nuuanu)	24 Puiwa Rd	Honolulu	96817	595-7580	9	E1
ST.FRANCIS MED CTR WEST	91-2139 Fort Weaver Rd	Ewa Beach	96706	678-7000	74	C2
ST.FRANCIS MEDICAL CENTER	2230 Liliha Street	Honolulu	96817	547-6011	3	A2,3
STRAUB CLINIC & HOSPITAL	888 South King Street	Honolulu	96814	522-4000	4	D1
Straub-FINANCIAL DIST. CLINIC	801 Alakea St	Honolulu	96813	545-5850	3	*
Straub-HAWAII KAI CLINIC	7192 Kalanianaole Hwy	Honolulu	96825	396-6321	13	D4
Straub-KAILUA CLINIC	641 Kailua Rd	Kailua	96734	262-2377	25	*
Straub-KANEOHE CLINIC	46-056 Kamehameha Hwy	Kaneohe	96744	235-0099	15	C4
Straub-KAPOLEI CLINIC	1001 Kamokila Blvd	Kapolei	96707	674-2930	86	*
Straub-MANOA CLINIC	1904 University Ave	Honolulu	96822	947-4646	4	B4
Straub-MILILANI CLINIC	95-1249 Meheula Prkwy	Mililani	96789	625-6444	61	B4
Straub-PALI MOMI CLINIC	98-1079 Moanalua Rd.,6th fl	Aiea	96701	487-2477	53	E3
Straub-WAIKIKI CLINIC	2222 Kalakaua Ave	Honolulu	96816	971-6000	5,WAI	E1,C4
Straub-WESTRIDGE CLINIC	98-150 Kaonohi	Aiea	96701	488-8431	53	B3
TRIPLER ARMY MEDICAL CENTER	1 Jarrett White Rd	Honolulu	96819	433-6661	1	A1
WAHIAWA GENERAL HOSPITAL	128 Lehua Street	Wahiawa	96786	621-8411	60	A1
WAIMANO TRAINING SCH & HOSP	2201 Waimano Home Rd	Pearl City	96782	456-6252	52	B2
WAIANAE COMP. HEALTH CTR.						
WCCHC-Main Office	86-260 Farrington Hwy	Waianae	96792	696-7081	94	E1
WCCHC-Nanakuli Office	87-2070 Farrington Hwy	Waianae	96792	668-2311	95	D4
WCCHC-Pediatrics	85-761 Farrington Hwy	Waianae	96792	696-4533	93	E3

P POLICE STATIONS

Name	Address	City	ZIP	Phone	Map	Grid
Airport (Under Gate #11)	Honolulu Intn'l Airport	Honolulu	96819	(808) 836-6411	1	F3
Downtown Chinatown Sub-Station (7)	1101 Nuuanu Ave	Honolulu	96813	527-6990	3	D3
Honolulu Main Station	801 S Beretania St	Honolulu	96813	529-3111	3	D4
Kahuku Sub-Station	56-470 Kamehameha Hwy	Kahuku	96731	293-8565	31	D4
Kailua Sub-Station	219 Kuulei Rd	Kailua	96734	262-6555	25	C1
Kalihi Station	1865 Kamehameha Iv Rd	Honolulu	96819	943-3128	2	A3
Kaneohe Station	45-270 Waikalua Rd	Kaneohe	96744	247-2166	23	F1
Moilili Sub-Station	2535 S. King St	Honolulu	96826		4,5	C4,C1
Pearl City Station	1100 Waimano Home Rd	Pearl City	96782	455-9055	64	B1
Wahiawa Station	330 N Cane	Wahiawa	96786	621-8442	59	A4
Waianae Sub-Station	85-939 Farrington Hwy	Waianae	96792	696-4221	94	E1
Waikiki Sub-Station	2405 Kalakaua Ave	Honolulu	96815	943-3801	5	E2

PO POST OFFICES

Toll-free Assistance: 1-800

Name	Address	City	ZIP	Phone	Map	Grid
Aiea	99-040 Kauhale St	Aiea	96701	275-8777	53	E4
Aina Haina	820 W. Hind Dr. #128	Honolulu	96821	275-8777	12	F3
Airport Main Office	3600 Aolele (Airport)	Honolulu	96820	275-8777	1	F2
Ala Moana Center	Ala Moana Shopping Ctr	Honolulu	96814	275-8777	4	D3
Barbers Point	Lexington Avenue, Bdg 3	Ewa Beach	96706	275-8777	99	A1
Chinatown Cultural Plaza	100 North Beretania St	Honolulu	96827	275-8777	3	C3
Downtown Station	335 Merchant Street	Honolulu	96813	275-8777	3	D3,D4
Uptown Station	1170 Nuuanu Ave	Honolulu	96813	275-8777	3	C3
Ewa	91-1202 Renton Road	Ewa Beach	96706	275-8777	86	A3
Ewa Beach	91-760 Papipi Road	Ewa Beach	96707	275-8777	76	F2
Ford Island	Liscomb Bay St., Bdg 42	Honolulu	96818	275-8777	65	C2
Fort Shafter	A Loop, Building T-1	Honolulu	96819	275-8777	1,2	B3,B1
Haleiwa	66-437 Kamehameha Hwy	Haleiwa	96712	275-8777	56	D1
Hauula	54-316 Kamehameha Hwy	Hauula	96717	275-8777	31	E1
Hawaii Kai	7040 Hawaii Kai Drive	Honolulu	96825	275-8777	13	C4
Hickam	Svc Center #2, Bldg 1848	Honolulu	96818	275-8777	66	B2
Hickam	Mwr Office, Building 2097	Honolulu	96818	275-8777	66	C1
Kaaawa	51-480 Kamehameha Hwy	Kaaawa	96730	275-8777	36	B4
Kahuku	56-565 Kam Hwy	Kahuku	96731	275-8777	31	E3
Kailua	335 Hahani Street	Kailua	96734	275-8777	25	D1
Kaimuki	1130 Koko Head Avenue	Honolulu	96816	275-8777	5	B4
Kaneohe	46-036 Kamehameha Hwy	Kaneohe	96744	275-8777	15	B4
Kapalama	1271 North King Street	Honolulu	96817	275-8777	3	C1
Kapolei	1001 Kamokila Blvd	Kapolei	96707	275-8777	86	F1
Kunia	94-1500 Kunia Rd	Kunia	96759	275-8777	72	B2
Laie	551510 Kam (Laie Vill SC)	Laie	96762	275-8777	33	D1
Makiki	1111 Lunalilo Street	Honolulu	9+6822	275-8777	4	C2
Marine Corps Air Station - Kaneohe	D Street, Building 835	Kaneohe	96744	275-8777	27	F3
Mililani	95-1030 Meheula Prkwy	Mililani	96789	275-8777	61	C3
Moilili	2700 South King St, Bdg 3	Honolulu	96826	275-8777	5	C1
Nanakuli	87-2070 Farrington Hwy	Nanakuli	96792	275-8777	95	D4
Navy Cantonment Moanalua SC	Moanalua Shopping Ctr	Honolulu	96818	275-8777	1	F1
Navy Terminal	Avenue D, Building 64-A	Honolulu	96818	275-8777	65	C4
Nuuanu/Uptown P.O.	1170 Nuuanu Ave	Honolulu	96817	275-8777	3	C3
Pearl City	950 Kamehameha Hwy	Pearl City	96782	275-8777	64	B1

Post Offices/Library/Satellite/SC

NAME	ADDRESS	CITY	ZIP	PHONE	MAP	GRID
Schofield	Foote Avenue, Bdg 258	Wahiawa	96786	(800) 275-8777	60	D1
Submarine Base	Hunter Street, T3	Honolulu	96818	275-8777	65	A3
Wahiawa	115 Lehua Avenue	Wahiawa	96786	275-8777	60	A1
Waialae-Kahala	4354 Pahoa Avenue	Honolulu	96816	275-8777	6	B2
Waialua	67-079 Nauahi Avenue	Waialua	96791	275-8777	68	A1
Waianae	86-014 Farrington Hwy	Waianae	96792	275-8777	93	E3
Waianae-Nanakuli	87-2044 Farrington Hwy	Waianae	96792	275-8777	95	D4
Waikiki	330 Saratoga Road	Honolulu	96815	275-8777	4	F1
Waimanalo-Wailea	41-859 Kalanianaole Hwy	Waimanalo	96795	275-8777	21	C1
Waipahu	94-929 Waipahu	Waipahu	96797	275-8777	63	F4
Wheeler	Wright Avenue, Blg 102	Wahiawa	96786	275-8777	60	D2

L PUBLIC LIBRARIES

NAME	ADDRESS	CITY	ZIP	PHONE	MAP	GRID
Aiea Public Library	99-143 Moanalua Rd	Aiea	96701	(808) 483-7333	53	D4
Aina Haina Public Library	5246 Kalanianaole Hwy	Honolulu	96821	373-3888	12	F3
Ewa Beach Public & Sch Library	91-950 North Rd	Ewa Beach	96706	689-8391	76	E3
Hawaii Kai Public Library	249 Lunalilo Home Rd	Honolulu	96825	397-2422	13	D4
Hawaii State Library	478 S King St	Honolulu	96813	586-3500	3	D4
Kahuku Public & Sch Library	56-490 Kam Hwy	Kahuku	96731	293-9275	31	D4
Kailua Public Library	239 Kuulei Rd	Kailua	96734	266-9911	25	C1
Kaimuki Public Library	1041 Koko Head Ave	Honolulu	96816	733-8422	5	C4
Kalihi-Palama Public Library	1325 Kalihi St	Honolulu	96819	832-3466	2	B4
Kaneohe Public Library	45-829 Kam Hwy	Kaneohe	96744	233-5676	23	F1
Library For The Blind & Handicapped	402 Kapahulu Ave	Honolulu	96815	733-8444	5	E3
Liliha Public Library	1515 Liliha	Honolulu	96817	587-7577	3	B2
Manoa Public Library	2716 Woodlawn Dr	Honolulu	96822	988-6655	10	F3
Mccully-Moiliili Public Library	2211 S King St	Honolulu	96826	973-1099	4	C4
Mililani Public Library	95-450 Makaimoimo	Mililani	96789	627-7470	61	B4
Pearl City Public Library	1138 Waimano Home Rd	Pearl City	96782	453-6566	64	A1
Salt Lake/Moanalua Public Library	848 Ala Lilikoi St	Honolulu	96818	831-6831	1	E2
Wahiawa Public Library	820 California Ave	Wahiawa	96786	621-6331	60	A1
Waialua Public Library	67-068 Kealohanui St	Waialua	96791	637-4876	68	A1
Waianae Public Library	85-625 Farrington Hwy	Waianae	96792	696-4257	93	E1
Waikiki-Kapahulu Public Library	400 Kapahulu Ave	Honolulu	96815	733-8488	5	D3
Waimanalo Public & School Library	41-1320 Kalanianaole Hwy	Waimanalo	96795	259-9925	20	A2
Waipahu Public Library	94-521 Farrington Hwy	Waipahu	96797	675-0358	74	A2

S SATELLITE CITY HALLS

NAME	ADDRESS	CITY	ZIP	PHONE	MAP	GRID
Ala Moana Honolulu	Ala Moana Shopping Ctr	Honolulu	96814	(808) 973-2600	4/DWT	D3/C9
Downtown Honolulu/Fort Street	1000 Fort Street Mall	Honolulu	96813	532-2500	3/DWT	D3/D2
Kailua(Enchanted Lake)	1090 Keolu Dr.	Kailua	96734	261-8575	25	E3
Kalihi	1911-A Kam. IV Rd	Honolulu	96819	847-4688	2	A3
Kalihi/Kapalama	1199 Dillingham Blvd	Honolulu	96819	842-0653	3	C1
Kaneohe (Windward Mall)	45-056 Kam Hwy	Kaneohe	96744	235-4571	15	B4
Pearl Ridge-(Uptown Center)	Pearl Ridge Uptown SC	Aiea	96701	483-3405	53	E3
Wahiawa	330 Cane St	Wahiawa	96786	621-0791	60	A1
Waianae	85-670 Farrington Hwy	Waianae	97692	696-6371	93	E2
Waipahu	94-144 Farrington Hwy	Waipahu	96797	671-5638	74	C2

SHOPPING CENTERS

NAME	ADDRESS	CITY	ZIP	PHONE	MAP	GRID
Aiea Shopping Center	99-115 Aiea Heights Dr	Aiea	96701	(808) 487-6161	54	D1
Aikahi Park Shopping Center	25 Kaneohe Bay Dr	Kaneohe	96744	735-8822	24	A2
Aina Haina Center	820 West Hind Dr	Honolulu	96821	523-6097	12	F3
Ala Moana Center	1450 Ala Moana Blvd	Honolulu	96814	946-2811	4	E2
Ala Moana Farmers Market	1020 Auahi St	Honolulu	96814	N/A	4	E1
Aloha Tower Marketplace	1 Aloha Tower Dr	Honolulu	96813	528-5700	3,DWT	D3,E2
Chinatown Cultural Plz Shop Ctr	100 N Beretania St	Honolulu	96817	521-4934	3	C3
Costco Square (Costco Aiea)	4380 Lawehana St	Honolulu	96818	422-6955	54	F3
Dillingham Plaza	505 Dillingham Blvd	Honolulu	96817	621-6739	2	C4
Discovery Bay Center	1778 Ala Moana Blvd	Honolulu	96815	536-7247	4	E3
Dole Cannery Square	650 Iwilei Rd	Honolulu	96817	523-3653	3	C1,D1
Eaton Square Shopping Ctr	444 Hobron Ln	Honolulu	96815	544-1600	25	D4
Enchanted Lake Shopping Ctr	4224-2 Keolu Dr	Kailua	96734	544-1600	25	C4
Ewa Beach Shopping Center	91-919 Ft Weaver Rd	Ewa Beach	96706	536-1961	76	F2
Fort Street Mall	The Length Of Fort St	Honolulu	96813	N/A	3	C3,D3
Gentry Waipio Center	94-1040 Waipahu Uka St	Waipahu	96797	599-8290	63	D1
Hahaione Center	Hawaii Kai Dr.	Honolulu	96825	N/A	13	C3
Haleiwa Shopping Center	66-134 Kam Hwy	Haleiwa	96712	622-5179	56	D1
Haleiwa Shopping Plaza	66-197 Kam Hwy	Haleiwa	96712	622-5179	56	D1
Hauula Kai Shopping Center	54-316 Kam Hwy	Hauula	96717	521-7911	34	E1
Hawaii Kai Shopping Ctr	377 Keahole St	Honolulu	96825	396-4402	13	C3
Hawaii Kai Towne Center(Costco Hi Kai)	333 Keahole St	Honolulu	96825	396-0766	13	D3
Hemmeter Center	2424 Kalakaua Ave	Honolulu	96816	922-5522	5	E2
Hilton Hawaiian Village	2005 Kalia Rd	Honolulu	96815	949-4321	4	E4
International Marketplace	2330 Kalakaua Ave	Honolulu	96815	923-9871	5	E2
Kahala Mall Shopping Center	4211 Waialae Ave	Honolulu	96816	732-7736	6	B2
Kahuku Sugar Mill - The Maze	56-565 Kam Hwy	Kahuku	96731	293-8747	31	E3
Kailua Beach Center	130 Kailua Rd	Kailua	96734	295-2331	25	C2
Kailua Shopping Center	Kailua Rd	Kailua	96734	947-2618	25	D1

Misc. Index

Shopping Centers

NAME	ADDRESS	CITY	ZIP	PHONE	MAP	GRID
Kaimuki Shopping Center	3221 Waialae Ave	Honolulu	96816	942-7100	5	C3
Kalama Valley Shopping Center	501 Kealahou St	Honolulu	96825	N/A	22	F2
Kalihi Shopping Center	2295 N King St	Honolulu	96819	841-2555	2	B3
Kamehameha Shopping Center	1620 N School St	Honolulu	96817	848-1011	2	A4
Kaneohe Bay Shopping Center	46-047 Kam Hwy	Kaneohe	96744	677-6700	15	B4
Kaneohe Shopping Center	45-920 Kam Hwy	Kaneohe	96744	537-4519	23	F1
Kapahulu Shopping Cneter	909 Kapahulu Ave	Honolulu	96816	487-6161	5	C2
Kapalama Shopping Center	1210 Dillingham Blvd	Honolulu	96817	844-2100	3	C1
Kapalama Shopping Plaza	1301-1311 N King St	Honolulu	96817	844-2100	3	C1
Kapolei Shopping Center	590 Farrington Hwy	Kapolei	96707	674-6674	86	E1
Keolu Shopping Center	1090 Keolu Dr	Kailua	96734	522-5999	25	E3-E4
Kilohana Square (5)	2863 Kihei Pl	Honolulu	96816	N/A	5	C2
King Kalakaua Plaza	2080 Kalakaua Ave	Honolulu	96815	955-2878	WAI	C3
King's Village	131 Kaiulani Ave	Honolulu	96815	944-6855	5	E2
Kingsgate Plaza	2700 S King St	Honolulu	96826	847-2555	5	C1
Kokea Center	1111 Dillingham Blvd	Honolulu	96819	N/A	3	C1
Koko Marina Shopping Center	7192 Kalanianaole Hwy	Honolulu	96825	395-4737	13	D4
Koolau Center	47-388 Hui Iwa St	Kaneohe	96744	538-0131	15	D1
Kuhio Mall	2301 Kuhio Ave	Honolulu	96816	922-2724	5	E1
Laie Village Shopping Center	55-510 Kam Hwy	Laie	96762	N/A	33	D1
Liliha Square Shopping Center	1425 Liliha St	Honolulu	96817	533-3525	3	C2
Makaha Marketplace	Farrington Hwy	Waianae	96792	681-6725	92	F3
Makakilo Shopping Center	92-585 Makakilo Dr	Ewa Beach	96706	548-3347	85	E3
Mango Marketplace	620 California Ave	Wahiawa	96786	637-3507	60	A1
Manoa Marketplace	2851 E Manoa Rd	Honolulu	96822	988-5750	10	F2
Market City Shopping Center	2919 Kapiolani Blvd	Honolulu	96826	734-0282	5	C2
Maunakea Market Place	121 N Hotel St	Honolulu	96817	524-3409	3	D3
Mccully Shopping Center	1960 Kapiolani Blvd	Honolulu	96826	955-7377	4	D4
Mililani Marketplace	94-780 Meheula Parkway	Mililani	96789	N/A	61	C2
Mililani Shopping Center	95-390 Kuahelani Ave	Mililani	96789	623-8496	61	C2
Mililani Town Center	95-1249 Meheula Parkway	Mililani	96789	625-5233	61	B4
Moanalua Shopping Center	778 Hennley St	Honolulu	96818	422-2434	1,66	F1,A
Niu Valley Shopping Center	5740 Kalanianaole Hwy	Honolulu	96821	521-2611	12,13	D4,F
NorthShore Marketplace	66-250 Kam Hwy	Haleiwa	96712	637-7000	56	D1
NorthShore Village	66-437 Kam Hwy	Haleiwa	96712	259-8856	56	D1
Nuuanu Shopping Plaza	1613 Nuuanu Ave	Honolulu	96817	N/A	3	C3
One Waterfront Plaza	530 Ala Moana Blvd	Honolulu	96813	538-1441	3	E4
Pacific Shopping Mall	87-2070 Farrington Hwy	Nanakuli	97692	524-8505	95	D4
Pali Shopping Center	1360 Pali Hwy	Honolulu	96817	538-3953	3	C3
Pearl City Shopping Center	850 Kam Hwy	Pearl City	96782	845-5945	64	A2
Pearl Highlands Shop. Ctr	1000 Kam Hwy	Pearl City	96782	453-2800	64	B1
Pearl Kai Shopping Center	98-199 Kam Hwy	Aiea	96701	545-3755	53	E4,F4
Pearlridge Ctr Phase I, Ii, Iii	98-1005 Moanalua Rd	Aiea	96701	488-0981	53	E3
Puck's Alley	S King St/University Ave	Honolulu	96826	946-1171	5	C1
Rainbow Castle	54-132 Kam Hwy	Hauula	96717	293-9145	34	E2
Restaurant Row	500 Ala Moana Blvd	Honolulu	96813	538-1441	3	E4
Royal Hawaiian Shopping Ctr	2201 Kalakaua #A-500	Honolulu	96815	922-0588	5	E1
Salt Lake Shopping Center	848 Ala Lilikoi St	Honolulu	96818	735-8822	1	E2
Servco Mapunapuna Plazal	2850 Pukoloa St	Honolulu	96819	834-1049	1,2	C3,B1
Stadium Mall	4510 Salt Lake Blvd	Honolulu	96818	488-3037	54	E2
Times Royal Kunia Center	Kupuohi St	Waipahu	96797		73	C4
Times Square Shopping Center	98-1254 Kaahumanu St	Pearl City	96782	944-2100	53	F2
Tropicana Square Shopping Ctr	94-866 Moloalo St	Waipahu	96797	531-9931	63	F4
Victoria Ward Centres	1200 Ala Moana Blvd	Honolulu	96814	591-8411	4	E1
Village North Center	*	Mililani	96789	N/A	61	B3
Wahiawa Shopping Center	823 California Ave	Wahiawa	96786	521-1200	60	A1
Wahiawa Town Center	909 California Ave	Wahiawa	96786	521-1200	60	A1
Waiakamilo Center	Waikamilo Rd	Honolulu	96817	N/A	3,2	C1,C4
Waianae Mall Shopping Center	86-120 Farrington Hwy	Waianae	96792	696-2690	93	E4
Waikele Center / Waikele Premium Outlets	94-849 Lumiaina	Waipahu	96797	671-6977	63	E2
Waikiki Bazaar Shopping Ctr	2174 Kalakaua Ave	Honolulu	96815	955-3351	5	E1
Waikiki Galleria	2255 Kuhio Ave	Honolulu	96815	922-7444	5	E1
Waikiki Marketplace	2310 Kuhio Ave	Honolulu	96815	923-4818	5	E1
Waikiki Shopping Plaza	2250 Kalakaua Ave	Honolulu	96815	923-1191	5	E1
Waikiki Trade Center (74)	2255 Kuhio Ave	Honolulu	96815	922-7444	5	E1
Waimalu Shopping Center	098-020 Kam Hwy	Aiea	96701	487-7941	53	F2
Waimanalo Shopping Cneter	41-1537 Kalanianaole Hwy	Waimanalo	96765	259-8856	74	C2
Waipahu Shopping Center	94-330 Farrington Hwy	Waipahu	96797	544-1852	74	C2,B
Waipahu Shopping Village	94-226 Leoku St	Waipahu	96797	537-3163	74	C2
Ward Centre	1200 Ala Moana Blvd	Honolulu	96814	591-8411	4	E1
Ward Warehouse The	1050 Ala Moana Blvd	Honolulu	96814	591-8411	4	E1
Westgate Center	94-366 Pupupani St	Waipahu	96797	677-0606	74	B2
Westridge Shopping Center	98-150 Kaonohi St	Aiea	96701	545-3755	53	F3
Windward Center	Kawa St	Kaneohe	96744	524-2666	15	B4
Windward City Shopping Ctr	45-480 Kaneohe Bay Dr	Kaneohe	96744	254-5527	16,17	A4,A
Windward Mall	46-056 Kam Hwy	Kaneohe	96744	235-1143	15	B4

Jogging & Walking Maps

JOGGING MAPS

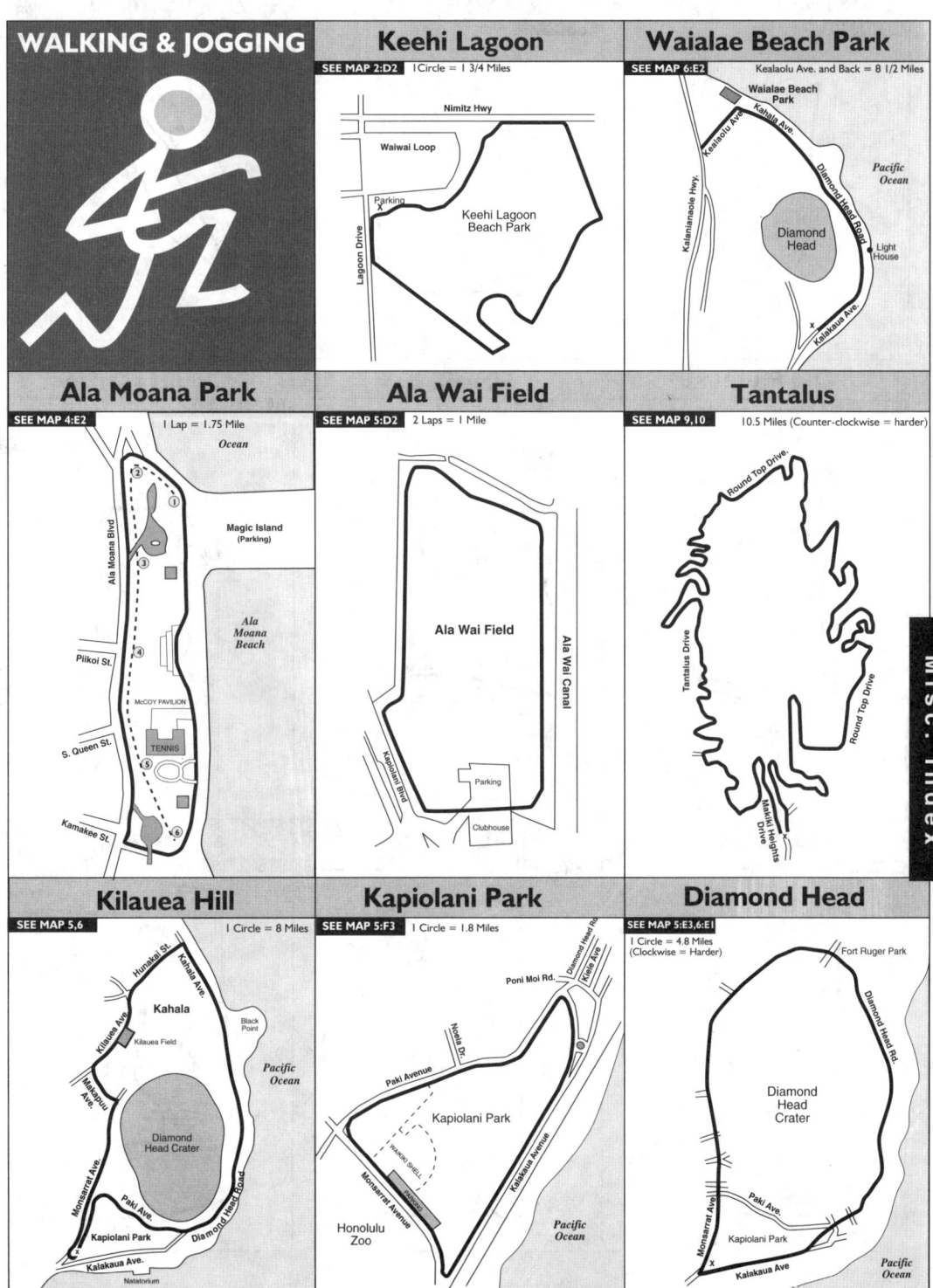

WALKING & JOGGING

Keehi Lagoon
SEE MAP 2:D2 — 1 Circle = 1 3/4 Miles

Waialae Beach Park
SEE MAP 6:E2 — Kealaolu Ave. and Back = 8 1/2 Miles

Ala Moana Park
SEE MAP 4:E2 — 1 Lap = 1.75 Mile

Ala Wai Field
SEE MAP 5:D2 — 2 Laps = 1 Mile

Tantalus
SEE MAP 9,10 — 10.5 Miles (Counter-clockwise = harder)

Kilauea Hill
SEE MAP 5,6 — 1 Circle = 8 Miles

Kapiolani Park
SEE MAP 5:F3 — 1 Circle = 1.8 Miles

Diamond Head
SEE MAP 5:E3,6:E1 — 1 Circle = 4.8 Miles (Clockwise = Harder)

Misc. Index

Jogging & Walking Maps

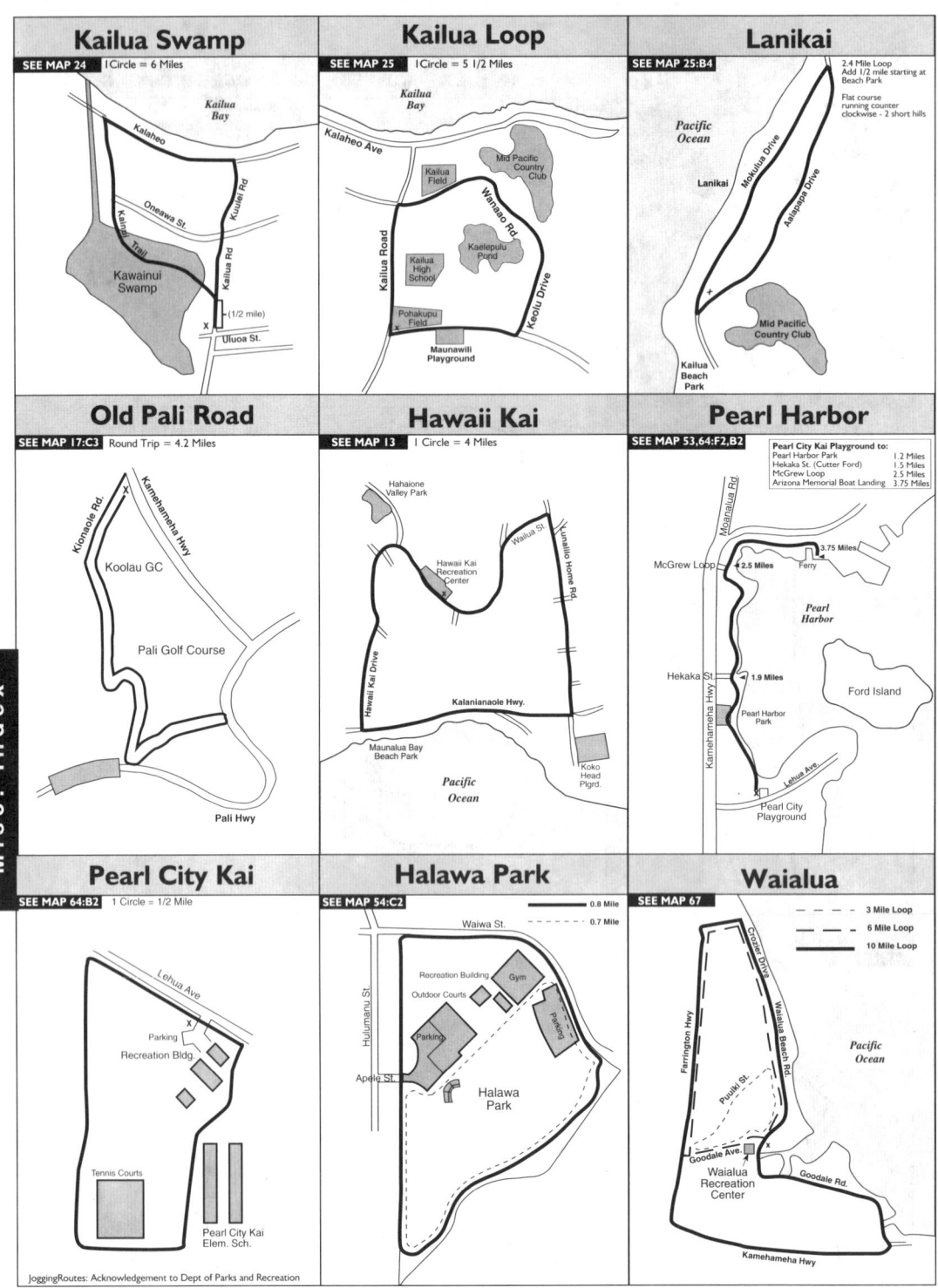

Kailua Swamp
SEE MAP 24 | 1 Circle = 6 Miles

Kailua Loop
SEE MAP 25 | 1 Circle = 5 1/2 Miles

Lanikai
SEE MAP 25:B4

2.4 Mile Loop
Add 1/2 mile starting at Beach Park

Flat course running counter clockwise - 2 short hills

Old Pali Road
SEE MAP 17:C3 | Round Trip = 4.2 Miles

Hawaii Kai
SEE MAP 13 | 1 Circle = 4 Miles

Pearl Harbor
SEE MAP 53,64:F2,B2

Pearl City Kai Playground to:
- Pearl Harbor Park — 1.2 Miles
- Hekaka St. (Cutter Ford) — 1.5 Miles
- McGrew Loop — 2.5 Miles
- Arizona Memorial Boat Landing — 3.75 Miles

Pearl City Kai
SEE MAP 64:B2 | 1 Circle = 1/2 Mile

Halawa Park
SEE MAP 54:C2

— 0.8 Mile
--- 0.7 Mile

Waialua
SEE MAP 67

— — 3 Mile Loop
--- 6 Mile Loop
— 10 Mile Loop

JoggingRoutes: Acknowledgement to Dept of Parks and Recreation

Misc. Index

College Campus Maps

HONOLULU COMMUNITY COLLEGE

874 Dillingham Boulevard
Honolulu, Hawaii 96817
845-9129

2 Campus Center, Bookstore, Student Health Office, Apprenticeship, Matsuda Center, Classrooms
3 Auto Body
4 Cafeteria, Bake Shop
5 Science, Occupational Safety & Health
6 Administration, Admissions, Financial Aid, Counseling
7 Library, Learning Center, Counseling, Classrooms
11 Child Care (HSERV)
12 Machine Shop
13 Machine Shop, Pipe
14 Trade Complex
16 Printing
17 Sheet Metal
18 Classrooms
20 Electronics
23 Commercial Art
24 Electricity
26 Classrooms
27 Cosmetology, Fashion
28 Education Center
30 Aeronautics Shop
31 Aeronautics Classroom
43 Auto Mechanics
44 Heavy Equipment
71 Apprenticeship, Tech Discovery Center

KAPIOLANI COMMUNITY COLLEGE AT DIAMOND HEAD

4303 Diamond Head Road
Honolulu, Hawai'i 96816
734-9211

★ BUS STOPS
C PAY PHONES

Misc. Index

M15

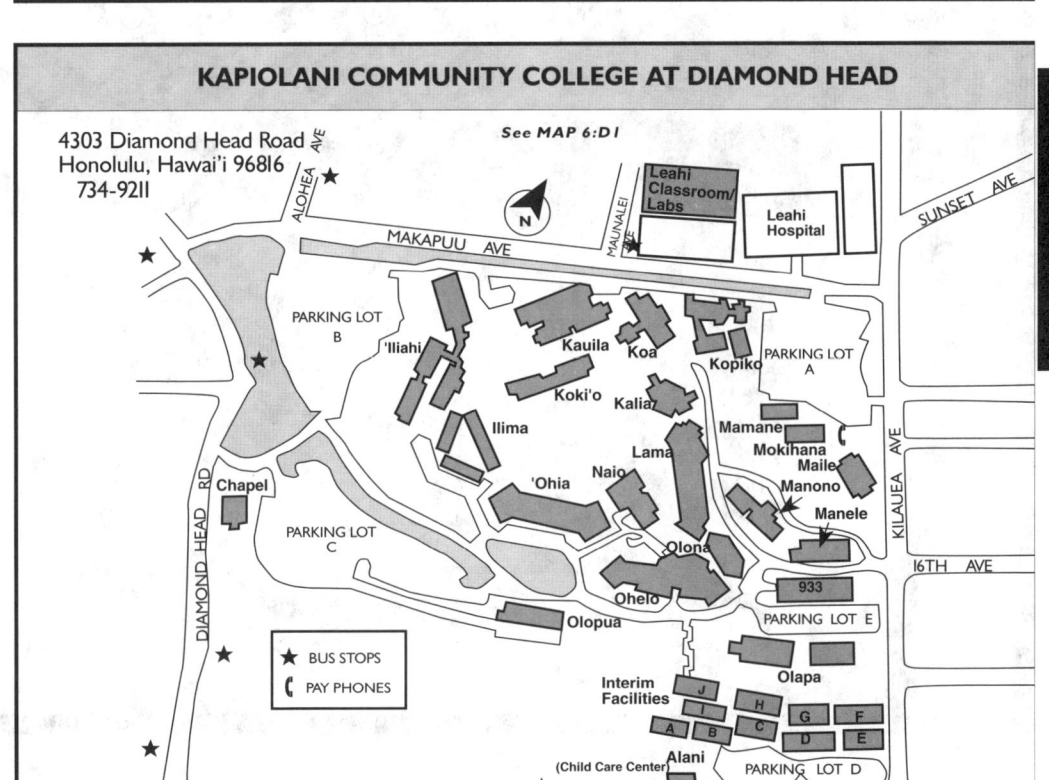

Misc. Index

University of Hawaii Campus Map

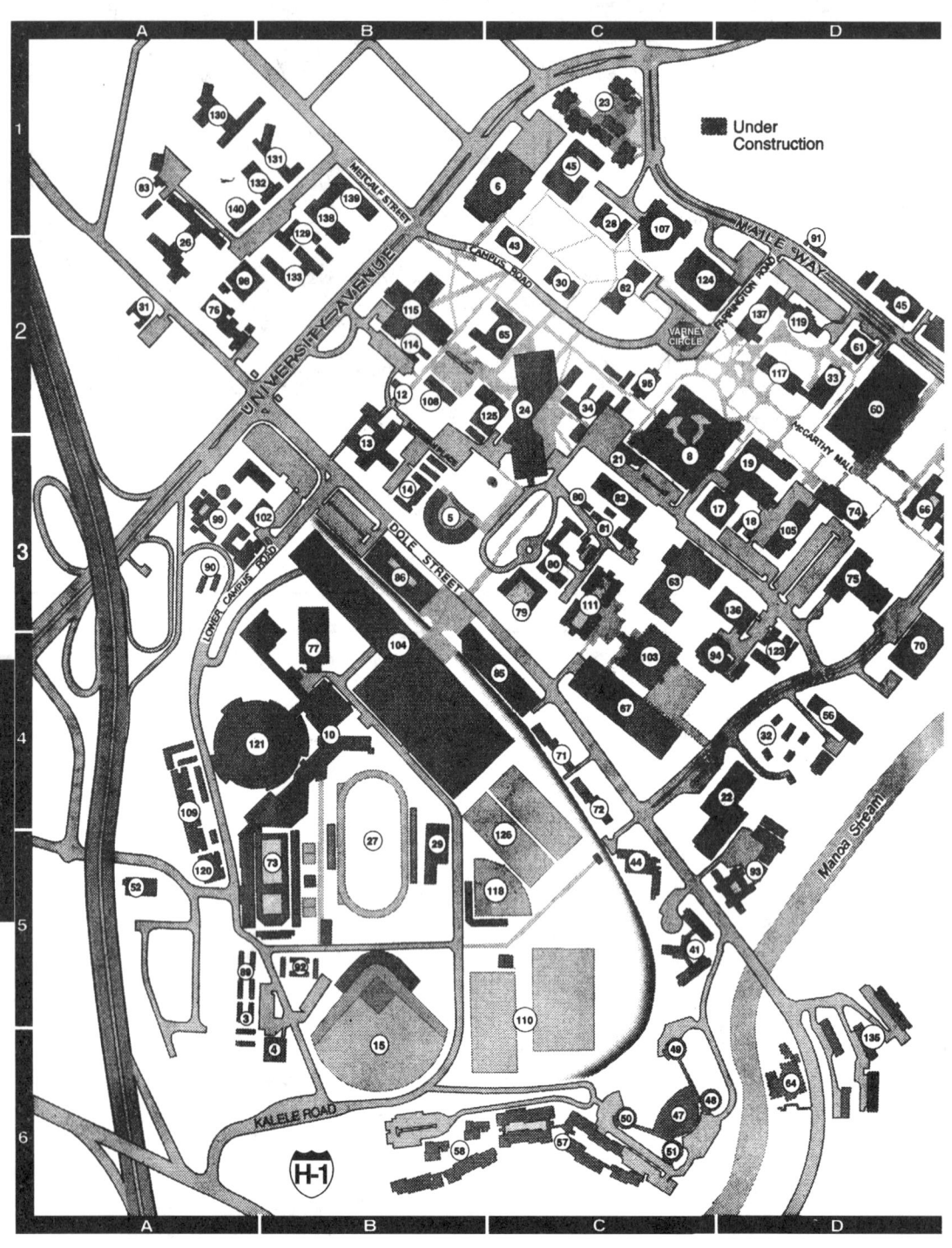

University of Hawaii Campus Map

Map by: Jusun D. Pacheco
Cartography Lab
Dept. of Geography

1. Agricultural Engineering [E2]
2. Agronomy & Soil [H2]
3. Air Force ROTC Building [A5]
4. Army ROTC Building [B6]
5. Andrews Amphitheatre [B3]
6. Architecture School [C1]
7. Architecture School Temp Portables [E3]
8. Art Building [C3]
9. Astronomy Facilities [H1]
10. Athletic/Phys. Ed. Complex [B4]
11. Auxiliary Services [E2]
12. Bachman Annex 6 [B2]
13. Bachman Hall [B3]
14. Bachman Hall Annexes [B3]
15. Baseball Stadium [B5]
16. Beksey Lab. of Neurobiology [F2]
17. Bilger Addition [D3]
18. Bilger Annexes [D3]
19. Bilger Hall [D3]
20. Biomedical Science [E2]
21. Building 37 [C3]
22. Burns Hall [D4]
23. Business Administration [C1]
24. Campus Center [C2]
25. Campus Security/Traffic Office [F2]
26. Castle Memorial [A2]
27. Cooke Field [B5]
28. Crawford Hall [C1]
29. Dance Building [B5]
30. Dean Hall [C2]
31. Dole Street Offices [A2]
32. East-West Center Portables [D4]
33. Edmondson Hall [D2]
34. Engineering Quad [C2]
35. Environmental Health & Safety Office [F2]
36. Environmental Protection Facility [F1]
37. Ethnic Studies [F2]
38. Facilities Planning & Mgt. Office [F2]
39. Federal Credit Union [F1]
40. Food Science & Technology [E2]
41. Frear Hall [C5]
42. Fruit Fly Laboratory [H2]
43. Gartley Hall [C2]
44. Gateway House [C5]
45. George Hall [C1]
46. Gilmore Hall [D2]
47. Hale Aloha Cafeteria [C6]
48. Hale Aloha 'Ilima Tower [C6]
49. Hale Aloha Lehua Tower [C6]
50. Hale Aloha Lokelani Tower [C6]
51. Hale Aloha Mokihana Tower [C6]
52. Hale Ānuenue [A5]
53. Hale Kahawai [E3]
54. Hale Kuahine [E3]
55. Hale Laulima [E3]
56. Hale Mānoa [D4]
57. Hale Noelani [C6]
58. Hale Wainani [B6]
59. Hale Ukana [F2]
60. Hamilton Library [D2]
61. Hamilton Snack Bar [D2]
62. Hawai'i Hall [C2]
63. Hawai'i Inst. of Geophysics [C3]
64. Hawaiian Studies [D6]
65. Hemenway Hall [C2]
66. Henke Hall [D3]
67. Holmes Hall [C4]
68. Horticulture Greenhouse [H2]
69. Horticulture Headhouse [H2]
70. Jefferson Hall [D4]
71. Johnson Hall - A [C4]
72. Johnson Hall - B [C4]
73. Kahanamoku Pool [B5]
74. Keller Hall [D3]
75. Kennedy Theatre [D3]
76. KHET TV [A2]
77. Klum Gym [B3]
78. Korean Studies [E3]
79. Krauss Hall [C3]
80. Krauss Hall Annex [C3]
81. Kuykendall Annex [C3]
82. Kuykendall Hall [C3]
83. Lab School Lockers [A1]
84. Landscaping [F2]
85. Law Library [C4]
86. Law School [B3]
87. Lincoln Hall [E3]
88. Lincoln Hall Annexes [E3]
89. Lower Campus Rd. Port. [B5]
90. Lunalilo Portables [A3]
91. Maile Way Annexes [D2]
92. Makai Campus Portables [B5]
93. Marine Fisheries [D5]
94. Marine Science Building [C4]
95. Miller Hall [C2]
96. Moore Hall [E3]
97. Motor Pool [F2]
98. Multi-Purpose Building [A2]
99. Music Building [A3]
100. Newman Center [E3]
101. Operation Manong [F2]
102. Orvis Auditorium [B3]
103. Pacific Ocean Sci. Tech. [C4]
104. Parking Structure [B4]
105. Physical Science Building [D3]
106. Pope Laboratory [E2]
107. Porteus Hall [C1]
108. Post Office [B2]
109. PPMO/Disbursing [A4]
110. Practice Fields [C5]
111. Sakamaki Hall [C3]
112. Sherman Laboratory [E2]
113. Shops [F2]
114. Sinclair Annexes [B2]
115. Sinclair Library [B2]
116. Small Animal Care Facilities [H3]
117. Snyder Hall [C2]
118. Softball Field [C5]
119. Spalding Hall [D2]
120. Speech Pathology [A5]
121. Special Events Arena [A4]
122. St. John Plant Science Lab [E2]
123. Student Health Center [D4]
124. Student Services Center [C2]
125. Student Services [C2]
126. Tennis Courts [C5]
127. Thrift Shop [F1]
128. Tropical Energy House [F1]
129. University Annexes [A1]
130. University Elementary School [A1]
131. University High School #1 [B1]
132. University High School #2 [B1]
133. University High School #3 [B2]
134. University Press Portables [G1]
135. Wa'ahila Faculty Housing [D6]
136. Watanabe Hall [D3]
137. Webster Hall [D2]
138. Wist Hall [B1]
139. Wist Hall Addition [B1]
140. Wist Hall Annex [A1]

Misc. Index

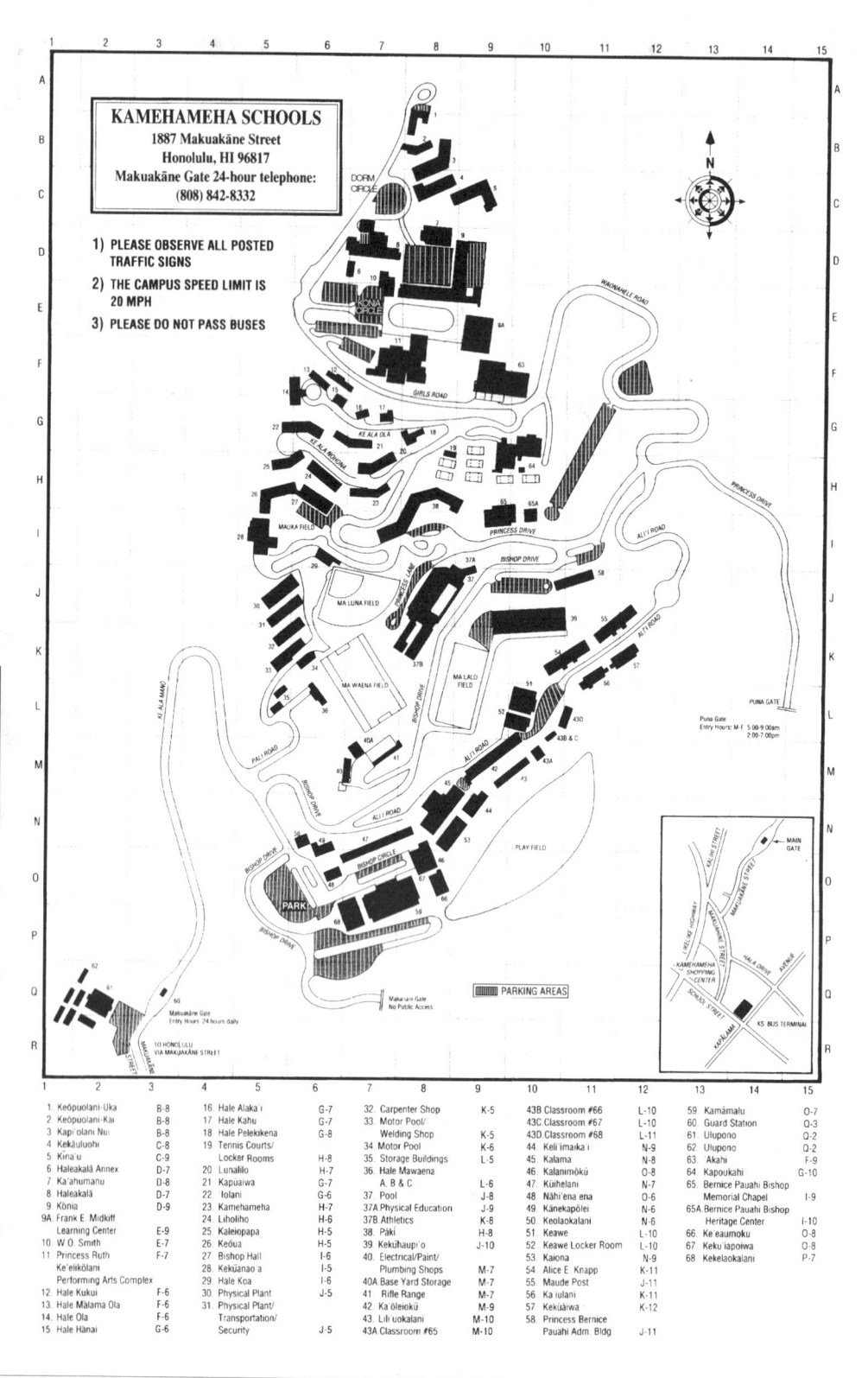

Kamehameha Schools Campus Map

KAMEHAMEHA SCHOOLS
1887 Makuakāne Street
Honolulu, HI 96817
Makuakāne Gate 24-hour telephone:
(808) 842-8332

1) PLEASE OBSERVE ALL POSTED TRAFFIC SIGNS
2) THE CAMPUS SPEED LIMIT IS 20 MPH
3) PLEASE DO NOT PASS BUSES

#	Name	Grid
1	Keōpuolani-Uka	B-8
2	Keōpuolani-Kai	B-8
3	Kapi'olani Nui	B-8
4	Kekāuluohi	C-8
5	Kīna'u	C-9
6	Haleakalā Annex	D-7
7	Ka'ahumanu	D-8
8	Haleakalā	D-7
9	Kōnia	D-9
9A	Frank E. Midkiff Learning Center	E-9
10	W.O. Smith	E-7
11	Princess Ruth Ke'elikōlani Performing Arts Complex	F-7
12	Hale Kukui	F-6
13	Hale Mālama Ola	F-6
14	Hale Ola	F-6
15	Hale Hānai	G-6
16	Hale Alaka'i	G-7
17	Hale Kahu	G-7
18	Hale Pelekikena	G-8
19	Tennis Courts/Locker Rooms	H-8
20	Lunalilo	H-7
21	Kapuaiwa	G-7
22	Iolani	G-6
23	Kamehameha	H-7
24	Liholiho	H-6
25	Kaleiopapa	H-5
26	Keōua	H-5
27	Bishop Hall	I-6
28	Kekūanao'a	I-5
29	Hale Koa	I-6
30	Physical Plant	J-5
31	Physical Plant/Transportation/Security	J-5
32	Carpenter Shop	K-5
33	Motor Pool/Welding Shop	K-5
34	Motor Pool	K-6
35	Storage Buildings	L-5
36	Hale Mawaena A, B & C	L-6
37	Pool	J-8
37A	Physical Education	J-9
37B	Athletics	K-8
38	Pāki	H-8
39	Kekūhaupi'o	J-10
40	Electrical/Paint/Plumbing Shops	M-7
40A	Base Yard Storage	M-7
41	Rifle Range	M-7
42	Ka'ōleiokū	M-9
43	Lili'uokalani	M-10
43A	Classroom #65	M-10
43B	Classroom #66	L-10
43C	Classroom #67	L-10
43D	Classroom #68	L-11
44	Keli'imaika'i	N-9
45	Kalama	N-8
46	Kalanimōkū	O-8
47	Kuihelani	N-7
48	Nāhi'ena'ena	O-6
49	Kānekapōlei	N-6
50	Keolaokalani	N-6
51	Keawe	L-10
52	Keawe Locker Room	L-10
53	Kaiona	N-9
54	Alice E. Knapp	K-11
55	Maude Post	J-11
56	Ka'iulani	K-11
57	Kekūaiwa	K-12
58	Princess Bernice Pauahi Adm. Bldg	J-11
59	Kamāmalu	O-7
60	Guard Station	O-3
61	Ulupono	Q-2
62	Ulupono	Q-2
63	Akahi	F-9
64	Kapoukahi	G-10
65	Bernice Pauahi Bishop Memorial Chapel	I-9
65A	Bernice Pauahi Bishop Heritage Center	i-10
66	Ke'eaumoku	O-8
67	Keku'iapoiwa	O-8
68	Kekelaokalani	P-7

Misc. Index

M18

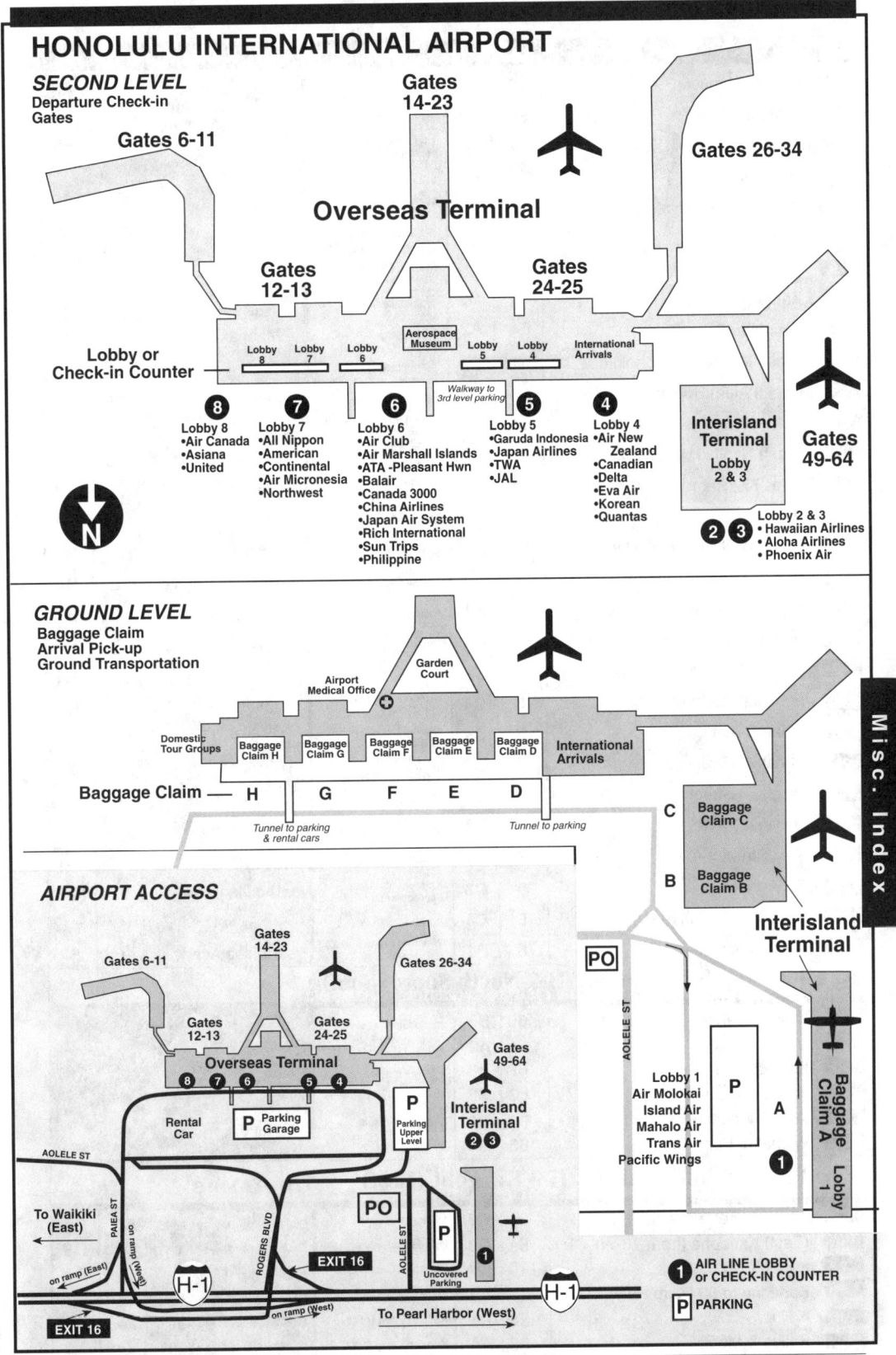

Honolulu International Airport

HONOLULU INTERNATIONAL AIRPORT

SECOND LEVEL
Departure Check-in
Gates

- Gates 6-11
- Gates 12-13
- Gates 14-23
- Gates 24-25
- Gates 26-34
- Gates 49-64

Overseas Terminal

Aerospace Museum

Lobby 8, Lobby 7, Lobby 6, Lobby 5, Lobby 4

International Arrivals

Walkway to 3rd level parking

Lobby or Check-in Counter

Interisland Terminal Lobby 2 & 3

Lobby 8
- Air Canada
- Asiana
- United

Lobby 7
- All Nippon
- American
- Continental
- Air Micronesia
- Northwest

Lobby 6
- Air Club
- Air Marshall Islands
- ATA -Pleasant Hwn
- Balair
- Canada 3000
- China Airlines
- Japan Air System
- Rich International
- Sun Trips
- Philippine

Lobby 5
- Garuda Indonesia
- Japan Airlines
- TWA
- JAL

Lobby 4
- Air New Zealand
- Canadian
- Delta
- Eva Air
- Korean
- Quantas

Lobby 2 & 3
- Hawaiian Airlines
- Aloha Airlines
- Phoenix Air

N

GROUND LEVEL
Baggage Claim
Arrival Pick-up
Ground Transportation

Airport Medical Office

Garden Court

Domestic Tour Groups

Baggage Claim — H G F E D

- Baggage Claim H
- Baggage Claim G
- Baggage Claim F
- Baggage Claim E
- Baggage Claim D

International Arrivals

Tunnel to parking & rental cars

Tunnel to parking

- Baggage Claim C
- Baggage Claim B

Interisland Terminal

Lobby 1
- Air Molokai
- Island Air
- Mahalo Air
- Trans Air
- Pacific Wings

Baggage Claim A

Lobby 1

AIRPORT ACCESS

- Gates 6-11
- Gates 12-13
- Gates 14-23
- Gates 24-25
- Gates 26-34
- Gates 49-64

Overseas Terminal

Rental Car

P Parking Garage

P Parking Upper Level

Interisland Terminal 2 3

AOLELE ST
PAIEA ST
ROGERS BLVD
AOLELE ST

To Waikiki (East)
on ramp (East)
on ramp (West)

H-1
EXIT 16

PO

P Uncovered Parking

To Pearl Harbor (West)
H-1
EXIT 16

1 AIR LINE LOBBY or CHECK-IN COUNTER

P PARKING

Misc. Index

Freeway Information: Diamond Head (East)
Waianae To Honolulu

No.	EXITS	MAP	GRID	AREA	ON RAMPS	MAP	GRID
1A	Cambell Indust. Park	98	A2	Barbers Point	Kalaeloa Street	98	A2
1B	Makakilo-Barbers Pt.	85	E4	Kapolei	Makakilo Drive, Ft Barrette Rd	85	E4
5	(North) Kunia (750)	74	D1	St. Francis Hospital West	Kunia Rd	74	C1
5	Waipahu (76)	74	C1	West Loch			
7	Waikele, Waipahu	63	F3	Waikele Factory Outlets	Paiwa	63	E3
8A	Waipahu-Pearl City	63	D3	Leeward Comm. College, Waipahu H.S.			
8B	(North) Wahiawa, Mililani (H-2)	63	D3	Mililani, Wahiawa, North Shore			
8C	Kamehameha Hwy	63	D3	Waipio, Mililani	Kamehameha Hwy, Farrington Hwy	63	C4
10	Waimalu, Pearlridge	64	A2	Pearl Ridge Shop Ctr	Moanalua Rd	64	A2
13A	(East) Moanalua, Honolulu (78)	54	D1	Aiea, Red Hill			
13A	(West) Aiea, Honolulu (78)	54	D1	Aiea, Halawa Heights	Moanalua Fwy	54	E2
13B	Halawa Heights, Stadium	54	D2	Aiea, Halawa Heights, Aloha Stadium			
15	(East) Nimitz Hwy (92)	66	A1	Pearl Harbor, Hickam AFB	Kamehameha Hwy	66	A2
15	(West) Hickam (92) ✈	66	A1	Pearl Harbor, Hickam AFB	Nimitz Hwy	66	A2
16	Airport ✈	1	F2	Honolulu Int'l Airport	Airport ✈	1	E3
18A	(East) Waikiki, Nimitz Hwy (92)	1	C2	Nimitz	Kalihi Street	2	B4
18B	Middle Street, Dilligham	2	C2	Kapalama	Moanalua Fwy	2	B4
20A	(North) Likelike Hwy (63)	2	B4	Kalihi, Kapalama	Likelike Hwy	2	B4
20B	(East) Vineyard Blvd (98)	3	B1	Palama	Liliha St	3	B2
21A	(N) Pali Hwy, (S) Downtown (61)	3	C3	Nuuanu	Pali Hwy	3	C4
21B	Punchbowl Street	3	C4	Nuuanu, Nat'l Mem. of the Pacific	Vineyard	3	C4
22	Kinau Street	3	C4	Ward, Hon. Academy of the Arts	Ward Ave	4	C1
23	Punahou Street	4	C3	Punahou School, Kapiolani Hospital	Piikoi	4	C2
24A	Bingham Street	4	C4	McCully	Keeaumoku Street	4	C2
24B	University Ave	5	C1	Manoa, Univ. of Hawaii	University Ave	5	C1
25A	King Street	5	C1	Moiliili, Kaimuki	King Street	5	C1
25B	6th Avenue	5	C3	Kaimuki, Waialae, Sacred Hearts Academy	Kapiolani Blvd	5	C2
26A	Koko Head /12th Avenue	5	C4	Kaimuki			
26B	Waialae Avenue	6	B1	Waialae Business Dist., Kahala Mall	Waialae Ave	6	B1

Freeway Information: H-2 North Shore (South)
Haleiwa To Honolulu

No.	EXITS	MAP	GRID	AREA
8	(North) Wahiawa (99)	60	B3	Wahiawa, Kamehameha Hwy
5	Mililani	61	A2	Meheula Pkwy, Mililani H.S.
2	Ka Uka Blvd	62	B3	Ukee, Waipio
1A	(East) Honolulu (H-1)	63	C3	Pearl City
1B	(West) Waianae	63	C3	Waipio, Waikele
1B	Waipahu, Pearl City	63	C3	Waipahu

Freeway Information: H-3 Kaneohe (East)
Honolulu To Kailua

No.	EXITS	MAP	GRID	AREA	ON RAMPS	MAP	GRID
1C	(East) Kaneohe (from 78-E)	54	C3	Moanalua/Aiea	Moanalua Freeway (78-E)	54	C3
1D	(East) Kaneohe (from 78-W)	54	C3	Halawa/Moanalua	Moanalua Freeway (78-W)	54	C3
9	Kaneohe to 63-N	16	C4	Kaneohe/Castle Hills	Likelike Hwy (63-S)	16	B3
11	Kaneohe to 83 (Kam Hwy)	17	B3	Kaneohe/Halekou	Kamehameha Hwy (83-E)	17	B3
exit	Kailua	24	D1	Kailua/Mokapu Rd	Mokapu Saddle Rd	24	D1
exit	Kailua & MCBH	23	A4	Kaneohe Bay Dr/MCBH	Kaneohe Bay Dr / MCBH	23	A4

H-1 Freeway Information: Ewa (West Bound)
Honolulu To Waianae

No.	EXITS	MAP	GRID	AREA	ON RAMPS	MAP	GRID
27	Kilauea Avenue	6	B2	Kahala Mall, Kahala Hilton	Waialae Ave	6	B1
26	Waialae Avenue	6	B2	Kaimuki	11th Ave	5	C4
25 B	Kapiolani Blvd	5	C2	Kaimuki, Ala Moana, Waikiki	5th Ave	5	C3
25 A	King Street	5	C2	McCully, Moilili, University Ave.	Waialae Ave	5	C1
24 B	University Avenue	5	C1	University of Hawaii, Nuuanu	University Ave	5	C1
24 B	Wilder Avenue	4	C4	McCully, Pensacola	University Ave	4	C4
23	Lunalilo Street	4	C2	Makiki, Piikoi	Alexander	4	C3
22	(West) Vineyard Blvd (98)	4	C4	Downtown, Punchbo	Punahou	4	C3
21 B	(North) Pali Hwy (61)	3	C4	Nuuanu, Paoa, Punchbowl	Lunalilo	4	C1
21 A	School Street	3	C3	Nuuanu, Liliha	Punchbowl	3	C4
20 C	Palama Street	3	B2	Palama	N. School	3	B3
20 B	Houghtailing Street	3	B1	Kapalama, Kalihi	Vineyard Blvd	3	B1
20 A	(North) Likelike Hwy (63)	2	B4	Kapalama, Bishop Museum	Likelike Hwy	2	B4
19 B	(West) Fort Shafter/Aiea (78)	2	B3	Kalihi			
19 A	Middle Street	2	B3	Kalihi, N. King St.	Middle Street	2	C2
18	(West) Nimitz Hwy (92)	2	C2	Kapalama, Dilligham	Dillingham Blvd	2	D1
16	Airport ✈	1	E3	Hon. Int'l Airport	Airport ✈	1	E3
15 B	Hickam AFB/Pearl Harbor ✈	66	A2	Radford, Moanalua			
15 A	(West) Stadium/Ariz Mem (99)	66	A2	Pearl Harbor, Hickam AFB			
13 B	(East) Honolulu (78)	54	E2	Aiea, Moanalua Fwy			
13 A	(West) Aiea (78)	54	D2	Aiea	Moanalua Fwy	54	D2
10	Pearl City/Waimalu	53	F1	Waiau, Waimalu	Moanalua Rd	64	A2
8 B	(West) Waipahu (90)	64	C1	Waiawa, Leeward Com. College			
8 A	(North) Wahiawa/Mililani (H-2)	63	C4	Leeward Com. College	(H-2)	63	C3
7	Waikele/Waipahu	63	E2	Waikele Factory Outlets, Waipio	Waiawa Cut-Off	63	C4
5 B	(North) Kunia (750)	74	C1	Waipahu	Paiwa	63	F3
5 A	(South) Ewa (76)	74	C1	Waipahu, St Francis Hosp. West	Kunia Rd	74	D1
2	Makakilo/Kapolei/Barbers Pt. ✈	85	E4	Makakilo Dr., Kapolei	Makakilo Dr	85	E4
1	Cambell Ind. Prk/Barbers Pt. Hbr	98	A2	Kapolei, Barbers Pt.	Farrington Hwy	97	B4

H-2 Freeway Information: H-2 North Shore (North Bound)
Honolulu To Haleiwa

No.	EXITS	MAP	GRID	AREA
2	Ka Uka Blvd	62	B3	Ukee, Waipio
5 A	Mililani Mauka	50	F1	Meheula Pkwy
5 B	Mililani	61	A3	Meheula Pkwy, Mililani Shop. Ctr
7	Mililani Tech Prk/Wheeler AFB	60	B4	Wahiawa, Leilehua Golf Course
8	Wahiawa/Schofield Barracks	60	B2	Wahiawa, Kamehameha Hwy

H-3 Freeway Information: H-3 Honolulu (West)
Kailua To Honolulu

ON RAMPS

	EXITS	MAP	GRID	AREA	ON RAMPS	MAP	GRID
exit	Kailua & MCBH	23	A4	Kaneohe Bay Dr/MCBH	Kaneohe Bay Dr / MCBH	23	A4
exit	Kaneohe to 83 (Kam Hwy)	17	B3	Kaneohe/Halekou	Kamehameha Hwy (83-W/E)	17	B3
1C	Halawa/Camp Smith	54	C3	Halawa/Moanalua	Moanalua Freeway (78-W)	54	C3
1D	H1 West or 78-E	54	C3	To Waianae or Aiea	Moanalua Freeway (78-E)	54	C3

Misc. Index

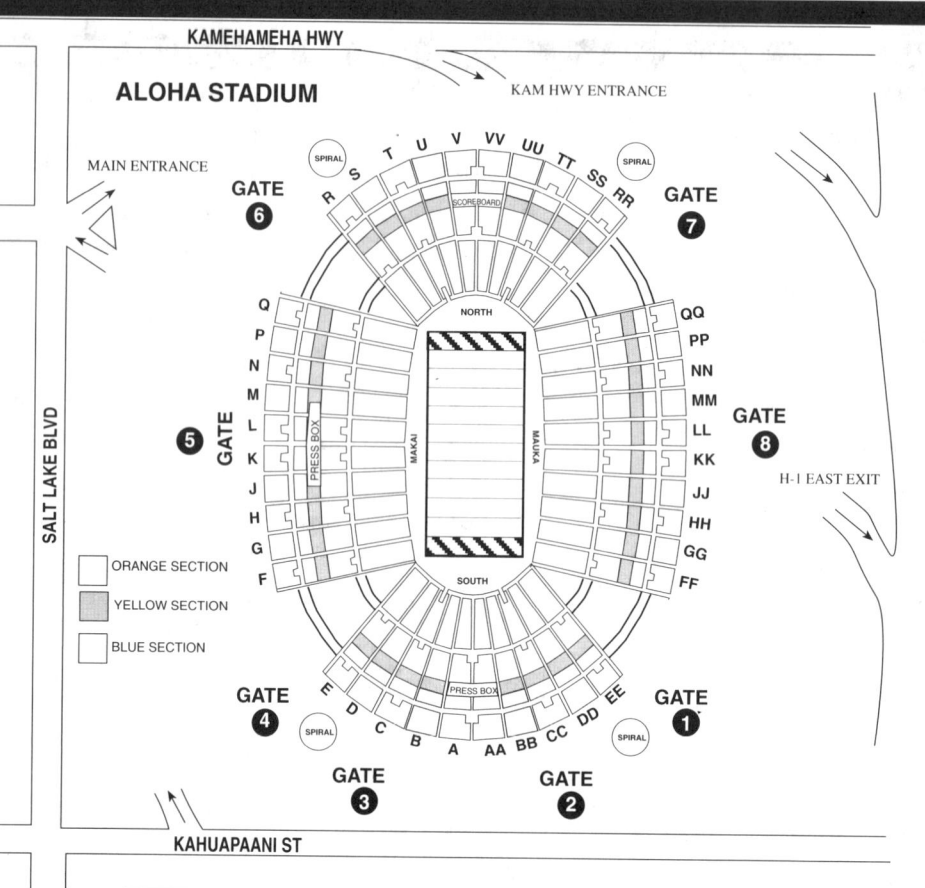

Aloha Stadium & Rainbow Stadium

ALOHA STADIUM

KAMEHAMEHA HWY
KAM HWY ENTRANCE
MAIN ENTRANCE
SALT LAKE BLVD
KAHUAPAANI ST
H-1 EAST EXIT

Sections: R, S, T, U, V, VV, UU, TT, SS, RR
Q, P, N, M, L, K, J, H, G, F
QQ, PP, NN, MM, LL, KK, JJ, HH, GG, FF
E, D, C, B, A, AA, BB, CC, DD, EE

NORTH / SOUTH / MAKAI / MAUKA
SCOREBOARD
PRESS BOX
SPIRAL

- Gate 1
- Gate 2
- Gate 3
- Gate 4
- Gate 5
- Gate 6
- Gate 7
- Gate 8

Legend:
- ORANGE SECTION
- YELLOW SECTION
- BLUE SECTION

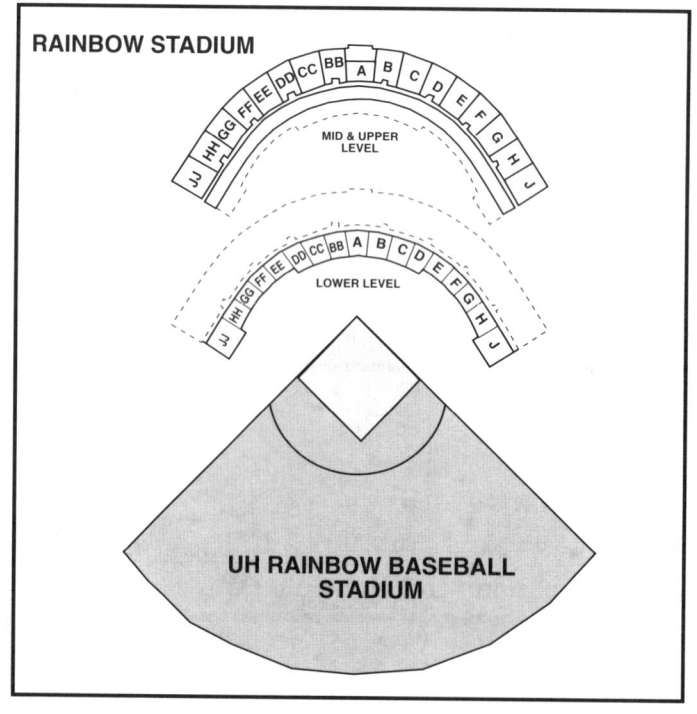

RAINBOW STADIUM

MID & UPPER LEVEL
JJ HH GG FF EE DD CC BB A B C D E F G H J

LOWER LEVEL
JJ HH GG FF EE DD CC BB A B C D E F G H J

UH RAINBOW BASEBALL STADIUM

Misc. Index

M22

Gas Stations
Listed by Map Number

Aloha Gas

Location	Map	Grid	Street
Kalihi	2	A3	Kam IV Rd / N. School St
Kalihi	2	B4	N King St / Pulaa St
Kalihi	2	C3	Dillingham Blvd / Mokauea
Palama	3	B1	N School / Houghtailing
Kalihi	3	B1	N King St / Kohou St
McCully	4	C4	S King St / Wiliwili St
Ala Moana	4	E2	Ala Moana Blvd / Queen St
Waialae	5	B4	Waialae Ave / 11th Ave
Waialae	5	B4	10th Ave / Maluhia St
University	5	C1	S King St
Waialae	5	C2	Waialae Ave / 3rd Ave
Kapahulu	5	C2	Kapahulu / Kaimuki Ave
Kahala	6	B2	Kilauea St
Manoa	10	F2	Manoa Rd
Kaneohe	15,23	B4,E1	Kam Hwy / Lilipuna Rd
Kaneohe	16,17	A4,A1	Kam Hwy
Waimanalo	21	C1	Kalanianaole Hwy
Kailua	24,25	F4,F1	Kailua Road
Kailua	25	D1	Kailua Road (Kailua SC)
Enchanted Lake	25	E4	Keolu Dr
Kaaawa	36	B4	Kam Hwy
Salt Lake	54	E2	Salt Lake Blvd (Stadium Mall)
Wahiawa	60	A1	California Ave
Wahiawa	60	A1	Kilani Ave
Waipio	63	D1	Ukee (Waipio Ctr)
Pearl City	64	B1	Kam Hwy / Lehua Ave
Waialua	68	A1	Goodale Ave
Makaha	92	E3	Farrington Hwy / Makaha VR
Waianae	93	E3	Farrington Hwy / LLL
Lualualei	95	D3	Farrington Hwy

Arco Gas

Location	Map	Grid	Street
Kalihi	2	A3	Kam IV Rd / N. School St
Kapalama	2	C4	Kalihi St /Dillingham Blvd
Nuuanu	3	B3	Nuuanu / N. School St.
Palama	3	C1	N King St /Kokea St
Honolulu	3	C4	S Vineyard Blvd/Queen Emma
McCully	4	C4	S King St / Wiliwili St
Diamond Head	5	E4	Diamond Head/Campbell Ave
Manoa	10	F3	Manoa Rd
Kaneohe	15,23	B4,E1	Kam Hwy / Kahuhipa
Ahuimanu	15,40	D1,D4	Kam Hwy / Koolau Center
Kaneohe	16	A4	Kaneohe Bay Dr
Kailua	25	D1	Kailua Road
Kahuku	31	E3	Kam Hwy
Kahaluu	40	C1	Kam Hwy / Kahekili Hwy
Aiea	53	E2	Kam Hwy (Pearl Kai SC)
Haleiwa	56	E2	Kam Hwy
Wahiawa	60	B1	Kam Hwy / Maalo
Waipahu	63	F4	Farrington Hwy / Hikimoe Pl
Waipahu	74	B2	Farrington Hwy / Leokane
Waipahu	74	C2	Farrington Hwy
Makakilo	85	E4	Makakilo Dr
Waianae	93	E2	Farrington Hwy/Old Gov't Rd
Maili	94	F3	Farrington Hwy
Lualualei	95	D3	Farrington Hwy

Chevron Gas

Location	Map	Grid	Street
Fort Shafter	1,2	A4,B3	Middle St
Mapunapuna	1,2	D4,D1	Lagoon Dr
Pearl Harbor	1	F1	Valkenburgh
Airport	1	F3	Rogers Blvd
Kalihi	2	B3	N King St / Richard Lane
Kalihi	2	B4	N King St / Kalihi St
Kalihi	2	C3	Dillingham Blvd / Mokauea
Kapalama	2	D4	Nimitz / Kalihi
Palama	3	A1	N School / Houghtailing
Honolulu	3	D4	Queen St / South St
Honolulu	4	C2	S Beretania / Keeaumoku
Honolulu	4	D2	S King St / Piikoi St
Kakaako	4	D2	Kapiolani (McKinley Car Wash)
Waialae	5	B2	Waialae Ave / St Louis Dr
Kapiolani	5	C2	Kapiolani Blvd/S King
Waialae	5	C4	11th Ave
Kapahulu	5	D3	Kapahulu Ave / Leahi St
Diamond Head	5	E4	Diamond Head/Campbell Ave
Kahala	6	B1	Hunakai St
Manoa	10	F2	Manoa Rd
Koko Head	13	D4	Koko Marina Shop Ctr
Kaneohe	16,17	A4,A1	Kaneohe Bay Dr
Waimanalo	20	B1	Kalanianaole Hwy
Kaneohe	23	F1	Kam Hwy / Keaahla Rd
Kailua	24	A2	Mokapu Rd
Kailua	25	D1	Oneawa St / Kailua Rd
Enchanted Lake	25	E4	Keolu Dr
Laie	33	D2	Kam Hwy
Sunset Beach	41	D2	Kam Hwy
Aiea	53	E4	Kam Hwy / Honomanu
Aiea	53	F3	Kam Hwy / Lipoa Pl
Aiea	54	D1	Moanalua Rd / Uahi
Haleiwa	55	C4	Kam Hwy / Lokoea Pl
Wahiawa	60	A1	California Ave
Wahiawa	60	B1	Kam Hwy / Maalo
Mililani	61	C2	Kam Hwy (Mililani SC)
Waipahu	63	F4	Waipahu Rd
Waianae	93	E3	Farrington Hwy

Shell Gas

Location	Map	Grid	Street
Mapunapuna	1,2	D4,D1	Lagoon Dr
Kalihi	2	C3	Dillingham Blvd / Puuhale St
Palama	3	B1	N King St / Waiakamio St
Liliha	3	C2	N King St / Pua Ln
Honolulu	3	C4	S Vineyard Blvd / Punchbowl
Honolulu	4	C2	S Beretania / Makiki
McCully	4	C4	S King St / McCully
Kakaako	4	E1	Ward Ave / Queen St
Waialae	5	B3,C3	Waialae Ave / 7th-8th Ave
Kapahulu	5	C2	Kapahulu / Winam Ave
Waialae	5	C2	Waialae Ave / 2nd Ave
Kahala	6	B2	Hunakai St
Manoa	10	F2	Manoa Rd
Kaneohe	23	E1	Kam Hwy
Kailua	25	D1	Oneawa St / Kuulei Rd
Enchanted Lake	25	E4	Keolu Dr
Aiea	53	F3	Kam Hwy / Lipoa Pl
Aiea	53	F3	Kam Hwy / Kaonohi
Aiea	54	D1	Moanalua Rd / Aiea Hts Rd
Haleiwa	56	E2	Kam Hwy
Waipio	62	D4	Ka Uka Blvd
Waipahu	63	F4	Waipahu Rd
Waipahu	74	B2	Pupupuhi / Pupupani
Waianae	93	E3	Farrington Hwy
Lualualei	95	E3	Farrington Hwy

Tesoro Gas

Location	Map	Grid	Street
Kalihi	2	C3	Kam Hwy / Dillingham
Palama	3	B2	N. Vineyard Blvd /Palama St
Kakaako	4	E1	Ward Ave / Auahi St
Kapahulu	5	D3	Kapahulu Ave / Hunter St
Kailua	24,25	E4,E1	Kailua Road
Hauula	33,34	E4,E1	Kam Hwy
Mililani Mauka	50,61	F1,A2	Meheula Prkwy
Waimalu	53	F2	Moanalua Rd
Aiea	54	D1	Aiea Hts Rd / Ulune St
Salt Lake	54	E3	Salt Lake Blvd (Costco)
Haleiwa	56	E2	Kam Hwy
Mililani Town	61	B4	Lanikuhana Av (Mil.Twn Cnt
Waipio	62	D4	Ka Uka Blvd
Pearl City	64	B1	Kam Hwy / Waimano Home R
Pearl City	64	B1	Kam Hwy / Waimano Hm
Waianae	93	E4	Farrington Hwy (Waianae Ma
Lualualei	95	D4	Farrington Hwy

Union-76 Gas

Location	Map	Grid	Street
Airport	1	F3	Honolulu Airport
Kalihi	2	C3	Dillingham Blvd / Puuhale St
Kapalama	2	D3	Sand Island
Palama	3	A1	N School / Houghtailing
Iwilei	3	D2	Nimitz Hwy / Pacific
Honolulu	4	C2	S Beretania / Keeaumoku
Honolulu	4	D1	S Beretania / Ward Ave
Ala Moana	4	D3	Makaloa St
Waialae	5	B3	Waialae Ave / Palolo Ave
Waialae	5	C4	Harding Ave / 12th Ave
Manoa	10	F2	Manoa Rd
Aina Haina	12	F3	Aina Haina Shop Ctr
Koko Head	13	D4	Koko Marina Shop Ctr
Niu Valley	13	F1	Nui Valley Center
Kaneohe	15	B4	Kam Hwy
Kaneohe	16,23	A4,F2	Kam Hwy
Waimanalo	20	B1	Kalanianaole Hwy
Kailua	24	D4	Oneawa St
Kailua	25	D1	Kuulei Rd
Enchanted Lake	25	E3	Keolu Dr
Aiea	54	D1	Moanalua Rd / Nanu Pl
Haleiwa	55	D4	Kam Hwy / Mahaulu Ln
Wahiawa	60	A1	California Ave
Wahiawa	60	B1	Kam Hwy / Olive Ave
Wahiawa	60	D2	Eastman Rd/WAAF
Pearl City	64	A1	Hoolaulea St
Kunia	73	C4	Kupuna Loop
Waipahu	74	C2	Farrington Hwy / Leoku
Waianae	93	E2	Farrington Hwy
Maili	94	F4	Farrington Hwy

Misc. Index

Hawaii's Best
BED & BREAKFASTS

The Kaneohe Bay B&B
You can't get much closer to the blue Pacific than this B&B right on the bay. No matter that the guest bedroom and bath are small-they open out to a spacious pool/jacuzzi deck and covered TV lounge with comfy leather couches.

Breakfast is served in the guest lounge overlooking the bay. It would be easy to forego a day of exploring in favor of just relaxing and enjoying this lovely setting. $125 (min 2-nt stay).

see map 23

Kaneohe Bay B&B
45-302 Puuloko Place
Kaneohe
Oahu Hawaii 96744
Phone: 808.235.4214

*20 minutes from Honolulu Airport, on H3 Freeway Kaneohe bound. (See map 1 & 54 from Airport to Kaneohe and map 23 for directions once in Kaneohe town.)

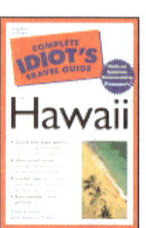

See us in "Complete Idiot's Travel Guide-Hawaii"

For more information call or visit our website at www

Hawaii's Best
BED & BREAKFASTS

(From US Mainland & Canada) 800-262-9912
(Ph) 808-885-4550 (Fax) 808-885-0559
(E-Mail) bestbnb@aloha.net (Web) www.bestbnb.com

*Rates are daily, subject to change without notice, and do not include 11.416% Hawaii state taxes. Rates and conditions may very during major holiday periods.
*50% deposit by personal check required at time of reservation. Full payment due 45 days prior to scheduled arrival.
*Required deposit and/or prepayment accepted by personal check. Discover, Visa, or Mastercard
*Cancellation policies apply.

Misc. Index

Let Go of The Phone

Wireless
Digital
Hands-free

Nokia Authorized Repairs

Cellular Services
(808)-226-2929

Quality In-car Installations

A special thank you to these clients!

TMK MAPS SOLD AT THESE & OTHER FINE LOCATIONS...
INTERESTED IN BEING A TMK EXECUTIVE MEMBER PLEASE CALL 808-536-0867

EXECUTIVE MEMBERS

RAND McNALLY Map & Travel Store
ALA MOANA SHOPPING CENTER
Honolulu, HI 96815
PHONE: 808-944-6699
SEE MAP DWT:C9

HAWAII STATIONARY
99-1418 Koaha Place
Aiea, Hi 96701
PHONE: 808-486-3200
SEE MAP 54:B3

BESTSELLERS — POPULAR by DEMAND

1001 Bishop St, 138 Pauahi Tower
Honolulu, HI 96813
PHONE: 808-528-BEST(2378)
SEE MAP DWT:C3

HILTON HWN VILLAGE
Honolulu, HI 96815
PHONE: 808-953-BEST(2378)
SEE MAP WAI:D2

FISHER HAWAII
450 Cooke Street
Honolulu, HI 96813
PHONE: 808-524-8770
FAX: 808-537-1972
SEE MAP DWT:E5

SAM'S CLUB
SAM'S CLUB-MEMBERS ONLY
PEARL HIGHLANDS SHOPPING CENTER
1000 KAM HWY, STE. 100
PEARL CITY, HI 96782
PHONE: 808-456-7788
SEE MAP 64:B1

COSTCO WHOLESALE

SALT LAKE COSTCO
4380 Lawehana Street
Honolulu, HI 96815
PHONE: 808-422-6955
SEE MAP 54:F4

HAWAII KAI COSTCO
333 Keahole Bldg A
Honolulu, HI 96825
PHONE: 808-394-3312
SEE MAP 13:D3

WAIPIO COSTCO
94-1331 Ka Uka Blvd
Waipahu, HI 96797
PHONE: 808-
SEE MAP 62:C3

MATSUMOTO'S SHAVE ICE
HALEIWA, HAWAII

66-087 Kamehameha Hwy
Haleiwa, HI 96712
PHONE: 808-637-4827
SEE MAP 56:C1

HONOLULU BOARD OF REALTORS
R REALTOR®
1136 12th Avenue
Honolulu, HI 96816
PHONE: 808-732-3000
SEE MAP 5:B4